Strahalm · Graz

WERNER STRAHALM

GRAZ

EINE STADTGESCHICHTE

Herausgegeben von
Wilhelm Steinböck

mit Beiträgen zur Kunst- und Kulturgeschichte ab 1945
von Eva Schäffer, Christoph H. Binder, Manfred Blumauer
und Richard Rubinig

Im Auftrag hergestellte Sonderausgabe

Buchmarkt – Graz

Alle Rechte vorbehalten
© 1989 by Edition Strahalm, Graz
ISBN 3-900526-27-3
© 1994 by Edition Strahalm
2. ergänzte Auflage

Vorwort

Oft ist die Frage gestellt worden, ob es eine Graz-Chronik, eine Graz-Geschichte gäbe, doch als Antwort mußte eine Lücke festgestellt werden. Man vermochte zwar auf die große und bedeutende „Geschichte der Stadt Graz" Band I und II von Fritz Popelka hinzuweisen, ein Werk, das nunmehr ca. 60 Jahre alt geworden ist, wohl aber in einer 2. und 3. Auflage erscheinen konnte. Es war und ist in vielen Bereichen nach wie vor das Standardwerk unserer Stadtgeschichte, wenngleich der 3. Band, der die Ereignisse von etwa 1740 bis in unsere Zeit hinein zum Inhalt haben sollte, nicht mehr erschienen ist. Die Vorarbeiten wie das Manuskript sind spurlos verschwunden. Lange und intensive Bemühungen, das Werk dennoch zu vollenden, sind gescheitert.

In der Arbeitsweise der jungen Forscher und Wissenschafter trat letztlich ein anderer Rhythmus ein, indem Detailfragen der Forschung intensiviert wurden und zu Bausteinen einer neuen Stadtgeschichte geworden sind. Sie erschienen und erscheinen in wissenschaftlichen Zeitschriften, Katalogen, in Einzelpublikationen und sind so eine eigene Bibliothek geworden. Kein Gelehrter fand oder findet sich heute bereit, allein eine Stadtgeschichte zu schreiben, in der er, ähnlich wie Popelka forschend, seine Ergebnisse vorlegt. Es wird die Anstrengung vieler für viele Jahre sein müssen, eine derartige Stadtgeschichte zu erstellen.

Sollte man die fragenden Menschen so lange auf diese erhoffte Stadtgeschichte warten lassen? Ein Gemeinwesen, wie es die Stadt Graz ist, sollte dargestellt sein, von den Anfängen bis zur Gegenwart. Es ist bereits 10 Jahre her, daß ich — und diese Überlegungen standen im Zusammenhang mit dem Stadtjubiläum 850 Jahre Graz — den Plan dieser überschaubaren Stadtgeschichte verfolge. Nach Vorarbeiten, die versucht wurden, fand sich in der Person des Verlegers Dr. Werner Strahalm ein Historiker, der sich bereit gefunden hat, ein derartiges Werk zu schreiben. Mut und Tatkraft gehören dazu, in kompilierender Form dies alles zusammenfassend darzustellen, was ich früher als Bibliothek der Stadtgeschichte bezeichnet habe. Das Risiko ist aber nicht nur allein in der zusammenfassenden Tätigkeit zu sehen, sondern in gleicher Weise von der finanziellen Seite her. Das nun vorliegende Werk erschien ohne Subvention und wurde gänzlich aus den Eigenmitteln des Verlages finanziert. Natürlich ist mit derartigen Vorhaben immer die Sorge verbunden, ob sich da nicht Fehler eingeschlichen haben, falsche Darstellungen das Bild verzerren. In der Person des allseits anerkannten Oberarchivrates i. R. Dr. Reiner Puschnig wurde ein Gelehrter gefunden, der sich der Mühe unterzog, die Arbeit Strahalms wissenschaftlich zu prüfen. Ihm gilt dafür mehr als ein aufrichtiger Dank. Frau Dr. Christa Höller führte das Lektorat durch. Herr Dr. Otfried Hafner hat dem Autor für die Zeit von 1780 bis 1940 im Bereich der Kulturgeschichte wertvolle Informationen übermittelt, die im Text des Autors ihren Niederschlag gefunden haben.

Vier Artikel, geschrieben von Frau Eva Schäffer, Christoph H. Binder, Manfred Blumauer und Richard Rubinig ergänzen die Kunst- und Kulturgeschichte bis zur Gegenwart.

Das Buch ist flüssig und leicht verständlich für jedermann geschrieben. Zahlreiche Illustrationen beleben den Text.

Dieser Band möge allen Freunden der Stadt Graz Freude bereiten.

Graz, im Juni 1989

Wilhelm Steinböck
Herausgeber

Inhalt

Niemandsland
Die Anfänge menschlicher Siedlungen 9
Unter der Verhaltung Flavia Solvas 13

Gradec (= slaw. kleine Burg)
Slawische Landnahme 18
Schutz gegen Osten 21
Ein neues Zentrum 25

Vom Markt zur Stadt
Erste urkundliche Nennung 27
Hauptstadt des steirischen Herzogs 30
Ringen um das babenbergische Erbe 40
Die städtische Bevölkerung im Mittelalter 49

Die frühen Habsburger
Festigung der Hausmacht 53
Graz wird Residenzstadt 61
Wer regiert Innerösterreich? 62
Die Beamtenschaft im Mittelalter 65

Friedrich — Herzog, König und Kaiser
Mittelpunkt des Reiches 70
Ladislaus Postumus 73
Fehde gegen den Kaiser 77
Gefahren aus dem Südosten 71
„Gottesplagen" 82
Großkaufleute als Geldgeber des Kaisers 88
Der Kaiser baut in Graz 92

Ein seltener Gast
Maximilian I. — der letzte Ritter 99
Juden 100
Nur wenige Besuche 104
Die Erbschaft des Kaisers 107
Handwerker in der Stadt 109

Reformation
Eindringen lutherischen Gedankengutes 121
Die Landesregierung ist protestantisch 132
Das Stadtbild verändert sich 135

Residenzstadt Innerösterreichs
Erzherzog Karl II. von Innerösterreich (1564—1590) 143
Beginn der Gegenreformation 155
Gründung der Universität 157
Architektur und Kultur im ausgehenden 16. Jahrhundert 161

Sieg der Gegenreformation
Fort mit den Protestanten 168
Schwere Zeiten 174
Krieg und Hunger, der „Dreißigjährige Krieg" 179
Der Weg zu neuen Formen 183

Am Rande des Reiches
Gelegenheit zum Feiern 200
Ursache: Siebenbürgen 205
„Magnatenverschwörung" 209
Innere Zustände gegen Ende des 17. Jahrhunderts 211
Neue Kriege 216
Beginnender Absolutismus 221
Die unregelmäßige Perle 229

Reformen
Umorganisation und Neuerungen....................237
Schulwesen....................243
Merkantilismus....................246
Das josephinische Jahrzehnt....................251

Vom Schloßberg weht die Trikolore
Napoleon in der Stadt....................265
Ruhmreicher Schloßberg....................271

Vormärz
Neuordnung....................281
Triebkraft Erzherzog Johann....................286
Biedermeierliches Kulturleben....................290

Revolution und Reaktion
Der Weg zu 1848....................304
Die Ereignisse von 1848....................311
Neuer Absolutismus....................316

Der letzte Akt
Am Abend der Monarchie....................325
Krawalle und Unruhen....................332
Kultur und Bauwesen am Ende des 19. Jahrhunderts....................336
Bauernsturm....................353
Kriegszeit....................356

Zwei Jahrzehnte Republik
Sonderfall Steiermark....................363
Neue Aufgaben — neue Sorgen....................365
Not und Hoffnung....................368
Aktives Kulturleben....................371
Bürgerkrieg....................377
„Stadt der Volkserhebung"....................387
In Großdeutschland....................394
Zusammenbruch....................398
Wieder zehn Jahre Besatzung....................406

Aufbruch ins 20. Jahrhundert
Es kann nur aufwärts gehen....................412
Normalisierung und Aufschwung....................415
Das Musikleben seit 1945 (von Manfred Blumauer)....................424
Sprechtheater in Graz 1945 bis heute (von Eva Schäffer)....................437
Das literarische Geschehen in der Zweiten Republik (von Christoph H. Binder)....................444
Farben-Denker, Strich-Artisten, Abenteurer, Idealisten. Die bildende Kunst in Graz seit 1945 (von Richard Rubinig)....................451

Die Bürgermeister der Stadt Graz....................463

Quellen und Literatur (Auswahl)....................465

Personenregister....................467

Niemandsland

Die Anfänge menschlicher Siedlungen

Die Urlandschaft rund um die heutige Landeshauptstadt Graz — entstanden aus glazialen Ablagerungen — wurde von dem stets wechselnden Lauf der Mur geprägt. Altwasser und Tümpel dominierten das Landschaftsbild. Ob Menschen der Steinzeit hier gelebt haben, ist ungewiß, denn bis heute konnten keine ausreichenden Beweise dafür gefunden werden. Ebenso gibt es keine Hinweise, die auf die Anwesenheit von Menschen im Grazer Stadtgebiet hindeuten. Die kulturgeschichtliche Epoche der Steinzeit ist gleichzusetzen mit der geologischen Periode der Eiszeit. Der Mensch kannte als Jäger und Sammler keinen festen Wohnsitz. Wohl jedoch hatte er Zufluchtsstätten, um überleben zu können. Die Drachenhöhle bei Mixnitz und die Badlhöhle bei Peggau — beide nördlich von Graz — dienten einem solchen Zweck. Diese dort in der mittleren Altsteinzeit lebenden Menschen sind als älteste Vertreter der menschlichen Kultur in der Steiermark anzusehen. Daher darf angenommen werden, daß auch im Gebiet von Graz Altsteinzeitmenschen „hausten" oder wenigstens jagten.

Erste Spuren des Menschen in der Steinzeit

Die mittlere Steinzeit ist klimatisch charakterisiert durch das Ende der Vereisung. Der Mensch der nun eintretenden Wärmeperiode war zwar noch Jäger, aber er ging bereits zum Ackerbau und zur Viehzucht über. Er formte Töpfe mit freier Hand, lernte den Stein zu schleifen sowie zu bohren und hielt bereits den Hund als Haustier. Von der Tätigkeit des Menschen zeugen die Fundstücke in der Zigeunerhöhle bei Gratkorn in der Nähe von Graz, die in die Zeit zwischen 8200 und 6800 v. Chr. zu datieren sind. Die Seßhaftigkeit schuf schließlich die Voraussetzung zur Entwicklung einer bäuerlichen Kultur. In der Steiermark gibt es verhältnismäßig viele Siedlungen aus der Jungsteinzeit. Bevorzugtes Siedlungsgebiet war, sicherlich aus klimatischen Gründen, die Mittelsteiermark. Daß dabei bisher im Gebiet von Graz noch keine Siedlung archäologisch nachgewiesen werden konnte, liegt wahrscheinlich nur daran, daß hier noch kaum wissenschaftliche Grabungen durchgeführt wurden.

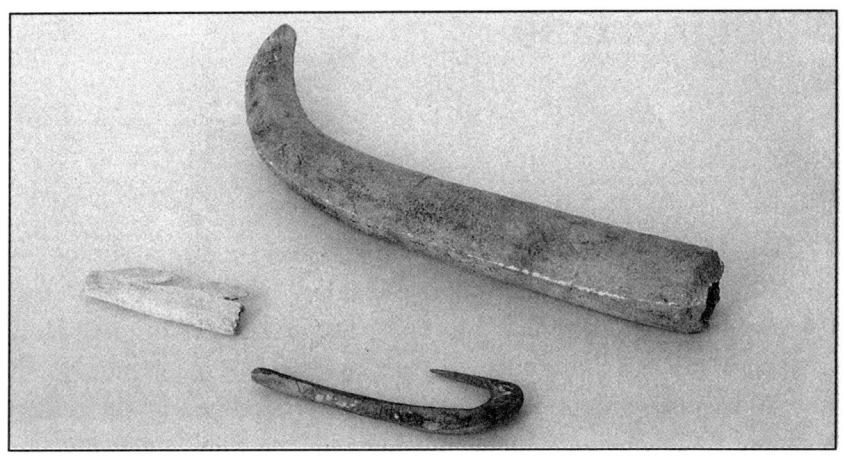

Geweihsproß, Harpunenspitze und Angelhaken aus der Zigeunerhöhle bei Gratkorn

Bodenfunde als Quellen der Geschichte

Eine etwaige Besiedlung oder Begehung des Gebietes von Graz kann frühestens um 3000 v. Chr., in der frühen Jungsteinzeit, durch das erstmalige Auffinden stummer Zeugen angenommen werden.

Zu den Zufallsfunden bei Bauarbeiten oder Schotterabbau innerhalb der heutigen Stadt gehören eine Pfeil- oder Speerspitze, Steinbeile, Doppelhämmer und ein Teil eines Tongefäßes.

Die Tontopfware ist das Hauptcharakteristikum dieser Epoche — daher auch der Name Keramikum. Der Mensch wandelte die Naturlandschaft in eine Kulturlandschaft um. Er hielt und züchtete Haustiere, benützte den vierrädrigen Wagen sowie den einfachen Pflug und erzeugte Gebrauchsgegenstände durch Steinschliff.

Die Steingeräte, die in der Sackstraße gefunden wurden, könnten auf eine späte jungsteinzeitliche Siedlung (um 2000 v. Chr.) im Bereich des südlichen Schloßbergs hindeuten.

Bronzezeit

Aus der Bronzezeit werden die Anzeichen menschlicher Niederlassungen häufiger. Die Besiedelung fand — abgesehen vom Schloßberg — weiterhin an den Ost- und Westrändern des Grazer Beckens statt, um vor Überschwemmungen der Mur sicher zu sein. Daher gibt es im Stadtgebiet aus der frühen Bronzezeit (etwa 1800—1500 v. Chr.) nicht allzuviele Funde.

Bald nach 2000 v. Chr. hatten südländische Händler die Bronze ins Land gebracht. Da sie aber relativ teuer war, blieb der leicht herzustellende Steinhammer noch weiterhin in Gebrauch. Das für die

Bronzelegierung (90 % Kupfer, 10 % Zinn) benötigte Kupfer kam aus dem östlichen Teil Mitteleuropas. Zinn wurde aus den Gebieten des heutigen England, Spanien, Frankreich und Deutschland eingeführt.

Zu den Funden der frühen Bronzezeit gehören Flachbeile, Randleistenbeile und Schmuckstücke.

Ähnliches wie für die Zeit der Flachgräberkultur — eine andere Bezeichnung für die frühe Bronzezeit — gilt für die mittlere Bronzezeit (1500—1200 v. Chr.), die nach ihrer charakteristischen Bestattungsart auch als Hügelgräberkultur bezeichnet wird. Nur wenige Fundstücke dürfen dieser Zeitspanne zugerechnet werden.

Alle weiteren Funde stammen aus der späteren Bronze- oder auch Urnenfelderzeit (1200—800 v. Chr.). Nun begann die Hochkunjunktur der Bronzeerzeugnisse. Da jedoch fast alle Funde der ausgehenden Bronzezeit in der Ebene südlich des Schloßberges anzutreffen waren, meinen einige Forscher, daß dieser damals schon eine besondere Rolle gespielt haben könnte.

Hatte man die ältesten Werkzeuge und Waffen von fahrenden Händlern erstanden, so weisen Depotfunde jetzt auf die heimische Verarbeitung der Bronze hin. Auch dürfte innerhalb dieses Zeitraumes mit dem Beginn bzw. der Ausweitung des Kupferbergbaues in der Obersteiermark begonnen worden sein. Dies war eine der Grundlagen für den späteren Reichtum des Landes. *Depotfunde*

Aus der Umgebung von Graz sind zwei Depot- oder Sammelfunde vom Plabutsch und aus Straßengel bekannt. Dolche, Lanzenspitzen, Sicheln, Ringe, Lappen- und Tüllenbeile sowie Helmreste, Spangen und Beschläge bilden neben Rohkupfer den Inhalt und weisen auf eine große Gußstätte hin.

Gegen Ende des 9. vorchristlichen Jahrhunderts bahnte sich in Mitteleuropa erneut eine Kulturwende an. Die Bronze wurde immer mehr vom Eisen als neuem, wichtigen Werkstoff abgelöst. Aus dem Süden und Südosten kam es als Importware in die Ostalpenländer. In Kärnten und Krain erschloß man neue Abbaustätten. Die Verwendung beschränkte sich jedoch vorwiegend auf die Erzeugung von Waffen, während Schmuck und Gefäße noch aus Bronze hergestellt wurden. *Eisenzeit*

Die Funde aus der Hallstatt- oder älteren Eisenzeit (800—400 v. Chr.) konzentrieren sich um den Schloßberg, der vielleicht mit ei- *Hallstattzeit*

Vorgeschichtliche Funde aus dem heutigen Grazer Stadtgebiet

nem nicht mehr nachweisbaren Ringwall aus Erde und vielleicht Palisaden umgeben war. Ein zweiter Ringwall soll am Florianiberg bei Straßgang der Bevölkerung Sicherheit geboten haben.

Es war offenbar eine unsichere und unruhige Zeit, sodaß man sich auf diese Art vor feindlichen Überfällen schützen mußte. Gerade das westliche Grazer Randgebirge mit seinen siedlungsgünstigen Kuppen vom Plabutsch bis zum Buchkogel hatte sicherlich zur Besiedelung eingeladen.

Einbruch der Kelten

Durch den Kelteneinbruch wurde die illyrische Hallstattkultur schwer erschüttert, die als die bedeutendste urgeschichtliche Epoche der Steiermark angesehen werden kann, beweist sie doch eine hohe kulturelle Blüte und auch den erheblichen Reichtum der herrschenden Schichten. Der Grazer Raum gehörte damals sicher nicht zu den politischen und kulturellen Zentren des Landes. Die Fundlage ist hier gerade für die Hallstattzeit dürftig und reicht gerade dazu aus, eine Besiedelung des Gebietes erkennen zu lassen. Im 4. Jahrhundert geriet die Steiermark immer stärker unter den Einfluß der Kelten. In die Ostalpen rückten sie vermutlich sowohl von Süddeutschland als auch von Oberitalien ein. Die Vermischung der Kelten und Illyrer führte schließlich zu einer vollkommenen Einheit und zu einer gänzlichen Keltisierung unserer Gebiete.

La-Tène-Kultur

Dies ergibt sich nicht nur aus den — erst später — überlieferten Namen, sondern auch aus den Funden. Die keltisch bestimmte La-Tène-Kultur tritt vor allem im südlichen Stadtbereich und auf den westlichen Höhenzügen auf. Die Eisenfunde im Bereich Wetzelsdorf zeigen, daß diese Periode, in der schon Tongefäße auf der

Drehscheibe gefertigt wurden, zu Recht den Namen jüngere Eisenzeit trägt.

Sicherlich war die keltische Besiedelung des Gebietes weitaus stärker, als es der einschlägige Fundbestand zu zeigen scheint. Dies kann Inschriften der Römerzeit entnommen werden, in denen sehr oft Einheimische mit keltischen Namen aufscheinen, die sehr wahrscheinlich von den in der La-Tène-Zeit zugewanderten Kelten abstammten.

Unter der Verwaltung Flavia Solvas

Durch den Zusammenschluß der keltischen Stämme unter der Führung der Noriker entstand ein Stammesbund, der in den Quellen als Königreich Noricum erwähnt wird. Die Hauptstadt des „regnum noricum" lag wahrscheinlich auf dem Magdalensberg im heutigen Kärnten. Zu diesem Reich gehörten spätestens im 2. Jahrhundert v. Chr. die Kelten in der heutigen Steiermark. Ein Bündnisvertrag mit dem Römischen Reich sollte den neuen Staat absichern.

Durch Kämpfe geschwächt, setzten die Stämme Noricums der römischen Expansionspolitik keinen nennenswerten Widerstand entgegen. Noricum wurde dem römischen Imperium um 16/15 v. Chr. zunächst zur Sicherung der Nordgrenze als Protektorat und schließlich unter Kaiser Claudius als Provinz eingegliedert. *Eindringen der Römer*

Kaiser Claudius

Diese Ereignisse bedeuteten einen ganz wesentlichen Einschnitt in der geschichtlichen und kulturellen Entwicklung der Steiermark, deren Zivilisation nun erstmals in Kontakt mit der Kultur des Mittelmeerraumes kam. Zu den ganz wichtigen Neuerungen zählten dabei die Übernahme der lateinischen Schrift, die allgemeine Verbreitung des römischen Geldwesens und des Handels, die neue Technik des Steinmauerns sowie das Eindringen neuer Religionen.

Sofort nach der Okkupation begannen die neuen Herrn mit der Romanisierung des Landes. Die einzige römische Stadt in der heutigen Steiermark, Flavia Solva (Wagna bei Leibnitz), erhielt erst unter Kaiser Flavius Vespasianus das Stadtrecht. Umgeben von Landsitzen und Villen bildete sie das Zentrum des Landes. *Flavia Solva Kaiser Flavius Vespasianus*

Graz hatte in der Römerzeit keine namentlich bekannte Vorgängersiedlung auf dem jetzigen Territorium. Die gesamte Umgebung

Modell von Flavia Solva zu seiner Blütezeit

dürfte damals keine besondere Rolle gespielt haben, sie stand jedoch unter der Verwaltung Flavia Solvas.

Welche Rolle der Schloßberg in der Zeit der römischen Besiedelung spielte, läßt sich wegen seiner späteren intensiven Verbauung auch durch Grabungen heute nicht mehr feststellen, doch es sollen sich eine Grabsteinbekrönung und Inschriftensteine auf ihm befunden haben. Hier wäre jedoch zu bemerken, daß besonders um 1500 das neugeweckte Interesse für klassische Altertümer so manchen Stein in die Stadt brachte. So verdankt die Grazer Burg dem Sammeleifer Maximilians I. eingemauerte Römersteine. Die genaue Eruierung eines Siedlungsschwerpunktes wird durch die im gesamten Stadtgebiet aufgefundenen stummen Zeugen der römischen Periode erschwert.

Eine geschlossene römische Niederlassung könnte sich — nach der Häufigkeit der Funde zu urteilen — in St. Leonhard und im Herz-Jesu-Viertel befunden haben. Römische Grundmauern, Inschriftensteine, eine Merkurstatue und Münzen kamen in der Schörgelgasse ans Tageslicht. Am Fuße des Schloßbergs fand man zwei Gräber mit zahlreichen Beigaben, ebenso in Weinzödl bei St. Veit, wo den Verstorbenen Glasbecher und Schalen beigelegt wurden.

Ein größerer römischer Begräbnisplatz befand sich vermutlich in St. Leonhard. Von dort stammt das schönste antike Grabmonument der Steiemark mit der Grabinschrift des Lucius Cantius Secundus für sich, seine Gattin Cantia Bonia, Tochter des Iunius, und seine Tochter Cantia Boniata aus der Zeit um 100 n. Chr. Dieser Stein, der in der Nähe der Kirche von St. Leonhard gefunden wurde, zeigt durch deutliche Darstellungen die Kunstfertigkeit in der römischen Provinz auf. Beide Frauen sind in norische Gewänder gehüllt und tragen eigentümlich geformte Hauben (sogenannte Modiusmützen) mit darübergelegtem Schleier und Schmuckfibeln.

Grabstein des Lucius Cantius Secundus

Auch im Zusammenhang mit weiteren Funden kann auf eine intensivere römerzeitliche Bewohnung — eventuell eine Villenkolonie — von Charlottendorf-Rosenberg geschlossen werden.

An die Möglichkeit einer Poststation ist im Bereich Straßgang/Florianiberg nicht zu denken. Die von Flavia Solva nordwärts ziehende Hauptstraße führte nach Puntigam und gleich der Alten Poststraße in Eggenberg über Gösting, Raach usw. nordwärts. Ihr Verlauf ist in der Gegend von Feldkirchen bei Graz durch Meilensteinfunde dokumentiert. Im Bereich Straßgang weisen eine Inschrift, drei Reliefs und eine vollplastische, doppelte Löwendarstellung als Teile von Grabmälern auf eine Besiedelung zumindest im 2. und 3. Jahrhundert hin.

Die umfangreichste bisher in Österreich aufgedeckte Villenanlage wurde in einer römerzeitlich verhältnismäßig dichtbesiedelten Gegend in Kalsdorf bei Graz — südlich des Flughafens Thalerhof — gefunden. Sie diente im 3. Jahrhundert n. Chr. als luxuriöser Landsitz, dessen Ost-West-Ausdehnung etwa 175 m betrug. Diese wichtige Anlage wurde 1973 durch den Ausbau des Flughafens vernichtet.

Römische Villenanlage

Die drohende Germanengefahr und Krisen im Inneren des römischen Imperiums veranlaßten Kaiser Diocletian zu grundlegenden Reformen, die zur Neuordnung des Reiches führten und auch die Provinz Noricum betrafen. Diese wurde dem Tauernkamm folgend in Noricum ripense (Ufernoricum) und Noricum mediterraneum (Binnennoricum) geteilt, wodurch der größere Teil der heutigen Steiermark und somit das Gebiet von Graz an die binnenländische Provinz kam. Der Niedergang des Reiches konnte aber trotz allem nicht aufgehalten werden.

Kaiser Diocletian

Grabstele des Lucius Secundus. Stich von Conrad Kreuzer 1843

Der Einfall der Hunnen (ca. 375) löste die Völkerwanderung aus, die zum Vorboten für den Zerfall des römischen Weltreichs wurde. Kurz zuvor erlebte jedoch unser Land einen letzten kulturellen und wirtschaftlichen Aufschwung. Um 405 dürfte schließlich Flavia Solva durch die Goten auf ihrem Zug nach Süden das zweite Mal und endgültig zerstört worden sein.

Völkerwanderung

Der erfolgreiche Staatsstreich (476) des germanischen Söldnerführers Odoaker bereitete dem weströmischen Kaiserreich nun tatsächlich das Ende. Aber auch er mußte dem Druck der Ostgoten unter Theoderich nachgeben und befahl den Romanen Noricums den Abzug nach Süden. Eine norisch-keltisch-romanische Bevölkerung blieb zurück. Beweise, die Rückschlüsse auf ein christliches frühmittelalterliches Leben in Graz nach dem 5. Jahrhundert zulassen, konnten im Stadtbereich bis zum heutigen Tage nicht festgestellt werden. Die Kenntnisse über Vor- und Römerzeit beruhen lediglich auf Zufallsfunden, da es, wie bereits erwähnt, bis heute noch zu keinen systematischen wissenschaftlichen Grabungen gekommen ist.

Ende des weströmischen Kaiserreiches (476)

Gradec (= slaw. — kleine Burg)

Slawische Landnahme

Slawische Besiedelung

Ende des 6. Jahrhunderts begann ein neues Volk in die nahezu leeren Räume einzusickern: die Slawen. Die vom mongolischen Reitervolk der Awaren unterdrückten slawischen Stämme wichen in die schwer zugänglichen Täler der Ostalpen aus. Diese „binnennorischen Slawen", welche aus dem Osten kommend das Drau-, Mur-, Mürz- und Ennstal aufwärts gezogen waren, bildeten nun das slawische Stammesherzogtum der Karantanen. Am stärksten scheint die ohnehin spärliche slawische Besiedelung nördlich von Graz gewesen zu sein. Die Namen Andritz (= rasch fließender Bach), Gabriach (= Weißbuche), Weinitzen (= Weingarten) sind slawischen Ursprungs. Aber auch Grambach (= kleines Tal) und Fernitz (= Föhrenbach) wie noch weitere Orts- oder Flurbezeichnungen stammen aus dieser Zeit.

Reich des Samo

Den Slawen gelang es etwa um 625, das drückende Joch der Awaren abzuschütteln und sich mit den nördlich der Donau wohnenden Stämmen zu einem slawischen Reich zu vereinen. Sein Beherrscher war der fränkische Kaufmann Samo. Nach dessen Tode zerfiel jedoch sein Reich ziemlich rasch.

Awaren, Bayern, Franken

Um die Mitte des 8. Jahrhunderts versuchten die Awaren, die Herrschaft über die Karantaner-Slawen zurückzugewinnen. Mit Hilfe der im Norden (Ennstal) angrenzenden Bayern gelang es, die Awaren nach Osten und Süden abzudrängen. Die Oberhoheit der Bayern blieb ihnen. Da jedoch einige karantanische Führer immer wieder Übergriffe auf die Bayern unternahmen, unterwarf Herzog Tassilo die Karantanen endgültig im Jahre 772. Damit wurde die Angliederung des karantanischen Herzogtums an das fränkische Reich und an die abendländische Kulturgemeinschaft eingeleitet.

Als der Frankenkönig Karl der Große Herzog Tassilo absetzte und zu lebenslanger Klosterhaft verurteilte, fiel Bayern mit Karantanien an das fränkische Reich und wurde dem Bistum Salzburg als Missionsgebiet zugeteilt.

Während für die Anwesenheit der Awaren in der Steiermark keine zuverlässigen Beweise existieren, läßt sich die Landnahme der

Krönung Karls des Großen zum Kaiser in Rom am 25. Dezember 800. Französische Buchmalerei

Slawen vor allem durch Berg-, Orts- und Flurnamen dokumentieren.

Nachdem Karl der Große die awarische Großmacht am Ende des 8. Jahrhunderts zerschlagen hatte, konnte er das Frankenreich bis tief in den pannonischen Raum erweitern und errichtete hier eine awarische oder pannonische Provinz, deren Grenze östlich von Graz — vermutlich über die Ries — verlaufen sein könnte.

Karl der Große

Ludwig der Fromme

Kurz nach dem Tode Kaiser Karl des Großen teilte sein Sohn und Nachfolger Ludwig der Fromme im Jahre 817 sein Reich und übertrug seinem jüngsten Sohn Ludwig dem Deutschen Bayern sowie die östlichen Slawen- und Awarenländer. Aus diesen, größtenteils deutschsprachigen Gebieten entwickelte sich das Deutsche Reich.

Slawenaufstand

819 erhoben sich die Slawen unter Ljudewit v. Posavien gegen die fränkische Herrschaft. Die Niederwerfung des Aufstandes, in welchem auch die Karantanerslawen verwickelt waren, brachte das Ende der bisher geduldeten inneren Selbstverwaltung Karantaniens (822/23). Der gesamte Grund und Boden kam an den Mitkönig Ludwig den Deutschen, der nun die Verwaltung fränkischen Grafschaften bairischer Abstammung übertrug. Mit der Einführung der bairisch-fränkischen Verwaltungsordnung war Karantanien endgültig in die Markenorganisation des Frankenreichs eingegliedert. Auf dem Boden der heutigen Steiermark errichtete man die Grafschaft im Ennstal, die Grafschaft im Mürztal, die Grafschaft Leoben und die Grafschaft um Judenburg (828). In der mittleren Steiermark ist lediglich die Grafschaft Dudleben überliefert. Zur selben Zeit verteilten die karolingischen Könige den Grund an den deutschen Adel und an das Hochstift Salzburg, das den Hauptanteil der Missionierungsarbeit durchführte. In einer für Salzburg ausgestellten Urkunde (860) wird der erste deutsche Dorfname des Landes, Nestelbach bei Graz (Nezzilinpah), genannt.

Ludwig der Deutsche

Der Boden rund um Graz soll 881 einem gewissen Vodilhelm vom Salzburger Erzbischof als Lehen auf Lebzeiten übertragen worden sein.

Rupertikirche in Straßgang

Der Tätigkeit Salzburgs wird auch die Errichtung der alten karolingischen Rupertikirche in Straßgang (gen. 1354) zuzuschreiben sein, da der heilige Rupert — der Gründer des Salzburger Erzstiftes — in der Steiermark als Patron aller Kirchen auftritt, die Ende des 9. Jahrhunderts erbaut wurden. Diese einschiffige, schlichte Kirche ist ihrem Bestand nach eines der ältesten Grazer Gotteshäuser.

Arnulf v. Kärnten

Durch den Ungarneinbruch — kurz vor dem Tod des letzten karolingischen Kaisers Arnulf von Kärnten (mit seinem Sohn Ludwig dem Kind starben die Karolinger 911 aus), ging die gesamte Südostflanke des Kaiserreichs bis zur Kor-, Stub- und Gleinalpe, weiters bis zu den Fischbacher Alpen verloren. Erst ein halbes Jahrhundert später (955) konnte der deutsche König und spätere Kaiser Otto der Große nach seinem entscheidenden Sieg gegen Ungarn auf dem

Kaiser Otto I.

Lechfeld bei Augsburg die verlorenen Gebiete zurückerobern und einen neuen Schutzgürtel von Marken errichten.

Der Boden der heutigen Steiermark war zum Schutze des Reiches in drei Marken eingeteilt: die Mark an der mittleren Mur, die Mark an der Drau und die Mark an der Sann. Die bedeutendste — weil wichtiger Wachtposten —, die Mark an der Mur oder auch karantanische Mark (marchia carentana), wurde 970 erstmals urkundlich genannt. Sie erstreckte sich von der Kor- und Gleinalpe bis zur Wasserscheide Mur/Raab (mons Predel, heute Pretul- bzw. Prellerberg), weiters von der Kalten Rinne nördlich von Röthelstein — der Grenze zur Grafschaft Leoben — bis zum Posruck im Süden. Diese Mark sollte zur Ausgangsbasis für die Entstehung der Steiermark werden. Als erster Markgraf wird ein Graf Markwart aus dem bairischen Geschlecht der Eppensteiner genannt, der bis zu seinem Tod (955) regierte. Schon Markwarts Vater und Großvater gleichen Namens besaßen reiche Güter in der Gegend um Judenburg. Ihre Hauptfeste war die Burg in Judenburg.

Markeneinteilung

Erster Markgraf

Schutz gegen Osten

Im Rahmen der ersten Markbefestigung und zum Schutz der hier einmündenden Straßen und des Murübergangs dürfte auf dem Schloßberg die erste und für die Siedlung namengebende Burg errichtet worden sein. Der am Fluß gelegene Dolomitfelsen eignete sich besonders gut zum Bau einer Verteidigungsanlage und stellte außerdem die einzige Befestigungsmöglichkeit am östlichen Ufer dar. Die Furt über die Mur lag an jener Stelle, wo die Straße, von der am Westrand des Grazer Feldes verlaufenden alten Römerstraße kommend, nach Osten führte.

Burg auf dem Schloßberg

Daß diese Verkehrsverbindung bereits in karantanischer Zeit stark befahren wurde, geht aus Funden (Tongefäße) hervor, die sich auf etwa 800 und 1000 n. Chr. datieren lassen. Sie wurden neben einer vorgeschichtlichen Herdstelle in der sogenannten Schloßberghöhle entdeckt, die sich zwischen dem südlichsten Ende des Schloßbergs und der heutigen Bürgerbastei erstreckt. Es ist anzunehmen, daß die jetzt weitgehend verschüttete Höhle eine Bewacherfunktion inne hatte wie später die erste befestigte Anlage über ihr.

Tongefäß aus karantanischer Zeit. Es trägt am Boden die typische Radspeichenmarke

gradec

Bei dieser ersten Burg handelte es sich lediglich um eine kleine Anlage auf dem Felsen oberhalb der Straßengabelung der heutigen Sporgasse. Ihr slawischer Name gradec (= kleine Burg) stammt aus einer Zeit, in der noch das slawische Element in der Umgebung von Graz dominierte.

Dieses, noch im 14. Jahrhundert als St.-Pauls-Burg bezeichnete Bauwerk in der Gegend des Uhrturms trug seinen Namen nach der Burgkapelle (heute Stiegenkirche), die dem heiligen Paulus geweiht und vermutlich vor allem für das Hofgesinde gedacht war. Darüber hinaus hatte diese Kapelle, wahrscheinlich auch für die umliegenden, um die Wende vom 11. zum 12. Jahrhundert aufkommenden Siedlungen kirchliche Funktionen übernommen. So erklärt sich auch die Bezeichnung des nahen Stadttores als St.-Paulus-Burgtor, dem heutigen Paulustor.

Grenzsicherung

Die Befestigung auf dem Schloßberg war nur ein kleines Glied in der langen Reihe von Anlagen, die die Steiermark und Kärnten vor den Ungarn schützen sollten, welche gefährlich nahe, bei Gleisdorf, einen vorgeschobenen Stützpunkt besaßen.

Landvergabe an Salzburg, Aribonen und Eppensteinern

Nach der siegreichen Schlacht am Lechfeld gab der deutsche König, wie schon im 9. Jahrhundert, erneut das wiedergewonnene Land zu Lehen. Außer der Salzburger Hochkirche waren neben den Eppensteinern, die anfänglich die Markgrafen stellten, noch die Pfalzgrafen von Bayern, die Aribonen, sowie kleinere Hochfreie von der Krone mit Besitz in der Mark bedacht worden.

Die Vergabe erfolgte vorerst westlich der Mur, da das östliche Gebiet noch als zu unsicher galt. Damals und im 11. Jahrhundert wurde durch die Errichtung von Gutshöfen und Siedlungen der Grundstein für die Entstehung der meisten deutschen Dörfer am Westrand des Grazer und Leibnitzer Feldes gelegt. Unweit der sicheren Burg auf dem Schloßberg gründete der Aribone Hartwig († 1026) ein Herrschaftszentrum — das nach ihm benannte Hartwigesdorf (heute Hart bei Straßgang). Das Gebiet des heutigen Bezirks, mit den Kirchen und Gutshöfen in Straßgang und St. Martin, gehörte damals dieser mächtigen Adelsfamilie, die als Stifter des Frauenklosters Göß bei Leoben aufscheint. In unmittelbarer Nähe der Straßganger Rupertikirche beherrschte die burgähnliche Anlage der Kirche Maria im Elend das Grazer Feld. Der Tradition folgend handelte es sich bei ihrer Gründung um eine Eigenkirche der Aribonen. Mitglieder der Familie verschworen sich jedoch gegen König Heinrich III. und verloren dadurch ihre Besitzungen . So kam Straßgang 1055 an das Erzbistum Salzburg. Das ursprüngliche Patrozinium des heiligen Georg wurde durch den Neubau der Familie der Gradner in ein Marienheiligtum umgewandelt.

König Heinrich III.

Der Waldgürtel des Höhenzugs der Wasserscheide von Mur und Raab (mons Predel) dürfte bis 1043 — mit einer kurzzeitigen Verschiebung — als Ostgrenze gegen die Ungarn gedient haben. Nun konnte König Heinrich III. nach einem erfolgreichen Waffengang die Grenze seines Reiches bis an die Lafnitz vorschieben. Die heutige Oststeiermark und das Pittner Gebiet kamen zu der damals nicht mehr von den Eppensteinern sondern von den Wels-Lambachern verwalteten Mark. Mit Grundbesitz wurden hauptsächlich die Aribonen und die Markgrafen aus dem Geschlecht der Wels-Lambacher vom deutschen König bedacht.

Nach der Rückgewinnung der Oststeiermark war für die neugewonnenen Landstriche die Möglichkeit der Besiedelung gegeben, die von den Aribonen in Angriff genommen wurde. Das erste deutsche Herrschafts-, Wirtschafts- und Siedlungszentrum östlich der Mur nach 1043 befand sich noch in Sichtweite der Schutzburg. Dieses Siedlungszentrum Guntarn, das nach seinem Gründer Gunter, einem Beauftragten des Pfalzgrafen Aribo, benannt war, bestand aus einem großen Meierhof („Meier" = Wirtschaftsführer des Grundherrn), einer Eigenkirche, einer Mühle, einer Schmiede und einer Taverne. Guntarn — der heutige Bezirk St. Leonhard — lag an

Siedlungszentrum Guntarn

Burg Gösting. Kupferstich von Georg Matthaeus Vischer, um 1680

einer Stelle, die durch römische Funde gekennzeichnet ist. Vermutlich sollte sie als junge deutsche Siedlung an einen antiken Siedlungsplatz anknüpfen.

Diese Anlage konnte sich bis ins 19. Jahrhundert erhalten. Die ehemalige Eigenkirche war die Vorgängerin der St.-Leonhard-Kirche. Der heutige Schanzlwirt nimmt den Platz der damaligen Taverne ein.

Etwa um dieselbe Zeit — Mitte des 11. Jahrhunderts — schenkte der Kaiser dem Markgrafen der Karantanermark, Gottfried, zwei Königshuben bei Gösting. Dieser ließ dort als Talsperre eine mächtige Burg erbauen. Im Gegensatz zur kleinen Burg auf dem Schloßberg (gradec) nannte die slawische Bevölkerung den Bau in Gösting „große Burg" (grad). Die Siedlung im Tal dürfte aus einer Herberge (slaw. = gostnica) an der Römerstraße auf ehemaligem Aribonengut entstanden sein.

Die Markgrafen von Traungau

Nach dem Erlöschen der Wels-Lambacher um 1050 erhielt Otakar aus dem Geschlecht der Traungauer das Markgrafenamt übertragen.

Die Traungauer oder Otakare residierten anfänglich als Gaugrafen des Traungaues in Wels und in Steyr. Nach dem Erbanfall stand nun ein großes Gebiet unter der Verwaltung dieser Fürsten, das sich von der oberösterreichischen Donau bei Linz und von der Piesting im Norden über die Niederen Tauern bis zur Mur bei Radkersburg erstreckte.

Ein neues Zentrum

Das Territorium der heutigen Steiermark wurde um 1100 von einer deutsch-slawischen Mischbevölkerung bewohnt. Weite Gebiete in der Nähe der Ostgrenze waren durch die ständigen Einfälle der Ungarn fast gänzlich menschenleer. Erst als 1122 das riesige Eppensteiner Erbe an die mit ihnen versippten Traungauer fiel, der Investiturstreit zwischen Kaiser und Papst durch das Wormser Konkordat beigelegt wurde, eine längere Friedensperiode mit den Ungarn bestand, und mit dem Traungauer Grafen Leopold dem Starken eine junge, tatkräftige Persönlichkeit die Geschicke der Mark leitete, konnte mit einem großangelegten Rodungs- und Siedlungswerk im Südosten des Landes begonnen werden. *Markgraf Leopold*

An der Spitze der friedlichen und ungestörten oststeirischen Besiedelung stellte sich Markgraf Leopold selbst. Er errichtete seine erste Pfalz am Fuße des Hartberges, wie das gesamte nordoststeirische Bergland damals genannt wurde. Der Grazer Boden gehörte noch nicht den Traungauern. Diesen besaß der Hochfreie Bernhard von Stübing, ein Enkel des Pfalzgrafen Aribo. Unter ihm und seinen Söhnen sowie den Ministerialen von Graz begann die rasche und planmäßige Besiedelung des Grazer Feldes mit zahlreichen Dörfern. In Graz selbst wurde auf dem Schloßberg als Zentrum eine romanische Herrschaftsburg erbaut. Sie geht auf einen Ministerialen Bernhards von Stübing mit dem Namen Hadmar vom Ennstal zurück, der im Auftrag seines Herrn den Bau auf dem sicheren Dolomitfelsen verwirklicht hatte. Auf Hadmar weist der Name Harmsdorf im heutigen südlichen Grazer Stadtgebiet (Münzgrabenstraße) hin, das ursprünglich die Bezeichnung Hadmarsdorf trug (gen. 1165). *Ausbau des Schloßbergs*

Unterhalb der neuen Burg am Fuße des Schloßbergs entstand zwischen 1125 und 1130 der dazugehörende Meierhof — vermutlich im Bereich des heutigen Freiheitsplatzes — und die Eigenkirche St. Ägidius (erste Nennung 1174), die sich an der Stelle der heutigen Domkirche befand und den Mittelpunkt des neuen Wirtschaftszentrums bildete. Das Patrozinium des heiligen Ägidius läßt auf eine frühe Entstehungszeit schließen. Dieser Heilige galt als Beschützer der geistlichen und weltlichen Fürsten sowie als Schirmherr von Händlern und Kaufleuten.

Ackergeräte. Detail aus dem Reiner Musterbuch, 1208 — 1213

Alle Herrschafts- und Wirtschaftshöfe hatten mangels gewerblicher Zentren die damals noch geringe Bevölkerung mit Handwerks- und Handelsware zu versorgen.

Erster Markt Die neue Burg und der Meierhof führten in unmittelbarer Nähe zur Errichtung eines eigenen Gewerbe- und Marktzentrums. Es war dies ein kleiner Gassenmarkt zwischen Mur und Schloßberg, der im Norden ohne Ausgang war. Der Markt — ein Vorläufer des ersten „Sackes" (erster Teil der heutigen Sackstraße) — hatte vermutlich eine Länge von 185 Metern.

Vom Markt zur Stadt

Erste urkundliche Nennung

Mit diesen Einrichtungen war Graz zu einer wichtigen Drehscheibe für Handel und Verwaltung geworden und wurde immer häufiger in Urkunden erwähnt.

Die erste Nennung von Graz findet sich in einer undatierten Urkunde des Markgrafen Leopold, als er seinem Ministerialen Rudiger einige Güter bei Hartberg überließ, die nach dessen Tod an das Stift Rein fallen sollten. Dieses Schreiben, von dem nur eine Abschrift aus dem 15. Jahrhundert existiert, ist in seiner heutigen Form höchstwahrscheinlich eine formale Fälschung aus dem letzten Drittel des 12. Jahrhunderts. Es war damals jedoch nichts Ungewöhnliches, wenn eine formlose Traditionsnotiz in die Form einer beweisbaren Urkunde gebracht wurde. Der eigentliche Inhalt des Dokuments kann ohne weiteres für richtig gehalten werden, da die Umschreibung nur ein halbes Jahrhundert später durchgeführt wurde. Aus dem Umstand, daß das Stift Rein anfänglich mit Mönchen aus dem Kloster Ebrach im Schwarzwald (gegr. 1127) besetzt werden sollte, kann man für die Ausstellung der Schenkungsurkunde die Zeit zwischen 1128 und dem Tod des Markgrafen Leopold (1129) annehmen. Zusätzlich kommt im Adelsprädikat eines Zeu-

Erste, aber unsichere, Nennung von Graz 1128/1129 (?)

Älteste Nennung des Namens „Gratz".
Abschrift eines Schreibens von 1228

gen, der sich Dietmar von Graz nennt, der Name der heutigen Landeshauptstadt vor.

Auch die weiteren Urkunden, welche die Herren von Graz und damit Graz nachweisen, sind undatiert. Sie werden von der Forschung in die Jahre zwischen 1130 und 1135/36 gesetzt. Diese Unsicherheit führte zu wissenschaftlichen Auseinandersetzungen über das eigentliche „Geburtsjahr" und der Berechtigung der 850-Jahr-Feier (1978) von Graz.

Eine seltsame Meldung

Eine andere seltsame Meldung über die erste Nennung der Stadt notierte ein Reiner Mönch in der „Weltchronik von Heiligenkreuz". Diesem Wortlaut zufolge sollen im Jahre 1115 an einem einzigen Tag in „Grecz" dreißig Frauen verbrannt sein. Rätsel über Rätsel. Kamen so viele Frauen bei einem Brand ums Leben? Das erste Nonnenkloster bestand erst 200 Jahre später. Wurden so viele Zauberinnen zum Tod auf dem Scheiterhaufen verurteilt? Hexenprozesse begannen erst nach mehreren Jahrhunderten. Es ist denkbar, daß bei einem Unglück (Brandkatastrophe) diese Frauen bei ihren Tätigkeiten im Haushalt ums Leben kamen. Die Problematik dieser Quelle besteht darin, daß hier die Gründung Reins mit 1117, also um zwölf Jahre zu früh, gemeldet ist.

Eine sichere Datierung für die Nennung von Graz stammt aus dem Jahre 1140, als Udalrich von Graz die Errichtung des Augustiner-Chorherrenstiftes zu St. Marein an der Feistritz durch Adalram von Waldeck in einem Dokument bezeugte.

War durch die erfolgten Nennungen nur eine Grazer Burg zu belegen, nach der sich ein Geschlecht benannt hatte, so läßt sich jetzt auch der Markt nachweisen, da bereits 1147 und 1159 ein Grazer Kaufmann namens Witelo genannt wird.

Während bisher der Gutshof Guntarn am Ostrand des Grazer Feldes das herrschaftliche Siedlungszentrum gebildet hatte, verlagerte sich nun der Schwerpunkt nach Graz. Mit seiner Burg auf dem Berg, dem Meierhof mit einer Mühle und einer Taverne sowie der Eigenkirche übertraf es Guntarn rasch an Bedeutung. Daher wurde der Gutshof abgegeben und fiel 1185 an das Stift Vorau.

Markgraf Otakar III.

Ein neuer Abschnitt in der Durchsetzung der Landesherrschaft begann, als der Sohn Markgraf Leopolds, Otakar III., um 1139/40 die Markverwaltung übernahm. Unter ihm vollzog sich jener Vorgang, der als Entstehung des Landesfürstentums bezeichnet werden kann. Der Markgraf, bisher primus inter pares, wurde im Zuge dieser Entwicklung zum princeps — zum Landesfürsten. Der Weg dazu mußte schwer erkämpft werden. Mit eiserner Energie und nicht immer gut gewählten Methoden schuf Otakar das Land Steiermark. Die hoch- oder edelfreien Geschlechter des Landes, welche die wichtigsten und fruchtbarsten Landstriche der Steiermark inne hatten, stellten für die Otakare das größte Hindernis bei der Durchsetzung der Landesherrschaft dar.

So ließ er die Söhne Bernhards von Stübing, Konrad von Feistritz und Adalram — angeblich wegen Hochverrats — hinrichten (1151) und zwang den letzten Sohn, Ulrich von Graz, 1156 zum Eintritt in das Stift Seckau, um den Grazer Boden — das Zentrum der Mark — in seine Hand zu bringen.

Im 12. Jahrhundert beeinflußten zwei Ministerialengeschlechter die Geschichte von Graz, die als Burggrafen am Schloßberg eingesetzt waren. Die Dietmare und die Udalriche, die sich Herren von Graz oder von Dunkelstein nannten, waren bereits unter Bernhard von Stübing tätig. Diese beiden Geschlechter — sie gehörten zu den ersten Familien des Landes — traten nach dem Klostereintritt des letzten Hochfreien Ulrich von Graz in die Dienste des Markgrafen Otakar III. und behielten ihr Amt bis zum Aussterben der Traungauer.

Der bis 1164 genannte Burggraf Udalrich leitete im Auftrag Otakars den Aufbau bzw. die Gründung eines neuen, zweiten Marktes, die der Gassenmarktanlage des ersten Sackes angefügt wurde. Dieser war mit dem jetzigen Hauptplatz ident, doch reichte er ursprünglich bis zur heutigen Landhausgasse. Die neue Hauptplatzanlage muß schon in den sechziger Jahren existiert haben, denn die Urkunden (1164) berichten von einem regen Marktbetrieb. Der Markt hatte ein weites Einzugsgebiet als Abnehmer, da es in der Nähe von Graz viele Dörfer gab, und die nächsten Märkte sich damals in Bruck/Mur und Leibnitz befanden. Ab diesem Zeitpunkt überflügelte Graz bald die bisherige Hauptpfalz der Traungauer in der Mark, Hartberg, und wurde schließlich deren Residenz. Sie hielten sich wahrscheinlich bevorzugt in der Burg auf dem Schloßberg auf, den sie nun ausbauten.

Zweite Marktanlage

Der Grazer Handel war primär nach den südöstlichen Gebieten ausgerichtet. Besonders der erste Kreuzzug (1096—1099), der auch Österreich und Ungarn berührte, belebte die Beziehungen nach

*Straßen-
verbindungen*

Südosten. Von der für den Mittelmeerhandel wichtigen Straßenverbindungen Venedig—Wien erreichten Nebenlinien Graz. Als wichtigster Zugang von Süddeutschland zur Mark an der mittleren Mur galt die Straße vom Ennstal über den Schoberpaß—Leoben—Bruck/Mur in den Raum Graz. Eine weitere Verbindung führte über Gleisdorf und Hartberg ins Wiener Becken und war hauptsächlich für den Verkehr mittlerer Reichweite gedacht. Die von Graz entlang der Mur nach Leibnitz und Radkersburg führende Ungarnstraße brachte Salz sowie Eisen nach Osten und Getreide, Vieh und Häute in die Gegenrichtung. Stärker als der Verkehr auf der Landstraße dürfte der Verkehr auf dem Wasserweg der Mur gewesen sein, über den jedoch keine gesicherten Nachrichten bekannt sind.

Im Jahre 1164 schenkte Markgraf Otakar dem Kloster Rein Hofstätten unter der Burg, damit das Stift dort ungestört vom Marktgetriebe Wein und andere Waren einlagern könne. Diese Urkunde, mit der Rein die Grundlage für den späteren Reinerhof in der Sackstraße erhielt, unterscheidet strikt zwischen der alten Gassenmarktanlage und der neuen Marktgründung, dem Hauptplatz.

Die damaligen Wohnhäuser waren recht einfach, meist ebenerdig, höchstens mit einem aus Holz gezimmerten Obergeschoß ausgestattet und dürften in Form und Aussehen den heutigen Bauernhöfen geähnelt haben. Heutzutage besitzen manche Gebäude der ältesten Stadtteile noch die seichten Grundmauern ihrer Entstehungszeit.

Hauptstadt des steirischen Herzogs

Mit der neuen, großen, trapezförmigen Marktanlage Otakars hat dieser seinem Land einen zentralen und repräsentativen Mittelpunkt gegeben. Der Markgraf selbst hielt sich nun immer öfter in Graz auf. Adelsversammlungen und Taidinge, die auf dem Schloßberg, vor oder in der Ägidiuskirche sowie auf dem älteren Markt stattgefunden hatten, wurde jetzt immer häufiger auf dem großen Marktplatz abgehalten. Die Bevölkerungszunahme war damals so groß, daß von der alten, das gesamte Grazer Feld umfassenden Pfarre Feldkirchen-Straßgang der Teil östlich der Mur abgetrennt und zu einer eigenen Pfarre mit der Kirche zum heiligen Ägidius erhoben wurde.

Unter dem Sohn und Erben Otakars III. († 1164), Otakar IV. stieg Graz neben Judenburg, Leoben, Hartberg und Marburg in den Rang eines markgräflichen Gerichtsortes auf. 1174 hielt sich der päpstliche Legat Konrat hier auf, um über die Gründung eines eigenen Bistums in der Steiermark zu verhandeln. Doch der Erzbischof von Salzburg wußte dieses Vorhaben zu vereiteln.

Markgraf Otakar IV.

Die Erhebung der Steiermark zu einem Herzogtum durch Kaiser Friedrich Barbarossa im Jahre 1180 hing mit der Absetzung Heinrichs des Löwen und der Neuvergabe der Herzogtümer Bayern und Sachsen zusammen. Das neue Herzogtum Steier war ein Fürstentum sowie Lehen des Reiches und als solches mit Kärnten, Österreich und Bayern gleichberechtigt. Seit der Erhebung zum Herzog ließ Otakar IV. das von seinem Vater übernommene Siegel ändern und nannt sich „dux Styre" oder „Styrie". Das Landesbanner zeigt den vor 1160 von Otakar III. als Wappentier gewählten Panther. Die unmittelbare Folge für Graz war, daß sich nun ein herzoglicher Verwaltungsbeamter hier aufhielt und der Pfarrer (genannt 1181) herzoglicher Hofkaplan wurde.

Herzogtum Steiermark (1180)

Die prächtigen Hoftage und Versammlungen, die der Herzog nun in Graz abhielt, verdeutlichen am besten, daß Graz zum Mittelpunkt der Steiermark aufgerückt war.

Am 17. August 1186 schlossen der unheilbar kranke letzte Traungauer und sein Verwandter, Herzog Leopold V. von Österreich, auf dem Georgenberg bei Enns einen Erbvertrag. Um jedoch die Zustimmung der steirischen Ministerialen zu erreichen, wurde für diese eine Handfeste — die „Georgenberger Handfeste" — ausgestellt. Die Verbindung Österreichs mit dem Herzogtum Steiermark stellte den ersten Schritt zur Vereinigung der Ostalpenländer dar. Von diesem Zeitpunkt an betrachtete sich der steirische Herzog nicht mehr als alleiniger Herr seines Landes. Bei allen wichtigen Verfügungen holte er die Zustimmung Leopolds ein. So z. B. übergaben beide Herzöge gemeinsam in Graz den jungen Ministerialen Ulrich von Graz seinem Vormund, dem Edlen Konrad von Kindberg. Bis zu seinem Tod hielt sich Otakar bevorzugt in seiner Hauptstadt Graz auf. Als er am 5. Mai 1192, erst 29jährig starb, belehnte Kaiser Heinrich VI. die Babenberger mit den traungauischen Landen.

„Georgenberger Handfeste"

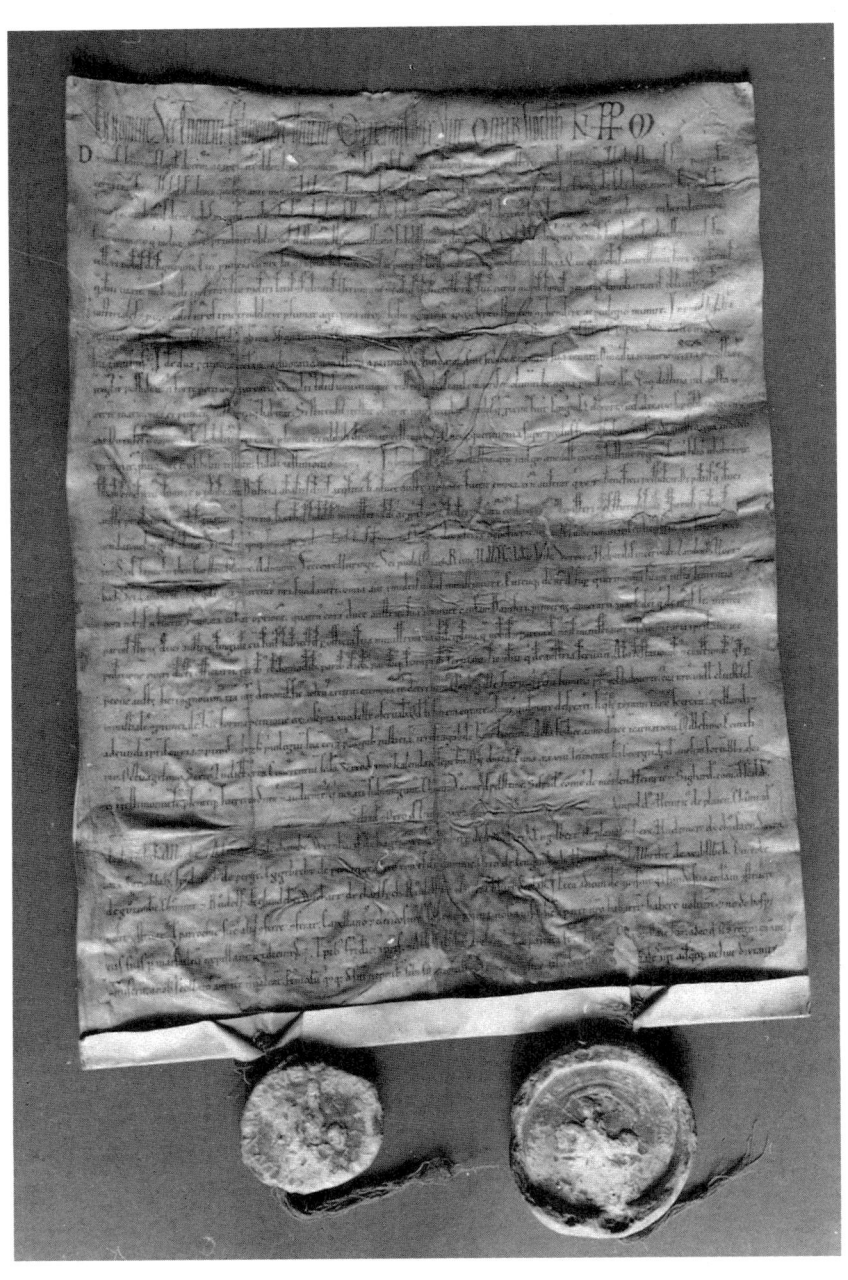

„Georgenberger Handfeste".
Urkunde vom 17. August 1186

Rechts:
Tischgrab Herzog Otakars IV. in St. Heinrich am Bachern

Herzog Leopold V.

Der Babenberger Leopold — jetzt auch Herzog der Steiermark — kam im Juni 1192 nach Graz, um sein Erbe anzutreten und in Gegenwart seiner Söhne Friedrich und Leopold sowie der steirischen Äbte und Ministerialen die Huldigung entgegenzunehmen.

Doch die Union zwischen der Steiermark und dem Herzogtum Österreich war nicht von langer Dauer. Herzog Leopold V. feierte mit seinem ältesten Sohn Friedrich das Weihnachtsfest des Jahres 1194 in Graz. Bei einem Spazierritt am 26. Dezember glitt sein Pferd auf dem eisigen Boden aus. Ein Splitterbruch des Schenkels war die Folge. Selbst dessen Abnahme konnte ihn nicht mehr retten, und so fand er das gleiche Ende wie sein Vater Heinrich II. Jasomirgott. Auf dem Sterbelager rief er zuerst den in Graz anwesenden Pfarrer Ulrich von Hartberg, dann den ihm verwandten Erzbischof Adalbert von Leibnitz zu sich und schwor, daß er sich dem Papst unterwerfen werde, wenn er mit dem Leben davonkomme. Die Gefangennahme des englischen Königs Richard Löwenherz, der ihn im Heiligen Land schwer beleidigt hatte, hatte ihm nämlich den päpstlichen Bann eingetragen.

Herzog Leopold VI.

Die Zwischenherrschaft Herzog Friedrichs, Leopolds Sohn, war zu kurz, um für Graz besondere Ereignisse bewirkt zu haben. Erst sein Bruder Leopold schenkte in seinen lezten Regierungsjahren der Steiermark, die er immer wieder als Nebenland bezeichnet hatte, und somit der Landeshauptstadt mehr Aufmerksamkeit. Seine erste Aufgabe war es, den Landfrieden wieder herzustellen, der während seiner Abwesenheit, besonders durch die Fehden der Ministerialen Herrand von Wildon und Harnid von Ort, gebrochen worden war. In den Jahren 1221 bis 1227 hielt sich der Landesfürst für längere Zeit hier auf. Am 22. April 1224 trafen sich Herzog Leopold, der Erzbischof von Salzburg, die Bischöfe von Bamberg, Chiemsee und Seckau, die Markgrafen von Istrien und Hohenburg, die Grafen von Görz und Hardegg sowie zahlreiche Edle und Ministerialen in Graz zu politischen Beratungen. Die Stimmung in den Nachbarländern war sehr gespannt, besonders in Ungarn, da sich Leopold in die dortigen Thronstreitigkeiten eingemischt hatte.

Papst Honorius III.

Am 6. Juli 1225 vermittelte Papst Honorius III. mit Ungarn den Frieden von Graz. Gerade damals dürfte Graz jene Freiheiten erhalten haben, auf die sich der Privilegienbrief König Rudolfs I. von Habsburg (1281) bezieht. Unter anderem sind hier höchstwahrscheinlich auch die Rechtsbestimmungen für die wichtigen Jahr- und Wochenmärkte enthalten.

Die Zeit des Friedens währte aber nicht lange. Streitigkeiten um die Grenze zu Ungarn sollten auch in Zukunft immer wieder zu kriegerischen Auseinandersetzungen führen.

Mit dem Regierungsantritt Herzog Friedrichs II., den spätere Geschichtsschreiber den Streitbaren nannten, ging eine relativ ruhige Zeit zu Ende. Seine andauernden Auseinandersetzungen mit den Nachbarn, vorwiegend mit den Böhmen und dem verschwägerten ungarischen König Bela IV., führten zu einer unerträglichen Steuerlast.

Herzog Friedrich II.

Von wehrpolitischen Überlegungen getragen, war 1233 die Schenkung des alten traungauischen Gutshofes am Leech mit der Kirche an den Deutschen Ritterorden. Graz befand sich in einer Kette von Komtureien des Ritterordens, die sich von der Adria bis zur Marienburg an der Ostsee erstreckte. Der Hof mit der spätestens zu Beginn des 13. Jahrhunderts von Herzog Leopold VI. auf dem vorgeschichtlichen Grabhügel „Lee" erbauten, traditionsgemäß der heiligen Kunigunde (Gemahlin Kaiser Heinrichs II.) geweihten Kirche (1202), sicherte die nahezu gänzlich ungedeckte Ostseite von Graz und die Straßen nach Ungarn. Der Deutsche Ritterorden ließ den Hof und die Kirche nach einer vermutlichen Zerstörung durch die Ungarn (1250) neu aufbauen. Bei ihrem Wiederaufbau (ca. 1275—1293) wurde das Patrozinium auf die Schutzherrin des Ordens, die heilige Maria, geändert. Als Vorbilder für den Bau gelten andere Kirchenbauten des Ordens. Der plastische Schmuck — die Tympanonfigur und die Schlußsteinskulpturen — stehen als Anfänge der gotischen Monumentalplastik im östlichen Alpenraum. Vor allem die thronende Muttergottes gilt als Hauptwerk der frühgotischen Plastik in Österreich. Die Deutschen Ritter richteten noch im 13. Jahrhundert hier eine Schule und ein Männerspital ein. Als erster Spitalmeister ist aus dem 13. Jahrhundert ein Chunradus hospitalarius genannt. Das Spital dürfte wie alle anderen Deutschordensspitäler im 14. oder 15. Jahrhundert geschlossen worden sein. Erst um 1500 entstanden die beiden Türme an der Westfassade.

Die Leechkirche fällt an den Deutschen Ritterorden

Bei der Bestiftung des Deutschen Ordens wird Graz wie bereits 1189 „civitas" genannt, doch wurde dieser Ausdruck bis ins 13. Jahr-

Tympanonrelief der Leechkirche, 1289/93

hundert für eine Burg oder ein Schloß gebraucht. Der Terminus „forum" (= Markt) tritt noch im Jahre 1214 auf. Ein Vermerk in der Urkunde an die deutschen Ritter, daß die Kirche der heiligen Kunigunde vor der Stadtmauer lag, läßt den Schluß auf eine erste Ummauerung von Graz zu.

Kaiser Friedrich II.

Reichsacht über Herzog Friedrich

Im Sommer 1236 führten die andauernden Klagen über die rechtswidrigen Eintreibungen zusätzlicher Abgaben und zuletzt der Streit um die Morgengabe der Schwester des steirisch-österreichischen Herzogs, die mit König Heinrich (VII.) vermählt gewesen war, zum Bruch mit Kaiser Friedrich II. und schließlich im Juli zur Ächtung des Herzogs. In der Folge fielen sämtliche steirischen Stände und die meisten Ministerialien von ihrem Landesfürsten ab und wandten sich dem Kaiser zu. Dieser besuchte im Herbst persönlich die Steiermark und feierte in Graz auf der Durchreise nach Wien mit seinem Gefolge das Weihnachtsfest. Die Ministerialen meldeten ihm den Fall der starken landesfürstlichen Burgen, darunter auch Gösting, und übergaben ihm die Gemahlin Herzog Friedrichs, Agnes von Meranien, als Gefangene. Im April des nächsten Jahres belohnte Kaiser Friedrich die Reichstreue der steirischen Ministerialen mit einem Privileg, das sie zu Reichsministerialen erhob. Neben diesem wichtigen Punkt enthielt der Freibrief die älteste Strafsanktion gegen die immer stärker einsetzende Landflucht. Die Freiheiten, die damals den Bewohnern der Städte und Märkte zustanden, bewirkten einen Massenansturm der Landbevölkerung. Der Kaiser verordnete, daß alle Eigenleute, die ohne Zustimmung ihrer Herren in die Städte und Märkte geflüchtet waren, ihren Herren wieder zurückgegeben werden sollten.

Kaiser Friedrich II. Deckfarbenmalerei auf Pergament, um 1260

Reichsverweser Das Land wurde vom Kaiser nicht selbst verwaltet, sondern er unterstellte es nach sizilianischem Vorbild einem Reichsverweser, der eine Art Statthalterfunktion ausübte. Damit war nun erstmals die Funktion des Landeshauptmannes begründet. Für Österreich und die Steiermark war der Bischof Eckbert von Bamberg vorgesehen. Ihm wurden der Burggraf von Nürnberg und Graf Eberhard von Eberstein zur Seite gestellt. Zum obersten Landrichter für die Steiermark ernannte der Kaiser den Grafen Ulrich von Pfannberg.

Die steirische Ministerialität blieb bis zur Aussöhnung des Herzogs mit dem Kaiser (1240) reichstreu. Sie mußte aber die erneute Annäherung mit dem Verlust der Reichsunmittelbarkeit bezahlen und den ihre Unfreiheit betonenden zweiten Zusatz zur Georgenberger Handfeste akzeptieren. Der Herzog nahm bereits im Sommer von der wiedergewonnenen Steiermark Besitz und bezog seine Residenz in Graz. Damals, um 1245, erhielt Graz das bis heute unverändert Stadtsiegel. Der Panther, den die Stadt als Eigentum des steirischen Herzogs führte, bekam eine Krone aufgesetzt. Ebenso dürfte Graz von Herzog Friedrich weitere Freiheiten erhalten haben, die schließlich im (verlorengegangenen) Privileg Rudolfs I. (1281) nochmals festgehalten worden waren.

Stadtsiegel

Stadtgericht Aus dieser Zeit stammt ein urkundlicher Beleg für das Vorhandensein eines Stadtgerichts, das vom Landgericht unterschieden war. Ursprünglich wurde die Gerichtsbarkeit von einem Landrichter ausgeübt, den der Landesherr eingesetzt hatte. Der Adel, seine Untertanen sowie die Geistlichkeit, mußten nicht vor dem Stadtrichter erscheinen. So lassen sich auch die Privilegien erklären, durch die der Deutsche Ritterorden sowie die Bewohner von Gutshöfen und Klöstern in der Stadt, wie z. B. des Reinerhofes, von der Amtsgewalt des Stadtrichters befreit waren. Bis in die Mitte des 14. Jahrhunderts setzten sich die Stadtrichter fast ausnahmslos aus Angehörigen der vornehmsten, zum Teil dem Ritterstand angehörenden Geschlechter von Graz zusammen.

Graz besaß nun alle äußerlichen und rechtlichen Merkmale einer Stadt: einen Markt, eine eigene Gerichtsbarkeit und eine Mauer.

Bereits im Jahre 1239 lassen sich in Graz zwei Minoriten mit den Namen Albert und Marchward urkundlich nachweisen. Die Minoriten, ein Zweig der Franziskaner, hatten am unverbauten Stadtrand an der Mur — vermutlich um 1230 —, neben der alten, dem heiligen Jakobus geweihten Kapelle, ihre Bettelordenskirche Mariä

Himmelfahrt mit dem anschließenden Klostergebäude errichtet. Vom Dachreiter dieser Kirche läutet noch immer die älteste Glocke der Landeshauptstadt. Ihre Inschrift „VenI CVM paCe o reX gLorIae" gibt uns als Entstehungsjahr 1272 an.

Durch die Niederlassung der Bettelorden gewannen die Städte einerseits durch den festen Klosterbau an Wehrhaftigkeit, andererseits konnte das in Zunahme begriffene Bürgertum seelsorgerisch besser betreut werden. Der Platz zur Neugründung war von den Grazer Bürgern zur Verfügung gestellt worden. So etwa überließ der Bürger Volkmar den Ordensbrüdern ein Grundstück zur immerwährenden Nutzung. Die Verwaltung der Liegenschaften schien wie üblich auch in Graz vom Rat der Stadt geführt worden sein. Ungeklärt ist die auffällige Schrägstellung nach Südosten, die eventuell auf einen ehemaligen Murarm zurückzuführen ist. Der wuchtige Westturm war vielleicht zum Schutz der Brückenbefestigung gedacht — überhaupt wurden die ganze Kirche und die Klosteranlage in das Verteidigungssystem miteinbezogen. 1241 konnte das erste nachweisbare Kapitel der österreichischen Ordensprovinz hier stattfinden. Der Landmeister, Bruder Johannes, brachte die Bulle Papst Gregors IX. zur Kenntnis, welche zum Kreuzzug gegen die Tartaren aufrief.

Wehrhaftigkeit durch Klosterbauten

Papst Gregor IX.

Die Grazer Bürger benutzten die vergangenen Jahrzehnte, um auch außerhalb der Stadtanlage Fuß zu fassen. Vorerst entstanden nur einzelne Häuser, schließlich ganze Vororte. Damit war nun ein von Graz abhängiges Gebiet entstanden. Innerhalb der Bürgergemeinschaft spielte der Bürger Volkmar eine nicht unbedeutende Rolle. Seine Familie konnte sich in jener durch Fehden und Plünderungen geprägten, unsicheren Zeit wesentlich bereichern. Seinem Vater gelang es durch die Pacht des Münzmeisteramtes, ein Vermögen zu erwirtschaften. Volkmar selbst war mehrmals Stadtrichter und Kammergraf in der städtischen Finanzverwaltung. Durch diese Ämter stieg er rasch zum Wortführer der Bürgerschaft auf.

Bei einem seiner Feldzüge gegen König Bela IV. von Ungarn fand 1246 Herzog Friedrich II. in einer gewonnenen Schlacht an der Leitha an seinem 35. Geburtstag den Tod. Das Herrschergeschlecht der beiden Herzogtümer Österreich und Steiermark war nun in seinem männlichen Stamme erloschen. Der letzte Herzog hatte selbst keine Erben hinterlassen — weder männliche noch weibliche.

Schlacht an der Leitha, Aussterben der Babenberger 1246

Durch seinen plötzlichen Schlachtentod hatte er auch das im Privilegium minus vorgesehene Recht der „libertas affectandi" — das Recht zur Verfügung über die Nachfolge bei fehlenden Kindern zugunsten eines Dritten — nicht anwenden können. Die Frage der Nachfolge war umso bedeutender, als das Reich, an das die Herzogtümer zunächst zurückfallen mußten, sich selbst in Schwierigkeiten befand und um seinen Bestand ringen mußte. Als Hauptmann und Verweser des Reiches entsandte der Kaiser zunächst im Frühling 1247 den schwäbischen Grafen Otto von Eberstein nach Österreich, Steiermark und Krain. Er wurde im Sommer 1248 in der Steiermark durch Meinhard von Görz-Tirol abgelöst. Da Kaiser Friedrich II. sich nicht zur Vergabe der babenbergischen Herzogtümer entschließen konnte, wurden Österreich und die Steiermark nach dessen Tod in Apulien (1250) zur Spielwiese eroberungswilliger Nachbarn.

Tod des Kaisers

Ringen um das babenbergische Erbe

Die beiden großen Gegenspieler im Kampf um das babenbergische Erbe waren der böhmische Kronprinz Přemysl Ottokar und der ungarische König Bela IV. Die Herren von Graz schlossen sich vorerst der päpstlichen Partei mit dem Kandidaten Markgraf Hermann von Baden an. Einen Umschwung der Dinge brachte im Frühjahr 1252 die Vermählung des 22-jährigen Böhmen mit der 47-jährigen Babenbergerin Margarethe, der Schwester Herzogs Friedrich II. Auf diese Verbindung gestützt, versuchte der Böhme, das gesamte Erbe anzutreten und erschien im Oktober in Graz. Hier stellte er für das Stift Rein eine Urkunde aus. Kein steirischer Adeliger scheint in der Zeugenreihe auf, da Ottokar nicht in der Lage war, den Landesadel für sich zu gewinnen. Lediglich Witigo, seines Zeichens Landschreiber, wird genannt. Die Herren von Graz und von Ehrenfels sowie die Trennsteiner sympathisierten eher mit der Partei Ulrichs von Liechtenstein, die für die Kandidatur Herzog Heinrichs von Niederbayern eintrat. Durch den Anspruch Ottokars auf den steirischen Herzogshut kam es bald zu Auseinandersetzungen mit den Ungarn, die ihrerseits mit Gertrude, der Witwe Hermanns von Baden und Nichte des letzten Babenbergers, verbunden waren. Die zwischen Ottokar und Bela schwelenden Kon-

Přemysl Ottokar

Vermählung mit Margarethe

Tod Herzog Friedrichs II. in der Schlacht an der Leitha. Detail aus dem Babenberger-Stammbaum, 1489 — 1492

flikte führten schließlich zu militärischen Auseinandersetzungen. Erst 1254, im Frieden von Ofen, führte eine Vermittlung von Papst Innozenz IV. zu einer vorübergehenden Verständigung und zur Teilung des steirischen Herzogtums. Der Traungau, Wiener Neustadt und das Pittner Gebiet fielen an König Ottokar — er war seinem Vater Wenzel 1253 als König von Böhmen gefolgt —, die übrige

Der Frieden von Ofen teilt das Herzogtum Steiermark

König Přemysl Ottokar von Böhmen. Federzeichnung im Stiftungsbuch des Klosters Zwettl

Steiermark an Bela. Ungarische Adelige, wie z. B. der Banus von Slawonien, Stephan Subič oder der Burggraf Amput zogen nun auf den Grazer Schloßberg, um als königliche Statthalter das Land zu verwalten.

Im selben Jahr schenkte Ottokar von Graz, ein Nachkomme des Burggrafen Udalrich, dem Bischof Ulrich von Seckau ein Haus in der Stadt mit den dazugehörigen Obst- und Weingärten. Der Bischof des bereits 1218 errichteten Bistums hielt sich nun des öfteren in Graz auf, ohne daß die Stadt fortan eine bischöfliche Residenz wurde, da sie außerhalb der Diözese lag. Lediglich ein Absteigequartier wurde für den Bischof errichtet, aus dem sich später die bischöfliche Residenz bildete. 1944 wurden hier, infolge der Erschütterungen eines Luftangriffs, in der sogenannten „Tafelstube" die frühesten bisher entdeckten Beispiele mittelalterlicher Wandmalereien in Graz (zw. 1275 und 1287) freigelegt.

Tragfigur aus der Thomaskapelle, 13. Jh.

Zusammen mit dem Haus, das den Kern des heutigen Bischofshofes bildet, kam ein anliegendes Geidorf an den Bischof. Da Geidorf die mittelalterliche Bezeichnung für die alten Vorstädte war, darf man im Viertel zwischen Bischofshof und Sporgasse mit dem Mehlplatz als Zentrum die älteste Grazer Vorstadt sehen. Durch die spätere Ummauerung und gleichzeitige Eingliederung in die Stadt kam der Name für diese Gegend ab. Als neues Geidorf außerhalb der Stadtmauern wurde nun die Stiftung des Deutschen Ritterordens bezeichnet.

Älteste Grazer Vorstadt

Die Thomaskapelle, eines der wenigen Bauwerke auf dem Schloßberg, welches die Sprengung durch die Franzosen überstanden hatte (1810 von den Behörden abgetragen), wurde höchstwahrscheinlich, möglicherweise unter Mitverwendung vorromanischer (?) Reste während der Besatzungszeit von ungarischen Burggrafen

Bau der Thomaskapelle auf dem Schloßberg

errichtet (1271 erstgenannt). Das Portal der Kapelle soll von Säulen flankiert gewesen sein, zwischen denen steinerne Löwen als Torwächter lagen. Der Löwe ist nicht nur Attribut des Evangelisten Markus sondern stand allgemein auch für Mut. Überhaupt hatte die Löwensymbolik besonders in der Romanik große Bedeutung.

Die Zeit der ungarischen Regierung war geprägt von Fehdestreitigkeiten und Raubrittertum, so daß die Zahl der Unzufriedenen rasch anwuchs. Ende 1257 (?) kam es in der südlichen Steiermark zu einem Ministerialenaufstand, der zur Vertreibung des Statthalters führte. König Bela schickte seinen Sohn Stephan als Mitkönig und Regent in die Steiermark. Als steirischer Herzog richtete er seinen Sitz im sichereren und grenznahen Pettau ein und warf in kurzer Zeit den aufständischen Adel nieder. Doch auch Stephan konnte die Steiermark nicht mehr halten. Ende 1259 trieb der Böhmenkönig Ottokar in einer gemeinsamen Aktion mit den steirischen Adeligen und Ministerialen die Ungarn aus dem Land.

Heinrich von Liechtenstein, dessen Burg in der Nähe von Mödling steht, wurde als neuer Landeshauptmann im Namen des Königs nach Graz entsandt.

Kampf zwischen Böhmen und Ungarn

Die militärischen Auseinandersetzungen zwischen Bela und Ottokar um das babenbergische Erbe fanden am 12. Juli 1260 in der Schlacht vor Kroißenbrunn, bei der sich besonders der steirische Heerbann unter dem Landesbanner, das der Landmarschall Ulrich von Wildon vorantrug, auszeichnen konnte, mit der Niederlage der Ungarn ihr Ende. Erst kurz vor Weihnachten zog Ottokar persönlich in die eroberte Steiermark ein und ging daran, die politischen Verhältnisse im neueroberten Land zu regeln. Seine Herrschaft wurde durch einen Hof- und Gerichtstag in der Pfarrkirche St. Ägidius eingeleitet, dem der Herzog von Kärnten sowie die Bischöfe von Gurk und Olmütz und ein großer Teil des österreichischen, kärntnerischen und böhmischen Adels beiwohnten. Alle führenden Glieder des Landesadels, ebenso die Prälaten, waren in Graz versammelt. Ottokar hielt nicht nur einen Hoftag bzw. ein Hofgericht ab, sondern saß auch einem Landtaiding vor.

Přemysl Ottokar in Graz

Er bestätigte u. a. dem Stift St. Lambrecht den Stiftungsbrief und bekräftige Seckau den Besitz der Pfarre Gratwein. Auffallend ist, daß sich der neue Herzog nicht auf den Rat des steirischen Adels stützte, sondern kraft eigener Rechte als Eroberer und Machthaber urteilte und privilegierte.

Hier in Graz siegelte Ottokar erstmals als König von Böhmen, Herzog von Österreich und Herzog von Steiermark.

Die wichtigste Entscheidung, die Ottokar in Graz traf, dürfte die Ablösung Heinrichs von Liechtenstein und die Einsetzung des böhmischen Marschalls Wok von Rosenberg als neuen Geschäftsträger in der Steiermark gewesen sein. Diesen Schritt begrüßten die steirischen Adeligen wohl kaum freudig, da sie nun fortwährend an die Fremdherrschaft erinnert wurden.

Der neue Landeshauptmann, der zwar in Graz residierte und die dortige Burg bewohnte, hielt sich aber keineswegs dauernd in der Steiermark auf. Als Nachfolger Rosenbergs setzte Ottokar den erfolgreichen und erfahrenen Diplomaten Bischof Bruno von Olmütz ein, um seine Herrschaft über die Steiermark endgültig zu festigen.

Aus der Regierungszeit Ottokars stammt auch das älteste uns bekannte Siegel aus dem Jahre 1261, das den Panther mit der Krone auf dem Haupt zeigt und als Umschrift die Worte + SIGILLUM · CIVIUM : DE : GRAEZ + führt. Überhaupt hatten die Steiermark und besonders Graz unter der Herrschaft des Böhmenkönigs einen nicht unbedeutenden Aufschwung zu verzeichnen. Er ordnete die verworrenen Zustände im Land und richtete in der Stadt den Sitz der obersten Behörden ein. Nicht nur das Grazer Maß und Gewicht waren in der ganzen Steiermark in Gebrauch, sondern auch die Grazer Pfennige. Die zwischen 1260 und 1276 geprägten Münzen zeigen den steirischen Panther, den böhmischen Löwenschild oder den König selbst. Die Umschrift der Münzen lautet: + SCHILT · VON · STEIR +, + OTTOKARVS +, + MONETA · STIRIE + oder + MVNE · GRETZ +. Zwar hatten die Ba-

Die Grazer Münze

Grazer Stadtsiegel von 1261 (li.).
Siegel zwischen 1296 und 1439 (re.)

Münzen zur Zeit Přemysl Ottokars:
Moneta Stirie (li.), Schilt von Steir (re.)

benberger die traungauischen Münzstätten in Enns und Wiener Neustadt übernommen, aber sie konnten die Dominanz der Salzburger Münze nicht verhindern. Die Angleichung der Grazer Münze, die seit etwa 1215 geprägt wurde, an die hochgeschätzte Friesacher Münzgattung, verhalf ihr zu dauernder Kaufkraft. Bis zur Zeit Ottokars waren nur Münzen ohne Umschrift bekannt. Doch nicht nur er, sondern auch der ungarische Mitkönig Stefan und der Ban von Kroatien ließen während der ungarischen Besatzung ihr Geld in Graz schlagen.

Die Stadtdtmauer

Die Ummauerung von Graz unter Ottokar war ebenso wie die Gründung bzw. Neuanlage der Städte Bruck an der Mur, Leoben und Radkersburg von dem Gedanken getragen, militärische und moralische Widerstandszentren gegen einen inneren Feind zu schaffen, der sich eventuell gegen die fremde böhmische Politik auflehnen könnte. So dürfte die zweite Grazer Ostmauer, mit welcher das erste Geidorf ummauert war, ebenso die erweiterte Westmauer, die damals das Minoritenkloster und den Admonter Hof in die Stadt eingliederte, sowie die gesamte erste Ummauerung der Stadt zwischen 1233 und 1265 abgeschlossen worden sein. Wie bei den meisten deutschen Städten entsprach der erste mittelalterliche Mauerzug der Stadt annähernd einem Kreis. Die Grazer Ringmauer umschloß den Siedlungsbereich um den Markt und die unmittelbar daran anschließenden ältesten Vororte. Sie verlief vom Schloßberg zur heutigen Ursulinenkirche, wo sich in späterer Zeit das Sacktor befand, lief entlang der Nord- und Murseite des Palais Attems und überquerte die Murgasse. Die Franziskanerkirche einschließend, zog sie an der Hinterseite der östlichen Häuserreihe im

Kälbernen Viertel weiter, bis sie vor der Albrechtgasse schräg von der Mur abbog. Nun führte die Mauer entlang der Westseite des alten Joanneums zur heutigen Ecke Kalchberggasse/Schmiedgasse und hier entlang der Häuserfront Hans-Sachs-Gasse bis zum Tummelplatz, wo sich vermutlich ein Eckturm befand. Die Ostmauer zog nun mitten durch den Häuserblock östlich des Bischofplatzes und ging hinter der östlichen Häuserzeile der Färbergasse weiter. Die Sporgasse wurde unterhalb der Stiegenkirche überquert. Letztendlich zog sich die Stadtmauer zur unteren Burg und zum Wachturm in der Nähe des Uhrturms weiter.

Im April 1265 kam Ottokar wiederum selbst nach Graz, um die Aufzeichnungen des landesfürstlichen Besitzes („Rationarium styriae") durch den Notar Helwig von Thürigen anzuordnen. Das ottokarische Gesamturbar mit der genauen Beschreibung aller landesfürstlichen Domänen und Gerechtsame samt Einkünften gilt als eine der wichtigsten Quellen für die Kenntnis der Wirtschaft dieser Zeit.

„Rationarium styriae"

Der steirische Adel leistete zwar nach außen hin dem Landesherrn Gefolgschaft, doch gelang es diesem nicht, die adeligen Herren tatsächlich und auf Dauer an sich zu binden.

Durch die herzogliche Zurechtweisung des Adels, dem man zahlreiche Entfremdungen landeseigenen Gutes nachweisen konnte, und die Eindämmung der stark verbreiteten Willkürhandlungen des Böhmenkönigs, geriet dieser selbst in krassen Gegensatz zu den Steirern. Sein Aufenthalt 1267 im Land und in Graz diente in erster Linie dazu, das Verhältnis zwischen ihm und dem Adel zu verbessern. Doch Jähzorn und Unbeherrschtheit des Königs sowie die Marter und Ermordung Siegfrieds von Mahrenberg, eines der führenden Ministerialen der südlichen Steiermark, verhärteten die Fronten. Diese Gelegenheit ergreifend, versuchten nun für kurze Zeit Herzogin Gertrud und ihr Sohn Friedrich von Baden — der Großneffe des letzten Babenbergers —, die Macht im Lande zu erlangen. Doch nach der Hinrichtung Friedrichs in Neapel (1268), wo er sich als Gefolgsmann des letzten Hohenstaufers Konradin aufhielt, gab es keine Hoffnung mehr auf einen eigenen Herzog.

Die Gegensätze spitzten sich mit der Wahl des süddeutschen Grafen Rudolf von Habsburg zum deutschen König im Jahre 1273 zu. Ottokar, der den Abfall seiner Nebenländer ahnte, versuchte diese durch strengste Überwachung zu halten. Vom 13. bis zum 25.

König Rudolf I. von Habsburg

April war er in Graz, um sich der Treue des Landes zu versichern. Als sich jedoch die Lage für den Böhmenkönig infolge der raschen Veränderung der Reichspolitik verschlechterte, kam er nochmals nach Graz. Der Adel mußte Geiseln stellen, und die landesfürstlichen Städte, besonders Graz, erhielten böhmische Besatzer. Auch wurde ein neuer, eigener Hauptmann für die Steiermark bestellt, nachdem dieses Amt in den letzten Jahren lediglich durch einen bürgerlichen Landschreiber ausgeübt worden war. Seine Wahl fiel auf Milota von Dieditz.

Zur Sicherung des Schloßbergs erhielt Milota eine starke böhmische Streitmacht zur Seite gestellt. Der Hauptmann ging gegen die Feinde Ottokars mit aller Schärfe vor und stärkte die Position seines Herrn, bis auch er von der Entwicklung der Dinge überrollt wurde.

Während Ottokars Aufenthalt dürfte der Stadt ein Privileg verliehen worden sein, um sich ihrer Loyalität zu versichern.

Reichskrieg gegen Přemysl Ottokar

Im Jahre 1276 wurde von König Rudolf I. von Habsburg der Reichskrieg gegen Ottokar beschlossen. Die steirische Ministerialität fiel sofort vom Böhmenkönig ab, die Städte folgten später, denn sie hatten besonders viel dem Böhmen zu verdanken. In der Steiermark verstärkte Graf Meinhard von Görz-Tirol die Aufständischen und rückte ohne Schwierigkeiten über Graz und den Semmering gegen Wien vor. Die böhmische Fremdherrschaft brach innerhalb weniger Wochen zusammen. Judenburg und Graz hielten sich am längsten. Erst als Hartnid von Wildon die Nachricht brachte, daß der deutsche König die Donau abwärts ziehe, ergaben sich die Stadt Graz und letztendlich auch die Burg. Der Landeshauptmann Milota von Dieditz konnte sich nur durch eine rasche, heimliche Flucht retten.

Während dieser Vorgänge versammelten sich die führenden Adeligen von Steiermark, Kärnten und Krain am 19. September 1276 im Zisterzienserkloster Rein bei Graz und erklärten sich offen im sogenannten „Reiner Schwur" als Vasallen des deutschen Königs und des Reiches. Da sich dem rechtmäßig gewählten König auch noch die Ungarn anschlossen, verzichtete Ottokar II. Přemysl im November 1276 auf das Babenberger und das Spannheimer Erbe und wurde dafür von König Rudolf mit Böhmen sowie Mähren belehnt. Als neuer Landeshauptmann zog Otto von Liechtenstein in die Steiermark. Einen letzten Ausweg und eine Möglichkeit zur

„Reiner Schwur". Urkunde vom 19. September 1276

Wiedererringung seiner alten Machtposition sah Ottokar in einem Waffengang gegen den deutschen König. Auf dem Marchfeld, zwischen Dürnkrut und Jedenspeigen, prallten am 26. August 1278 die Heere Ottokars und Rudolfs aufeinander. Das Heer des Böhmenkönigs wurde vernichtend geschlagen, er selbst in einem der letzten Gefechte — oder vielleicht schon als Gefangener — durch die Schwerthiebe Bertholds von Emerberg, eines Verwandten des ermordeten Mahrenbergers, getötet.

Schlacht auf dem Marchfeld 1278

Die städtische Bevölkerung im Mittelalter

Deutsche Namen dominierten gegenüber den slawischen — das zeigt ein Blick auf frühe Namen von Grazer Bürgern, obwohl sich das slawische Element in der Umgebung der Stadt über das 12. Jahrhundert hinaus halten konnte. So tragen die um 1150 genannten Grazer Kaufleute Pertholdus und Witelo sowie der Goldschmied Rudolf Namen deutscher Herkunft. Dasselbe gilt für den ersten namentlich bekannten Hausbesitzer der Stadt, der Heinrich hieß.

Zuzug aus dem Salzburger Raum und Bayern

Die deutsche Herkunft der Einwohnerschaft läßt sich für das 13. Jahrhundert durch eine Einwohnerliste noch deutlicher belegen. Die Namen stammen jedoch vorwiegend von Einwanderern, die vor allem aus dem Salzburger Raum und Bayern zugezogen waren.

Während sich die Einwanderung aus der nächsten Umgebung der Stadt hauptsächlich auf die niederen Volksschichten beschränkte, bildete der Zustrom aus den Gebieten außerhalb der heutigen Steiermark im allgemeinen die oberste Schicht der Stadtbevölkerung. Aus den kleineren landesfürstlichen Städten und Märkten führte die Hoffnung auf ökonomischen sowie politischen Aufstieg überwiegend kapitalstarke Familien in die Stadt. Ein Bürgergeschlecht ist jedoch selten länger als drei Generationen in Graz nachweisbar, weil es dann durch Abwanderung ausschied oder ausstarb. Als Ausnahme kann das Geschlecht derer von Windischgrätz genannt werden, das in der Zeit von 1303 bis 1367 wiederholt das Stadtrichteramt bekleidete und 1804 in den Reichsfürstenstand erhoben wurde.

In der Regel waren die besitzstärksten Bevölkerungsschichten auch Träger der politischen Macht. Daher übten zumeist Großkaufleute, Grundherren und reichgewordene Handwerker — alle hatten zumeist mehrfachen Hausbesitz — das Ratsbürgeramt in Graz aus. Dieses sogenannte Erbbürgertum besaß seine Gründe in Form einer Erbleihe, da der Landesherr, als Besitzer des Stadtbodens, schon früh auf eine Weiterverleihung verzichtet hatte. Das Heimfallsrecht an den Landesfürsten trat nur dann in Kraft, wenn ein Bürger ohne Erben starb.

Erbbürgertum

Zahlenmäßig am stärksten waren die einfachen Handwerker. Sie bildeten die zweite Schicht innerhalb der städtischen hierarchischen Ordnung. Über diesen Stand im mittelalterlichen Graz ist wenig bekannt. Aus dem 13. Jahrhundert sind lediglich ein Arzt, ein Kürschner, ein Schneider, ein Schwertschläger, ein Weber, ein Bäcker, drei Fleischer, ein Krämer, ein Schmied, zwei Lederer, ein Tuchhändler und ein Fischer urkundlich belegbar.

Die niedrigste Stellung in der sozialen Hierarchie der Bevölkerung nahmen jene Personen ein, die niedere Dienstleistungen versahen oder von Almosen lebten.

Im 13. Jahrhundert sorgte der Böhmenkönig Přemysl Ottokar für den städtischen Aufschwung in der Steiermark und förderte das Bürgertum. Graz hatte als Zentrum der Wirtschaft, der Politik, der fortschrittlichen Verwaltungsformen und des geistigen Lebens sehr an Bedeutung gewonnen. Neben dem Ritterstand wandte sich die Aufmerksamkeit der Gesellschaft mehr und mehr den Kaufleuten zu, die durch ihre Vermögensbildung zu verstärktem Einfluß gelangt waren. Damals konnten die Grazer Bürger von den landesfürstlichen Urbarämtern Huben, Marchfutterabgaben und Zehente aller Art erwerben. Das führte dazu, daß der größte Teil des landesfürstlichen Besitzes im Bereich des Grazer Marschallamtes sehr rasch in den Händen der Bürgerschaft lag.

Der Grazer Magistrat hatte das Recht, Bewerber, der die Voraussetzungen erfüllte, zum Bürger zu ernennen. Das Bürgerrecht war an den Besitz eines städtischen Grundstücks und an das Eigentum eines darauf erbauten Hauses gebunden. Die Vereidigung aller im Laufe eines Jahres neuaufgenommenen Bürger erfolgte gewöhnlich durch den Stadtrichter am Neujahrstag. Gegen Ende des Mittelalters lag ein großer Teil des städtischen Hausbestandes in nichtbürgerlichen Händen. Er stand im Eigentum des Adels sowie der hohen Geistlichkeit.

Eines der wichtigsten Vorrechte der Bürgerschaft war ein eigener Gerichtsstand vor dem Stadtrichter. Die vornehmste Pflicht war das rechtzeitige Abführen aller Steuern. Bezahlte der Bürger *Steuern* seine Steuern nicht, so schrieb der Magistrat sein Haus zum öffentlichen Verkauf aus. Von dieser Maßnahme war lediglich die Bürgerschaft betroffen, denn nur selten wagte es die Stadtverwaltung, die befreiten Häuser des Adels, der Klöster und der Juden zu besteuern.

Eine andere wichtige Verpflichtung der Bürger war die Sicherung ihrer Stadt nach innen und nach außen. Der pflichtgemäße Dienst mit der Waffe sollte im Verteidigungsfall die Wehrkraft der Stadt heben. So hatten die Mitglieder der Bürgerschaft bei drohender Gefahr auf den Stadtmauern ihren Wachdienst zu versehen *Wachdienst* oder — besonders bei Jahrmärkten — innerhalb der Stadt zu patrouillieren, um für Ruhe und Ordnung zu sorgen. Ebenso war es Pflicht, bei verschiedenen Schanzarbeiten persönlich mit Krampen und Schaufel zu erscheinen und mitzuarbeiten. Die Kosten für die Ausrüstung hatten die Bürger selbst zu tragen, da das städtische Waffendepot Waffen nur an Handwerksgesellen und andere Inwohner (Stadtbewohner ohne Bürgerrecht, die jedoch der städtischen Wehr- und Steuerpflicht unterlagen) abgab. Ursprünglich war es auch üblich, daß die Bürger bei Landesaufgeboten erschienen. Da sie jedoch zur Verteidigung der weitläufigen Stadtmauern dringender benötigt wurden, gab sich der Landesfürst im Laufe des 15. Jahrhunderts mit der Entsendung von Knechten zufrieden, die von der Stadt ihren Sold erhielten.

Die frühen Habsburger

Festigung der Hausmacht

König Rudolf I. knüpfte in seiner Politik an die Verhältnisse der Babenbergerzeit an. Im September 1279 zog er mit glänzendem Gefolge von Wien über Hartberg nach Graz und unternahm seinen Umritt in der Steiermark. In der Landeshauptstadt der Steiermark hielt der König am 2. Oktober in Gegenwart aller Fürsten und seines Sohnes Albrecht ein Landtaiding ab. Wieder in Wien erteilte er für den Beistand im Kampf gegen Ottokar Přemysl am 27. Februar 1281 der Stadt Graz ihren ältesten Freiheitsbrief (seit 1883 im Zuge der Habsburger-Ausstellung verloren). Das Privileg gewährte dem Stadtrichter die Hoch- oder Blutgerichtsbarkeit. Zusätzlich erhielt Graz ein Niederlagsrecht und eine Mautfreiheit, die zur Basis für den weiteren wirtschaftlichen Aufschwung wurden. Mit diesem Privileg sicherte der König der Stadt vor allem den Handel mit Ungarn. Die Mautfreiheit erleichterte wesentlich das Anknüpfen fremder, neuer Handelsbeziehungen, und das Niederlagsrecht, das Graz schon von den Babenbergern erhalten hatte, zwang jeden durchreisenden Kaufmann, seine Waren in der Stadt anzubieten. Sofern er sich nicht an diese Bestimmung hielt, war die gesamte Ware der Stadt verfallen.

Ältester Freiheitsbrief 1281

Auf dem Reichstag von Augsburg, im Dezember 1282, wurden die beiden Söhne des Königs, die Grafen Rudolf und Albrecht, gemeinsam als neue Herren „zur gesamten Hand" in die Herzogtümer Österreich, Steiermark, Kärnten, Krain und in die Windische Mark eingesetzt. Die Stände protestierten entschieden gegen diese, den Landesfreiheiten zuwiderlaufende Doppelherrschaft, worauf ein Jahr später in Rheinfelden Albrecht mit diesen Ländern belehnt wurde. Rudolf bekam lediglich eine finanzielle Abgeltung versprochen. Kärnten fiel an Meinhard von Görz-Tirol.

Herzog Albrecht I.

Das straffe Regierungsprogramm Albrechts stieß auf wenig Gegenliebe, zumal er den Steirern die übliche Bestätigung ihrer alten Rechte und Standesprivilegien verweigert hatte. In Abt Heinrich von Admont, der als Landschreiber die Finanzverwaltung innehat-

Belehnung der Söhne König Rudolfs I., Albrecht und Rudolf, auf dem Reichstag zu Augsburg, 17. — 21. Dezember 1282. Aus dem „Ehrenspiegel" der Fugger, Augsburg, um 1555

te und ab 1286 als Landeshauptmann tätig war, fand der Herzog einen kompromißlosen Vertreter seiner landesfürstlichen Interessen. Durch ihn ließ Albrecht das landesfürstliche Urbar überprüfen und entfremdetes Gut mit großer Strenge wieder zurückfordern.

Adelsaufstand Ende 1291 und zu Beginn des Jahres 1292 versuchten die Steirer, das Joch des fremden Herrn abzuschütteln. Die Beratungen des aufständischen Adels fanden in Graz und in Leibnitz statt. Gemeinsam mit Salzburg und Niederbayern trat man offen gegen den Landesfürsten auf. Nach anfänglichen Erfolgen der Verbündeten konnte der Herzog in einem Winterfeldzug durch einen überraschenden Vorstoß über den verschneiten Semmering im Februar 1292 die Rebellen besiegen. Erst jetzt fand sich Albrecht bereit, mit den Steirern über ihre alten Rechte zu verhandeln, die er schließlich mit einigen Änderungen bestätigte. Zugleich schränkte er die Machtbefugnisse des im Land verhaßten Landeshauptmannes Abt Heinrich von Admont auf das Landschreiberamt ein. Abt Heinrich wurde 1297 ermordet. Albrecht hatte nachgeben müssen, da ein Bewerber um den deutschen Thron, dessen Adel sich offen gegen ihn empörte, kaum Aussichten hatte, gewählt zu werden. Auch mußte sich der schwer zu regierende steirische Adel nun mit der strengen Regierungsform Albrechts abfinden.

Drei Jahre nach diesen Ereignissen fand im Herbst 1295 in Graz die glanzvolle Hochzeit der Tochter Herzog Albrechts, Anna, mit dem brandenburgischen Markgraf Hermann statt. Unter den vielen Gästen, darunter der greise Meinhard von Görz, befand sich ein Gesandter König Philipps des Schönen von Frankreich, um über eine andere Eheabrede zu verhandeln. Bei Ritterspielen, die beim „Baumgarten" (vermutl. zwischen Karmeliterplatz und Hofgasse) abgehalten wurden, fanden die Festlichkeiten ihren Höhepunkt. Der steirische Reimchronist Ottokar aus der Gaal erzählt von Spielleuten, die die Feierlichkeiten verschönten.

Ottokar aus der Gaal

Nach der Wahl Herzog Albrechts zum deutschen König 1298 belehnte dieser seine beiden Söhne Rudolf und Friedrich mit Österreich und der Steiermark. Weiters bestätigte er nochmals die Landesfreiheiten und ernannte Ulrich von Walsee zum Landeshauptmann. Rudolf, der sich zwischen 1299 und 1302 des öfteren in Graz aufhielt, hob aus Rücksicht auf den Wiener Handel die Grazer Mautfreiheiten wiederum auf. Trotz allem blieben die Grazer Bürger im Genuß dieser Freiheiten, da sie im ganzen 14. Jahrhundert niemals das Schreiben von 1302, sondern immer das Privileg König Rudolfs I. der landesfürstlichen Kanzlei zur Bestätigung vorlegten.

Rudolf III., Herzog der Steiermark

Im Jahre 1306 erfolgte erneut ein Wechsel in der Herrschaft. Herzog Rudolf war König von Böhmen geworden, und sein Bruder Friedrich der Schöne folgte ihm als regierender Herzog nach. Die

Herzog Friedrich I.

Stadtprivileg Herzog Rudolfs III., als ältestes erhaltenes Original dieser Art. Urkunde vom 4. Juli 1302

Huldigung des steirischen Adels nahm er Anfang 1307 in Graz entgegen. Der Zweck einer Huldigung war die Garantie der alten Landesprivilegien durch die Landesfürsten und der Treueschwur durch die Landesvertreter. Der Rechtsakt war immer mit einer Reihe von kirchlichen und weltlichen Feierlichkeiten verbunden. Kurz danach gründeten der Landeshauptmann Ulrich von Walsee und seine Gemahlin Diemath von Rohrau auf einem Bauplatz, den ihnen Herzog Friedrich für ihr Vorhaben überlassen hatte, am Grillbühel vor der Stadtmauer (im Bereich der „Alten Technik") das Dominikanerinnenkloster — das älteste Frauenkloster der Stadt. Die Frauenklöster hatten von Anbeginn an den Auftrag der Versorgung von Adels- und Bürgertöchtern.

Friedrich der Schöne wurde gemeinsam mit Ludwig dem Bayern 1314 zum König gewählt. 1320 bewilligte er die Abhaltung des Jahrmarktes zu Martini.

Schlacht bei Mühldorf

Die Entscheidung im Thronkrieg zwischen dem Habsburger Friedrich dem Schönen und seinem Gegenspieler Ludwig IV. von Bayern fiel 1322 in der Schlacht bei Mühldorf. Es war die letzte große Ritterschlacht auf deutschem Boden ohne Feuerwaffen. Friedrich wurde geschlagen, gefangengenommen und letztlich als Mitregent — jedoch ohne politische Befugnisse — anerkannt. Während der Gefangenschaft des Habsburgers hatte sein Bruder Albrecht II. die Agenden in den Herzogtümern Österreich und Steiermark geführt. 1327 hielt sich König Friedrich in Graz auf, wo er mit seinem jüngsten Bruder Heinrich zusammentreffen wollte. Doch Heinrich verstarb ganz überraschend am 3. Februar in Bruck/Mur. Der junge Herzog wurde nach Graz überführt und nach einem prächtigen Trauerzug bei den Minoriten, dem heutigen Franziskanerkloster, beigesetzt.

Als im Jänner 1330 König Friedrich III. der Schöne starb — noch im vergangenen Oktober hatte er in Graz ein großes Landtaiding abgehalten —, verzichteten seine Brüder Albrecht und Otto auf die deutsche Krone, erkannten den Bayern Ludwig als Kaiser an, wurden von ihm folglich u. a. mit Österreich sowie der Steiermark belehnt und übernahmen gemeinsam deren Regierung. *Herzog Otto*

Die Regierungszeit Albrechts II. brachte seinen Ländern im Osten eine länger andauernde Friedensperiode. Obgleich durch fortschreitende multiple Sklerose an Armen und Beinen gelähmt, gilt er als einer der tatkräftigsten und umsichtigsten Herrscher. *Herzog Albrecht II.*

Verschiedene Streitigkeiten der Habsburger mit den Luxemburgern führten soweit, daß sich diese mit Ungarn verbanden, Österreich verwüsteten und 1335 die Steiermark bedrohten. Die Stadt Graz mußte sich gegen einen feindlichen Einfall rüsten. Herzog Otto erließ daher der Stadt alle Steuern auf drei Jahre. Die Bürgerschaft sollte dafür im ersten Jahr 120, in den beiden folgenden je 60 Mark Silber für den Ausbau der Befestigung verwenden. Alle Bewohner, Edle und Unedle hatten mitzuhelfen. *Bedrohung aus Ungarn*

Es handelte sich hier vermutlich um die 1330 fertiggestellte Ostmauer der Stadt. Dadurch konnten die landesfürstlichen Gründe und Besitztümer zwischen Hofgasse und innerem Paulustor, weiters die Gründe um den Tummelplatz und der Pfarrkirche St. Ägidius in den Stadtbereich eingebunden werden. Zu einem Angriff schien es nicht gekommen zu sein, denn mit Heinrich von Luxemburg wurde im Oktober 1336 und mit Ungarn im September 1337 der Frieden geschlossen. Während eines Besuches in Graz erkrankte 1339 Herzog Otto. Er ließ sich in einer Sänfte nach Wien bringen, wo er im Februar verstarb.

Wenngleich Herzog Albrecht in seiner Regierungszeit Kriege von seinen Ländern abhalten konnte, gegen andere Katastrophen

Pestkranke und Pestbehandlung. Holzschnitt um 1520

war er machtlos. So herrschte zwischen den Jahren 1338 und 1340 eine durch Wanderheuschrecken hervorgerufene Hungersnot. Zwei Jahre später überschwemmte die Mur weite Teile des Landes, und 1348 zog ein schweres Erdbeben Kärnten und die Steiermark arg in Mitleidenschaft. Im selben Jahr brach zudem noch die Pest über Europa herein. Durch seine umsichtige Politik bemühte sich der Landesfürst, die Not zu lindern. Die Stadt Graz, durch die vorangegangenen Ereignisse in eine nicht ganz einfache Situation geraten, erhielt 1357 ihre ältesten Privilegien bestätigt. Auch wurde ihr eine Bannmeile für den Weinausschank gewährt. Bereits 1345 war von Albrecht angeordnet worden, daß es nur erlaubt war, Wein zum eigenen Gebrauch in die Stadt einzuführen. Das Privileg einer Bannmeile besagte, daß im Umkreis von einer Meile um die Stadt kein Markt abgehalten und kein auswärtiger Händler seine Waren anbieten durfte.

Am 25. November 1355 erließ der Herzog eine Hausordnung und die Frage seiner Nachfolge zu regeln. Nach seinem Tod, im Juli 1358 in Wien, folgte ihm sein 19jähriger Sohn Rudolf IV. — vormundschaftlich für seine minderjährigen Brüder — nach.

Herzog Rudolf IV.

Rudolfs Auftreten entsprach ganz den eigenen Vorstellungen vom hohen Rang seines Hauses. Im Jänner 1360 kam er das erste

Mal in die Steiermark, um in Graz die Huldigung entgegenzunehmen. Mit großem Prunk, eine Bügelkrone mit einem Kreuz auf dem Haupt und dem Szepter in der Hand, umgeben vom Hochadel seiner Länder, vergab Rudolf im sogenannten Herzogshof am Grazer Hauptplatz (heute „Gemaltes Haus" — Herrengasse 3) die Lehen an den steirischen Adel. Sein Verhältnis zum steirischen Adel war getrübt. Daher stellte sich ein Teil gegen Rudolf. Besonders förderte

Herzog Rudolf IV. Kupferstich aus „Spiegel der Ehren des Höchstloblichen Kayser- und Königlichen Erzhauses Oesterreich..."

er das Bürgertum; so bestätigte er 1361 der Stadt das Niederlagsrecht der Kaufmannsgüter und erteilte das Bruckrecht: Für die Benützung der einzigen Grazer Brücke durfte die Stadt nun von jedem beladenen Wagen zwei Grazer Pfennige einheben. Ebenso bestimmte der Herzog den Stadtgerichtsbezirk neu. Die Gerichtsbarkeit spannte sich in einem Bogen von Niedertobel (einem Weiler im heutigen Bezirk Gries) ausgehend über Leutzendorf (heute Babenbergerstraße bis Mariengasse), dem Graben, St. Leonhard und Harmsdorf wieder zum Ausgangspunkt zurück. Weiters stellte der Landesfürst, um der immer stärker werdenden Bevölkerungszahl entgegenzuwirken, alle Häuser und Güter, auch wenn der Besitzer außerhalb der Stadt wohnte, unter die allgemeine Steuerpflicht. Ausgenommen waren nur diejenigen Bürger, die im herzoglichen Rat tätig waren.

Im Juli 1365 verstarb auf der Reise zu seinen Verbündeten im Kampf gegen Aquileia überraschend Herzog Rudolf IV. 26jährig in Mailand. Weit mehr als seine Vorgänger hatte Rudolf die landesfürstliche Macht gefördert. Trotz seiner persönliche Frömmigkeit besteuerte er die Kirche, besonders die Klöster, sehr hart. Dagegen unterstützte der Herzog die Städte und Märkte im Interesse ihrer Wirtschaftskraft, wo es ihm nur möglich war. So verloren Adel und Geistlichkeit einen großen Teil ihrer Steuerfreiheiten. Rudolfs Hauptsorge galt jedoch der Hausmacht. Um einer Teilung der habsburgischen Länder vorzubeugen, hatte er die gemeinsame Regierung seiner Brüder verfügt. Solange die Bedrohung von außen — Bayern versuchte Tirol zu erlangen — den nötigen Druck ausübte, verstanden sich Albrecht III. und Leopold III. zur Zusammenarbeit. In die Steiermark reisten die Herzöge sehr selten. 1367 und 1372 besuchten sie Graz und hielten sich hier drei Wochen auf, um verschiedene Verfügungen zu treffen. Sie stellten Urkunden bezüglich der Juden, des Handels sowie über die Aufrechterhaltung des Landfriedens aus. Ein Jahr später (1373) wurden die Grazer Kaufleute von allen Zöllen und Mauten im gesamten Land bis auf Widerruf befreit, und nach weiteren zwei Jahren mußten die Bürger von Bruck an der Mur auf Mauteinnahmen von Grazer Händlern verzichten. Die Einnahmen und Ersparnisse der Stadt Graz hatten zweckgebunden für Ausbesserungsarbeiten an Stadtgebäuden verwendet zu werden. Die alten Privilegien bestätigte Her-

Albrecht III. und Leopold III. in gemeinsamer Herrschaft

zog Albrecht 1377 — zwei Jahre vor der Teilung der habsburgischen Länder.

Graz wird Residenzstadt

Entgegen der Hausordnung ihres Bruders, Herzog Rudolfs IV., teilten am 25. September 1379 im Vertrag von Neuberg an der Mürz Albrecht und Leopold Länder und Herrschaft. Albrecht III. erhielt die Herrschaft über Österreich ober und unter der Enns einschließlich der Stadt Steyr und des Salzkammergutes. Leopold III. wurde der weit größere, restliche Landbesitz, nämlich Steiermark, Kärnten, Krain, Tirol, die Vorlande und die Neuerwerbungen im Süden an der Adria zugesprochen. Überdies erhielt er Wiener Neustadt, das Pittner Gebiet und eine Entschädigung von 100.000 fl. (Gulden). Graz wurde nun Sitz der leopoldinischen Linie der Habsburger und Hauptstadt des oben genannten Ländergebietes.

Neuberger Herrschaftsteilung

Mit der Errichtung einer habsburgischen Residenz in Graz erfuhren Land und Stadt einen bedeutenden Aufschwung. Besonders den Adel zog es in die Residenzstadt, die in dieser Zeit rasch an Einwohnern gewann. Ende Juni 1385 erschien Herzog Leopold in Graz, um sich kurz mit seiner Familie zu treffen und nach Ofen weiterzureisen.

Graz wird habsburgische Residenz

Im selben Jahr hatte die hochwasserführende Mur die Brücken in Frohnleiten und Graz, die von der Bürgerschaft zu erhalten waren, zerstört. Für deren raschen Wiederaufbau, zu dem der Mauteinheber verpflichtet war, gestand Leopold der Stadt eine erhöhte Mautgebühr zu. Jeder unbeladene Wagen, der die Brücke befuhr, hatte nun 12 Pfennig und jeder beladene Wagen 24 zu bezahlen. Für jedes beladene Saumpferd war ein Pfennig zu entrichten. Die Säumer waren Händler und Frächter in einer Person, die meist in Gruppen reisten. Die größten Unternehmer besaßen acht bis zwölf Pferde. Unter Saum verstand man genau jene Last, die ein Pferd tragen konnte, also 160 Kilogramm.

Nach dem Tode Leopolds in der Schlacht bei Sempach gegen die Eidgenossen (1386) übernahm Albrecht III. mit der Vormundschaft über die minderjährigen Söhne seines Bruders Wilhelm, Leopold, Ernst und Friedrich, gleich auch die Gesamtleitung des Hauses

Habsburg. Seine Regierungsgeschäfte führte er von Wien aus — um die Steiermark kümmerte er sich wenig.

In Graz wehrten sich die Bürger im Jahre 1393 gegen den übermäßigen Erwerb von Bürgerhäusern durch den Adel. Da die Stadt ein wichtiges gesellschaftliches Zentrum war, benützte der Landesadel bis ins 16. Jahrhundert Stadthäuser nur als Absteigsquartier für die Zeit der Landtage und der Wintermonate.

Bereits zu seinen Lebzeiten mußte Albrecht III. seinen Neffen Wilhelm — den ältesten der leopoldinischen Brüder — an den Regierungsgeschäften teilnehmen lassen. Nach Albrechts Tod kam es unter den Brüdern Wilhelm und Leopold IV., 1396 zu einer Verwaltungsteilung, die das spätere Innerösterreich vorwegnehmen sollte. An Leopold fielen Tirol und die Vorlande, Wilhelm erhielt die Steiermark, Kärnten, Krain und die adriatischen Küstengebiete. Gemeinsam sollten sie für die jüngeren Brüder sorgen.

Herzog Wilhelm

Durch Herzog Wilhelm, der den Beinamen „der Freundliche" trug, stieg Graz wieder zum Sitz der Regierung auf.

Wer regiert Innerösterreich?

Die leopoldinischen Länder galten damals noch als eine Einheit. Die vier Brüder hielten zueinander und leisteten gemeinsam den Eid des Gehorsams. Doch das Einvernehmen dauerte nur bis 1402. Der Vertrag von Bruck an der Mur bestimmte, daß Wilhelm und Leopold nur gemeinsam den Landeshauptmann der Steiermark ernennen konnten und regelte darüber hinaus den Anteil ihrer jüngeren Brüder an der Regierung der Länder: Ernst sollte in den Ländern Wilhelms, Friedrich in denen Leopolds mitregieren.

Zerwürfnis der Herzöge

Ein Zerwürfnis zwischen den Brüdern führte im März 1404 abermals zu einer Neuregelung: Leopold bekam zu Tirol die Steiermark und sollte diese von Graz aus verwalten. Wilhelm, der im Herzogtum Österreich mitregierte, erhielt die übrigen Länder mit Wiener Neustadt, Neunkirchen und Schottwien. Doch auch diese Lösung war nur von kurzer Dauer. Die Stellung der habsburgischen Brüder wurde gegeneinander immer schroffer.

Als Albrecht IV. starb, kam es erneut zu Gegensätzen im Hause Habsburg. Als Vormund für den minderjährigen Sohn, Albrecht V., trat vertragsgemäß Wilhelm auf. Nach dessen Ableben (1406) tat dies Leopold IV., der dafür laut Ständebeschluß seinem anderen Bruder Ernst Innerösterreich überlassen sollte. Die Stände hatten sehr an Einfluß gewonnen, und Leopold sowie Ernst mußten Frieden geloben und ihre Streitigkeiten durch die Räte entscheiden lassen.

Herzog Ernst

Leopold wollte aber nicht auf die Steiermark verzichten und bedrohte von der Burg Gösting aus die Residenzstadt Graz. Erst ein Schiedsspruch der Landstände (1408), des Königs Sigismund von Ungarn (1409) und der Tod Leopolds (1411) sicherten Herzog Ernst die Herrschaft und beruhigte die Lage im Land. Durch eine Einigung zwischen Herzog Friedrich und Herzog Ernst wurde dieser Herr von ganz Innerösterreich mit der Hauptstadt Graz. Friedrich IV. blieben Tirol und die Vorlande mit der Hauptstadt Innsbruck. Da aber König Sigismund — seit 1410 deutscher König — Herzog Albrecht V. für volljährig erklärt und ihn an Sohnes statt angenommen hatte, konnte Ernst keinen Anspruch mehr auf das Herzogtum Österreich erheben. Sein Ehrgeiz war aber schwer getroffen. Er wandte sich gegen Reinprecht von Walsee, der ein entscheidender Parteigänger Albrechts V. war. Reinprecht, der auch Besitzungen in der Steiermark hatte, wurde von Ernst angegriffen und ging seiner steirischen Burgen verlustig, darunter auch der Riegersburg. 1413 kam es durch die Vermittlung König Sigismunds zu einem Waffenstillstand. Der König selbst hatte jedoch schon vor einem Jahr von Ungarn aus die Steiermark bedroht. Herzog Ernst berief damals die steirischen Landstände zum ersten Landtag nach Graz ein, um über Verteidigungsmaßnahmen zu beraten. Zum tatsächlichen Einfall kam es erst 1418, als die Ungarn die gesamte Oststeiermark vom Wechsel bis zur Mur verwüsteten und bis in die unmittelbare Nähe von Graz gelangten.

König Sigismund

Herzog Ernst, mit dem Beinamen „der Eiserne", tat sich als jener Landesfürst hervor, der durch seine Politik das Aufblühen der steirischen Städte und Märkte verständnisvoll förderte. Er erweiterte die Befugnisse ihrer Richter und ließ sie erstmals an den Landtagen teilnehmen. Auch Graz fehlte in der Reihe der begünstigten Städte nicht. Der Herzog bestätigte die alten Freiheiten der Stadt und übertrug im Oktober 1422 das Niederlagsrecht von Bruck an der Mur nach Graz.

Förderung der Städte und Märkte

Auf der anderen Seite brachte er jedoch durch die harte Besteuerung des Klerus die Kirche gegen sich auf. Als alle Beschwerden

Herzog Ernst, der Eiserne. Kupferstich

und alle Ermahnungen der Kurie und des Königs nichts halfen, wurden der Bann über ihn und das Interdikt über seine Länder ausgesprochen (Jänner 1424). Aber weder er noch die Landesgeistlichkeit kümmerten sich darum. Völlig unerwartet schied er am 10. Juni in Bruck an der Mur aus dem Leben.

Dieser Landesfürst, der sich gerne unter Berufung auf das gefälschte „privilegium maius" als Erzherzog bezeichnete, war der Begründer der steirischen Linie des Hauses Habsburg, die zur Stammlinie der Dynastie werden sollte. Sein Leichnam wurde nach Rein in die Stiftskirche überführt, seine Eingeweide in der Liebfrauenkirche in Bruck an der Mur beigesetzt. Den minderjährigen Söhnen Friedrich und Albrecht hinterließ er einen befriedeten Länderkomplex.

Seit Beginn des 15. Jahrhunderts gibt es die Bezeichnung Innerösterreich. Sie war durch die Erbteilung des Hauses Habsburg entstanden. Innerösterreich umfaßte die Herzogtümer Steiermark, Kärnten und Krain, die Grafschaft Görz, die Stadt Triest sowie die Windische Mark. Durch Erwerbungen im 16. Jahrhundert erlangte diese Ländergruppe eine Ausdehnung von 47.776 km² und war somit der größte Teilstaat des Reiches.

Innerösterreich

Die Beamtenschaft im Mittelalter

Bereits im 12. Jahrhundert lassen sich in Graz die ersten landesfürstlichen Verwaltungsbeamten nachweisen. Im 13. Jahrhundert, zur Zeit der Ungarn- und Böhmenherrschaft, leiteten herzogliche Hauptleute das Land als Stellvertreter ihrer Herrn. Diese Einrichtung übernahmen die Habsburger und setzten Männer ihres Vertrauens als Landeshauptleute ein, wie etwa Abt Heinrich von Admont (1286—1292) oder Bischof Leopold von Seckau sowie andere, meist einheimische Hochadelige. Der Landeshauptmann bewohnte die herzogliche Burg auf dem Schloßberg und besaß die Oberaufsicht über das Kammergut und alle landesfürstlichen Beamten. Er war für die Sicherheit des Landes verantwortlich und leitete die Landtage und das Adelsgericht. Der erstmals 1323 genannte Landesverweser Konrad von Windischgrätz war Vertreter des Hauptmanns, in erster Linie Richter und rückte bald zum Vorsitzenden des Adelsgerichts auf. Daher berief zukünftig der Landesfürst besonders rechtskundige Ritter und angesehene Grazer Bürger in dieses Amt.

Landeshauptmann

Richter

Der oben erwähnte Abt Heinrich von Admont hatte neben dem Amt des Landeshauptmannes auch das Landschreiberamt in seiner Hand. Bis auf einige wenige Ausnahmen blieben diese beiden Stellen jedoch getrennt. Die Stellung des Landschreibers war von besonderer Bedeutung, da er ein Mitglied der herzoglichen Kanzlei und der oberste Finanzbeamte war. Er übte im Namen des Herzogs oder dessen Vertreters bei Landtaidingen (dem Landtaiding unterstanden in Sachen Gerichtsbarkeit der freie und unfreie höhere Adel, die Ministerialen des Landes) die Gerichtsbarkeit, legte Besitzstreitigkeiten bei, war die oberste Instanz des Stadtgerichts und konnte als Oberbehörde die Finanzgebarung der Städte und Märk-

Landschreiber

te beeinflussen. Während der Herrschaft des Böhmenkönigs Ottokar unterstanden ihm mehrere hohe Finanzbeamte, die den Titel „camerarii" führten. Seit der zweiten Hälfte des 13. Jahrhunderts verpachtete der Herzog dieses Amt an fähige und zugleich kapitalkräftige Personen — auch an Bürger, wie z. B. an Konrad von Graz († 1. 9. 1321). So war es möglich, daß die Bürgerschaft immer stärkeren Einfluß auf die Amtsführung des Herzogs nahm.

Bürgerlicher Einfluß

Der Vertreter des Herzogs bei kriegerischen Angelegenheiten war der Marschall, der dem ritterlichen herzoglichen Gefolge vorstand. Er war für Recht und Ordnung in der Burg und bei verschiedenen Festlichkeiten verantwortlich, hatte die Verpflegung und Ausrüstung der unfreien Mannschaft über und hob das Marchfutter — eine Hafergabe zur Versorgung der zahlreichen Pferde des Herzogs — ein. Im Kampf trug er meist das Landesbanner.

Dem Landschreiber waren weitere Beamte unterstellt, die zumeist der Grazer Bürgerschaft angehörten. Dazu zählten u. a. der Hubmeister, der die Einkünfte des landesfürstlichen Urbars überwachte, der Schlüssler, der u. a. für die zinspflichtigen Weinberge zuständig war, sowie die Münzer, die das Geld an Markttagen und anläßlich von Münzerneuerungen wechselten. Bei diesen Tätigkeiten gelang es den meisten von ihnen, ihren finanziellen Besitz beträchtlich zu erweitern.

Neben den landesfürstlichen Beamten bildete sich in Graz auch eine städtische Beamtenschaft aus. Im Mittelalter war der städtische Beamtenkörper jedoch noch sehr klein. Der Stadtschreiber, dessen Amt sich bis ans Ende des 13. Jhs. zurückverfolgen läßt, war der älteste nachweisbare Angestellte. Der erste Schreiber namens Wigand war vermutlich auch Landgerichtsschreiber. Er hatte die Ratsprotokolle zu schreiben, Kaufverträge und andere Urkunden zu verfassen. In Zivilgerichtssachen und in Strafsachen führte er das Protokoll des Stadtgerichts. Der Stadtschreiber übte durch seine kontinuierliche und langzeitliche Tätigkeit und der daraus resultierenden Erfahrung einen nicht zu unterschätzenden Einfluß auf die oft rasch wechselnde Spitze der Stadtverwaltung aus. Neben ihm versahen gelegentlich weitere Schreiber sowie Wächter

Stadtschreiber

Gegenüberliegende Seite:
Gerichtshandlung mit Schwurleistung vor dem Grazer Stadtrichter Niclas Strobel (1452 — 1469). Tafelbild, 1478

Niclas Strobel · 1 · 4 · 7 · 8

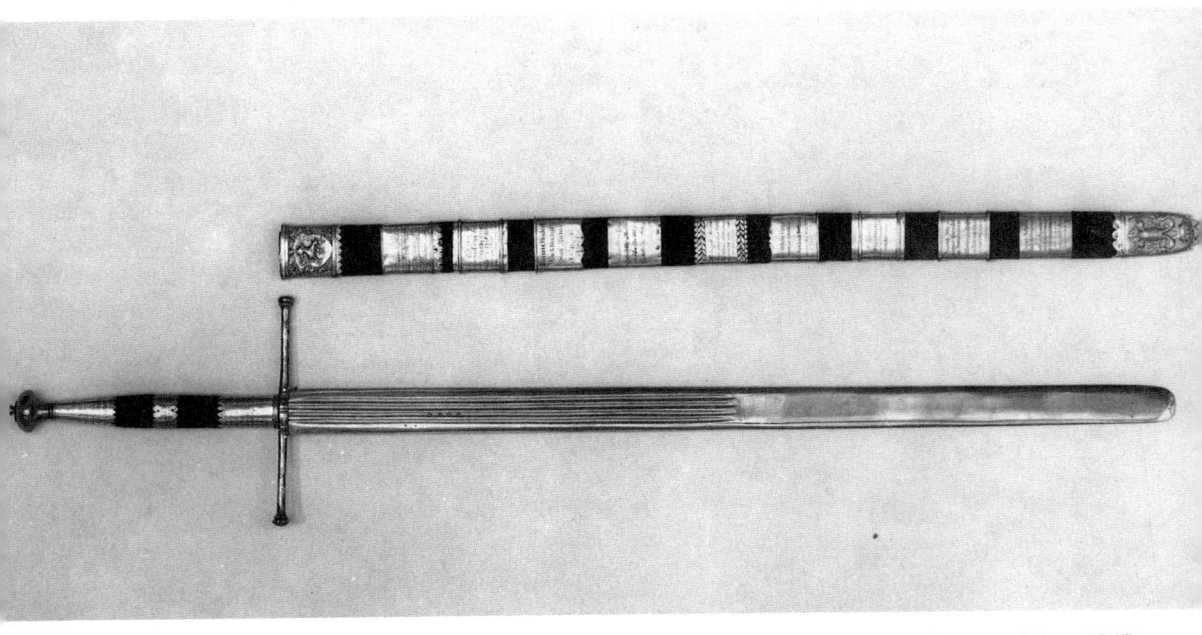

Schwert und Scheide der Stadtrichter und späteren Bürgermeister, 1547

Trompeter

und Torschließer für die Stadt ihren Dienst. Das Torstehen war einst Bürgerpflicht gewesen, doch schon bald versuchte die Bürgerschaft, durch Aufnahme beruflicher Wächter sich ihrer Aufgabe zu entledigen. Einmalig für Graz ist die Nennung des Trompeters Georg Par (1345), der als Turmbläser städtischer Beamter war. Weitere gesicherte Nachrichten über den Stand der städtischen Angestellten finden sich erst aus der Mitte des 16. Jahrhunderts. Damals beschäftigte die Stadt Graz einen Stadtschreiber, Türmer, Torwächter, Feuerrufer (= Nachtwächter), Stadtrichter, Mautner, Wasseraufseher, Gerichtsdiener, Pestärzte, Stadtzimmermeister, Gassenräumer, Stadtfuhrleute u. a.

Stadtrichter

An der Spitze der Stadtverwaltung stand ein vom Landesfürst ernannter Stadtrichter, für den die Bürger seit dem Ende des 13. Jahrhunderts das Vorschlagsrecht besaßen. 1214 wird erstmals ein Albertus als „judex" genannt, er tritt schon 1210 als herzoglicher Amtmann in den Urkunden auf. Auch nachdem das Stadtgericht vom Landgericht getrennt worden war (1240), blieb der Stadtrichter, der vorerst lediglich mit der niederen Gerichtsbarkeit ausgestattet war, ein eingesetzter Beamter.

Schon recht früh und mit Erfolg strebte das rechtlich privilegierte Graz die Pachtung des Landgerichtes an, um somit dem eigenen

Stadtrichter, der dann gleichsam als Landrichter fungierte, größeren Einfluß zu verschaffen.

1281 gewährte ihm das Privileg König Rudolfs I. die hohe Gerichtsbarkeit, sodaß der Richter ab nun auch über Leben und Tod entscheiden konnte. *Hohe Gerichtsbarkeit*

An die Stelle des Vorschlagrechtes trat die freie Stadtrichterwahl durch die Bürgerschaft, die zumindest seit 1441 üblich war. Bis in die Mitte des 15. Jahrhunderts besaß der Stadtrichter unbestritten die leitende Rolle in der Stadt. Um 1444 mußte er diese im zivilen Bereich an das neugeschaffene Bürgermeisteramt abtreten. Seither stand der Richter neben dem Bürgermeister (bis 1783). *Bürgermeister*

Die Einrichtung des Bürgermeisteramtes hing mit der Steigerung der Stadtgeschäfte in den ersten Regierungsjahren des späteren Kaisers Friedrich III. zusammen.

Neben der Stadtverwaltung, als oberster Aufgabe des Bürgermeisters, trat er als Leiter und Sprecher des Rates auf, von dem er bis ins 18. Jahrhundert abhing.

Der Rat war für die Ernennung der städtischen Beamten, der Verwaltung von Gemeindeangelegenheiten sowie für die Vertretung der Stadt nach außen zuständig. Vor der Ausbildung des Rates zeichnete die Gemeinde der Bürger für die Stadtgeschäfte verantwortlich. Daher tritt bis ins 13. Jahrhundert in allen die Stadt betreffenden Rechtshandlungen neben dem Stadtrichter die Bürgergemeinde als handelnde Rechtsperson auf. In der zweiten Hälfte desselben Jahrhunderts (1261) hatte die Gemeinde ihre Befugnisse bereits an den Rat abgetreten, der zusammen mit dem Stadtrichter den Magistrat bildete. Er stellte nun die Vertretung der bürgerlichen Interessen in der Stadtverwaltung sicher. Die Zwölferzahl des Rates blieb bis zu den Reformen Maria Theresias (1749) unverändert. Seit der Einführung des Bürgermeisteramtes beurkundeten „Bürgermeister, Richter und Rat" gemeinsam, bis dies im 16. Jahrhundert zu einer ständigen Formel für die Bezeichnung der Stadtobrigkeit wurde. *„Bürgermeister, Richter und Rat"*

Der Rat bestand aus dem „Inneren Rat", dem nur Vertreter der obersten Bürgerschicht angehörten und dem „Äußeren Rat", in den Vertreter der Handwerker entsandt wurden. Seine Aufgaben übernahmen im 17. Jh. ein „bürgerlicher Ausschuß" und die Viertelmeister. Im 16. Jh. hörte die Wahl des Rates aus der Bürgergemeinde überhaupt auf, und die Ratsherren bildeten den „Ewigen Rat".

Friedrich —
Herzog, König und Kaiser

Mittelpunkt des Reiches

Herzog Ernst hinterließ nach seinem Tod drei minderjährige Söhne, Friedrich, Albrecht VI. und Ernst († 1432), für die sein Bruder Friedrich IV. von Tirol bis 1435 die Vormundschaft und somit auch die Regierungsgschäfte übernahm.

Zwischen der obersteirischen Handelsstadt Bruck an der Mur und der steirischen Landeshauptstadt schwelte zu dieser Zeit ein Streit um Maut und Niederlagsrechte — überhaupt um alles, was die Vorherrschaft im Handel des Landes bedeutet hätte. Zwar verlegte Herzog Friedrich von Tirol im Namen seines Mündels die Einnahmen des Fürfahrtgeldes nach Bruck, dafür überließ er jedoch 1428 den Grazer Bürgern das gesamte Landgericht um die Stadt zu einem Preis von 100 Grazer Viertel Korn im Jahr und 100 Hühnern.

Herzog Friedrich V.

1435 übernahm der junge Herzog Friedrich V. allein die Regierung in den innerösterreichischen Ländern. Bereits ein Jahr später erstattete er den Grazern die Fürfahrt zurück. Mit der Pflicht des Übernachtens verbunden, zwang diese alle Wagen und Schiffe durch die bevorrechtete Stadt zu fahren und die Gebühr zu bezahlen. Neben anderen wichtigen Handelsprivilegien erteilte der Landesherr Friedrich, als Herzog Friedrich V., als König Friedrich IV. — inzwischen nach dem Ableben Albrechts II. im Februar 1440 zum deutschen König gewählt — den Bürgern von Graz eine neue Fürfahrt (1441) und das Recht, einen zweiten Wochenmarkt an jedem Samstag und einen zweiten Jahrmarkt, jeweils am 1. Mai, abzuhalten. Der älteste Jahrmarkt, der Ägidimarkt (1. September) bestand schon seit dem 12. Jahrhundert um die Stadtpfarrkirche (heute Dom).

Wochenmarkt

Gegenüberliegende Seite:
Kaiser Friedrichs III. mit dem Herzogshut in seiner ursprünglichen Form. Gemälde um 1460

friderich zeit römischer
kaiser vnd das reich
seit nach crist [...]

Kaiserliche Residenz

Durch die Wahl Friedrichs stieg nun Graz in den Rang der Residenzstadt eines deutschen Königs, später sogar eines römischen Kaisers auf. Von allen Städten, die im Leben Friedrichs eine besondere Rolle gespielt hatten, kann sich Graz rühmen, am längsten als Residenz gedient zu haben. Da der König und spätere Kaiser in den Jahren 1444 bis 1484 — abgesehen von seinen Romfahrten — seine Erblande nicht verließ, mußten neben Königen und anderen Fürsten auch die deutschen Reichsstände und Reichsstädte ihre Abgesandten im zunehmenden Maß an den Hof ihrers Herrschers nach Graz entsenden — besonders, wenn sie beim kaiserlichen Kammergericht ihr Recht suchten. Bedeutende Humanisten, wie der Sekretär des Kaisers Enea Silvio Piccolomini, der spätere Papst Pius II., hielten sich im Gefolge des Regenten in Graz auf. Piccolomini verfaßte die erste überlieferte Beschreibung von Graz: „Am Ufer der Mur liegt eine schöne Stadt, Graz genannt. Mitten aus der Ebene strebt ein ungemein hoher Berg auf, der allenthalben felsig abfällt. Auf seiner Spitze ist ein Schloß, sowohl durch die natürliche Lage fest, als durch Menschenwerk befestigt, sodaß der Kaiser stolz sein kann."

Enea Silvio Piccolomini, später Papst Pius II.

Die Geschäfte der Stadtverwaltung hatten mittlerweile einen so großen Umfang angenommen, daß neben dem Stadtrichter für die wirtschaftlichen Aufgaben ein Bürgermeister eingesetzt werden mußte. Am 7. Februar 1446 scheint zum ersten Mal ein Grazer Bürgermeister mit Familiennamen urkundlich auf. Die Verleihung des Amtes ist vielleicht schon vor 1444 anzusetzen.

Die Förderung des Handels und die Erteilung dementsprechender Freiheiten an die Bürgerschaft waren notwendig, um den Grazern das Geld für den erforderlichen Ausbau der Befestigungsanlagen zu beschaffen, da die Steiermark, besonders um die Mitte und in der zweiten Hälfte des 15. Jahrhunderts, von Fehden im Inneren und Kämpfen mit ausländischen Feinden schwer bedroht war.

Das Verhältnis zu Ungarn war schwieriger als zu allen anderen Nachbarn. Schon in der Anfangsphase zeigte sich Friedrichs Ungarnpolitik vor allem als Funktion seiner Familien- und Hausmachtpolitik. Nach dem Tode Königs Albrecht II. übernahm Friedrich mit der Königin-Witwe Elisabeth die Vormundschaft über ihren nachgeborenen Sohn und ungarisch-böhmischen Thronerben. Ladislaus Postumus, den seine Mutter gemeinsam mit der ungarischen Krone nach Graz gebracht hatte, hielt sich damals ständig in

König Albrecht II.

Ladislaus Postumus

der Stadt unter der Obhut König Friedrichs auf. Dieser versuchte, gegen den ständischen Widerstand in Ungarn, Böhmen, deren Nebenländer und in beiden Österreich als Vormund zu regieren. Das erregte den Unwillen der Österreicher, vor allem der Wiener und der Ungarn, die zu guter Letzt (1446) mit militärischer Gewalt in die Steiermark einfielen.

Beunruhigt durch die fortwährende Bedrohung der steirischen Grenzgebiete durch die ungarischen Söldnerhaufen einerseits und ermutigt durch die Erfolge des österreichischen Landesaufgebotes gegen die Hussiten andererseits war es in der Steiermark zwischen 1443 und 1462 zu insgesamt vier auf den Landtagen beschlossenen Volksaufgebotsordnungen gekommen. Die Aufgebotenen sollten bei Bedarf den Aufrufen der Hauptleute Georg von Herberstein, Otto von Stubenberg sowie Heinrich von Neuberg folgen und an die Grenze ziehen.

Streit mit Ungarn

Welche bedeutende Stellung Graz unter den übrigen steirischen Städten einnahm, verdeutlichen am besten die Aufgebotsvorschreibungen für die landesfürstlichen Städte und Märkte aus den Jahren 1445 und 1446. Dem Wohlstand des Bürgertums entsprechend, hatte die Stadt Graz zum Landesaufgebot der beiden Jahre 72 Reisige (= 13 %), 34 Fußknechte und 10 Heerwagen — das war das höchste Kontingent aller steirischen Städte und Märkte — zu stellen.

Ladislaus Postumus

Erst 1450 kam es zwischen Friedrich und dem ungarischen Reichsverweser Johann Hunyadi in Preßburg zu einer einvernehmlichen Regelung, derzufolge Ladislaus Postumus bis zu seinem 18. Lebensjahr in der Vormundschaft Friedrichs bleiben sollte. Gleichzeitig forderten die oppositionellen Stände in Österreich die Herausgabe von Ladislaus, da Friedrich von seinen steirischen Räten — vor allem von Johann Ungnad — beeinflußt sei. Dieser Partei schloß sich Graf Ulrich von Cilli an, weil er vom König im Range hinter Ungnad gestellt worden war.

Als Friedrich im Dezember 1451 von Graz nach Rom aufbrach, begleiteten ihn sein Bruder Albrecht VI., Johann Ungnad sowie La-

Krönung Friedrichs III. durch Papst Nikolaus V. Niederländisches Gemälde, 2. Hälfte 15. Jh.

Hochzeit und Krönung Friedrichs in Rom

dislaus Postumus. Dort wurde er im März des folgenden Jahres von Papst Nikolaus V. zum Kaiser Friedrich III. gekrönt. Es war dies die letzte Kaiserkrönung in Rom. Sie fand drei Tage nach der Hochzeit des Monarchen mit Eleonora von Portugal statt. Fortan blieb die höchste Würde des Reiches, mit einer einzigen Unterbrechung (durch den Wittelsbacher Karl VII. 1742—1745) bis zur Auflösung des Reichsverbandes 1806 im Besitz der Habsburger.

Auseinandersetzung um Ladislaus Postumus

Die Auseinandersetzung um Ladislaus Postumus eskalierte und fand 1452 in der Belagerung von Wiener Neustadt, in der sich der Kaiser gemeinsam mit seinem Mündel befand, durch eine Verschwörung österreichischer Stände und böhmisch-ungarischer Adeliger ihren Höhepunkt. Nur durch den Einsatz königstreuer Truppen unter der Führung von Andreas Baumkircher konnte eine Eroberung Wiener Neustadts verhindert werden. Obwohl zudem noch 6.000 Steirer und die Truppen des böhmischen Reichsverwesers Georg Podiebrad dem Kaiser zu Hilfe eilten, mußte er Ladis-

Ladislaus Postumus. Gemälde um 1450

laus dem Grafen Ulrich von Cilli und den niederösterreichischen Landständen überlassen.

Nach der erzwungenen Auslieferung von Ladislaus, der nun unter ständischer Aufsicht in Österreich, Ungarn und Böhmen regierte, blieben die Beziehungen zu Ungarn labil. Die Regierung des inzwischen zum böhmischen König gekrönten Ladislaus drohte Friedrich mit Krieg, weil er die ungarische Königskrone und die Grenzgebiete behalten wollte. Neue Einfälle in die besetzten Teile von Westungarn, der Umgebung Wiener Neustadts und in die Oststeiermark waren nicht zu verhindern. Im Sommer 1456 bedrohte der Einfall die steirische Landeshauptstadt Graz. Da der Feind bereits bis nach Weiz vorgedrungen war, und Graz der nächste Angriffspunkt gewesen wäre, entsandte der Kaiser den Markgraf Bernhard von Baden mit Truppen nach Graz. Indes gab es trotz des Ablebens Ulrichs von Cilli (1456) und des frühen Todes von Ladislaus Postumus (1457) keine Gewähr für das Abflauen der immer wieder aufflackernden Kampfhandlungen.

Durch andauernde Kämpfe und viele Fehden im Lande hatte besonders der Handel Einbußen hinnehmen müssen. Um dem entgegenzuwirken, wurde die Landeshandfeste, die den Warenverkehr bestimmte, reformiert. Anschließend überdachten am Märzlandtag von 1458 die Städte und Märkte die allgemeinen Wettbewerbsbestimmungen sowie die Jahrmarktsregelungen neu. Im Zusammenschluß der Städte übernahm Graz den Vorsitz und beglaubigte alle Abmachungen.

Geldschulden

Auch durch andere politische Ereignisse wurde das Land stark in Mitleidenschaft gezogen. Da die Geldschulden des Kaisers ins Unermeßliche zu explodieren drohten, mußte er vorerst seinen Söldnern den Lohn schuldig bleiben. Friedrich verfiel auf die unglückliche Idee, das Münzwesen an seine Gläubiger — darunter der Grazer Bürger Balthasar Eggenberger sowie der Söldnerführer Andreas Baumkircher — zu verpachten. Die neuen Pächter ließen minderwertige Silbermünzen — die „Schinderlinge" — in großer Menge prägen; die Grazer Münzstätte war gleichsam damit beschäftigt. Der Feingehalt der geprägten Pfennige sank innerhalb von 25 Jahren auf ein Zwanzigstel. Der erzielte Gewinn bildete die Grundlage für den späteren Reichtum so mancher angesehenen Familie. Die unmittelbare Folge dieser Entwicklung war eine rapide Inflation und eine ungeheure Teuerung. Dazu kam noch, daß im Frühjahr 1459 die Weinreben abfroren und die Getreideernte hinter den Erwartungen zurückblieb. Die Regierung versuchte die Lebensmittelnot mit Höchstpreisverordnungen in den Griff zu bekommen. Aus diesem Grund erhielt Graz 1460 einen Lebensmitteltarif — er ist der älteste erhaltene seiner Art. Die gewünschten Erfolge blieben aber aus.

„Schinderlinge"

Die Auseinandersetzungen mit Ungarn waren inzwischen weitergegangen. Im Frühjahr 1462 konnte der Kaiser mit Vorverhandlungen für einen Frieden beginnen. Zu diesem Zweck hielt sich Bischof Johann Vitez, ein enger Vertrauter des Ungarnkönigs Matthias Corvinus, in Graz auf.

Sehr ernst entwickelte sich die Lage für den Kaiser in Niederösterreich. Hier meldete der um drei Jahre jüngere Bruder Friedrichs, Herzog Albrecht VI., seine Machtposition an. Bei einem Wienaufenthalt wurde Friedrich zu seiner Überraschung im Oktober 1462 in der Burg eingeschlossen und belagert. Erst ein Monat später befreiten der Söldnerführer Andreas Baumkircher und böhmische Truppen den Kaiser aus seiner mißlichen Lage.

Im Mai des darauffolgenden Jahres gelang es durch päpstliche und böhmische Vermittlungen sowie den Grazer Verhandlungsgrundlagen, mit dem Ungarnkönig den Ödenburger-Wiener-Neustädter-Vertrag abzuschließen. Dieser Vertrag und der vorausgegangene Tod Albrechts VI. sicherten dem Land für eine kurze Zeitspanne verhältnismäßige Ruhe.

Fehde gegen den Kaiser

Eine tiefgreifende, dauerhafte Stabilisierung der politischen und wirtschaftliche Lage konnte Friedrich III. aber trotz allem nicht erreichen. Die Stände unterstützten seine Unternehmungen kaum, und offener Widerstand war keine Seltenheit. Auch der Krainer Ritter Andreas Baumkircher, der für seine treuen Dienste nur mündlich belobigt worden war, erklärte dem Kaiser die Fehde. Grund für diese Fehde — das letzte, legale, aber gewaltsame Rechtsmittel im Streitfall — waren die hohen Geldsummen, die der Kaiser dem Söldnerführer vorenthielt. Als Schwiegervater des Hans von Stubenberg geriet Baumkircher in die steirische Adelsopposition gegen Friedrich und wurde ihr Anführer. Während des zweiten Romzuges des Kaisers im Winter 1468/69 bereitete Baumkircher — mit Einverständnis des Ungarnkönigs Matthias Corvinus — einen Aufstand vor.

Andreas Baumkircher

Am 1. Februar 1469 erhielten die kaiserlichen Räte in Wiener Neustadt die Fehdebriefe, und bereits in der folgenden Nacht ließ Baumkircher eine Kette von ost- und untersteirischen Festungen besetzen. Gleichzeitig besetzte sein Unterhauptmann vom stubenbergischen Kapfenberg aus das Mürztal bis Mürzzuschlag. Die Lage der Landeshauptstadt Graz, in der sich gerade der zehnjährige Kaisersohn Maximilian aufhielt, verschlechterte sich zusehends.

Kaisersohn Maximilian in Graz

Die Gegenmaßnahmen der kaiserlichen Räte in der Steiermark blieben erfolglos. Die Grazer Bevölkerung mußte mitansehen, wie die Verbündeten unter den Mauern der Stadt das Vieh zur Verpflegung ihrer böhmischen Söldnertruppen wegtrieben.

Die rasche Heimkehr des Kaisers verbesserte seine Situation. Es gelang, das Mürztal von einer böhmischen Söldnerabteilung zu säubern, doch mußte der kaiserliche Söldnerführer Jan Holub bei Fürstenfeld eine empfindliche Niederlage hinnehmen. Er zog sich eilends mit dem Rest seiner Leute nach Graz zurück. In der Folge ging Baumkircher auf einen kurzfristigen Waffenstillstand ein. Der Kaiser traf bei Verhandlungen in Wien (1470) mit Matthias Corvinus zusammen, der für den anwesenden Baumkircher und dessen Anhänger deren Wiedereinsetzung in alle Rechte und Güter sowie 40.000 fl. Schadenersatz forderte.

Während anschließend die steirischen und Kärnter Stände über diese Forderung berieten, ging der Kleinkrieg in der Steiermark weiter. Baumkircher zog mit seinem Heer bis vor die Grazer Mauern, überschritt hier die Mur und zog plündernd über Tobel—Groß St. Florian in den Raum von Schwanberg. Durch neue Steuern und die Aufnahme hoher Darlehen durch die Landstände konnten schließlich Baumkirchers Söldner ausbezahlt werden. Als Darlehensgeber trat auch eine Reihe von Grazer Bürgern auf, z. B. Thomas Peheim, Heinrich Ernst, Hans Widmann, Hans Einbacher und Balthasar Eggenberger. Das Darlehen sollte 1471 durch eine Landsteuer getilgt werden. Zu ihrem Einnehmer wurde der Kärnter Erbkämmerer Andreas Greisenegg — ein Bundesgenosse Baumkirchers — bestellt. Baumkircher selbst erhielt nichts. Er blieb im Land um zu verhandeln. Schließlich kamen er und sein Schwiegersohn Hans von Stubenberg mit freiem Geleit nach Graz, wo Baumkircher in einer Audienz beim Kaiser die unversehrte Rückgabe der stubenbergischen Schlösser forderte. Friedrich gab keine Zugeständnisse und rief statt dessen Andreas Greisenegg, den ständischen Einnehmer für die bewilligte Baumkircher Steuer, in die Stadt. Am 23. April 1471 wurden Baumkircher, Stubenberg, Greisenegg samt ihrer Begleitung vom kaiserlichen Marschall verhaftet. In der Burg wurden Baumkircher und Greisenegg von den anderen getrennt. Zwei Stunden später sprach der Stadtrichter in Gegenwart zweier Schergen ohne Gerichtsverfahren auf Geheiß des Kaisers das Todesurteil aus. Die beiden Gefangenen wurden gefesselt durch die Stadt zum Murbrückentor (heute Ende der Murgasse) geführt, erhielten das Sakrament, und bei Sonnenuntergang vollstreckte der Henker das Todesurteil. Die Minoriten trugen die Leichen in ihr nahes Kloster, wo sie noch in derselben Nacht im Kreuzgang beigesetzt wurden. Ob Baumkircher einen Mordanschlag gegen den Kaiser geplant hatte, wird wohl nie mehr zu klären sein.

Verhaftung und Verurteilung Baumkirchers

*Hinrichtung von Andreas Baumkircher vor dem Murtor.
Kupferstich vor 1689*

Gefahren aus dem Südosten

In den siebziger Jahren des 15. Jahrhunderts machte sich sehr nachdrucksvoll ein Feind bemerkbar, dessen Macht durch Jahrhunderte eine Bedrohung Österreichs und besonders Innerösterreichs bleiben sollte: die Türken. Nach der Eroberung von Konstantinopel (heute Istanbul) im Jahre 1453 konnten sie sich in Bosnien festsetzen und bedrohte von hier aus ganz Innerösterreich. Mehr als ein Jahrzehnt hindurch wurden die Herzogtümer Steiermark, Kärnten und Krain von Türkeneinfällen heimgesucht. Der

Türkenbedrohung

Niederlage des abendländischen Heeres gegen die Türkei bei Nikopolis (1396). Holzschnitt um 1530

Kaiser beschloß, 10.000 Mann nach Graz zu entsenden und die Kosten durch die Reichssteuer aufzubringen. Mit Kreuzzugspredigten, Fasten, Ablässen oder Prozessionen sollte der Himmel versöhnt werden. Doch die Selbstsucht der Reichsstände war unüberwindbar, und schon bald mußte der Kaiser das völlige Versagen des Reichstages feststellen. Der neue Feind bedrohte in der Folge die Residenzstadt. Als die türkischen Renner und Brenner, die bisher nur die südsteirischen Grenzgebiete berührt hatten, nun bis nach Cilli vorstießen (1471), mußte man auch in Graz ernstlich an Abwehrmaßnahmen denken. Da sich die Einfälle immer mehr häuften, berieten die zuständigen Stellen auf den Grazer Landtagen von 1476 und 1478 über Möglichkeiten der Türkenabwehr. Um die dafür notwendigen Geldmittel aufzubringen, mußten die innerösterreichischen Juden eine Kriegssteuer von 3000 fl. zahlen, und die Bauern der Umgebung hatten als Robotleistung die Grazer Befestigungsanlagen zu verstärken. Man warf Gräben auf, errichtete Zäune und Verhaue und zog die Murvorstadt mit der Kirche St. Andrä in die Befestigung mit ein. Kaiser Friedrich ließ die Besatzung auf dem Schloßberg unter den Oberbefehl von Landeshauptmann Jörg von Tschernembel durch 32 Fußknechte verstärken.

Im Jahre 1478 verwüsteten die Türken Kärnten und den Lungau, kehrten um und zogen über die Untersteiermark in ihr Standlager bei Gonobitz zurück. Von dort aus dürften einzelne Scharen bis in die Gegend östlich von Graz vorgedrungen sein und die Niederlassung der vom Kaiser bald nach 1463 angesiedelten Franziskaner mit einer Leonhardkapelle vor den Mauern (vielleicht das heutige St. Leonhard) stark beschädigt oder zerstört haben. Als notdürftige Unterkunft überließ der Kaiser den Mönchen das innerhalb der Mauern gelegene Marchfutterhaus und ermöglichte ihnen einen Neubau am südöstlichsten Winkel der Stadtmauer — dem heutigen Tummelplatz. Nun befanden sich zwei Franziskanerklöster in der Stadt, das des Zweiges der Observanten — eben am Tummelplatz — und das der Konventualen (der Minoriten) an der Murbrücke.

Völlig unerwartet brachen die Türken im Sommer 1480, ca. 16.000 Mann stark, in die Steiermark ein. Sie drangen von Kärnten kommend in die Obersteiermark vor, verwüsteten Scheifling und vernichteten die Leobner Vorstadt. Schließlich verheerten sie von Bruck an der Mur aus das Mürztal und überrannten die Umgebung von Graz. Am 15. August zogen sie an den Mauern der Stadt vorbei. Die starken Befestigungen griffen die Muselmanen nicht an, doch brannten sie die Murvorstadt, alle Herrensitze und Bauernhöfe vom Rosenberg und Graben angefangen bis nach Mariatrost sowie St. Peter und Harmsdorf nieder. Frauen und Greise wurden niedergemetzelt, Männer und Knaben in die Gefangenschaft geführt. Nur die Leechkirche und die Besitzungen des Deutschen Ritterordens außerhalb der Stadt konnten erfolgreich verteidigt werden. In diesem Jahr beschloß man auf dem Grazer Landtag einen neuen Besteuerungsschlüssel, der nicht nur eine gerechtere Steueraufbringung ermöglichen sollte, sondern auch eine geregelte Truppenaushebung. Grundlage war die Gült, also das Einkommen des Grundherren aus den Geld- und Naturalleistungen seiner Bauern sowie aus einigen Nutzungsrechten (etwa Zehent, Bergrecht u. ä.).

Der Türkeneinfall von 1480

Neben den Türken bedrohten auch die Ungarn zur gleichen Zeit unser Land. Wegen einer politischen Ungeschicklichkeit des Kaisers gegenüber Matthias Corvinus fielen die Ungarn 1479 sowie 1480 in die Steiermark ein und zogen langsam gegen Wien. Bereits 1477 war es zu einem kurzen Waffengang gekommen. Die Städte Pettau, Leibnitz und Deutschlandsberg fielen in die Hand des Ungarnkönigs. Dem bedrängten Fürstenfeld schickten die Grazer Bürgerschaft 100 und die Marburger 300 Mann mit Geschützen zum Entsatz. Doch sie rasteten unterwegs in Weinkellern und wurden

Ungarnkönig Matthias Corvinus

betrunken vom Feind fast gänzlich aufgerieben. Ein großer Teil der Steiermark ging in diesem Kleinkrieg — beide Seiten konnten nur einige wenige Haufen stellen — an Matthias Corvinus, der von 1485 bis 1490 im eroberten Wien seine Residenz einrichtete.

Dem Verteidigungskonzept zufolge mußte das Dominikanerinnenkloster vor der Stadtmauer abgebrochen werden. Die Nonnen waren bereits seit einem Brand (1467) obdachlos und bewohnten in der Stadt Privatquartiere. Da nun die Stadtgemeinde weder den Töchtern des heiligen Dominikus ein neues Kloster erbauen noch alle anderen Klöster erhalten konnte, kam man auf den Gedanken, den Nonnen das noch unfertige Kloster der Franziskaner am Tummelplatz zu überlassen. Diese wiederum sollten in das Haus der Minoriten übersiedeln, da sie ohnehin der selben Ordensfamilie des heiligen Franziskus angehörten. Mit diesem Plan wurde letzlich Papst Alexander VI. konfrontiert, dessen Tod dieses Vorhaben aber verschleppte.

Papst Alexander VI.

„Gottesplagen"

Die Belastungen, denen die Bevölkerung ausgesetzt war, sollten durch Naturerkatastrophen noch vermehrt werden. Im Sommer 1480 fielen — wie schon so oft in der Vergangenheit — die gefräßigen Wanderheuschrecken in das Land ein und vernichteten innerhalb kürzester Zeit die gesamte Ernte samt der Wurzel. Ihre Zahl war so groß, daß sie den Boden knöchelhoch bedeckten. Was sie übriggelassen hatten, wurde zudem noch durch Überschwemmung und Hagelschlag zerstört. Doch damit nicht genug. Zu allem Überfluß breitete sich im selben Jahr die Pest unter den geplagten Menschen aus und forderte ihre Opfer. Um in seinen Ländern die Seuchengefahr zu bannen, hatte Kaiser Friedrich bereits zwei Jahre zuvor die erste bekannte Säuberungsordnung erlassen. Sein Hauptaugenmerk legte er auf die Pflasterung der Straßen und die regelmäßige regelmäßige Beseitigung des Abfalls. Man muß sich vorstellen, im Mittelalter waren nahezu alle Wege naturbelassen — eine Kanalisation gab es nicht. So floß nach einem starken Regenguß das Regenwasser, vermischt mit Spülwasser und Unrat, die Straßen entlang. Pfützen und Lachen bildeten die ideale Grundlage für Krankheitskeime.

Heuschrecken

Pest

Das Elend der Grazer Bürgerschaft schien damals so aussichtslos zu sein, daß ihrer Ansicht nach nur mehr Gott helfen konnte. Daher stifteten sie um 1485 ein Votivbild — das sogenannte „Landplagenbild"— an der Ägidiuskirche, um Gott wieder zu versöhnen. Die vom Künstler Thomas von Villach geschaffenen Bildnisse und eine Inschrift geben uns Zeugnis von den damaligen Geschehnissen. Im Text heißt es: „1480 umb unser frauntag der schiedung (15. August) sind hie zu Gratz gotsplag drey gewesn, haberschreckh, türken u. pestilenz u. jede so groß, daß dem menschen unerhörlich ist. Gott sei uns gnädig!"

Die komplizierte ikonographische und kirchenpolitische Thematik des Bildes bezieht sich auf ein zeitliches Strafgericht, in dem die in drei Personen dargestellte Dreifaltigkeit drei Lanzen — Hunger (Heuschreckenplage), Krieg (Türkeneinfälle) und Pest — gegen die in weltliche und kirchliche Hierarchie geteilte Menschheit schleudert. Das Votivbild ist ikonographisch durch die Darstellung der Dreifaltigkeit (drei Personen) und stadtgeschichtlich durch die älteste Ansicht von Graz bemerkenswert.

Die Wahl Maximilians zum römischen König (1486) rief innerhalb der Grazer Bevölkerung Freude und Hoffnung hervor. Mit Prozessionen feierten die Bürger dieses Ereignis und erhofften sich den Beginn einer besseren Zeit. Doch die Natur schien unversöhnlich zu sein. Sie brach mit ihrer gesamten Gewalt wiederum über die gepeinigte und geprüfte Bevölkerung herein. Am 20. August desselben Jahres trat die Mur aus ihren Ufern und richtete mit ihren Wassermassen beträchtliche Schäden an. In der Murvorstadt wurden einige Häuser weggerissen, auch der Keller des Admonterhofes stand unter Wasser. Drei Jahre später zerstörten ein heftiges Unwetter und schwerer Hagelschlag — die Schloßen sollen ein Gewicht von einem Pfund gehabt haben — die gesamte Weinernte und rund 80 % der Ernte.

Maximilian I.

Das ganze Land litt, zudem hatte der Kaiser Sorgen, die Kosten des Abwehrkrieges gegen die Ungarn begleichen zu können. Daher mußte Friedrich III. neben der Verpfändung seines Eigengutes Städte und Märkte zusätzlich besteuern. Bei den Steuerleistungen der Städte Innerösterreichs führte Graz im Jahr 1483 mit 25 Pferden. Ein Pferd wurde mit 20 t. d. (= Pfund Pfennig = rheinische Gulden) umgerechnet.

Das „Landplagenbild" des Thomas von Villach (1485). Gesamtansicht des rekonstruierten Freskos, Kopie von Dina Kerciku. Das heute nahezu zerstörte Fresko (vgl. Schutzumschlag) zeigt im unteren Streifen die älteste

Ansicht der Stadt Graz. Im Vordergrund türkische Krieger, die Christen töten und verschleppen. Die seitlichen Felder zeigen Pest- und Heuschreckenplagen. Im oberen Teil ein himmlisches Strafgericht

Nach langwierigen Verhandlungen bewilligten die Reichsstände dem Kaiser 1487 die Aufstellung eines Reichsheeres gegen die Ungarn. Kurz vor der Kapitulation Wiener Neustadts traf der Reichsfeldhauptmann Herzog Albrecht von Sachsen mit relativ wenigen Reichstruppen in Linz ein. Aus Geldmangel konnte er nur die Ennslinie gegen den Feind halten. Niederösterreich wurde zur Gänze besetzt, Steiermark, Kärnten und Krain teilweise. Reinprecht von Reichenberg sollte im Auftrag Albrechts in Graz das Aufgebot für die innerösterreichischen Länder erlassen. Doch nur wenige Steirer leisteten dem Aufruf Folge. Aus Kärnten und Krain erschien überhaupt niemand. Am 15. September kam der Sachsenherzog persönlich nach Graz. Mit seinen Reitern und den Neuaufgebotenen zog er zum Entsatz des belagerten Negau (Negova — südlich von Radkersburg) und eroberte in weiterer Folge Mürzzuschlag zurück. Doch man war zu schwach, um diese beiden militärischen Erfolge zu nützen.

Tod von Matthias Corvinus

Mit dem unerwarteten Tod des kaum 50jährigen Ungarnkönigs Matthias Corvinus im April 1490 brach dessen gesamte politische Konstruktion in kürzester Zeit zusammen. Somit waren der schwersten Bedrohung des Kaisers und seiner Erblande im 15. Jahrhundert und der ungarischen Expansionspolitik ein Ende gesetzt. Matthias hinterließ nur einen Sohn, der jedoch nicht anerkannt wurde. In einem mühelosen Feldzug konnte der junge König Maximilian die verlorengegangenen Gebiete zurückgewinnen. Anfang August brach er mit seinem Heer von Graz auf und eroberte Voitsberg sowie Hartberg zurück. Schließlich drang er über dem Semmering in Richtung Wien vor, wo ihn die Bevölkerung Mitte August mit Jubel empfing. Für seinen militärischen Zugriff auf Ungarn sammelte der König in Graz Pferde, Wagen und anderes Kriegsmaterial. Aber das Unternehmen, für das der Finanzmann Balthasar Eggenberger als Geldgeber auftrat, scheiterte nach Anfangserfolgen. Trotz allem konnte im Frieden von Preßburg (1491) das habsburgische Erbrecht in Ungarn verlängert und verbessert werden.

Kaiser Friedrich verläßt Graz

Der alte Kaiser hatte am 10. Oktober 1484 Graz verlassen und verbrachte seine letzten Lebensjahre in Linz. Er starb am 19. August 1493 im Alter von 77 Jahren im Kremsmünsterhaus — wahrscheinlich an den Folgen eines nächtlichen Schlaganfalles. Bereits zwei Monate zuvor mußte dem Kaiser infolge eines Wundbrandes ein

Wappenstein Kaiser Friedrichs III. Oben Schriftbänder mit der gespaltenen Jahreszahl 1452. Unten der Doppeladler des Deutschen Reiches (li.) und das Wappen des Königreichs Portugal

Bein abgenommen werden. Sein gewähltes Symbol, die Vokalreihe A E I O U, gewann weit über die Grenzen seines Machtbereiches Bekanntheit.   *AEIOU*

Fast alle Gegenstände, die dem Kaiser gehören, weisen dieses Symbol auf. Ebenso findet sich das A E I O U auf seinen Bauwerken, wie z. B. dem Grazer Dom und der Burg.

Solche Wahl- und Wappensprüche waren im Mittelalter weit verbreitet. Die wirkliche Bedeutung dieser Devise des Kaisers ist unbekannt. Es dürfte dem Symbol nach aber keines der sogenannten „Österreichsinnsprüche" wie etwa „Alles Erdreich Ist Österreich Untertan" zugrunde liegen, sondern lediglich eine magisch-mystische Beschäftigung des Herrschers.

In seiner langen Regierungszeit als König und Kaiser fielen die 1379 geteilten habsburgischen Länder nach dem Tode des Ladislaus Postumus (1457) wieder zusammen. Trotz der Ungarn- und Türkenkrisen, die das wirtschaftliche Wachstum ziemlich einschränkten, hatte die Zeit des kaiserlichen Aufenthaltes in Graz so manche Familie reich und wohlhabend gemacht. Die Residenz benötigte die verschiedenartigen Artikel und zog zahlreiche auswärtige Händler an. Durch neue Handelsbeziehungen gelang es Grazer Kaufleuten, zu Fern- und Großkaufleuten zu werden. Doch erst die Koppelung mit Geldverleih und Darlehensgeschäften brachte wirklichen Reichtum und Einfluß in die bürgerliche Oberschicht.

Großkaufleute als Geldgeber des Kaisers

Die Eggenberger

Ulrich Eggenberg

Von den Grazer Bürgergeschlechtern, die einen kometenhaften Aufstieg zu verzeichnen hatten, sind in erster Linie die Eggenberger zu nennen. Dieses Geschlecht war vermutlich als Weinhändler in Radkersburg zu einem beträchtlichen Vermögen gelangt. Ulrich Eggenberg, der erste urkundlich genannte Vertreter dieser Familie, wird 1432 in Graz als Stadtrichter erwähnt. Seinen Nachkommen gelang es durch Kreditleistungen an den Adel und den Landesherren, zu Vertrauten des Kaisers zu werden und den Reichsfürstenstand zu erlangen. 1436 überließ der steirische Herzog und spätere Kaiser Friedrich III. zwölf Grazer Bürgern, darunter auch Ulrich Eggenberg, das Münzrecht und erteilte ihnen die Erlaubnis, Wechselgeschäfte zu betreiben. Ulrich besaß zudem neben seinen Hauptniederlassungen in Graz Niederlassungen in Agram (heute Zagreb), Ofen/Buda (heute Budapest) und Radkersburg, über die

Hans und Balthasar von Eggenberg

er seine weitverzweigten und einträglichen Handelsgeschäfte abwickelte. Als er 1448 starb, konnte er seinen Söhnen Hans und Balthasar bereits ein beträchtliches Vermögen hinterlassen.

Doch auch der klugen Heirats- und Familienpolitik durften die Eggenberger ihren Aufstieg verdanken. Die Verschwägerung mit reichen Grazer Familien und mit Augsburger Patriziergeschlechtern vermehrten Reichtum und Ansehen. Balthasar von Eggenberg heiratete 1444 die Tochter des wohlhabenden Grazer Ratsbürgers Seidennater und der Augsburger Handelsmann Jörg Gossenbrot ehelichte eine Tochter Balthasars. Um diese Zeit hatten die Eggenberger bereits an der Stelle des heutigen Schlosses einen befestigten Sitz und durften das Familienwappen mit den drei Raben und der Krone führen.

Balthasar gelang es anscheinend als Münzmeister von Graz, Laibach und St. Veit am Pflaum (Fiume/Rijeka), hohe Gewinne zu erzielen, da er 1458 dem Kaiser einen Kredit von 3.000 fl. gewähren konnte. Kaiser Maximilian bestätigte den Erben Balthasars, daß er ihnen noch ein Darlehen von 34.000 Goldgulden schuldig sei.

1451 wird Balthasar von Eggenberg als Meister eines neuen Spitals zwischen der mittelalterlichen Stadtmauer und der Paradeisgasse genannt. Dieses „Spitall bey der Muerpruggen" bedachten er und seine Familie mit mehrfachen Stiftungen. In den achtziger Jahren ließen die Eggenberger anstelle der Kapelle eine Allerheiligenkirche erbauen, die bis zum Ende des 16. Jahrhunderts als Begräbnisstätte der Stifterfamilie diente. Von den evangelisch gewordenen Eggenbergern erwarben 1568 die protestantischen Landstände den Komplex und errichteten in der Folge hier ihre Kirche und Schule.

Die Schlaudersbacher

Eine ähnlich bedeutende Rolle spielte im 15. Jahrhundert die Familie Schlaudersbach. Anläßlich des Ankaufes eines Schützenhofes des Grazer Bürgers Ulrich Völkhel wird Hans Schlaudersbach als erster seines Geschlechts 1447 urkundlich faßbar. Die Ratsfamilie der Schlaudersbach hatte ihren Wohlstand wahrscheinlich aus dem Handel mit ungarischem Schlachtvieh erworben. Bereits Hans Schlaudersbach war offenbar sehr reich und dürfte auch Rat Kaiser Friedrichs III. gewesen sein. Dieser Titel wurde vom Kaiser ausschließlich an tüchtige und erfolgreiche Kaufleute verliehen, die ihm und dem Hof besondere Dienste erwiesen. Der älteste Sohn Schlaudersbachs, Georg, erlangte 1478 das Bürgermeisteramt der Stadt Graz, und der Jüngere studierte an der Wiener Universität. Zum Magister artium promoviert, kehrte er nach Graz zurück. Ab dem Jahre 1484 tritt Georg Schlaudersbach immer wieder als Geldgeber des Kaisers auf. Die Beträge, die er diesem zur Verfügung stellte, waren sehr hoch und bewegten sich zwischen 1.000 und 1.400 fl. Vermutlich hatte Georg Schlaudersbach neben seinen Geldgeschäften auch noch Einkünfte aus dem Großhandel.

Hans Schlaudersbach

Georg Schlaudersbach

Wappenrelief Schlaudersbach-Imhoff in der Egidienkirche von Nürnberg. Vermutlich 1524 von Albrecht Dürer geschaffen

Die drohende Gefahr, die gegen Ende des Mittelalters von der Türkei und Ungarn ausging, dürfte in Schlaudersbach letztlich seinen Entschluß bestärkt haben, das unsichere Graz zu verlassen und seine Tätigkeit in die freie Reichsstadt Nürnberg zu verlegen. Nicht nur durch die Kriege des Kaisers, sondern ebenso durch die fortschreitende Geldentwertung erlitt die steirische Kaufmannschaft schweren Schaden. Umgekehrt war dieser Zustand für die reichen Handelshäuser süddeutscher Reichsstädte recht günstig, um ihr Kapital hier gewinnbringend anzulegen. Daher konnten nach 1490 die deutschen Kaufleute den Handel im Land an sich bringen, und die heimischen Handelsleute sanken zu Strohmännern oder Handelsbeauftragten herab.

1493 erhielt Georg Schlaudersbach vom Kaiser die Erlaubnis, sich überall im Reich niederzulassen. Im Februar 1494 stellte die Stadt Graz den Abschiedsbrief aus. Bereits ein Jahr zuvor hatte er das Grazer Bürgerspital zum Heiligen Geist am Gries mit Zuwendungen bedacht. Der ehemalige Grazer Bürgermeister starb im September 1512, ohne jedoch im Testament seine Vaterstadt Graz vergessen zu haben.

Die Familie Ernst

Ein weiterer Geldgeber des Kaisers, Heinrich Ernst, tritt erstmals 1469 urkundlich auf. Ernst wurde von Friedrich III. häufig als sein „Diener und Hofgesind" bezeichnet, was zwar einerseits als Auszeichnung zu werten war, andererseits ihn jedoch zu weiteren Geldleistungen an seinen Herrn verpflichtete. Den geliehenen Summen nach zu schließen, mußte der Grazer Ratsbürger und Bürgermeister (1482) zu den wichtigsten Finanziers des Kaisers gezählt haben. Im Zuge seiner umfassenden Verwaltungs- und Finanzreformen in den Erbländern bestellte Maximilian I. Ernst gemeinsam mit fünf weiteren Personen zum „Umreiter und Reformierer" der landesfürstlichen Kammergüter und Pfandschaften in der Steiermark und Kärnten. *Heinrich Ernst*

Heinrich Ernst gehörte schon seit 1475 zu den wenigen steirischen Fernhändlern, die in Frankfurt die dortigen Fasten- und Herbstmessen besuchten. Der Grazer wurde dem Kreis der bedeutendsten süd- und südostdeutschen Kaufleute zugezählt. In seinen Diensten stand sogar der Salzburger Kaufmann und Bürgermeister Lorenz Kräl. *Fernhändler*

In Graz mußte Ernst, wie alle anderen Bürger, während der Türken- und Ungarnbedrohung sein Haus vor dem Sacktor abbrechen. Als Bürgermeister der Stadt kaufte er sich in der Bürgergasse (heute Herrengasse) ein repräsentatives Wohnhaus, das er 1494 den steirischen Landständen überließ, die hier die alte landesständische Kanzlei einrichteten und schließlich das heutige Landhaus erbauen ließen.

Der Großkaufmann half nicht nur dem Kaiser aus seinen finanziellen Nöten, 1504 trat er auch als Kreditgeber des Erzbischofs Leonhard von Salzburg auf. Sein hohes Ansehen führte dazu, daß Ernst auf dem Mailandtag 1498 als Bevollmächtigter der steirischen Städte und Märkte in den steirischen Landtag gewählt wurde. Sein jüngerer Sohn Johann erwarb an der Universität Wien den Doktor der Theologie und wurde Pfarrherr der Grazer Stadtpfarrkirche St. Ägidius. Wann Heinrich Ernst starb, ist ist ungewiß. Nachweisbar wird er zum letzen Mal im Juni 1506 genannt. *Johann Ernst*

Der Kaiser baut in Graz

Aus Repräsentationsgründen, aber ebenso aufgrund kriegerischer Ereignisse trug Kaiser Friedrich III. wesentlich zur Erweiterung und Verschönerung von Graz bei.

Auf ihn geht die Errichtung der landesfürstlichen „unteren" Burg an der besonders gefährdeten Nord-Ost-Ecke der Stadt zurück, die durch einen Laufgang entlang der Innenseite der Stadtmauer mit der „oberen" Burg auf dem Schloßberg verbunden war. Schon Herzog Wilhelm, der Onkel des Kaisers, begann hier, Gründe zu erwerben. Friedrich setzte zwischen 1433 und 1438 den Ankauf im größeren Rahmen fort. Etwa um 1440 führte der Erzherzog auf den Gründen der Häuser Ottos von Stubenberg und des Jörg Gradner die ersten Bauten — in unmittelbarer Nähe der romanischen Ägidiuskirche — seiner neuen Residenz auf. Der wahrscheinlichste Grund dafür war, daß der Landesfürst alle Verwaltungs- und Wohneinheiten in einem einzigen Komplex zusammengefaßt sehen wollte. Der sogenannte Schreibhof, in der Gegend des heutigen Freiheitsplatzes, welcher der landesfürstlichen Beamtenschaft als Kanzleigebäude gedient hatte, war sicherlich den vielfältigen Aufgaben einer königlichen bzw. kaiserlichen Residenz nicht mehr gewachsen. Ebenso waren die Absteigquartiere, der herzogliche Lehenshof (Herrengasse 3) und der Palas auf dem Schloßberg nicht mehr standesgemäß bzw. zu entlegen. Die Burg Friedrichs bestand aus zwei Gebäuden im spätgotischen Stil. Das Hauptgebäude mit dem Wohntrakt — der Palas — stand gegenüber der Kirche. Es existiert heute nicht mehr, doch alte Ansichten zeigen die Friedrichsburg als mehrgeschossigen Bau mit Erkern. Gleichzeitig wurde auch der Quertrakt zwischen dem ersten und dem zweiten Burghof errichtet, der heute noch besteht und Reste der ehemaligen doppelchörigen Burg- oder Kammerkapelle enthält (dat. 1446—1447).

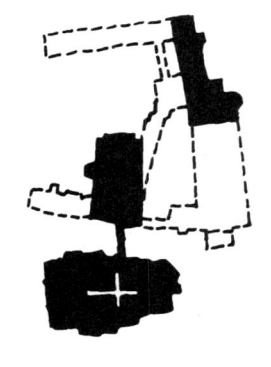

Die Burg Kaiser Friedrichs III., erbaut seit 1440; links der Palas

Unter Kaiser Friedrich zogen Humanismus und Renaissance in die Stadt ein. Sein Mäzenatentum ermöglichte das erste mehrstimmige Musizieren am Hof in Graz. Friedrich unterhielt in seinem Hofstaat eine eigene Hofkapelle, die vorwiegend aus deutschen sowie niederländischen Sängern bestand. Als seinen „cantor principalis" bezeichnete Friedrich den Niederländer Johannes Brassart, der in gleicher Eigenschaft auch die deutsche Hofkapelle König Albrechts II. († 1439) geleitet hatte.

Im Zuge des Baus der landesfürstlichen Stadtburg ließ der Kaiser die alte, ehemals als Wehrkirche angelegte Stadtpfarrkirche St. Ägidius durch eine Neuanlage umgestalten und verband sie durch einen gemauerten Gang über die Hofgasse mit seinem Sitz. Die in gediegener gotischer Schlichtheit gebaute Kirche weist jedoch mit der Verlegung des Hoforatoriums (dat. 1449) in den Chorraum eine Neuerung auf, da der Platz des Landesfürsten früher an der Westempore bestimmt war. Der Bau wurde wahrscheinlich mit der Errichtung der ursprünglichen Sakristei (heute Barbarakapelle, dat. 1438) begonnen, an die sich die weiträumige Hallenanlage anschließt. Die Weihe des Chores führte Bischof Johann Schaller 1450 durch. Als Baumeister wird der Schwabe Hans Niesenberger angenommen, der auf dem Regensburger Hüttentag (1459) als „Meister von Graz" und im Zuge seiner Arbeiten am Mailänder Dom wiederholt als „Meister Johannes von Graz" (1483) bezeichnet wird. Die geschlossene, blockhafte Außenerscheinung der Kirche zeichnet sich im Inneren durch reiche spätgotische Freskierung aus, von der die Bemalung an den Seitenschiffgewölben (dat. 1464) und die Darstellung des heiligen Christophorus mit steirischem Herzogshut sowie den Gesichtszügen Kaiser Friedrichs III. besonders zu erwähnen sind. Vor einigen Jahren entdeckte man in der sogenannten Friedrichskapelle, eigentlich durch reinen Zufall, Fresken, die mehrmals das Datum 1449 tragen. Der ganze Kapellenraum ist mit Fresken geschmückt, wobei die Südseite das Marienleben darstellt und die gegenüberliegende Wand Passionsszenen zeigt. Über dem aus den Entstehungsjahren erhaltenen westlichen Hauptportal sind heute noch als Wappenschmuck die Wappen des Deutschen Kaisers, Österreichs, der Steiermark und Portugals (die Gemahlin des Kaisers, Eleonora, war eine portugiesische Königstochter) sowie Schriftbänder mit dem Wahlspruch des Herrschers, A E I O U, zu sehen.

Stadtpfarrkirche St. Ägidius (heute Dom)

Baumeister Hans Niesenberger

Als kaiserliche Organisten sind ein gewisser Bechsen (Gechsen?), ein Valentinus sowie der in ständiger Geldnot lebende Niclas Gutl genannt.

Nach dem Vorbild der kaiserlichen Hofkirche entstanden bald danach zwei weitere große Sakralbauten im ähnlichen Stil: das Langhaus der Minoriten-(Franziskaner-)Kirche und die Domini-

Dominikanerkirche zum Heiligen Blut (heute Stadtpfarrkirche).
Rautengewölbe mit Schlußsteinen im Mittelschiff

Dominikanerkirche (heute Stadtpfarrkirche)

kanerkirche (heute Stadtpfarrkirche) zum Heiligen Blut. Der Kaiser hatte dem Orden im Jahre 1446 die um 1439/40 erbaute Corpus-Christi-Kapelle in der Judengasse (heute Herrengasse) geschenkt. Während den folgenden Jahrzehnte erwuchs neben dieser kleinen Kapelle, die im südlichen Teil des sogenannten St.-Johannes-Schiffes erhalten ist, zu Beginn des 16. Jahrhunderts die große Hallenkirche und das Kloster (heute Pfarrhof), das sich im Süden an die Kirche anschloß.

Während der langen Regierungszeit Friedrichs III. wurde in der ganzen Steiermark vor allem die sakrale Bautätigkeit gefördert. In Graz sind außer den erwähnten Bauwerken das ehemalige Franziskanerkloster mit der Kirche St. Leonhard sowie der durch eine Grundstückstiftung (1461) eingeleitete und 1463 oder 1498 (?) vollendete Neubau der Bürgerspitalskirche zum Heiligen Geist zu nen-

nen. Die Existenz des Spitals läßt sich bis in die erste Hälfte des 14. *Bürgerspital*
Jahrhunderts zurückverfolgen. Der erste Kirchenbau wird zwischen 1355 und 1372 genannt. Das „hospitale ad sanctum spiritum" bestand aber sicherlich bereits im 13. Jahrhundert. Um 1400 existierte auch schon eine Abteilung für Geisteskranke.

Die Wohnhäuser der Stadt befanden sich im 15. Jahrhundert überwiegend in bürgerlicher Hand, da der Adel damals noch nicht übermäßig stark in Graz vertreten war. Der Wohlstand verteilte sich — von einigen Ausnahmen abgesehen — ziemlich gleichmäßig auf die besitzende Klasse. Das verdeutlicht sich auch dadurch, daß die Häuser großteils ein einheitliches Bild boten, indem sie ihre steilen Giebelfronten stets der Straße zuwandten. Um im Hausinneren mehr Raum zu gewinnen, ließ man die obersten Stockwerke über das Erdgeschoß vorragen und stützte sie mit ebenerdigen Konsolbogen ab.

Die Stadt war im 15. Jahrhundert bereits eng mit zwei bis drei *Ausdehnung der* Stock hohen Häusern verbaut. Durch den beachtlichen Auf- *Stadt* schwung, den die Regierung Friedrichs Graz bescherte, vermehrte sich auch die Einwohnerzahl. Eine Stadterweiterung im großen Stil war jedoch durch die feste Ummauerung unmöglich. Am wesentlichsten konnte sich die Stadt nach der Vertreibung der Juden in Richtung Süden ausbreiten. Die Häuser und Grundstücke des Gettos gingen in bürgerlichen Besitz über, und bald nach 1440 erhielt die Bürger-(Herren-)gasse einen Ausgang nach Süden — das Eiserne Tor (erwähnt 1462). Auch die Ausdehnung nach Norden brachte Raumgewinn. Bereits Mitte des 14. Jahrhunderts hatte man den ausgangslosen „Sack" mit dem Durchbruch des ersten Sacktores (Sackstraße 20) geöffnet. Nun rückte die Stadtbefestigung bis zum zweiten Sacktor (Häuser Sackstraße 36—38) vor. Die neuerbaute Häusergruppe wurde unter dem Sammelbegriff „mittlerer oder zweiter Sack" zusammengefaßt.

Entsprechend dem Verkehr besaß die älteste Grazer Stadtmauer anfänglich nur zwei Durchlässe. Mit der Erweiterung der Mauer nach Osten in der Mitte des 14. Jahrhunderts werden unmittelbar hintereinander das innere Paulustor (vom Haus Sporgasse Nr. 27 bis zur Ballhausgasse) und das Burgtor genannt. Dieser Durchgang wurde im Zuge des Neubaues der Burg 1479 verschlossen, um das Burggelände aus dem oft störenden öffentlichen Verkehr auszuschließen. Im Westen der Stadt bildete die Mur eine natürliche Grenze. Hier befand sich wahrscheinlich das älteste Stadttor — das Murtor, über das jedoch vor dem 15. Jahrhundert nichts berichtet wird. Es öffnete den Weg über die hölzerne Hauptbrücke in die sogenannte Murvorstadt, einer Häuseranlage zwischen der Mur und dem Mühlgang.

Diese Siedlung vor den festen Mauern erhielt 1479 eine eigene leichte Befestigung und eigene Rechte.

Vor der Ringmauer der Stadt verlief eine kleine Mauerkette, die unmittelbar an den oft übelriechenden Stadtgraben anschloß und von kleinen Türmen gekrönt war. Der Raum zwischen den beiden Mauerzügen war der sogenannte Zwinger. Die äußerste Grenze des Festungswerks bildete ein aufgeschütteter Wall vor dem Graben. Mitte des 15. Jahrhunderts setzte man den ersten Schritt zur Verstärkung der Verteidigungsanlagen, indem vorerst halbkreisförmige Plattformen (Rondelle) zum besseren Einsatz der Geschütze angefügt wurden.

Ein Bild der kaiserlichen Residenzstadt zeigt die älteste Stadtansicht — der untere Teil des Gottesplagenbildes. Den Mittelpunkt im Vordergrund der aus Richtung Süden betrachteten Stadt nimmt der mächtige Turm des Eisernen Tores ein. Von diesem laufen die Mauerzüge, durch Wehrtürme verstärkt und durch Stadttore gesichert, rund um die mittelalterliche Stadtanlage. Dahinter steigt der

Kopie der Stadtansicht nach dem Gottesplagenbild.

Schloßberg empor, dessen höchsten Gipfel die „obere" Burg krönt.

Der Name Schloßberg bürgerte sich erst im 16. Jahrhundert allgemein ein, da man die kaiserliche Residenz in der Stadt „Burg" nannte und davon die Burg auf dem Felsen als „Schloß" unterschied. *Der Schloßberg*

Die einzigen Überreste aus der Zeit vor dem großzügigen Neubaue unter dem Festungsmeister dell' Allio, die sich bis in die heutige Zeit retten konnten, sind — zwischen chinesischem Pavillon und Stallbastei (auch Kanonenbastei) — eine Steinbank mit abgeschliffenen gotischen Schriftzeichen, der gotische Spitzbogen des Tores vor der Pergola in der Stallbastei, ein Stück der mittelalterlichen Ringmauer unterhalb des Uhrturms entlang des Kriegssteiges, und die Armen-Sünder-Glocke am Uhrturm, die einer Inschrift zufolge 1382 gegossen wurde. Die früheste Abbildung der Burganlage findet sich abermals im Gottesplagenbild. Den Mittelpunkt der alten Burg bildete der zwei Stock hohe Palas. In ihm befanden sich zwei Kapellen, das Provianthaus, das Zeughaus, die landesfürstliche Schatzkammer und Gefängnisse. Auf der Schloßberghochfläche stand der mächtige, mittelalterliche Bergfried, in dessen Verlies sich weitere Gefängnisse befanden. Palas und Bergfried waren von einer Mauer umschlossen, südlich davon dehnten sich bis zum heutigen Uhrturm als Vorburg mehrere Zwingeranlagen aus, die den Zugang zum Hauptkomplex sichern sollten.

Von Anfang an erfuhr die obere Burganlage immer wieder Umbauten. Einen der ersten großen ordnete Kaiser Friedrich III. an, der sie somit in der damaligen unruhigen und gefahrvollen Zeit zu einem uneinnehmbaren Stützpunkt ausbauen ließ. Der Um- und Neubau war notwendig geworden, da die Kriegstechnik sich sehr rasch entwickelte, und die alten Bauten nicht mehr den nötigen Schutz boten. *Um- und Neubau wegen modernerer Kriegstechnik*

Die Bauarbeiten am Schloßberg begannen zwischen 1466 und 1468 mit der Anlage einer neuen Zufahrt. Um die Arbeiten schneller vorantreiben zu können, mußten 1488 die Bauern der Umgebung als Robotleistung an der Festung mitarbeiten.

Nach dem Tode des Kaisers setzte sein Sohn die Arbeiten fort. Um an der Nordseite ein freies Schußfeld zu erhalten, wurden dort in den letzten Jahren vor der Jahrhundertwende Sprengungen durchgeführt. Gleichzeitig hatte man eine Seilbahn von der Mur zur Hochfläche gebaut, um Werkzeug und Material zeitsparender transportieren zu können. Die Endstation dieser in Europa einzigartigen Anlage befand sich vermutlich im Garten der heutigen Restauration. Die Bautätigkeiten am mittelalterlichen Bau fanden lange kein Ende. Trotz allem blieb die alte Grundeinteilung erhalten. Weitere Umbauten sind für die Jahre 1500, 1515—1523 und 1533—1542 bezeugt, bis 1544 eine gänzliche Neubefestigung in Angriff genommen wurde.

Ein seltener Gast

Maximilian I. — der letzte Ritter

Nach dem Tode seines Vaters übernahm Maximilian eine Hausmacht, die ungleich größer und weiter war als die seiner Vorgänger. Er selbst blieb einerseits den Ideen des mittelalterlichen Rittertums treu, andererseits verkörperte er jedoch bereits den Renaissancefürsten. Die riesige Ausdehnung seines Reiches und seine vielfältigen Interessen brachten es mit sich, daß er sich selten für längere Zeit an einem Ort aufhielt. Im August 1477 hatte er in Gent die zwanzigjährige regierende Herzogin Maria von Burgund geheiratet. Die Reise zu seiner Braut hatte ihn zuvor noch nach Graz gebracht. Diese Verbindung war in der steirischen Landeshauptstadt angebahnt worden, als sich hier schon im Februar 1472 Kaiser Friedrich III. und der Bevollmächtigte des Burgunderherzogs, Karl Peter von Hagenbach, zu Beratungen getroffen hatten.

Lange Kriege, fortwährende Unruhen und andauernde Gefahren hatten in Stadt und Land zu einem Sittenverfall geführt. Wegen der sich häufenden Zahl von Einbrüchen, Raubüberfällen, Mord und Totschlag in Graz hatte bereits Kaiser Friedrich 1488 Verfügungen erlassen. Er hob in der Stadt das Asylrecht auf und erteilte Richter und Rat die Erlaubnis, auch außerhalb des Stadtgerichts Verbrecher zu verfolgen, zu verhaften und festzuhalten. Das Gebiet der Pfarre von St. Veit am Aigen nördlich von Graz galt damals als Schlupfwinkel für Verbrecher. Gemeinsam mit dem Pfleger von Gösting, Wolfgang von Weisseneck, unternahmen die Grazer Bürger im Jahre 1511 hier eine Razzia auf Wegelagerer und Straßendiebe. Zwar konnten durch diese Aktionen vereinzelt Erfolge in der Bekämpfung des Verbrechertums erzielt werden, doch eine durchgreifende Säuberung gelang nicht. Noch 1518 bezeichnete Maximilian in einem Mandat die Städte Graz und Villach als Orte, wo Straßenraub und Mord an der Tagesordnung standen.

Aber nicht nur die weltliche Bevölkerung, sondern auch der geistliche Stand waren trotz tiefer Frömmigkeit teilweise der Sittenlosigkeit verfallen. Maximilian beklagte sich 1495 in einem

Sittenverfall

Papst Leo X. Schreiben an Papst Alexander VI. über die Grazer Minoriten, die seiner Meinung nach ein allzu freies Leben führten. Weil die Patres eine grundlegende Änderung ihres Lebenswandels abzulehnen wagten, mußte der Orden auf Anordnung des Renaissancepapstes, Leo X., sein Kloster an der Mur verlassen. Der Komplex wurde 1515 den Franziskanern zugesprochen, die sofort mit dem Umbau der Kirche begannen. Das freigewordene Kloster am Tummelplatz wurde im Oktober 1517 den Dominikanerinnen als ihr Eigentum übergeben; es ist 1784 aufgehoben worden. Die Reste sind heute noch als Bürgerhaus in der Salzamtsgasse zu sehen. Daß sich der eine oder andere Priester oder Mönch eine Konkubine oder „Kellnerin" hielt, war damals üblich. Aus diesen Gründen ist es daher leicht zu verstehen, daß die Achtung vor der Geistlichkeit nicht allzu hoch war. So verweigerte etwa 1499 die Grazer Bürgerschaft dem Deutschen Ritterorden unter Androhung von Widerstand die fälligen Zinszahlungen für seine Hofstätten.

Juden

In den letzten Regierungsjahren Kaiser Friedrichs III. war die Stimmung gegen die Juden im ganzen Land nicht gerade die beste. Durch ihre Geschäftspraktiken und Tätigkeiten als Geldgeber waren sie überall, so auch in Graz, rasch zu Reichtum und Hausbesitz gekommen. Im Gegensatz dazu hatte am Ende des 14. Jahrhunderts und besonders im 15. Jahrhundert die Verschuldung der Bürgerschaft stark zugenommen. Die Zinsen für einen Kredit waren außerordentlich hoch. Man räumte zwar dem Schuldner eine zinsenlose Frist von zwei Monaten bis zu einem Jahr ein, doch die darauffolgenden Verzugszinsen erreichten am Anfang des 14. Jahrhunderts durchschnittlich eine Höhe von 118 %, sanken aber dann im 15. Jahrhundert auf 42 bis 46 % herab. Die Zinsenhöhe richtete sich vermutlich nach der Kreditfähigkeit des Gläubigers.

Die steirischen Landstände beeilten sich nach dem Tode Kaiser Friedrichs bei dessen Sohn Maximilian gegen eine kräftige Abschlagszahlung für den landesfürstlichen Steuerentgang die endgültige Vertreibung der Juden aus der Steiermark durchzusetzen. Maximilian dürfte im Sommer 1495 diesen Forderungen zugestimmt haben, denn im August bedankte sich der Magistrat in ei-

Kaiser Maximilian mit Familie. Links der Kaiser, rechts seine erste Gemahlin Maria von Burgund, dazwischen Philipp der Schöne. Im Vordergrund seine Enkel Ferdinand und Karl, daneben Ludwig von Ungarn. Tafelbild von Bernhard Strigel, 1515

nem Schreiben an den König für die langersehnte Einwilligung und bat ihn, die eingezogenen Häuser den Bürgern zu überlassen. Am Grazer Landtag, Ende August, wurde öffentlich verlautbart, daß die Juden für „ewige" Zeiten aus der Steiermark, Wiener Neustadt und Neunkirchen ausgewiesen würden. Der Ausweisungsbefehl erging im März 1496. Die steirischen Stände erlegten dafür in drei Teilzahlungen 38.000 fl. (Pfund Pfennige), die Maximilian für die Weiterführung des Ungarnkrieges dringend benötigte. Der Landtag begründete diesen Schritt mit Hostienschändung, Ritualmorden sowie Fälschungen der Schuldbriefe und Siegel. Diese Bestim-

Ausweisung für „ewige" Zeiten

mung des Landesfürsten blieb in Teilen bis ins 19. Jahrhundert aufrecht.

Die Juden in Graz sind zwar erst für das Jahr 1261 erstmals urkundlich belegt, doch schon spätestens nach der ersten Marktgründung im Bereich des „ersten Sackes" waren sie in die Stadt gekommen, in der sie damals fast zur Gänze den Handel kontrollierten. Im karantanischen Raum müssen sie als Vorläufer der städtischen Kaufleute angesehen werden. Da sie sich meist in der unmittelbaren Nähe wichtiger Wirtschaftszentren niederließen, entstand in dieser Anfangszeit an der alten Römerstraße unterhalb der kleinen Wehrburg von Straßengel eine Judensiedlung. Das heutige Judendorf ist 1147 als „villa ad iudeos" überliefert.

Das Getto

Als in den nächsten Jahren der Traungauer Otakar III. daranging, die künftige Hauptstadt seines Landes auszubauen und hier den Auftrag zu einer zweiten, größeren Marktanlage gab, zogen die Juden in die Stadt. Noch vor dem Laterankonzil (1179), das die Obrigkeit aufforderte, die jüdischen Wohnviertel von der übrigen christlichen Siedlung abzusondern, dürften die Juden in Graz bereits freiwillig zusammengesiedelt sein. Im Getto hatte der Jude seine eigene Welt — für die Stadtbewohner wirkte er daher umso geheimnisvoller. Die ersten Niederlassungen in den Städten stammen aus einer Zeit, als die Landesfürsten die jüdischen Steuerleistungen — die Judensteuer — als Königsrecht einforderten. Das Grazer Getto befand sich südlich der Bürgergasse (heute Herrengasse), die damals noch keinen Ausgang nach Süden besaß. Über die westliche Begrenzung herrscht Unklarheit, sie könnte aber an der unteren Schmiedgasse begonnen haben und umfaßte in östlicher Richtung die Fläche der heutigen Stadtpfarrkirche sowie des Pfarrhofes. Die südliche Begrenzung fiel mit dem Verlauf der Stadtmauer zusammen, wobei den Juden in der Nähe des späteren Eisernen Tores und der heutigen Stubenberggasse eine kleine Maueröffnung, das sogenannte Judentürlein, den Zugang zu ihrem Friedhof außerhalb der Mauer und des Stadtgrabens (heute etwa Jakominiplatz) ermöglichte. Eine zweite Pforte, in der Gegend des jetzigen Zeughauses, stellte die Verbindung zur Bürgergasse und zum Hauptplatz her. Den Mittelpunkt des Gettos bildete die Synagoge, die sich Ende des 15. Jahrhunderts gegenüber der heutigen Stadtpfarrkirche befand.

Siegel des Juden Jona. 2. Hälfte 15. Jh.

Schon relativ früh spielten die Juden als Geldgeber eine besondere Rolle. Als Grundlage und Rechtfertigung gemäß dem biblischen Zinsverbot gegenüber Glaubensgenossen verblieb ihnen die Rolle des Kreditgebers, da die Kirche dem Christen das Zinsennehmen als Wucherei untersagte. Der Babenbergerherzog Friedrich II. erließ 1244 die älteste Judenordnung, die ihren Geltungsbereich auf die gesamte Steiermark ausdehnte. Um größere Geldsummen rascher bereitstellen zu können, taten sich die Juden vielfach zu Gesellschaften zusammen, deren Teilhaber oft miteinander verwandt waren. Zudem hatten sie keine städtischen Steuern zu bezahlen, damit sie solche besser und direkt an den Landesfürsten leisten konnten. Alle diese Bevorzugungen lieferten Konfliktstoff zwischen ihnen und den Bürgern. So erklärte Herzog Wilhelm 1396 alle Häuser und Güter innerhalb des Burgfrieds, die in jüdischem Besitz standen, der Besteuerung durch die Stadt als unterworfen, falls diese nicht innerhalb eines Jahres an Christen verkauft werden würden.

Im 15. Jahrhundert versuchten Adel und Bürgertum, bei denen religiöse Bedenken gegen das Zinsnehmen gewichen war, sich der jü-

Ausweisung und Wiederansiedlung

dischen Konkurrenz zu entledigen. Die Grazer Bevölkerung begann sich gleichsam bedingt durch die zunehmende Verschuldung, gegen die Juden zu wehren.

1438/39 wurde das Getto auf Wunsch der Bürgerschaft von Herzog Friedrich aufgelöst. Die Juden mußten die Stadt verlassen, der Landesfürst zog die Häuser ein und vergab sie an Adelige, hohe Beamte und Bürger. Während der jüdischen Abwesenheit errichtete man gegenüber der Synagoge eine Corpus-Christi-Kapelle (1439/40), die später zur Stadtpfarrkirche werden sollte. Die Absenz der Juden dauerte nicht lange an. Friedrich, jetzt schon König, holte sie bereits 1447 zurück, da er auf ihre Steuerkraft nicht verzichten konnte. Als Anreiz gewährte er ihnen Steuererleichterungen, was ihm bei der erzürnten Bevölkerung den Namen „Judenkönig" eintrug.

Eine dieser Freiheiten bezog sich abermals auf die Befreiung von den städtischen Abgaben. Da nun die Juden nach ihrer Rückkehr in der Stadt verstreute Häuser zu Wohnzwecken zugewiesen worden waren, konnte man ihren Pfandbesitz bald nicht mehr vom jüdischen Wohngebiet trennen. Dieser Zustand und ein Prozeß des Magistrats gegen den Juden Jona führten zur Ausweisungsverordnung Maximilians.

Nur wenige Besuche

Im Gegensatz zu Kaiser Friedrich III. hielt sich sein Sohn Maximilian äußerst selten in Graz auf. Er bestätigte erst im Jahre 1500 die alten Freiheiten der Stadt. Im September des nächsten Jahres wurde der sogenannte „Landauer Vertrag" geschlossen, der einen Vergleich in der Streitfrage darstellt, ob der Adel steuerpflichtig sei oder nicht. Dadurch konnte nun eine weitere Zunahme der steuerbefreiten Häuser der Landstände, die bereits etwa 1/3 des Stadtgrundes besaßen, unterbunden werden. Zur selben Zeit erwachte auch bei uns — relativ spät — das Interesse für die römische Antike. Als sich König Maximilian 1506 in der Stadt aufhielt, ließ er die Gebeine eines Römers aus Leibnitz nach Graz bringen und in seiner Gegenwart in die Mauern der unteren Burg einsetzen. So manchen

Gegenüberliegende Seite: Gotische Doppelwendeltreppe in der Burg, 1499—1500

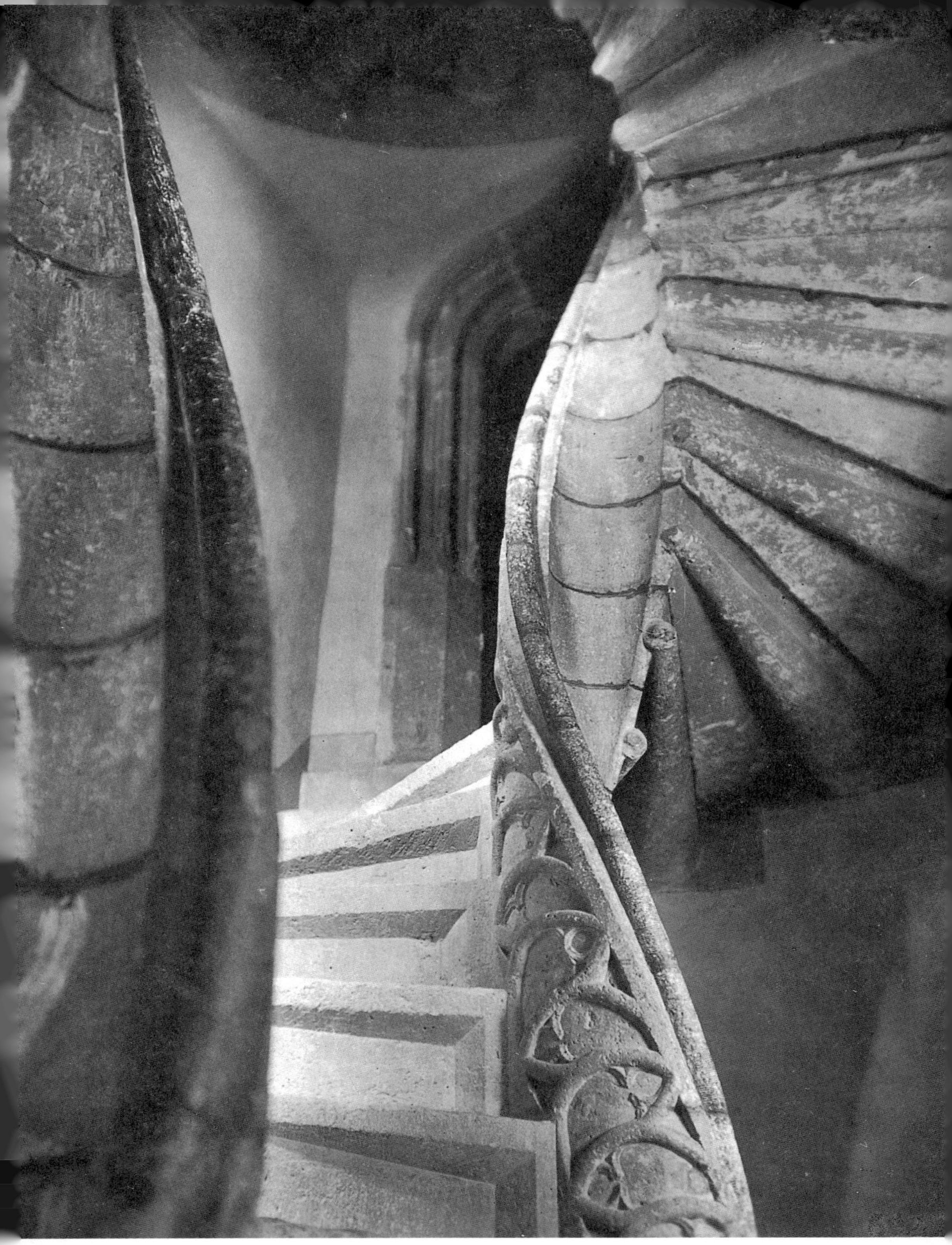

eingemauerten Römerstein verdankt die Burg dem Sammeleifer Maximilians und dessen historischem Interesse. Diese Steine waren vorwiegend aus dem Gebiet von Celeia (Cilli) und Flavia Solva (Wagna bei Leibnitz) in die Stadt gebracht worden. Bereits zwischen den Jahren 1494 und 1500 hatte Maximilian die Burg durch einen im Nordosten anschließenden schmalen Quertrakt (sogenannte Maximiliansbau) erweitert und dadurch die Friedrichsburg mit dem Gebäude der Kammerkapelle vereinigt. Im damals neuerbauten Treppenturm befindet sich die in ihrer Art einzigartige Doppelwendeltreppe. Die ineinander verschlungenen, gegenläufigen Treppen, welche ab dem 2. Stock ohne Mittelstütze verlaufen, verdeutlichen eindrucksvoll das hohe technische Können der gotischen Architektur zur Zeit der Jahrhundertwende. In den sogenannten „Gedenkbüchern", in denen Maximilian seine literarischen, künstlerischen und baulichen Vorhaben festhielt, ist 1506 und 1508 wiederholt über Aktivitäten in der Burg zu lesen.

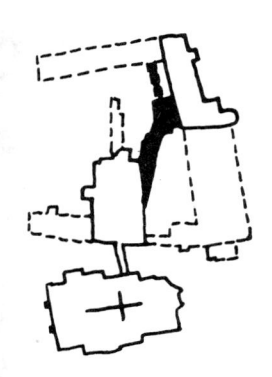

Der von Maximilian I. erbaute Verbindungstrakt mit der Doppelwendeltreppe

1508 ließ sich Maximilian im Dom von Trient durch den Bischof von Gurk — mit päpstlicher Zustimmung — zum „erwählten römischen Kaiser" krönen. Die Kaiserkrönung war deshalb außerhalb Roms notwendig geworden, weil die Venezianer Maximilian den Durchzug durch ihre Gebiete in den Kirchenstaat verwehrt hatten.

1512 trug sich der Kaiser mit dem Gedanken, die Stadt Graz zu besuchen, jedoch durch verschiedene Umstände verhindert, kam der Besuch erst 1514 zustande. Hier erließ er die „declaration zu Grez". Sie beinhaltet einen Schiedsspruch im Streitfall Götz von Berlichingen gegen Selbiz. Gerichtet war er an den Bischof von Bamberg und an den Markgrafen von Brandenburg.

Ein Jahr später empörten sich im Süden des Landes Bauern der Herrschaft Gottschee gegen ihren Pfandinhaber Jörg von Thurn. Noch befanden sich die Landtagsvertreter, die kurz zuvor auf einem Generallandtag die Rüstungsforderungen des Kaisers abgelehnt hatten, in Graz, als der Bauernsturm losbrach.

Bauernunruhen

Ein großes Bauernheer erkämpfte vorerst militärische Erfolge. Viele Schlösser als Sitze der verhaßten adeligen Grundherren wurden erobert und geplündert. Der untersteirische Aufstand verbreitete sich rasch über Kärnten und die Südsteiermark bis ins mittlere Raabtal und Gleisdorf. Erst als Georg von Herberstein als oberster Feldherr das Bauernheer in mehreren Gefechten schlug und Landeshauptmann Dietrichstein auf dem Grazer Richtplatz zur Abschreckung und als Exempel zehn Bauernführer sowie 15 angesehene Bauern hinrichten ließ, brach der Aufstand zusammen.

Im Jänner 1518 rief Maximilian in Innsbruck einen großen Generallandtag (15. 1. bis 6. 6.) ein, an dem nun auch Vertreter von Städten und Märkten als dritter Stand zugelassen waren. Während des 15. Jahrhunderts hatte das aufstrebende Bürgertum einen neuen Stand gebildet. Die verschiedensten schriftlichen Aufzeichnungen nennen auch Grazer Bürger als Vertreter ihres Standes. In Tirol wurde die Stadt Graz durch den Ratsbürger Matthias Harrer vertreten. Die steirische Landeshauptstadt führte besonders gegen die zunehmende Monopolisierung der venezianischen und nürnbergischen Handelsgesellschaften Beschwerde. Zudem wollte man das neuerrichtete Regiment (= Regierung) für einige Zeit von Wien nach Graz oder Bruck an der Mur verlegt haben, da Bruck in Innsbruck zum Sammelplatz im Kriegsfall bestimmt wurde.

Die Erbschaft des Kaisers

Maximilian hatte sich in der letzten Zeit seiner Regierung sehr um die Wahl seines Enkels Karl zum römischen König bemüht. Nach dem Tode des Kaisers (12. Jänner 1519) schien es vorerst unsicher, ob ein Habsburger die Kaiserkrone behaupten würden. Einigen deutschen Fürsten war der Bruder Karls, Ferdinand, viel sympathischer als der undurchschaubare Karl. Zudem war gerade bei dieser Kaiserwahl die Zahl der Kandidaten sehr hoch.

Karl und Ferdinand, die der Verbindung von Maximilians Sohn Philipp mit der spanischen Prinzessin Johanna entstammten, waren nach Philipps Tod (1506) erbberechtigt geworden.

Im Gegensatz zu Österreich und Tirol griffen die steirischen Landstände während der Kaiserwahl nicht in die Befugnisse der vom Kaiser eingesetzten Behörden ein sondern verhielten sich ruhig und abwartend. Die Regierungsgeschäfte des Landes wurden von einem Landtagsausschuß, in dem sich auch der Grazer Bürgermeister Matthias Harrer befand, provisorisch geleitet. 1519 kam es in Bruck an der Mur zu einem Ausschußtag, an dem alle innerösterreichischen Länder sowie Tirol und Niederösterreich teilnahmen. Graz entsandte Wolfgang Schrot als Vertreter. Die beratenden Stände beschlossen die Entsendung einer Gesandtschaft zu

Ferdinand I. Portrait von Jan Cornelisz Vermeyen

Kaiser Karl V.

Karl nach Spanien und Ferdinand in die Niederlande, um sie zur Besitzergreifung ihrer Länder einzuladen sowie um gegen die erzherzoglichen Stellvertreter Beschwerde zu führen.

Die kaiserlichen Abgeordneten des am 28. Juni 1519 durch enorme Bestechungsgelder zum Kaiser gewählten Karl (V.) trafen Ende Jänner des folgenden Jahres in Graz ein. Sie wurden bei Gösting vom steirischen Adel empfangen und zogen unter Kanonendonner und mit großer Pracht in die Stadt. Die Kommission leistete im Namen des Kaisers nach altem Brauch vor den Ständen den Eid auf die Landesverfassung und empfing anschließend die Huldigung. Ein Tedeum, ein Tanzabend und ein Bankett in der Burg beschlossen die Feierlichkeiten.

Im Teilungsvertrag von Worms am 28. April 1521 überließ Karl V. seinem jüngeren Bruder Nieder- und Oberösterreich, die Steiermark, Kärnten und Krain. Neun Monate später trat der Kaiser im Brüsseler Vertrag (7. Februar 1522) weitere Besitzungen in Tirol, Görz, Friaul, Triest u. a. an seinen Bruder ab. Diese Teilung schied das Haus Habsburg in eine österreichische und in eine spanische Linie. Unmittelbar nach dem Wormser Vertrag kam Erzherzog Ferdinand — dieser Titel war nach der Bestätigung des „privilegium maius" ab 1453 legal geworden — als neuer Herrscher nach Österreich und traf im Juli 1521 in Graz ein. Während seines dreiwöchigen Aufenthaltes nahmen er und seine Gattin Anna von Ungarn persönlich die Erbhuldigung entgegen. Gleichzeitig befand sich auch die niederösterreichische Regierung in Graz, bis ein Aufstand in diesem Land gegen den Landesherrn niedergeschlagen werden konnte (1522). Ebenso hielten sich der Humanist Johann Cuspinian sowie der Mathematiker und Astronom Johannes Stabius hier auf. Beide waren Mitglieder der gelehrten Donaugesellschaften, die dem Geistesleben der maximilianischen Regierung ihr Gerpäge gegeben. Stabius starb in Graz am 1. Jänner 1522.

Teilungsverträge

Erzherzog Ferdinand

Humanisten

Handwerker in der Stadt

Der Reichtum oder die Armut einer mittelalterlichen Stadt sagte so manches über die Gewerbebetriebe innerhalb ihrer Mauern aus, da die Abgaben und Steuern von den erwirtschafteten Erträgen die wichtigste Einnahmequelle für die Stadt bedeuteten. Nur wenige Berufszweige konnten ein ansehnliches Vermögen erwirtschaften — die meisten Gewerbe beruhten auf kleinen Warenproduktionen.

Um sich und die Familie wirtschaftlich erhalten zu können, organisierten sich Handwerker des gleichen oder ähnlichen Gewerbes zu Einungen: Handwerk, Bruderschaft, Zeche oder Zunft genannt. Die älteste derartige Einrichtung in Graz ist die Einung der Sattler von 1293/94. Sie bildeten somit die älteste nachweisbare Handwerksbruderschaft der Steiermark. Aus den einzelnen Verfügungen des Landesfürsten zugunsten des steirischen Gewerbes ist ersichtlich, daß sich die am stärksten besetzten Handwerkssparten im 14. Jahrhundert zusammengeschlossen hatten. Der Gewerbetreibende spielte bald im öffentlichen Leben der Stadt eine be-

Sattler, älteste Grazer Einung

vorzugte Rolle. So zählten Nachfahren des ersten genannten Handwerkers der Stadt, des Kürschners Premeuzlin(us) (1247), schon zu den ratsfähigen Bürgern. Seit dem späten 14. Jahrhundert stand das Stadtrichteramt und im 15. Jahrhundert das des Bürgermeisters für Gewerbetreibende offen.

Die anfänglichen Aufgaben der Zünfte, wie etwa die Sicherung der Rohstoffe, Kampf gegen das Pfuscherunwesen, preiswerte Angebote, traten letztlich in den Hintergrund. Nicht mehr der freie Wettbewerb des Tüchtigeren, sondern ein angenehmes Leben für die Berechtigten war das Ziel. Die Folge waren Preistreiberei, Kastendenken sowie die Erstarrung des Handwerks. So wurde seit dem 16. Jahrhundert — ausgelöst durch den Abstieg des städtischen Handwerks — der Einfluß der Handelsleute im Grazer Rat immer größer. Am Ende des 17. Jahrhunderts waren die Handwerker aus dem Rat fast gänzlich verdrängt, und selbst in den Bürger-

Grazer Handwerker. Schmied, Zimmermann, Maurer und Schneider. Detail aus dem Gottesplagenbild

ausschuß wurden immer mehr Handelsleute gewählt. Nur noch die niederen städtischen Ämter, wie z. B. die Viertelmeister (mit den heutigen Bezirksvorstehern vergleichbar), konnten die Handwerker für sich behalten.

Von den vielfältigen Gewerbearten in Graz sollen nun einige näher betrachtet werden:

Eines der ältesten Gewerbe der Stadt waren die Sporenmacher — die Sporer. Bereits im 14. Jahrhundert trug die Sporgasse, dort, wo sie ihre Werkstätten betrieben, nach ihnen ihren Namen. Das Handwerk war zwar alt, doch es trug nicht besonders viel ein, da es viele Sporer gab. Daher versuchten die mit den Schlossern in einer Zunft organisierten Sporer, ihr niederes Einkommen durch den Handel mit Eisenwaren aufzubessern. Der Zunft der Sporer und Schlosser schlossen sich später die Plattner, und auch die Uhr- und Büchsenmacher an. *Sporenmacher*

Der Reichtum der Goldschmiede, die zu den vermögendsten Bürgern zählten, erklärt sich aus dem Wert des zu verarbeitenden Materials. Die Hochblüte dieses Handwerks setzte erst um die Mitte des 16. Jahrhunderts ein. Doch schon 1164 hatte sich im Gefolge des Traungauer Markgrafen Otakar der Goldschmied Rudolfus ex Ouwa in Graz aufgehalten. Grund für den Aufschwung waren zweifelsohne die Aufträge des Hofes der Habsburger Karl und Ferdinand. Es ist daher nicht verwunderlich, daß der Abzug des Hofes nach 1619 einen empfindlichen Rückgang dieses Gewerbes verursachte. *Goldschmiede*

1388 wird das Haus eines Kupferschmieds in Graz erwähnt, und in den siebziger Jahren errichtete man die ersten Kupferhämmer, um von dem bereits bearbeiteten Wiener Kupfer unabhängig zu werden. Die Kupferschmiede bezogen ihr Rohmaterial hauptsächlich aus dem Bergwerk in der Radmer. Die Anzahl der Meister war nicht vorgeschrieben — wohl jedoch hatten sie sich in der Jakobsbruderschaft geeint. Da sie neben ihren eigentlichen Arbeiten mit verschiedenem Geschirr regen Handel betrieben, gerieten sie häufig mit den Pfannenschmieden in Streit. *Kupferschmiede*

Südlich der heutigen Radetzkystraße, in der Gegend des Griesplatzes, betrieb der Grazer Bürger Paul der Plattner einen „Hamer und ein Sleiffen". Dieser Paul — einer der ältesten bekannten Vertreter seines Gewerbes — betrieb das einst stolze Handwerk des

Harnischmacher — Harnischmachers. Der Harnisch sollte als perfekte stählerne Kleidung den spätmittelalterlichen und frühneuzeitlichen Kriegsmann schützen. Die meisten der in Graz ansässigen Plattner verfertigten schwarzgraue, hammergefestigte Waren. Nur ganz wenige erzeugten mittels großer Polier- und Schleifscheiben blanke Harnische mit silbrig-weißer Oberfläche.

Stuck-, Erz- und Glockengießer — Die Stuck-, Erz- und Glockengießer kamen hauptsächlich aus Deutschland. Sie arbeiteten im Auftrag des Landesfürsten in der erzherzoglichen Gußhütte vor dem (inneren) Paulustor. Den Aufbau einer Hütte hatte besonders König Ferdinand 1526 vorangetrieben, weil die Türkengefahr akut zu werden schien. Der bedeutendste Gießer in Graz war der von Erzherzog Karl aus Dresden berufene Martin Hilger, der während seines zehnjährigen Aufenthaltes (1577—1587) nahezu 180 Festungsgeschütze goß. Durch den Guß der 4.600 kg (ohne Klöppel) schweren Glocke des Glockenturms, der „Lisl", konnte sich Hilger ein bleibendes Denkmal in Graz schaffen. Vor dem Sacktor wurde schließlich eine neue Gußstätte erbaut, und die alte Hütte, nachdem sie einige Jahre als Brauhaus und Provianthaus gedient hatte, im Jahre 1600 den Kapuzinern als neues Kloster überlassen.

Schmiedemeister und Geselle beim Hämmern eines rotglühenden Eisenstückes, Holzschnitt

Die 1474 am Grazer Hauptplatz erwähnten 15 „Messerkramen" gehörten fast alle ausländischen Handwerkern, die rasch einen nicht unbedeutenden Wohlstand erreichten. Überhaupt waren die Messerschmiede ein gutgehendes und angesehenes Gewerbe. Ihr Sortiment bestand zumeist aus „gemeinen" Messern, Hirschfängern, Säbeln und Schlachtschwertern. Weiters vergoldeten und versilberten sie Schwert- und Messergriffe und führten mit hoher Geschicklichkeit Treib-, Einlege- sowie Ätzarbeiten durch. *Messerschmiede*

1249 wird erstmals von einem Schneider namens Chunlius in Guntarn berichtet. Vierhundert Jahre später zählte die Zunft 60 Mitglieder. Die in den Vorstädten ansässigen Schneider gehörten nicht zum Bürgerstand und hatten ihre eigene Zunft mit eigenen Statuten gebildet. Die in der Stadt tätigen Meister führten heftige Kämpfe gegen die Landschneider. Diese durften eigentlich nur Joppen erzeugen und feilbieten, verkauften aber auf den Jahrmärkten Kleidung aus den besten Stoffen. Ebenso machten den Stadtschneidern die sogenannten Herrenschneider zu schaffen. Da sie nicht nur für ihre Herrn arbeiteten, sondern ihre Waren öffentlich anboten, bildeten sie eine nicht zu unterschätzende Konkurrenz. Darüber hinaus erreichten sie durch Protektion den einen oder anderen Freibrief, der ihnen den vollen Betrieb des Handwerks gestattete. *Schneider*

Im engen Areal zwischen der Mur und dem Schloßberg — in der Gegend der heutigen Sackstraße — hatte sich das lederverarbeitende Gewerbe angesiedelt. Aus Gründen der Reinlichkeit suchte man die Nähe der Mur. Bereits 1294 wird daher ein Teil des „Sackes" als „Ledererstraße" bezeichnet. Die zwei erstmalig genannten Meister der Stadt erwähnt das Habsburgerurbar (1280—1295). Mit ziemlicher Sicherheit kann angenommen werden, daß bis zum 13. Jahrhundert das Lederhandwerk mit dem des Kürschners und des Schusters vereinigt war. *Lederer*

Im 15. Jahrhundert arbeiteten neben den Lederern auch die Weißgerber (Ircher), Pergamenter und Buchbinder im „Sack". Die Ledererwerkstätten lagen an einem Kanal, der im Mittelalter als Kotmur bezeichnet wurde. Eng verbunden mit diesem Gewerbe waren die Fleischer, welche die Rohhäute besorgten. Um diese billiger einkaufen zu können, kam es nicht selten vor, daß die Fleischer von den Lederern zinsenfreie Darlehen für den Einkauf von

Schlachtvieh erhielten. Da aber der Grazer Vorrat an Häuten nicht immer ausreichte, wurde der Bedarf aus Ungarn gedeckt.

Sattler und Riemer

Ein Gewerbe, das sich von den Sattlern abgetrennt hatte, waren die Riemer. Sie lassen sich seit den Anfängen des 15. Jahrhunderts in Graz nachweisen. Aber nahezu zweihundert Jahre später war es ihnen noch immer nicht gelungen, sich in einer Zeche zu organisieren. Bei der alljährlichen Fronleichnamsprozessionen, bei der keine Zunft fehlen durfte, gingen die Riemermeister unter der Fahne der Kupferschmiede. Ihre Produktpalette reichte von Zügeln, Halftern, Gurten, Peitschen, Halsbändern, Steigleder über verschiedenste Riemenarten bis zum Kutscher-, Zug- und Schlittengeschirr. Unter der verstärkten Konkurrenz ungarischer „Störer", die auf Schlössern und Jahrmärkten Riemerarbeiten anboten, litt dieses Handwerk beträchtlich. In der Mitte des 18. Jahrhunderts arbeiteten noch acht Riemermeister in Graz, 1781 nur mehr vier.

Gürtler

Nicht nur im Lederergewerbe betätigten sich die Gürtler. Die Bezeichnung erklärt sich daraus, daß diese Handwerker vor allem kunstvolle Metallbeschläge für den damals gebräuchlichen und zur Mode gehörigen Gürtel herstellten. Ab dem 16. Jahrhundert kam es zu einer Verlagerung im Aufgabenbereich. Nun zählte das Verfertigen von Tafelgeschirr, Prunkgeschirr sowie Pokalen zu ihrer Arbeit. Auch die Reinigung der vergoldeten Krone der Marienstatue auf dem Karmeliterplatz wurde von den Gürtlern durchgeführt.

„Wätschgermacher"

„Wätschgermacher" nannte man nach einer beliebten Taschenform im 15. und 16. Jahrhundert die Taschner. Sie hatten sich gemeinsam mit den Beutlern und Handschuhmachern in einem Verband geeinigt, der von der Wiener Zunft kontrolliert wurde. Die Beutler konnten sich um diese Zeit zu den angesehensten und wohlhabendsten Gewerben von Graz rechnen. Die Läden dieser ersten Modewarenhändler befanden sich am Hauptplatz und an der Murbrücke.

Buchbinder

Wolfgang Herbst war der erste urkundlich genannte Buchbinder (16. Jahrhundert) innerhalb der Stadt. Für ihre Arbeit verwendeten die Binder vorzugsweise Holz und Leder. Später diente das Pergament als billiges Einbindematerial. Etwa um 1700 wurde eine eigene Universitätsbuchbinderei eingerichtet, nachdem es bereits Hof- und Landschaftsbuchbinder gegeben hatte. Im 18. Jahrhundert begannen die Buchbinder, selbst Bücher zu verlegen und waren bestrebt, für bestimmte Büchersorten Privilegien zu erwerben, um dem Wettbewerb der Buchhändler gewachsen zu sein.

Ebenfalls im „Sack" anzutreffen waren die Pergamenter, die bis zum Eindringen des Papiers eine angesehene und wohlhabende Handwerkergruppe darstellten. Zuerst verwendete man in Seckau schon Ende des 14. Jahrhunderts für den Kanzleibedarf Papier, doch benützten die Regierung und einzelne Herrschaften bis ins 18. Jahrhundert — zunächst für Urkunden — noch Pergament.   *Pergamenter*

Nördlich von Graz, am Mühlgang in der Leuzendorfer Au, dürften um etwa 1500 die Eggenberger die älteste Papiermühle des Landes eingerichtet haben. Zirka 50 Jahre später begann in Graz das Buchdruckergewerbe. Der erste Grazer Buchdrucker war Alexander Leopold mit seinem überlieferten Druck „Confirmation und Bestättung des Fürstenthumbs Steyr Perckrechts-Buechel" von 1559 — die Publikation des steirischen Weinbergrechts. Sein Nach-   *Buchdrucker*

Evangelische Literatur. Aus der Psalmenauslegung von Georg Khuen; 1567 — 1574 in Graz

folger war Alexander Frank, von dessen Drucken besonders „Des Fürstenthumb Steyr Erbhuldigung 1566" und Andreas Giglers Gesangspostille (1569) zu erwähnen sind. Als protestantischer Drucker war er auch für die Schriften der Stiftsschule zuständig. Von katholischer Seite sind ein Traktat von Bischof Urban von Gurk (1570) über das priesterliche Leben und ein Angriff der Grazer Jesuiten (1575) auf Luthers Lehre bekannt.

Georg Widmannstetter

Die Beziehungen des Grazer Hofes nach München brachten den dortigen Hofbuchdrucker Georg Widmannstetter nach Graz. Er war dort mit seiner Bezahlung unzufrieden und so folgte er 1585 dem Ruf Erzherzog Karls II. in die Steiermark. Als Drucker des Hofes, der Jesuiten und der neugegründeten Universität kam ihm im Zug der Gegenreformation die Aufgabe zu, dem protestantischen Bruchdrucker Hans Schmidt eine schlagkräftige Konkurrenz zu bieten. Es erschienen bei ihm u. a. Werke des großen Renaissance-Komponisten Orlando di Lassos, 1594 das „Güldene Haußkleinnot" und 1602 die erste Auflage des für die Geschichte des geistlichen Volksliedes wichtigen Gesangsbuches von Nikolaus Beuttner. Widmannstetters Enkel durften als Einzige und unbeschränkt in Steiermark, Kärnten und Krain das Druckerhandwerk ausüben, bis 1783 Josef II. das Privileg beseitigte. Die Druckerei wurde 1806 von Andreas Leykam übernommen.

Müller

Die Müller der Stadt die zu den Nahrungsmittelgewerben zählten, erhielten ihren Lohn in Geld oder Naturalien. Von ihnen sind die Mühlherrn zu unterscheiden, die meist Adelige oder Geistliche waren und als Grundherrn das Obereigentum an den Mühlen besaßen. Obwohl sie selten das Handwerk selbst betrieben, galten sie als vollwertige Mitglieder der Müllerzunft. Die eigentlichen, aktiv tätigen Müller unterschieden sich nochmals in zwei Gruppen: Die einen waren Pächter der Mühlen, die anderen standen im Dienst des Mühlherrn und arbeiteten gegen Lohn. Diese sogenannten Lohnmüller hießen auch „Drittelmüller", da sie den dritten Teil ihres Lohnes an den Mühlherrn abzuführen hatten. Im Grazer Stadtgebiet werden bereits im 12. Jahrhundert einige gewerbliche Mühlen erwähnt — als vermutliche Vorgängerin der Rösselmühle ist eine 1270 gestiftete Mühle genannt. Die ältesten Anlagen befanden sich anfänglich an der Mur, im „mittleren Sack" und am rechtsseitigen Mühlgang, der von der Weinzödlbrücke ausgehend durch die Murvorstadt fließt. Er wird 1401 als „Gang", 1463 als „Mühlgang" erwähnt. Der Ausdruck „Gang" stand damals für Kanäle aller Art. Der Mühlgang diente primär dem Antrieb der Mühlen — an der Mur war ein ständiger, gleichmäßiger Antrieb aufgrund des wechselndes Wasserstandes nicht immer gesichert. So diente das Wasser des Mühlganges als Energiequelle bis zur Erfindung der Dampfmaschine.

Anfang des 17. Jahrhunderts konzentrierten sich die Mühlen im Grabenviertel. Die Bäckermeister waren recht wohlhabend, da sie selbst in Zeiten der Wirtschaftskrisen auf Kundschaft rechnen durften. Der Mangel an Brot hatte in Graz wie anderenorts zu Unruhen in der Bevölkerung geführt. Über kein anderes Gewerbe wachte die Obrigkeit so streng wie über das der Fleischer und der Bäcker. Die sogenannte Brotwaage — eine Tabelle, die nach den bestehenden Weizenpreisen das Gewicht des Gebäcks bestimmte — galt als Norm. Die Brotbänke mußten der besseren Aufsicht wegen auf dem Hauptplatz aufgestellt werden. Erst im Laufe des 18. Jahrhunderts durfte Brot auch in den Backstuben verkauft werden. Jeder Bäcker mußte seine Brotlaibe kennzeichnen. Das erfolgte durch Hineindrücken von Löchern in den Teig mittels des Zeigefingers oder anderer Stiche. Diese Zeichen, die heute noch üblich sind, wurden von der Regierung bei Strafe des „Bäckerschupfens" verlangt. Der zu bestrafende Bäcker wurde in einen Weidenkorb gesetzt, der mit einer Leine am Ufer festgebunden war. Den Bäcker hielt man damit solange unter Wasser, bis ihm die Luft ausging. Wieder ans Land gezogen, mußte er zum Gaudium der Zuschauer völlig durchnäßt nach Hause gehen. In Graz existierten zwei „Schupfen" an beiden Seiten der Mur unterhalb der Hauptbrücke.

Bäcker

Als erste Fleischer in Graz werden gegen Ende des 13. Jahrhunderts ein Ulrich und ein Perthold urkundlich genannt. Dieses Gewerbe kontrollierten schon bald einige wenige kapitalkräftige Familien, die eine Art Viehhändlergesellschaft bildeten. Sie erreichten oft hohe städtische Würden, wie etwa Niklas Strobl, der mehrmals das Stadtrichteramt bekleidete. Die Fleischhauer kauften ihr Vieh vorzüglich in der Weststeiermark sowie im unteren Mur- und Drautal ein. Bei drohender Fleischknappheit besaßen sie das unbedingte Vorkaufsrecht. Das Vieh schlugen sie auf der städtischen Schlachtbrücke, die sich vor dem Murtor an der Mur befand. Die Fleischbänke, in denen die Fleischer ihre Ware feilboten, lagen in

Fleischer

der Gegend des heutigen Franz-Joseph-Kais. 1569 gab es dort sechs Bänke. Später wurden diese in das Kälberne Viertel übertragen, das bis ins 20. Jahrhundert hinein den Charakter eines Fleischmarktes bewahren konnte.

Fischer

Gemeinsam mit den Badern und den Barbieren waren die Fischer in einer Zunft vereinigt. Sie hatten sich im Mittelalter in der Griesgegend angesiedelt. Für das Fischwasser, das sie im Stadtgebiet oder in der unmittelbaren Umgebung besaßen, hatten sie an den Landesfürsten Pacht zu zahlen. Neben ihnen lebten auch Fischhändler in Graz, ausschließlich vom Verkauf. Der Handel mit Fischen war schon wegen ihrer Bedeutung als Fastenspeise ein einträgliches Geschäft. Für die höheren Stände führten die Fischhändler aus den obersteirischen Seen bevorzugt Saiblinge ein. Der einfache Mann begnügte sich mit eingesalzenen oder getrockneten Meeresfischen, die in Linz oder Wien eingekauft wurden.

Biererzeugung

Im Mittelalter wurde ziemlich wenig Bier gebraut, da es als Luxus galt. Die vornehmsten Bürger und der Adel schenkten es nur bei größeren Festlichkeiten aus, das einfache Volk zog Wein vor. Das in Graz erzeugte Bier war schlecht und teuer. Einerseits waren die Bierbrauer mit der Auswahl der Gerste nicht allzu genau, andererseits mußte der Hopfen aus Bayern und Böhmen importiert werden. Das älteste bekannte Brauhaus entstand 1478 in Graz. Als etwa 100 Jahre später der Geschütz- und Glockengießer Martin Hilger für seinen eigenen Bedarf Bier nach sächsischer Art zu brauen begann, hatte er in den höheren Kreisen damit derart Erfolg, daß der Erzherzog ihm die Errichtung einer Brauerei neben der Gießhütte gestattete und den freien Getreideeinkauf in und um Graz bewilligte. Hilger ließ bei seinem Weggang einen Mann namens Weigl zurück, der die Brauerei bis 1593 betrieb. Als die Stände dem erzherzoglichen Privileg zum Trotz eine Biersteuer einführten, war das Geschäft nicht mehr rentabel genug und wurde eingestellt.

Maurer und Steinmetze

Die Zunft der Maurer und Steinmetze hatte sich aus den Bauhütten entwickelt. Es waren dies Vereinigungen von Bauleuten, die sich zum Bau von Kirchen oder anderen geistlichen Gebäuden zusammengeschlossen hatten und nicht den städtischen Zünften unterworfen waren. Erst gegen Ende des Mittelalters gelangten die Maurer, die ursprünglich Architekten und Handwerker zugleich waren, zu höherer Bedeutung. Vorher standen die Zimmerleute im höheren Ansehen, da die städtischen Häuser meist Holzbauten waren. Von den Zimmerleuten, die zu den ältesten Bauhandwerkern gehören, hatte sich vermutlich das Gewerbe der Tischler abgespaltet, das im 15. Jahrhundert in Graz erstmals Erwähnung findet.

Zimmerleute

Den heiligen Lukas, der als Schutzherr der Künstler und Maler gilt, verehrten die Glaser als ihren Patron. Gegen Ende des 14. Jahrhunderts läßt sich das Glaserhandwerk in der Stadt nachweisen. Es war dies gerade die Zeit, als sich bei den Bürgerhäusern die kleinen, runden Fensterscheiben durchzusetzen begannen. In der Folge erhielten die Glaser ihre Aufträge von den Klöstern und Stiften, für deren Kirchen sie kunstvolle Glasgemälde anfertigten.

Glaser

Innerhalb der einzelnen Handwerkssparten standen jene Handwerker am höchsten, die als Hofhandwerker in landesfürstlichen Diensten standen. Durch mancherlei Begünstigungen, durch Steuer- und Mautfreiheiten erlangten sie eine bessere wirtschaftliche Stellung als das bürgerliche Gewerbe. Noch nach dem Abzug des Hofes gab es viele Hofhandwerker, die weiterhin für die Regierung — besonders für die Zeughäuser — arbeiteten.

Im Mittelalter bildete die Medizin noch eine Einheit. Diese Kunst wurde bis ins 12. Jahrhundert von Mönchen und anderen Geistlichen ausgeübt. Als ein Konzilsbeschluß (1163) der Kirche verbot, „Blut zu vergießen", war der Weg für den Beruf des Wundarztes oder auch Chirurgen und der Bader sowie Barbiere geebnet. Diese in Zünften geeinte Berufsgruppen erfüllten wegen des Mangels an universitätsmäßig ausgebildeten Ärzten — denen sie unterstellt waren — für die Stadtbevölkerung wichtige Aufgaben.

Bader und Barbiere

Der Bader besaß meist eine Badstube und behandelte hier mit seinen Knechten und Mägden die Wunden und Knochenbrüche der Patienten. Er durfte Ader lassen sowie Haare und Bart naß rasieren. Im Gegensatz dazu durfte der Barbier den Haarschnitt nur trocken durchführen oder frische Wunden versorgen.

Die ersten namentlich genannten Wundärzte (Ende 14. Jahrhundert) waren Ulrich, Bader im „Sack", und der Barbier Hans am Eck (Sackstraße/Murgasse). Im Mittelalter und in der frühen Neuzeit wurden Bäder aus gesundheitlichen Gründen verordnet. Der Patient saß oft stundenlang im mit Wurzeln, Kräutern und Blüten versetzten Wasser. In der Renaissancezeit entwickelte sich aus den medikamentösen Bädern Unterhaltungsstätten, in denen sich beiderlei Geschlecht in einer Wanne amüsierte. Wegen der Badeunsitten und der Ausübung des Badehandwerks von „unehrlichen" Personen konnte der Bader lange Zeit nicht zum Bürger aufsteigen.

Durch das Auftreten von Krankheiten mieden zunächst Mönche und andere Geistliche schließlich auch die bessere Gesellschaft diese Einrichtungen.

Die älteste Grazer Badstube lag im „Sack" (1317). Weitere öffentliche Anstalten befanden sich am Murtor, wo sogar der Stadtpfarrer kostenlosen Eintritt hatte. Das „Sack-Bad" bildete den Grundstein für die erste Kanalisation der Stadt. Da die Abwässer einen üblen Geruch verbreiteten, wurde der Abfluß überdeckt und unter dem Admonterhof zur Mur geleitet (1478). Neben den Bädern in der inneren Stadt existierten auch Bäder in der Murvorstadt, am Lend und in der heutigen Körösistraße.

Apotheker

Medikamente wurden ursprünglich von den Ärzten selbst zubereitet. Das Gewerbe des Apothekers entwickelte sich im Mittelalter. Es stand unter der Kontrolle und Aufsicht der Ärzte. Die Apotheker der Stadt (erstmals genannt 1330) waren angesehene und wohlhabende Leute, die entweder vom Hof oder der Landschaft beschäftigt wurden oder selbst eine Apotheke besaßen. In der ersten Hälfte des 16. Jahrhunderts bestanden Apotheken im Paradeis, am Bischofplatz und am Hauptplatz. Deren Bezeichnung „Landschaftsapotheke" wurde später als Ehrentitel einer noch heute existierenden Apotheke im „Sack" übertragen. Diese entstand 1615, nachdem Erzherzog Karl 1565 in der Sporgasse eine Hof- und Leibapotheke eingerichtet hatte. Zu Beginn des 18. Jahrhunderts versorgten in Graz und den Vororten zehn Apotheken die Stadt mit Heilmitteln.

Reformation

Eindringen lutherischen Gedankengutes

Bald begann die Lehre Martin Luthers auch in die Steiermark einzudringen. Der Weg zur Reformation war lang gewesen. Seit der Zeit der Hohenstaufer und der Gefangenschaft der Päpste in Avignon war es mit den gesellschaftlichen und kirchlichen Zuständen bergab gegangen. Ein neues Kaisertum hatte sich entwickelt: große Fürstenhäuser, die sich um die Hausmacht, Zusammenraffen großer Besitzungen und Händelschaften mit den Fürsten bemühten. Die Landesherren, ebenso der örtliche Adel, die Bischöfe und Äbte brachten immer mehr Rechte und Ländereien an sich — auch die Päpste. Die christliche Lehre wurde in eine Pfründe umgewandelt, aus der sich Kapital schlagen ließ. Die Geistlichkeit führte ein weltliches Leben und preßte Geld- und Sachleistungen aus den Untertanen. Um die ungeheuren Summen für den Bau der Peterskirche aufzubringen, hatte die Kurie sowohl den einträglichen Handel mit Reliquien als auch mit Ablässen vorangetrieben. *Verfall der Kirche*

In Graz war es zur Zeit der Regierung Kaiser Maximilians ähnlich: Bereits im Jahre 1502 führte der Prior der Grazer Dominikaner, der Inquisitor Alexius Butzel, einen Prozeß gegen den Propst des Kapitels von Seckau, welcher der Ketzerei wegen beiderlei Ausspendung des Heiligen Abendmahls beschuldigt war.

Einen Tiefpunkt erreichte der Zustand der katholischen Kirche unter den Renaissancepäpsten Alexander VI. und Leo X., die in Rom altrömische Feste feierten. Zu dieser Zeit war der Augustinermönch Martin Luther als Pilger in Rom. *Papst Alexander VI.*

Martin Luther

Luther löste 1517 durch die öffentliche Kundmachung seiner Gedanken, die eigentlich als Diskussionsgrundlagen gedacht waren, die Reformation aus. Er selbst wollte sicherlich keine Kirchenspaltung, doch die Zahl der Anhänger seiner Lehre — Reform im Sinne des Evangeliums — vergrößerte sich rasch. Getragen durch den neu erfundenen Buchdruck, nahm die Reformation ihren Verlauf.

Durch Bergknappen, reisende Kaufleute, Söldner und Buchhändler fanden Luthers Ansichten Eingang in alle Schichten des

Martin Luther als „Junker Jörg". Dies war der Deckname, den Luther führte, um sich den Folgen der gegen ihn verhängten Acht zu entziehen. Holzschnitt von Lucas Cranach d. Ä., 1522

Ausbreitung der Protestantischen Lehre

Volkes. Die ersten Anhänger hatte das Luthertum in den Schichten des Adels. Von Landeshauptmann Siegmund von Dietrichstein angefangen, der schon in den zwanziger Jahren seine schützende Hand über lutherische Prediger hielt, schloß sich so manches vornehme Adelsgeschlecht ihr an. Auch der niedere Klerus, der besonders über die schlechte wirtschaftliche Lage verbittert war und unter den schlechten Zuständen am meisten litt, hatte ein offenes Ohr. Die höhere Geistlichkeit residierte recht selten am Ort ihrer Pfründe, sondern stellte gern schlecht bezahlte Kapläne als Hilfspriester an. Wandernde Prediger und zahllose Flugschriften, die von diesen vorgetragen wurden, verbreiteten die neuen Gedanken in alle Volksschichten.

Siegmund von Dietrichstein. Portrait eines unbekannten Künstlers

Die Grazer lernten diese Lehre durch die Predigten des Kaplans Prokop Huschimhey — mitunter als Reformator der Stadt bezeichnet — kennen. Huschimheys Tätigkeit trug ihm schließlich den Namen „archisynagogicus" ein.

1525 erfaßte die revolutionäre Bewegung der Bauern- und Bergknappen das Mur- und Ennstal. Die Bauern dehnten den Begriff der „evangelischen Freiheit" auf die herrschenden staatlichen und sozialen Verhältnisse aus und forschten in der Bibel, ob Leibeigenschaft, Robot, Grundzins und Zehent rechtlich begründet seien.

Bauernkrieg in der Obersteiermark

Die meisten Städte standen damals der Bewegung, die eine Änderung der sozialen, politischen und religiösen Verhältnisse herbeiführen wollte, positiv gegenüber. Daher verweigerten die Grazer Bürger das Hilfsgeld für Truppen sowie eine Verstärkung der Schloßbergbesatzung. Dietrichsteins Unternehmen zur Rückeroberung des von Knappen und Bauern besetzten Schladming endete mit einer völligen Niederlage. Das Heer wurde in einer wilden Straßenschlacht fast gänzlich aufgerieben — der Landeshauptmann gefangen; die Grazer Schloßbergbesatzung wurde nun doch mit 600 Mann verstärkt, da das gesamte Land nördlich der Landeshauptstadt als gefährdet und unstabil galt. Erst Regierungstruppen unter Graf Niklas Salm konnten Schladming zurückerobern. Zwar war der Aufstand niedergeschlagen, die Spannung im Lande hielt jedoch an.

Der immer stärker werdende Einfluß der evangelischen Lehre im Lande und die permanenten Predigten der vier Kapläne, Prokop Huschimhey, dessen Verwandten Jörg, des „schwarzen" Herrn Hans (eigentlich Johannes Väsel) und des Hans Eggenberger, veranlaßten Erzherzog Ferdinand 1528 dem Bischof eine allgemeine Visitation anzuordnen. Die Untersuchungen zeichneten ein tristes Bild der Zustände. In Graz taten sich Prokop und Jörg immer stärker als Wortführer der Lutheraner hervor. Prokop hielt seine Predigten, in denen das gesamte Gewicht auf der Rechtfertigung durch den Glauben lag, im Haus des Kaspar Maler, in der Wohnung der Frau von Mersperg und über Einladung des Landeshauptmannes sowie dessen Frau auf dem Schloßberg. Auf Grund seiner offenen Predigten war Prokop vom Pfarrer Dr. Philipp Preiner von allen seelsorgerischen Tätigkeiten entbunden worden. Doch das hielt ihn nicht ab, von nun an noch heftiger für Luther einzutreten. Er wirkte vor allem auf dem Schloßberg, wohin die Grazer in Scharen kamen, um seine feurigen Predigten zu hören. Nicht nur der Landeshauptmann, sondern auch der größte Teil der Ratsherren, wie etwa Stürgkh und Gerhab, der alte und der neue Bürgermeister Matthes Harrer sowie Simon Arbeiter hatten sich bereits dem neuen Glauben zugewandt. Auch der frühere Schulmeister Ruprecht Hueter war Protestant und lehrte die Kinder lutherische Gesänge.

Das kompromißlose Auftreten Siegmunds von Dietrichstein — er drohte, sich im Schloß zu verschanzen — gegenüber der Visitationskommission bewirkte, daß diese sich gegen die Mitglieder des Herren- und Ritterstandes zurückhielt. Überhaupt war der Schloßberg, vielleicht die Thomaskapelle, ein Mittelpunkt protestanti-

Protestantische Predigten auf dem Schloßberg

scher Andacht und der Landeshauptmann zur festen Stütze der neuen Lehre geworden. Hier lebten auch vier entlassene Kapläne unter seinem Schutz.

Die verschiedenen Meinungen wurden des öfteren in öffentlichen Disputen diskutiert, die manchmal in einer erregten Auseinandersetzung gipfelten. Doch dabei blieb es nicht. Die Menge ließ sich immer öfters zu Ausschreitungen und Tätlichkeiten hinreißen. Sie beschädigte oder zerstörte Heiligenbilder.

Unabhängig von Luther entstanden in dieser bewegten Zeit andere Sekten, die religiöse und soziale Änderungen anstrebten; so z. B. die „Wiedertäufer", die aus der Schweiz in fast alle österreichischen Länder strömten. *Wiedertäufer*

Sie predigten Gewaltlosigkeit und waren von Glaubensmut und Martyriumsbegeisterung geprägt. Die Regierung stand ihnen ablehnend gegenüber, und Ferdinand erließ mehrere Aufrufe gegen sie. Da die Wiedertäufer auf Grund ihrer Lehre die Türken nur mit Gebeten und ohne Waffengewalt bekämpfen wollten, sahen die Regierungsstellen in ihnen gefährliche Widersacher, welche die Obrigkeit, den Kirchenbau und den Kriegsdienst ablehnten. Daher ging man gegen Sektenmitglieder mit aller Schärfe vor, zumal Kaiser Karl V. selbst ihre Lehre als schrecklichste Ketzerei bezeichnet hatte und die Lutheraner ihrerseits nicht gewillt waren, das Täufertum zu tolerieren.

Zu den ersten Opfern in Graz zählte der Prediger Hans Haas, der 1528 hier festgenommen und verurteilt wurde. Als er gehängt wurde, sprachen ihm seine „Brüder" nach Täufersitte Trost zu und sangen fromme Lieder. Einer davon war Kaspar Maler, in dessen Haus — neben den Protestanten — auch die wenigen Wiedertäufer Unterkunft fanden. 1529 mußte auch Kaspar Maler dieser Lehre abschwören und die Stadt verlassen, um wenigstens sein Leben zu retten. Obwohl seine Frau katholisch war, wurde das ihr gehörende Haus eingezogen und abgetragen. *Todesurteile*

Trotz der herrschenden Gesetzesstrenge flackerte die Täuferbewegung hin und wieder auf. 1534 wurden in Graz sechs Sektenmitglieder verhaftet — zwei „Brüder" und vier „Schwestern". Das Gericht verurteilte sie, nachdem sie ihrem Glauben treu geblieben waren, zum Tode, die „Brüder" durch das Schwert, die „Schwestern" durch Ertränken in der Mur.

Da die obrigkeitlichen Stellen mit den Anhängern Martin Luthers recht mild verfuhren, vollzog sich die Verbreitung seiner Gedanken ohne wesentlichen Widerstand. Die Bevölkerung von Graz hatte sich spätestens in den dreißiger Jahren des 16. Jahrhunderts dem evangelischen Glauben zugewandt.

Der Sultan vor den Mauern

Türkische Expansion

Trotz einer vorgeschobenen Grenzverteidigungslinie war Innerösterreich in den nächsten Jahren großen Gefahren ausgesetzt. Die Belastungen, welche die Steiermark zu tragen hatte, mehrten sich von Jahr zu Jahr. Die Osmanen zogen wieder nach Norden. Im August 1521 fiel Belgrad, die Schlüsselposition des damaligen ungarischen Verteidigungssystems an der unteren Donau. Am Palmsonntag 1522 überfielen die Muselmanen Adelsberg (Postojna, Jugoslawien), drangen durch Friaul und schleppten an einem Tag 6.000 Menschen in die Gefangenschaft. Die Kriegsgefahr für Innerösterreich wuchs. Nach der gewonnenen Schlacht bei Mohács (1526) erschien Sultan Suleiman im September 1529 mit einem gewaltigen Heer vor Wien, an dessen Verteidigung 250 Mann des steirischen Aufgebotes teilnahmen. Durch militärische Mißerfolge entmutigt und durch kaltes, feuchtes Herbstwetter entkräftet, zogen die Türken im Oktober von Wien ab.

Die Steiermark hatte bereits beim Anmarsch des feindlichen Heeres die entsprechenden Abwehrmaßnahmen getroffen: Der zehnte Mann mußte laut Aufgebotsordnung gestellt werden, die Städte und Märkte des Landes lagerten Lebensmittel ein, und die Truppen marschierten in die bedrohten Gebiete ab. Zwar zog der Sultan nach der Belagerung der Reichshauptstadt über Ungarn ab, doch stießen die gefährlichen und grausamen Renner und Brenner tief in die Steiermark vor. Weil aber jederzeit neue Einfälle möglich waren, entwickelte sich in Graz eine rege Bautätigkeit an den Befestigungen. Während die Landstände nahezu jeden Sonntag vor der Ägidiuskirche Beratungen über die aktuelle Lage abhielten, mußten die Bauern der Umgebung als Robotleistung mindestens drei Tage lang an den Verteidigungsanlagen arbeiten. Im folgenden Jahr 1530 legte Siegmund von Dietrichstein sein Amt als steirischer Landeshauptmann zurück — Hans Ungnad von Weissenwolf Freiherr von Sonneck folgte ihm nach.

Als endlich Ende Dezember 1531 der von der Steiermark immer wieder verlangte Generallandtag in Innsbruck zustande kam, auf dem erstmals eine großzügige Türkenhilfe von über 200.000 Gulden beschlossen wurde, nahm das Land davon 40 % auf sich. Alle steirischen Stifte und Klöster hatten ein Viertel ihrer Güter als Beisteuer zur Türkenhilfe abzuliefern. Es war höchste Zeit, denn 1532 zog das Türkenheer unter dem Befehl des Sultans durch Ungarn. Der inzwischen zum römischen König (1531) gekrönte Ferdinand I. ließ alles bewegliche Gut, soviel Vieh und Proviant wie möglich nach Graz und andere wichtige Städte bringen.

Diese Anordnung war nicht unbegründet, denn schon bei der Belagerung von Güns im selben Jahr war die Oststeiermark fortwährend Ziel von Streifzügen und Überfällen.

Die Vorbereitungen kamen gerade zur rechten Zeit. Im Juli überschritt Sultan Suleiman mit angeblich 200.000 Mann die Donau. Als er erfuhr, daß sich Kaiser Karl V. mit Reichstruppen Wien näherte, entschloß er sich zum Rückzug. Da die innerösterreichische Heeresmacht Befehl erhielt, nach Linz zu ziehen, war die steirische Grenze ungedeckt. Diese Sachlage bestärkte den Sultan in seiner Überlegung, sein Heer über die Steiermark zurückzuführen. Das Land sah nun die furchtbare Hauptmacht des Islams. Am 4. September überschritt Suleiman bei Friedberg die steirische Grenze und zog über Hartberg und Gleisdorf bis nach Graz. Die ländliche Bevölkerung suchte in den Wäldern sowie im Gebirge Schutz und Sicherheit. Die Stadt Graz war rechtzeitig in Alarmbereitschaft gesetzt worden. Am Abend des 11. September traf die erste türkische Abteilung vor der Stadt ein. Am nächsten Tag wälzte sich die Hauptmacht vorbei. Den Feind konnten die Bewohner nicht sehen, da in den frühen Morgenstunden dichter Nebel über der Stadt und dem Grazer Feld lag. Den ganzen Tag zog das riesige Heer unter den festen Mauern der steirischen Landeshauptstadt vorbei, und gegen Abend, als sich der Nebel hob, setzte intensiver Beschuß von allen Basteien und vom Schloßberg aus ein. Die Türken mußten die Straßen verlassen und rückten über den Ruckerlberg nach St. Peter, Liebenau und Fernitz. Sie verwüsteten alle Dörfer und Höfe auf ihrem Weg, auch die Kirchen St. Leonhard und St. Peter. Der Sultan wollte das Lager in der Nähe von Harmsdorf errichten, übernachtete jedoch in Liebenau, das er abbrennen ließ. Am Tag darauf konnten die Türken durch den Morgennebel geschützt das andere

Der Sultan vor den Mauern

Die große Moschee in Konstantinopel, Mitte 16. Jh.

Türkische Greueltaten. Holzschnittillustration zu einem „Türkenlied", 1529

Murufer erreichen und wagten einen Angriff auf die Murvorstadt. Die gut gerüsteten Verteidiger, das andauernde Geschützfeuer von den Basteien und der Kampfesmut der Bäckerschaft verhinderten einen militärischen Erfolg des Feindes. Durch den Mißerfolg entmutigt, wandte sich das Haupteer gegen Kalsdorf, Wildon und Leibnitz, das nach mehreren Angriffen fiel. Die Renner und Brenner verheerten die ganze Weststeiermark bis zur Koralpe.

An die Kampfhandlungen rund um Graz erinnert noch heute die Türkenfigur im Palais Saurau. Um diese ranken sich so manche Geschichten und so mancher Deutungsversuch. Die älteste Sage berichtet, daß während eines Mittagsmahls des türkischen Paschas im Palais Saurau die auf den Schloßberg geflüchteten Grazer ihn andauernd durch Schüsse gestört hätten. Zu guter Letzt sei es einem Kanonier der Schloßbergbesatzung gelungen, dem Türken den Braten vom Teller zu schießen und somit den Feind zum Abzug zu bewegen. Neuesten Überlegungen zufolge handelt es sich bei dieser Figur um eine sogenannte Quintanastechfigur, einer Phantomfigur als Übungsgerät für den Reiterkampf.

Der Türke im Palais Saurau

Der Türke vom Palais Saurau. Phantomfigur für Turniere

Der dreiwöchige Durchzug des türkischen Heeres brachte für die betroffenen Landstriche Elend und Verwüstungen von kaum vorstellbarem Ausmaß mit sich. Der größte Teil des Bezirkes Hartberg lag in Schutt und Asche. Viele Bewohner waren erschlagen oder als Sklaven verschleppt worden. Trotz allem schlossen sich abenteuerlustige Steirer dem Sultan an. Einige konnten an seinem Hof in Istanbul zu hohen Ehren gelangen. Im Zeitraum von 1560 bis 1580 lassen sich einige Grazer in der Türkei nachweisen. Ein gewisser Ahmed aus Graz brachte es sogar bis zum Großwesir.

Um diese Zeit war die Steiermark nur teilweise autark in der Waffenproduktion, z. B. in der Erzeugung von Eisenkugeln für groß- und kleinkalibrige Feuerwaffen. In Thörl (Gewerkendynastie Pögl) und Mürzzuschlag (Gewerke Hofkircher) arbeiteten Büchsenschmiede und in Cilli wie in Graz befanden sich Geschützgießereien. Bei der Feuerwaffenproduktion war eine gewisse Selbständigkeit erreicht worden. Den Versorgungsengpaß beim übrigen Rüstzeug, besonders bei Großaufträgen, wußten die oberdeutschen Waffenhändler geschickt auszunützen. Der Landesherr und die Landstände waren sehr darauf bedacht, den Waffenmarkt und Waffenbedarf zentral zu lenken und zu überwachen.

Waffendepots   In Graz wurden dazu große Waffendepots angelegt. Hier konnten die adeligen und geistlichen Grundherrn, die städtischen Behörden und Militärs der Grenze Waffen sowie Rüstungen zu geregelten Preisen einkaufen. Seit etwa 1506 gab es das (alte) landesfürstliche Zeughaus im Nordwesten des Burgkomplexes. Es diente als Waffenarsenal und Rüstkammer für die Burgbesatzung und Söldner (neues Haus, erbaut 1578, Hofgasse 12). Ab 1527 war der steirische Geschützpark entscheidend vergrößert worden, auch die landständische Waffensammlung konnte zielstrebig ausgebaut werden. Gleichzeitig kam die Bezeichnung „Zeughaus" für die Gesamtheit der Räumlichkeiten auf, in denen die Landschaft ihre Waffen deponiert hatte. Diese befanden sich in verschiedenen Kammern und Zeughütten im älteren Landhaus sowie an den Stadttoren. Das um 1535/40 eingerichtete Zeughaus (Neubau 1642/45) der steirischen Landstände entwickelte sich zum zentralen Waffendepot der Steiermark. 1551 wird der erste Zeugwart genannt; das erste uns bekannte Inventar stammt von 1557. Es umfaßt eine Stückzahl von 19.400 Objekten. Seine größten Aktivitäten ent-

Zeuge steirischer Geschichte. Das Zeughaus der steirischen Landstände in Graz

faltete das Zeughaus im letzten Viertel des 16. Jahrhunderts. Den höchsten Bestand an verschiedenen Waffen und anderem Kriegsgerät erreichte das Haus Ende des 17. Jahrhunderts mit über 85.000 Waffen.

Die Türkeneinfälle behinderten ab 1526 den Handel der steirischen Kaufleute mit dem Osten und Süden wesentlich. Dies, die ungeheuren Verwüstungen und Mißernten führten unausweichlich zu einer Lebensmittelknappheit und einer Wirtschaftskrise. Ein Pfund (1/2 kg) Rindfleisch war innerhalb von sechs Jahren von 2 1/2 Pfennig auf das Drei- bis Vierfache angestiegen. Zur Fleischknappheit gesellte sich der Getreidemangel, der so groß war, daß der Betrieb der Brauhäuser eingestellt werden mußte. Die Bewohner der Stadt tauschten von den Bauern Salz, Eisen und Wein gegen Fleisch, Käse, Speck und Schmalz ein. Zu diesen mißlichen Zuständen kamen noch Naturkatastrophen und eine erdrückende Steuerlast. 1537 brannte gleich zwei Mal die Murvorstadt ab, genauso oft trat die Mur aus ihrem Bett und riß die von den Bürgern zu erhaltenden Brücken in der Stadt und in Frohnleiten weg. Im selben Jahr mußte das militärische Unternehmen des Krainer Landeshauptmanns Katzianer gegen Esseg (Osjek) finanziert und ausgerüstet werden. Graz übernahm die Bezahlung von 70 Söldnern auf zwei Monate, 900 Pfund Kriegshilfe auf sechs Jahre und leistete als jährlichen Steueranschlag über 2.000 Pfund.

Die Landesregierung ist protestantisch

König Ferdinand, der seit 1531 die Reichsgeschäfte für seinen kaiserlichen Bruder Karl V. führte, hielt sich nur sehr selten in Graz auf. Einer der spärlichen Besuche des Landesfürsten war auf die fehlgeschlagene Belagerung Essegs und dem angeblichen Verrat Katzianers zurückzuführen. Im November und Dezember 1537 kam der König nach Graz, um sich hier persönlich von der schwierigen Lage an der kroatischen Grenze unterrichten zu lassen. Das allerletzte Mal besuchte Ferdinand mit seinem Sohn und späteren Kaiser Maximilian II. im April 1553 die Stadt. Als Ferdinand nach der Abdankung Kaiser Karls V. 1556 selbst zum Kaiser gewählt wurde, besuchte er die Steiermark nicht mehr.

Mittlerweile war die Lehre Luthers im ganzen Land fest verwurzelt. Die Anhänger begannen nun, eine eigene Organisation zu bilden. Es war die Zeit, in der die katholischen Gottesdienste fast gänzlich vernachlässigt wurden, es den Weltpriestern an Nachwuchs mangelte, die Klöster keine Novizen fanden und sich somit leerten. Mitte des 16. Jahrhunderts lebten im Dominikanerinnenkloster eine einzige Ordensschwester und im Dominikanerkloster lediglich zwei Patres. Zwar blieben die Priester nach außen katholisch, um den Schein zu wahren, doch hatten sie zumeist Frauen und Kinder.

Schon früh hatte sich der steirische Adel dem Protestantismus zugewandt. Jedoch erst unter dem aus Südkärnten stammenden Landeshauptmann Hans Ungnad vollzog sich eine schärfere Trennung zwischen der römisch-katholischen Kirche und der neuen Lehre. Diese Gelegenheit benutzten die Adeligen, um Pfründen in ihren Besitz zu bringen. Sie verweigerten auf den Landtagen die üblichen Spenden und Zuwendungen an die Klöster oder andere geistliche Anstalten des Landes.

Hans Ungnad von Weissenwolf, Gemälde (Detail), 1559

Der Kaplan der landständischen Schule in Graz war bereits seit längerer Zeit Halt und Stütze der Protestanten in der Stadt. Dieses Amt übte von 1539 bis 1541 der Grazer Pfarrer Hans Strauß aus. Nach dessen Ableben wandten sich die Grazer an König Ferdinand, damit dieser nicht die vakant gewordene Stelle mit dem strenggläubigen Katholiken Nausea, dem späteren Wiener Bischof, besetze, der 1549 auf der Salzburger Synode an einem Reformentwurf der katholischen Kirche mitarbeitete. Bereits ein Jahr zuvor, im September 1548, war die Stadt Graz durch den Abgesandten Kaspar Böheim am Augsburger Reichstag vertreten, auf dem man versucht hatte, eine gemeinsame Linie zu finden und die Religionsstreitigkeiten beizulegen.

Festigung des Protestantismus

1549 traten die Stände erstmals offen als protestantische Körperschaften auf — allen voran Landeshauptmann Ungnad. Als jedoch dessen Politik den wenigen verbliebenen Katholiken gegenüber zu hart erschien, mußte er „freiwillig" abdanken (1555/56). Hans Ungnad Weissenwolf, Freiherr von Sonneck, gründete in seinem Exil in Urach in Würtenberg eine Anstalt zur Übersetzung lutherischer Schriften in slawische Sprachen. Sein engster Mitarbeiter war Primus Truber, der Vater des slowenischen Schrifttums.

Landeshauptmann Ungnad dankt „freiwillig" ab

Das Landhaus

Ein Brand, dem mehrere Häuser im Viertel zwischen der Schmied- und Herrengasse zum Opfer fielen, beschädigte 1555 Teile des alten Landhauses. Die landständischen Behörden hatten bereits seit der Mitte des 14. Jahrhunderts ihren Sitz in der Herrengasse. An der Stelle des heutigen Hauses befand sich die alte Kanzlei, die mit einer Marienkapelle, der Vorgängerin der heutigen Landhauskapelle, verbunden war. Ende des 15. und zu Beginn des 16. Jahrhunderts gelang es den Ständen, die angrenzenden Häuser anzukaufen. Zwischen 1527 und 1531 baute man auf der Seite gegen die Schmied- und Landhausgasse einen Gebäudetrakt (Rittersaal) im Stil der Renaissance. Nach dem Feuer entstand in Graz ein Monumentalbau, der zu den bedeutendsten Architekturdenkmälern der italienischen Renaissance nördlich der Alpen gezählt wird. Im Auftrag der Landstände errichtete der Bauleiter der Grazer Befestigungswehren, Domenico dell' Allio aus Lugano, in den Jahren 1557 bis 1565 ein Gebäude, das in seiner Ausstattung dem Repräsentationsbedürfnis der Stände gerecht wurde. Die Straßenfront des Hauses in der Herrengasse wird von den strengen Formen des lombardischen Palasttyps beherrscht. Besonders charakteristisch für den Baumeister sind die gekoppelten Doppelfenster, die über dem Portal zu Gruppen vereinigt, die ursprüngliche Mittelachse

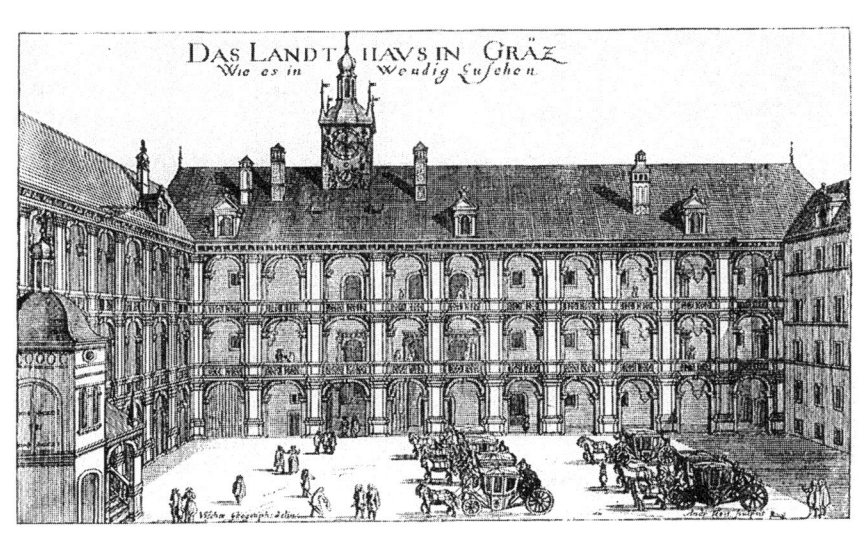

Arkadenhof des Landhauses. Kupferstich von Georg Matthaeus Vischer, um 1680

betonen. Den Hof beherrschen die dreigeschossigen Pfeilerarkaden mit toskanischen Pilastern. Eine Auflockerung erfuhr die Geschlossenheit der Gliederung durch die in einer Hofecke hinzugefügte, turmartige Kapelle (17. Jahrhundert) mit der außen herumführenden Freitreppe und der herrlichen bronzenen Brunnenlaube. Durch die spätere Verlängerung des Haupttraktes durch die Architekten Antonio und Francesco Marmoro ging die ursprüngliche Fassadensymmetrie verloren.

Im politischen Leben der Stadt gingen die Auseinandersetzungen in Glaubensfragen uneingeschränkt weiter. Die strengsten Weisungen des Habsburgers Ferdinand, seit 1556 Kaiser, blieben erfolglos — dem Protestantismus schien nun niemand mehr Einhalt bieten zu können. 1557 bekannte sich der landschaftliche Kaplan Balthasar Schelchius öffentlich zum Luthertum und fand es nicht mehr für notwendig, beim Seckauer Bischof die Bestätigung der Kaplanei einzuholen. Als untrügliches Zeichen, daß die Stadt Graz fast gänzlich unter evangelischem Einfluß stand, unterblieben für lange Zeit die alljährlichen Fronleichnamsprozessionen.

Das Stadtbild verändert sich

Wegen der fortdauernden Türkenbedrohung, der neuartigen Kampftaktik und Kriegstechnik sowie der Verwendung neuer Geschützarten, deren Durchschlagskraft die alten Stadtmauern nicht mehr standhalten konnten, ordnete die Regierung eine umfassende Modernisierung der Grazer Befestigungsanlagen an. Die Ausführung sollte im italienischen Bastionensystem erfolgen, das zu dieser Zeit als das modernste in Europa galt. 1543 berichteten Verordnete der steirischen Landstände ihrem Landesherrn König Ferdinand über den schlechten Zustand der Bauten auf dem Schloßberg. Dieser Bericht und das Gerücht von einer neuerlichen Türkengefahr gaben den Anstoß zum Ausbau der Stadtbefestigung mit dem Berg als Zitadelle. Im Rahmen der Arbeiten ließ sich der Abbruch der mittelalterlichen Anlage auf dem Schloßberg nicht umgehen. Ab der zweiten Hälfte des 16. Jahrhunderts bis zum ersten Viertel des 17. Jahrhunderts entstand auf dem Berg eine gänzlich neue Festungsanlage und ein Festungsring um die Stadt mit zehn Bastionen und den verbindenden Mauerzügen (Kurtinen).

Der Schloßberg wird zur Festung

Domenico dell'Allio

Die Stände unterstützten ab Jänner 1543 die Grazer Bürgerschaft, die bereits Basteien am Grillbühel und beim Admonterhof in Angriff genommen hatten. Die Oberleitung des gesamten Baues erhielt der italienische Festungsbaumeister Domenico dell' Allio übertragen. Die Pläne der großartigen Anlage dürften der Hand des versierten und erfahrenen Festungsingenieurs Lazarus von Schwendi entstammen, der sich zwar nie in Graz aufhielt, jedoch nach Holzmodellen die Einzelheiten ausarbeitete. Durch das italienische System sollte der ganze Berg in Verbindung mit der Stadtbefestigung zum stärksten Bollwerk Innerösterreichs werden, mit

Lazarus von Schwendi, Festungsingenieur, oberster Feldhauptmann und Rat Kaiser Maximilians II. Kupferstich, Nürnberg 1615

Mauern, Basteien, Kanonenständen, Magazinen, Unterkünften und Kommandogebäuden. Das Hauptgewicht legten die Verantwortlichen auf die Überbauung des der Stadt zugewandten Felshanges. Bereits im September 1544 begannen die Arbeiten an der bis heute fast vollkommen erhaltenen Stall- oder Kanonenbastei, benannt nach den Stallungen des alten Schlosses.

Das benötigte Baumaterial stammte aus den Steinbrüchen an der Nordseite des Schloßbergs — dem Tiergarten (benannt nach der von Kaiser Friedrich eingerichteten Menagerie) — und Gösting. Die von Bergknappen aus der Obersteiermark, Kärnten und Tirol gebrochenen Steine wurden mittels einer Fähre von der Lend zur Talstation der Seilbahn gebracht. Der Aufzug — nach seiner Antriebsart auch „Eselszug" genannt — mußte zu Beginn der Arbeiten verstärkt werden.

Erster Aufzug auf den Schloßberg

Eines der ersten Probleme, mit denen dell' Allio konfrontiert wurde, war die unbedingt nötige Wasserversorgung. Daher ließ er die bestehende alte Zisterne durch eine neue auf dem obersten Plateau des Berges ersetzen. Da das 1547 fertiggestellte Wasserdepot nicht immer ausreichend war (1570/80 ausgebessert), ließ man zusätzlich Murwasser durch eiserne Röhren auf den Schloßberg pumpen. Gegen Ende der vierziger Jahre war die oberste Festung durch die neuen Wehranlagen an der Süd- und Ostseite fertiggestellt. Im Anschluß daran wurde im Westen eine Bastei an der Stelle des alten Bergfrieds aufgeführt und durch eine lange Mauer mit der Stallbastei verbunden. An der Nordseite ließ man die Grundfesten für neue Basteien anlegen, und im November 1551 konnte dem König mitgeteilt werden, daß der erste Bauabschnitt auf dem Schloßberg vollendet sei.

Um jedoch Ferdinand zu einer weiteren Fortsetzung der Arbeiten zu bewegen und die Notwendigkeit zusätzlicher Befestigungen zu verdeutlichen, beauftragte Landeshauptmann Ungnad 1550 den Grazer Maler Caesario Pambstl mit der Erstellung eines Planes, der durch den Tischler Leonhard Lorenz in ein Holzmodell umgesetzt wurde. Durch das Modell, das nicht nur den Schloßberg, sondern zugleich die umliegenden Häuser darstellte, gelang es, die Zustimmung des Königs zu erlangen.

Holzmodell des Schloßbergs

Dell' Allio ließ nun die Mauern um den Stadtturm abbrechen und begann den Aufbau der Bürgerbastei (auch Bastei im Weingarten) vorzubereiten, welche im folgenden Jahr begonnen wurde. 1533

Prunkstiege am Palas der Burg. 1554 von Domenico dell'Allio errichtet, 1854 abgetragen. Detail aus einem Aquarell von Carl Reichert, 1854

stockten die Arbeiten. Die Pest hemmte ihren Fortschritt. Lediglich der Platz zwischen dem Uhrturm und dem untersten Schloßtor konnte aufgeschüttet werden.

Der „Türkenbrunnen"
Ende des Jahres entschloß sich der Festungsbaumeister durch den gewachsenen Schloßbergfelsen einen Brunnen bis zum Grundwasserspiegel der Mur treiben, um die Wasserversorgung der Festung endgültig zu sichern. Dieses Vorhaben beanspruchte für die nächsten Jahre nicht nur das meiste Geld, sondern auch die meisten Arbeitskräfte.

Während die Arbeiten am Schloßberg nur schleppend vorangingen, errichtete dell' Allio für Ferdinand I. an der Ostseite des alten

Palas der Stadtburg die wunderbare Prunkstiege (abgetragen Mitte des 19. Jahrhunderts).

Am 11. Jänner 1558 erreichte die Vortriebsmannschaft in einer Tiefe von 94 m den Wasserspiegel. Der spätere Name „Türkenbrunnen" deutet auf türkische Gefangene hin, die jedoch wohl nur Handlangerdienste leisteten.

Über der Bürgerbastei erhebt sich heute als Wahrzeichen der Stadt der Uhr- oder Bürgerturm. Der im Kern gotische Festungsturm, welcher schon seit 1256 im Besitz der Grazer Bürgerschaft stand, erhielt im Zuge der Erneuerung der gesamten Schloßberganlage zwischen 1559 und 1569 die heutige Gestalt. Sein pittoreskes Aussehen verdankt er dem steilen Zeltdach, dem vom deutschen Zimmermann Jörg Puff geschaffenen hölzernen Laufgang mit dem Süderker (die anderen Erker entstammen dem 19. Jahrhundert) und den großen Zifferblättern (Durchmesser 5,40 m) der Stadtuhr (1569) — daher der Name. Ein stadtseitig angebrachtes Dachfenster enthält die 1382 gegossene „Arme-Sünder-Glocke", die zweitälteste Glocke der Stadt, welche hauptsächlich zum Ein- und Ausläuten der Jahrmärkte, zur Torsperre sowie bei Feuer und Hinrichtungen ertönte, bis der Glockengießer Andreas Schreiber eine eigene Feuerglocke goß (1645). Bis in die Franzosenzeit erklang vom Uhrturm das „steirische Horn", eine Orgel aus dem 16. Jahrhundert, die, neben der Glocke, das Öffnen und Schließen der Stadttore verkündete. An der Außenseite des Turmes sind heute drei Wappen zu sehen, die ehemals an den Festungstoren bzw. Basteien angebracht waren: der einköpfige Adler König Ferdinands I. (1552), der steirische Pantherschild mit dem Herzogshut Erzherzog Karls II. (1564/70) sowie der Doppeladler mit dem Bindenschild und den Initialen Maria Theresias (3. Viertel 18. Jahrhundert). Domenico dell' Allio starb in der zweiten Jahreshälfte 1563.

Uhr- oder Bürgerturm

Parallel zur Befestigung des Schloßberges verliefen die Arbeiten an den Stadtmauern. Sie waren in einzelne Abschnitte aufgeteilt worden. Die steirischen Landstände übernahmen die Südseite der Stadt, der Landfürst und die innerösterreichische Regierung bauten an der gefährdeten Ostseite und der Magistrat im Westen. Als dell' Allio verstarb, hatte er die drei wichtigsten Stellen der Mauer durch moderne Bastionen verstärkt. Es bestanden die Grillbühelbastei oder auch später Dietrichsteinbastei (1549/50) an der heutigen Ecke Opernring—Burgring, die Bürgerbastei in der Stadt

(1552/54), deren Spitze sich in der Gegend Kaiserfeldgasse 13 befand und als größte die Burgbastei (1556/62), die heute der Burggarten ausfüllt.

Innerhalb der Mauern hatte der Wandel in fast allen Lebensbereichen der Bürgerschaft im 16. Jahrhundert auch zu einer Verän-

Der Bürger- oder Uhrturm, das weithin sichtbare Grazer Wahrzeichen

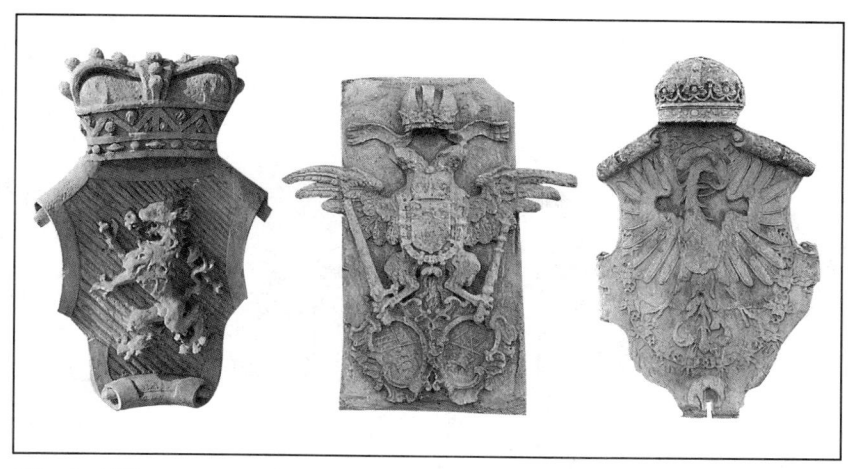

Die drei Wappen am Uhrturm waren ursprünglich an den Festungstoren bzw. Basteien angebracht. Rechts der einköpfige Adler König Ferdinands I. (1552), links steirischer Pantherschild mit dem Herzogshut Erzherzog Karls II. (1564/70), in der Mitte der Doppeladler mit dem Bindenschild und den Initialen Maria Theresias (3. Viertel 18. Jh.)

derung des Stadtbildes geführt. Mit den Reformen Maximilians — besonders im Bereich der Verwaltung und durch das Eindringen des römischen Rechts auf juridischem Gebiet — waren die Grundlage für einen Beamtenstaat geschaffen. Die neuen Regierungsämter verlangten nach ausgebildeten Juristen. Diese Bedingung konnte vorerst nur der Adel erfüllen, dessen Söhne in oberitalienischen Rechtsschulen ihre Ausbildung erhielten. Um in den Genuß einer Anstellung im Staatsdienst zu kommen, kam es zu einem Zuzug des Adels von seinen Landschlössern in die Stadt. Diesem Umstand verdankt Graz neben dem gesellschaftlichen Strukturwandel ebenso eine neue Bauweise. In den folgenden Jahrzehnten begannen sich zwischen den schmalen Bürgerhäusern die Fassaden der Stadtpalais durchzusetzen, die nun das früher einheitliche Bild der Häuserreihen auflockerten.

Zuzug des Adels

Eine Vergrößerung des Stadtgebiets war im Rahmen der Umgestaltung des mittelalterlichen Festungswerks möglich geworden. Im Süden und Osten war der Flächenzuwachs zunächst gering. Südlich konnte lediglich eine einzige Häuserzeile neu errichtet werden. An der Südostecke entstand zwischen der neuen Stadtmauer und dem Dominikanerinnenkloster (heute Akademisches Gymnasium) der Tummelplatz. Den bedeutendsten Raumgewinn brachte die Anlage eines neuen Stadtteils hinter dem inneren Paulustor in der zweiten Hälfte des 16. Jahrhunderts.

Vergrößerung des Stadtgebietes durch eine neue Stadtmauer

Rathaus aus dem 16. Jh., 1803 abgetragen. Aus Machers Graecium, 1700

Der Hauptplatz

Bis ins 15. Jahrhundert bildete die sogenannte Schranne, das Gerichtsgebäude, den südlichen Abschluß des Hauptplatzes. Das erste Rathaus der Stadt wurde erst um 1550 errichtet. Der im Renaissancestil ausgeführte Bau erstreckte sich etwa über zwei Drittel des heutigen Rathauses und war das einzige öffentliche Gebäude am Platz, um den durchwegs die angesehensten Bürgergeschlechter ihre Häuser besaßen. Bereits seit 1346 befand sich auf dem Hauptplatz ein Brunnen. Neben diesem standen der Pranger, der eiserne Narrenkäfig (Kotter) und ein hölzerner Esel. Prangerstehen und das Auspeitschen von Verbrechern waren gerngesehene Ereignisse, die wegen der bezweckten Abschreckung vorwiegend zur Zeit der Wochenmärkte stattfanden, wenn massenhaft Leute in der Stadt waren. Auf dem Hauptplatz versammelte sich die Bürgerschaft zu gemeinsamen Beratungen, ihre Musterung fand hier statt, bei feierlichen Anlässen wurden Triumphbogen aufgestellt, und aus dem ausgehenden 16. Jahrhundert sind Theateraufführungen der Landschaft bezeugt.

Residenzstadt Innerösterreichs

Erzherzog Karl II. von Innerösterreich (1564—1590)

Kaiser Ferdinand I. starb im Juli 1564 im Alter von 61 Jahren in Wien. Auf Grund der von ihm verfügten zwei Testamente wurden das Erbe sowie die Herrschaft unter seinen Söhnen geteilt. Maximilian II., der älteste Sohn, bekam Nieder- und Oberösterreich, das Salzkammergut, Böhmen, Ungarn und schließlich auch die römisch-deutsche Kaiserkrone. Ferdinand erhielt Tirol und die Vorlande, und für den Jüngsten, dem 28jährigen Karl, war Innerösterreich bestimmt. Erzherzog Karl hatte sich schon Jahre zuvor als Statthalter des Kaisers in Graz aufgehalten und kam kurz vor dessen Ableben hierher, um noch zu Lebzeiten des Vaters die Erbhuldigung der Stände entgegenzunehmen. Die Verhandlungen über den exakten Wortlaut der Huldigung zogen sich in die Länge, denn die evangelischen Landstände bestanden auf die Formel, in der die Heiligen nicht genannt wurden. Daher schwor der Erzherzog am 21. März 1564 nur auf Gott und das heilige Evangelium und nicht wie früher auf Gott und alle Heiligen. Nach der Huldigung Kärntens und Krains kehrte Karl nach Wien zurück. Erst auf Drängen seiner Räte traf er im November 1565 wieder in Graz ein. Allerdings zeigte sich die Stadt damals von ihrer recht abweisenden Seite. Im vergangenen Winter hatte eine Seuche gewütet, und außerdem war die Burg recht unwohnlich, weshalb man in Wien daran dachte, Judenburg als Residenz vorzuziehen. Doch es blieb bei Graz.

Verhandlungen über den Wortlaut der Huldigung

Mit dem Regierungsantritt Erzherzog Karls II. in Graz entwickelte sich Innerösterreich zu einem selbständigen Staatswesen. Es begann für dieses Gebiet und seine Hauptstadt ein neuer Zeitabschnitt. Eine der ersten Sorgen des Erzherzogs war die Erweiterung seines Hofstaates und die Schaffung eigener Behörden im Land. Die wichtigste Zentralbehörde war die Hofkammer als landesfürstliche Finanzstelle, die anfangs auch zahlreiche militärische Aufgaben zu erfüllen hatte. Die analoge Einrichtung auf landesständischer Seite war die als Ersatz und Vollzugsorgan der Landtage geschaffene Behörde der „Verordneten". Sie stellte die

Innerösterreich als selbständiges Staatswesen

Verbindung zwischen Landesvertretung (Landtag) und landesfürstlicher Regierung her. Auf den jährlich mindestens einmal stattfindenden Landtagen standen sich Landesfürst und Landstände gegenüber. Beide Verhandlungspartner stützten sich auf ihre eigenen Behördenapparate. Dazwischen stand der Landeshauptmann als Stellvertreter der Landstände und damit als oberster Beamter des Landes. Vor 1564 hatte die Steiermark keine eigene landesfürstliche Regierung, sondern wurde zentral von Wien aus regiert. Die dominierenden Themen auf den Landtagen waren Steuerfragen und Landesverteidigung. Mit der Erbteilung war nun Innerösterreich vor eine neue Situation gestellt worden. Losgelöst von der Gesamtheit der österreichischen Erbländer, mußte man nun, nahezu alleingestellt, aus eigener Kraft die Landesgrenze sichern. Die dafür notwendigen Geldmittel konnten nur die Landstände bewilligen, denn bei ihnen und ihrem Landtag lag das Steuerbewilligungsrecht.

Steuern als ständisches Machtinstrument

Dieses entwickelte sich besonders im 16. Jahrhundert zu einem Instrument der ständischen Macht. Zwar war es dem Landesherrn unbenommen, unter Hinweis auf die Notwendigkeit der Landesverteidigung finanzielle Forderungen an die Stände zu richten, doch erzwingen konnte er die Steuerleistung nicht. Mit diesem Bewilligungsrecht besaßen die Landstände ein Druckmittel, das sie im Kampf um Glaubens- und Gewissensfreiheit mit allem Nachdruck zu nutzen wußte.

Die Errichtung der Residenz war unweigerlich mit einem Zuzug von Beamten in die Stadt verbunden. Auch der Adel, der vielfach das höhere Beamtentum bildete, zog nach Graz. Es kam daher zu einer Wohnungsnot, die nahezu zwei Jahre andauerte, da die Stadtverwaltung nicht imstande war, die nötigen Quartiere zu schaffen. Der Hof und die damit verbundene Beamtenschaft verfolgten absolutistische und straff zentralistische Ziele. Die große Zahl der Beamten führte dazu, daß der Bürger im Gesellschaftsleben zurückgedrängt und der Magistrat durch die andauernde Einmischung beeinflußt wurde und somit an Selbständigkeit verloren.

Der Zeitraum, in dem Karl II. die innerösterreichischen Länder regierte, wurde von den Auseinandersetzungen zwischen Protestanten und Katholiken geprägt. Der Erzherzog hielt sich in seiner Politik an das Vorbild und die Ratschläge seines kaiserlichen Bruders Maximilian II., der überzeugt war, durch die Zugeständnisse des Laienkelchs und der Priesterehe die beiden Glaubensrichtungen verbinden zu können. Einer seiner Grundsätze war, die Stände mit langwierigen Verhandlungen und eintönigem Schriftwechsel hinzuzhalten, Zeit zu gewinnen, nichts abzuschlagen, aber auch nichts zu bewilligen. So hielt es auch für längere Zeit Erzherzog Karl. Aber die Landstände, die als Vertreter der evangelischen Lehre offen auftraten, nützten jede günstige Gelegenheit für ihre Sache aus. In der Stadt standen damals fast alle Klöster vor ihrer Auflassung. Im Kloster der Dominikanerinnen sorgten zwei große Hunde, die im Schlafhaus untergebracht waren, für den Schutz der wenigen Nonnen. 1564 beklagten sich die Dominikaner beim Erzherzog wegen übergroßer, ungerechtfertigter Steuerleistungen, die schließlich so weit führten, daß sie sechs Jahre später Graz verlassen mußten, weil es ihnen unmöglich geworden war, das Kloster zu erhalten. Zurück blieb nur ein Prior.

Weitere Auseinandersetzung zwischen Protestanten und Katholiken

Da die Anzahl der Besucher evangelischer Gottesdienste immer stärker im Ansteigen war, dachte man an den Bau einer eigenen Kirche. Während sich der Landesherr auf einem Besuch in Spanien aufhielt (1568/69), kauften die Stände von Seyfried von Eggenberg das sogenannte Eggenbergerstift zwischen dem Murtor und dem

Stadtansicht von 1569. Detail aus einem Portraitgemälde Karls II.

Protestantische Stiftsschule

Admonterhof. Die Stiftskapelle ließen die Landstände zu einer Kirche ausbauen, und nach dem Ankauf eines benachbarten Hauses hatte man genügend Platz für die Errichtung eines neuen Schulgebäudes. Noch im selben Jahr begann der landschaftliche Baumeister Francesco Marmoro de Pone, in der Steiermark kurz Franz Marbl genannt, mit dem Abbruch der alten Häuser sowie der Vergrößerung der Kirche. Das neue Schulgebäude war 1574 fertig. Das mächtige Geviert bildet noch heute in einer etwas veränderte Form den Paradeishof. Die evangelische Stiftsschule der protestantischen Landstände in Graz geht in ihrem Anfängen auf die Landschaftsschule im Landhaus zurück. Einer der Lehrer, Bartholomäus Pica, verfaßte für den Unterricht einen lateinisch-deutschen Katechismus, der in Augsburg gedruckt wurde. Die neue Stiftsschule in Graz galt als Musterschule der Evangelischen. Sie sollte die Krönung der inneren Entwicklung werden, denn hier hatten die evangelischen Stände die inneren und äußeren Bedingungen geschaffen unter welchen der Nachwuchs der protestantischen Geistlichkeit, aber auch der landesständischen und landesfürstlichen Beamtenschaft ihre Ausbildung erhielt. Vorerst war diese Anstalt nur für die Söhne des Adels bestimmt, doch bald kamen auch Bürgersöhne und schließlich begabte Kinder armer Eltern in den Genuß des Unterrichtes. Sie wurden als Stipendiaten von den Ständen erhalten. Eine reiche Bibliothek von etwa 10.000 Bänden stand jedem Interessierten zur Verfügung.

Schulordnung von David Chytraeus

Für die Ausarbeitung einer modernen Schulordnung als Voraussetzung einer guten Ausbildung konnte der Pädagoge und Späthumanist David Chytraeus aus Rostock gewonnen werden. Nicht nur die Ordnung, sondern auch der Aufbau des Lehrkörpers ging im wesentlichen auf ihn zurück.

Auf seinen Rat hin wurde Hieronymus Osius zum ersten Rektor bestellt und weitere hervorragende Männer, wie Philipp Marbach oder Jeremias Homberger, nach Graz berufen. Die Schüler mußten sich lateinisch miteinander unterhalten. Sie durften den Schulbereich ohne Erlaubnis nicht verlassen und für unerlaubtes Ausbleiben über Nacht waren körperliche Züchtigung als Strafe vorgesehen. Prüfungen hielt man im besonders festlichen Rahmen ab, und für die besten Studenten wurden „Ehrenpfennige" geprägt. Um die bereits dominierende evangelische Glaubensrichtung in der Stadt und dem gesamten Land zu festigen, richteten die Stände in Graz ein Religionsministerium mit einem Superintendenten an der Spitze und auf dem Land „Viertelprediger", die ein größeres Gebiet kontrollierten, ein.

Ein wesentliches Element zur Sicherung gut nachbarschaftlicher und politischer Beziehungen innerhalb des europäischen Staatensystems war die Familie- und Heiratspolitik des Hauses Habsburg. Erzherzog Karl hätte ursprünglich Königin Elisabeth von England heiraten sollen oder Maria Stuart, Königin von Schottland. Doch keiner dieser Pläne wurde verwirklicht. Im März 1571 teilte der Erzherzog seine Verlobung mit Maria, der Tochter des streng katholischen Bayernherzogs Albrecht V. dem Landtag mit. Die Hochzeitsfeierlichkeiten fanden im August in Wien statt. Das Geld lieh sich Karl von den Fuggern. Am 9. September erreichte das Paar auf einem Hochzeitsfloß auf der Mur bei der Weinzödlbrücke die Stadt Graz.

Hochzeit Karls II. mit Maria von Bayern

Den Einzug in die steirische Landeshauptstadt hielt das neuvermählte Paar nach der Sitte jener Zeit mit künstlerischem Pomp und prächtigen Festen. Der Zug bewegte sich durch nicht weniger als sieben Triumphbogen, an denen Inschriften angebracht waren. Die erste Pforte stand vor dem Eisernen Tor. Das Paar gelangte

„Abris des Einrits zu Grätz" (Ausschnitt), Einzug des erzherzoglichen Brautpaares 1572

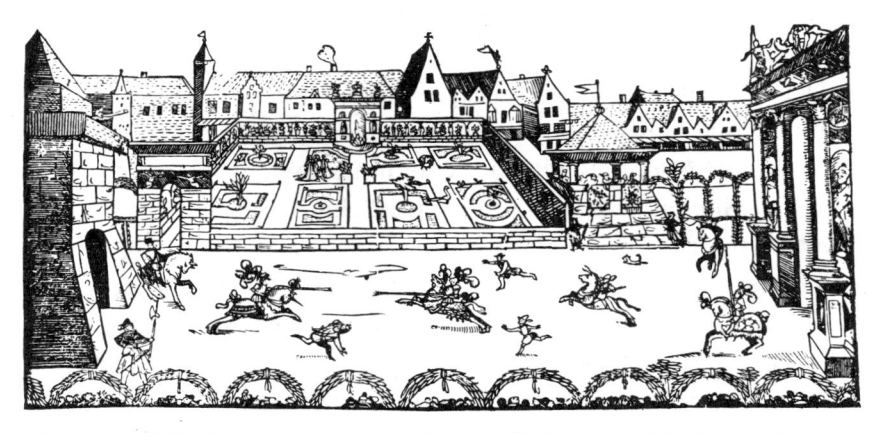

Turnier anläßlich der Hochzeit Erzherzog Karls II. mit Maria von Bayern. Turnierplatz war wahrscheinlich der Tummelplatz. Im linken Hintergrund der Turm der Leonhardskirche, rechts davon das Dominikanerinnenkloster

durch die Herrengasse über den Hauptplatz und der Sporgasse zur Pfarrkirche St. Ägidius. Hier stand der mächtigste Bogen. Von ihm bis zur Burg und zum Kirchenportal waren orangenbehängte Laubgänge aus grünem Reisig angebracht worden. Über 3.000 Mann zu Pferd und zu Fuß begleiteten Karl und Maria zur Kirche, wo der Bischof von Seckau ihnen den Segen erteilte. Feierliche Bankette, ein Turnier auf dem Hauptplatz und ein Feuerwerk zählten zu den Unterhaltungen. Auf einem der Bogen stand zu lesen: „zu Graz blüht alles." Dies war eine völlige Umkehr der Verhältnisse im Land und in der Stadt, denn 1569 bis 1572 wütete in der Steiermark und Kärnten eine verheerende Seuche, daß alle Jahrmärkte und Kirchentage eingestellt werden mußten. 1570 entwickelte sich zu einem Jahr der Mißernten, so daß Teuerung eintrat und Hungersnöte ausbrachen.

Nach 1571 begann Karl seinen Hofstaat prachtvoll auszustatten. Neben den wirklichen Hofämtern wie Hofrat, Hofkammer u. a. gab es noch Landeserbämter. Zu den alten Marschall- und Untermarschallämtern (Hofmann und Saurau), Kämmerer (Liechtestein), Truchseß (Prueschink) und Schenken (Stubenberger) kamen das Erblandhofmeisteramt (Hofmann), Erbstallmeisteramt (Windischgrätz), der Erbküchenmeister (Wurmbrand), Erbstabelmeister (Urschenpeck), Oberjägermeister (Tannhauser) hinzu. Den meisten Einfluß hatten der Obersthofmarschall Ambros Thurn und der Oberstkämmerer Wolf von Stubenberg.

Landesfürst contra Landstände

Der Verlauf der religiösen Auseinandersetzungen in den Ländern Erzherzog Karls nahm nun einen stürmischeren Verlauf. Hatte sich Karl bisher in Religionssachen des Rates seines Bruders Maximilian bedient, so bestimmten jetzt die unnachgiebigen, mit ihm verwandten Bayern (Wittelsbacher) seine Entschlüsse. Gegen den offenkundigen Rekatholisierungswillen des Erzherzogs, der darin von seiner Gemahlin gerade in den kritischesten Augenblicken entscheidend bestärkt wurde, gab es für die evangelischen Landstände, die mit Nachdruck des Recht der freien Religionsausübung forderten, jetzt nur noch eine Möglichkeit: Die Abringung von Zusagen in politisch günstigen Situationen. Die „Grazer Religionspazifikation" von 1572 war der erste derartige Erfolg ständischer Politik. Unter Androhung der Steuerverweigerung gestand Karl dem Herren- und Ritterstand samt ihren Angehörigen und Untertanen volle Gewissens- und Kultusfreiheit zu. Die landesfürstlichen Stände und Märkte waren davon ausgenommen, denn kurz zuvor war Karl auf dem Brucker Landtag ein entscheidender politischer Schachzug gelungen. Er konnte die Städte von den zwei anderen weltlichen Ständen trennen, da sie sonst als eine geschlossene weltliche Einheit zu einer gefährlichen politischen Bedeutung aufgestiegen wären.

„Grazer Religionspazifikation"

Den ersten entscheidenden Schachzug zur Erhaltung des katholischen Glaubens in seinen Ländern hatte Erzherzog Karl bereits 1570 vollzogen. Der Tod des Grazer Stadtpfarrers Andre Gigler, der um einen mittleren Weg zwischen den Konfessionen bemüht war, und die Weigerung der Dominikaner, Fastenpredigten zu halten, veranlaßte den Erzherzog, persönlich den Jesuitenprovinzial in Wien um einen Fastenprediger für Graz zu bitten. Als erster Prediger des Jesuitenordens, der im September 1540 von Papst Paul III. die Bestätigung erhalten hatte, kam Stephan Rhimel in die Stadt. Die Berufung der Jesuiten scheint der Hofvizekanzler Dr. Wolf(gang) Schranz in einer Absprache mit Erzherzogin Maria betrieben haben, da er nach einem Aufenthalt im katholischen München zwei Patres mit nach Graz brachte. Die Bürgerschaft ahnte ihre Zukunft und empfing die beiden Vertreter der „Gesellschaft Jesu", die der Vizekanzler heimlich einschleusen wollte, mit Verachtung und Ablehnung. Die ersten Patres wirkten an der Pfarrschule,

Die Jesuiten

1587

1587

Vorhergehende Seiten:
Links: Erzherzog Karl II. von Innerösterreich, Ölgemälde von 1587
Rechts: Erzherzogin Maria von Bayern, Ölgemälde von 1587

wo es die von den Bürgern verlangte Bestellung eines lutherischen Schulmeisters zu verhindern galt. Der Landesfürst trat vehement für die dauernde Niederlassung der Jesuiten in der Stadt ein.

Erstarken des katholischen Selbstbewußtseins

Durch die Tätigkeit der Patres trat nun die katholische Kirche aus ihrer Defensive heraus. Die Wiedereinführung der Fronleichnamsprozession 1572 beweist das Erstarken des katholischen Selbstbewußtseins. Für das neue Kolleg war der alte Pfarrhof der Ägidiuskirche vorgesehen. Dort begann der in der Stadt an der Befestigungsanlage tätige Architekt Vinzenz de Verda 1572 mit dem Bau eines gewaltigen, viereckigen Trakts, der ein Jahr später soweit fertig war, daß der Orden einziehen konnte.

Die Gründung des Grazer Jesuitenkollegs, dessen Stiftungsbrief am 12. November 1573 ausgestellt wurde, brachte das Ringen zwischen Reformation und Katholizismus in ein neues Stadium. Weil das für ein Kolleg zunächst vorgesehene Franziskanerkloster nicht geeignet schien, übertrug der Erzherzog die Pfarrkirche und den Pfarrhof dem Orden. Die im Friedhof gelegene Katharinenkapelle, die Vorgängerin des Mausoleums, erhielt alle pfarrlichen Rechte, wurde also Pfarrkirche, wogegen auf Wunsch des Landesfürsten von Papst Gregor XIII. der Pfarrcharakter von St. Ägid unterdrückt wurde.

Papst Gregor VIII.

Mit dem Kolleg wurde auch die Schule der Jesuiten gestiftet, da die Erhaltung und Verbreitung des katholischen Glaubens durch gediegenen Unterricht und die Heranbildung gelehrter Männer gewährleistet sein sollte.

Durch die Schule und die Kirche, die dem Kolleg gegenüberlag, hatte der Orden in Graz zwei feste Stützpunkte erhalten. Ab 1574 richteten die Jesuiten in der Färbergasse zusätzlich ein Seminar ein — das spätere Ferdinandeum.

Militärgrenze

Im Bereich der Außenpolitik trat die Türkenfrage erneut an die erste Stelle der Beratungen. Der Druck der Türken gegen Innerösterreich hatte ständig zugenommen, und außerdem lief der Friedensvertrag mit ihnen ab. Kaiser Maximilian war schon seit langem der Oberbefehl über die Grenze eine Last, die er liebend gerne abgegeben hätte. Nach seinem Tod (1576) mußte Karl als Beauftragter des Kaisers die Leitung der Grenze südlich der Drau übernehmen. Die Gesamtleitung lag bei Kaiser Rudolf II., dem ältesten Sohn Maximilians. Graz wurde von Wien fast gänzlich unabhängig. Die Untertanen waren dem Landesfürsten jetzt unmittelbar unterstellt, was für den Protestantismus nicht unbedingt günstig war. Ab 1578 mußte Karl auf Wunsch des Kaisers die alleinige Verantwortung für Verwaltung und Verteidigung der windischen und kroatischen Grenze übernehmen. Die führte zur Errichtung des Hofkriegsrates in Graz und zur Installierung eigener Gesandtschaften der innerösterreichischen Landstände auf den Reichstagen. Mit den auf den Erzherzog übertragenen Grenzverteidigungsaufgaben und dadurch notwendig gewordenen Geldmitteln geriet Karl ganz in die Abhängigkeit der Landstände. Diese wollten nicht ohne entsprechende Gegenleistungen zusätzliche Steuergelder bewilligen, denn ihrer Auffassung nach waren Lebenswandel und Hofhaltung des Landesfürsten und seiner Frau viel zu verschwenderisch. Nun galt es auch für die Bürger der landesfürstlichen Städte und Märkte, die volle Religionsfreiheit zu erzwingen. Am Landtag in Bruck, den Karl wegen Pestgefahr in Graz 1578 in diese obersteirische Stadt verlegt hatte, schien die Gelegenheit günstig.

Angesichts der Türkengefahr, auf die der Erzherzog zu Beginn hinwies, verlangten die Stände eine allgemeine Kultus- und Gewissensfreiheit und die Einschränkung der Tätigkeiten des Jesuitenordens. Nach langen Beratungen gewährte Erzherzog Karl in Anwesenheit mehrerer geheimer Räte und des katholischen Hofvizekanzlers Schranz sowie in Gegenwart der protestantischen Stände diesen die neue Pazifikation indem er erklärte, daß niemand, auch der Bürger nicht, in seinem Gewissen beschwert werden solle. Aus den vier privilegierten Städten Graz, Judenburg, Klagenfurt und Laibach dürften die Prediger nicht vertrieben werden. Ausdrücklich verpflichtete Erzherzog Karl lediglich seine Person, nicht aber seine Nachfolger oder Nachkommen zur Einhaltung der von ihm nur mündlich abgegebenen Zusicherungen. In Graz veranlaßte die Landschaft anläßlich dieser denkwürdigen Zusagen die Prägung einer Gedenkmünze, die den Sieg des Evangeliums verewigte und ließ die seit 1572 erlangten Zugeständnisse, Verhandlungsschriften, Kirchenordnungen und andere Aktenstücke zur großen „Innerösterreichischen Religionspazifikation" zusammenbinden.

„Innerösterreichische Religionspazifikation"

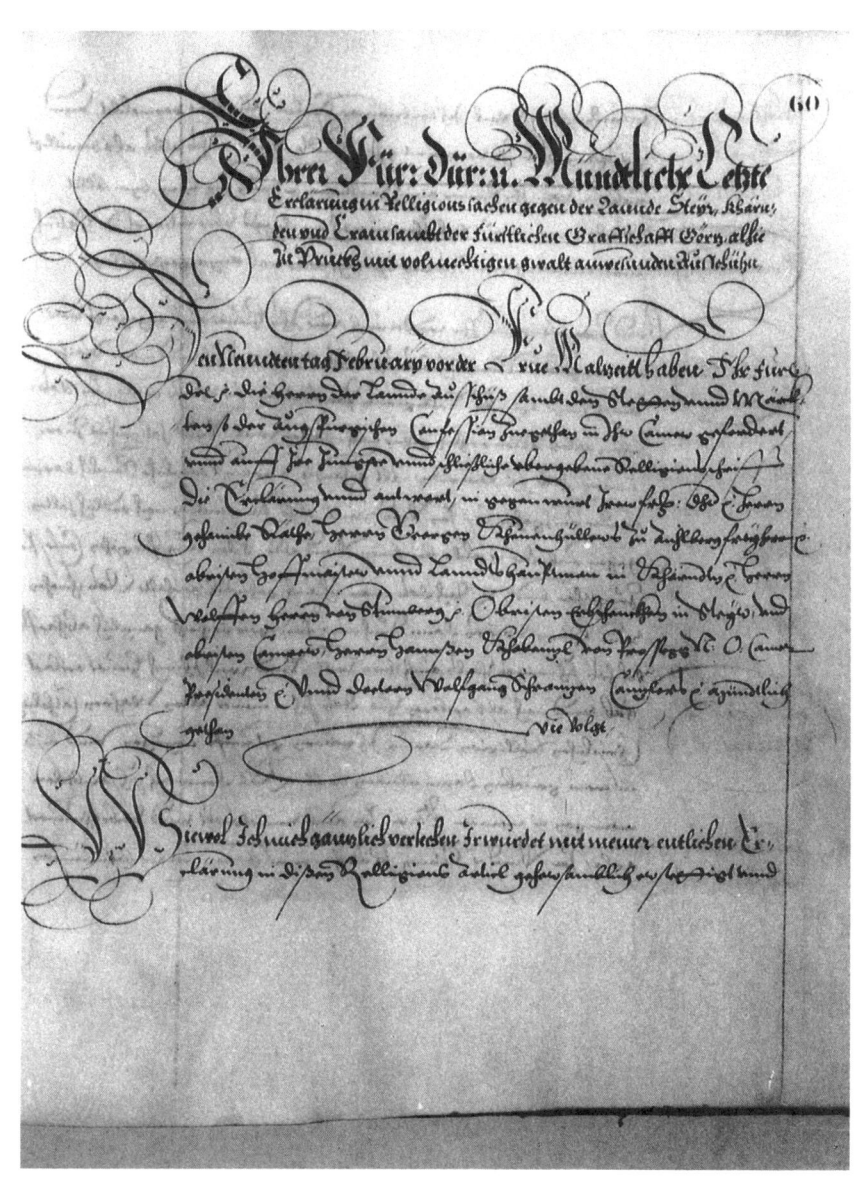

Steirische Religionspazifikation, Pergamentlibell vom 20. Jänner 1580. Blatt 60 über mündliche Zusagen des Landesherrn in Bruck an der Mur von 1578

Der unerwartete Erfolg der Protestanten in Bruck an der Mur sollte aber in der Folge ihren Niedergang beschleunigen. Diese Ereignisse führten nämlich zu heftigen Reaktionen in Rom, und schon kurze Zeit danach traf der päpstliche Nuntius in Graz ein. Hier machte er Karl im Namen Papst Gregors XIII. ernstliche Vorhaltungen.

Beginn der Gegenreformation

Im Oktober 1579 kam es auf der Münchner Konferenz zu ersten Gesprächen über Maßnahmen gegen den Protestantismus in den Ländern Karls. Bei der Besprechung wurde zunächst die Inkompetenz des Erzherzogs für die Zusagen von 1572 und 1578 festgestellt, und man beschloß die Gegenreformation „nicht mit Worten, sondern durch Taten". Der Zulauf der Prädikanten in die Städte und Märkte müsse unterbunden werden, in Verhandlungen seien die Bürger vom Adel zu trennen, und schließlich wären die Bestimmungen des Augsburger Religionsfriedens (1555) durchzusetzen, nach deren der Landesfürst die Religion seiner Untertanen bestimmen konnte. Für seine Tätigkeiten sollte Karl den Papst um ein Darlehen ersuchen sowie die Schloßbergbesatzung und seine eigene Leibwache am Hof verstärken.

Münchner Konferenz

Gemäß dem Münchner Plan wurde in Graz eine ständige Nuntiatur eingerichtet. Als erster ständiger Nuntius traf Germanico Malaspina im Herbst 1580 in der Stadt ein. Die Nuntiatur befand sich vorerst im Dominikanerinnenkloster, dann in der Stainzerhofgasse und ab 1630 in einem Eckhaus am Karmeliterplatz. Malaspina und sein Nachfolger Caligari profilierten sich als unentbehrliche Kräfte bei der Rekatholisierung Innerösterreichs. Mit der Grazer Nuntiatur war neben den Jesuiten und den geistlichen Landständen eine dritte Variante katholischer Konfessionspolitik in den Ländern Erzherzog Karls entstanden. Die Grazer Nuntien zeichneten auch für die Visitationen und vor allem die in den Klöstern in Gang setzenden Reformen verantwortlich, noch ehe Reformkommissäre bestellt waren.

Ständige Nuntiatur

Die Gegenreformation versuchte seit 1572 — mit Erfolg — zunächst einzelne schwache Stellen der protestantischen Kirche zu treffen. Bei diesen kleinen Erfolgen wollte es die katholische Partei nicht bewenden lassen, sie glaubte sich nun schon so gefestigt, daß sie 1582 — gemäß dem Münchner Abkommen — einen Vorstoß gegen das Grazer Bürgertum unternahm. Unter Androhung schwerer Geldstrafen erließ Erzherzog Karl an Bürgermeister, Richter und Rat den Befehl, die Stiftskirche zu meiden oder auszuwandern. Da sich jedoch die Bürger trotz des strengen Mandats von ihrem Kirchgang nicht abhalten ließen, nahm der Landsherr den Bürgermeister Michael Straßberger, den Stadtrichter Melchior Holzer

Ausweisungsbefehl für protestantische Kirchenbesucher

und den Stadtschreiber Martin Pangrießer eine Woche lang in Haft, um den Widerstand der evangelischen Bürgerschaft zu brechen. Trotz eines Anweisungsbefehls für protestantische Kirchgeher, der aller Wahrscheinlichkeit nach unter Einfluß des in Graz weilenden Bayernherzogs entstanden sein dürfte, trat der gewünschte Erfolg nicht ein. So wurde nun ein Verzeichnis angelegt, das die Namen der ersten 15 Grazer enthielt, welche die Stadt 1583 verlassen mußten. Ähnlich ging man gegen die Beamten am Hof vor. Auch ihnen wurde auf die Gefahr hin, entlassen zu werden, verboten, die Stiftskirche zu besuchen. In nahezu allen Gassen, die zur evangelischen Kirche führten, befanden sich höfische Aufpasser, die jeden Bürger notierten, der hier zum Gottesdienst ging. Da aus diesen Aufzeichnungen eindeutig ersichtlich war, daß fast die gesamte Grazer Bürgerschaft zur Kirche ging, begannen die Räte des Erzherzogs, Einzelausweisungen für bestimmte Bürger zu verordnen. Ihre Güter wurden für verfallen erklärt, und sie selbst mußten innerhalb von fünf Tagen die Stadt und binnen acht Tagen das Land verlassen.

In der Hoffnung, die Freiheit ihrer protestantischen Religionsausübung zurückzuerhalten, zogen im Mai 1584 die ganze Bürgerschaft mit Frauen, Kindern und Dienstleuten, ca. 5.000 (?) Personen, vor die Burg und brachten kniend ihre Bitten dar. Doch vergeblich: Der Erzherzog wies weiterhin Protestanten aus der Stadt aus. Auch der Oberpastor Jeremias Homberger mußte wegen einer unvorsichtigen Grabrede das Land verlassen. Vergeblich trat der Landtag für ihn ein. Karl setzte einen Volksfremden, den Schloßhauptmann Julius von Sara, als Stadtanwalt ein. Ohne ihn durfte keine Ratsversammlung abgehalten werden, was einen schwerwiegenden Eingriff in die ältesten Rechte der Bürgerschaft bedeutete. In den nächsten Tagen wuchs bezeichnenderweise die Antipathie gegen die katholischen Geistlichen. Sie wurden verspottet, verhöhnt, und man warf mit Steinen nach Beschäftigten der Nuntiatur sowie nach katholischen Adeligen. Die Landschaft erklärte sich nicht bereit, etwaige Ausstände zu bezahlen und neue Steuern zu bewilligen.

Im November 1584 kam Giovanni Caligari als Nuntius nach Graz und wurde bald zum Mittelpunkt der Gegenreformation, denn kein Schritt geschah ohne sein Wissen. Dr. Schranz und der Statthalter Innerösterreichs, Bischof Johann Tautscher von Laibach, waren seine wichtigsten Stützen.

Im folgenden Jahr beruhigte sich die Lage etwas, als der Landesherr den Bürgern den Besuch protestantischer Gottesdienste außerhalb der Stadt zubilligte.

Gründung der Universität

Einen weiteren Schritt in Richtung Rekatholisierung bildete die Gründung der Universität durch Erzherzog Karl II., die er den Jesuiten unterstellte. Sie bildete damit das Gegengewicht zu der von den Landständen unterhaltene Stiftsschule, deren Existenz nun aufs schwerste bedroht war. Gleichzeitig sollten nämlich alle nichtkatholischen „Privat- und Winkelschulen" — womit unbestritten ebenso die Stiftsschulen gemeint waren — aufgelassen werden.

Etwa zehn Jahre hatte sich die Gründung hingezogen, immer wieder durch finanzielle und andere Schwierigkeiten gehemmt. Erzherzog Karl setzte nun den 1. Jänner 1585 als Gründungdatum fest, doch erst am 14. Februar 1586 wurden Stiftungsbrief samt Zepter und Siegel dem Ordensprovinzial und dem ersten Rektor Pater Blyssem in der St.-Ägidius-Kirche feierlich überreicht. Ein päpstlicher und ein kaiserlicher Bestätigungsbrief bestätigten die landesfürstliche Gründung. Diese Urkunden sicherten der Universität volle Autonomie, sowie besondere Gerichts- und Steuerprivilegien zu. Sie besaß reiche Einkünfte, hauptsächlich aus dem Kloster Millstatt. Dem Landesfürst schwebte ursprünglich eine Volluniversität mit vier Fakultäten vor, doch es sollten anfänglich nur zwei werden. Die theologische Fakultät hatte die Aufgabe für die Schaffung eines neuen, verläßlichen Klerus zu sorgen, und die artistische Fakultät befaßte sich mit der Lehre der „Freien Künste" — den philosophischen Disziplinen.

Pater Blyssem wird erster Rektor

Die Anfänge waren recht bescheiden. Für das Jahr 1586 scheinen nur sieben Studenten in den alten Matrikeln auf. Der erste Hörer war ehrenhalber Erzherzog Ferdinand — der spätere Kaiser, der aber sein Studium in Ingolstadt absolvierte.

Erster Hörer Erzherzog Ferdinand

Die Grazer Universität blieb für lange Zeit die einzige Universität des christlichen Südostens. Ein großer Teil der Akademiker des innerösterreichischen und kroatischen Raumes ging aus ihr hervor. Besondere Bedeutung erhielt sie für Ungarn nach dem Untergang der alten Universität in Buda. Mitglieder führender Familien aus den Ländern der Stephanskrone erhielten ihre Ausbildung in Graz. Darunter war der spätere Kardinal Petrus Pazmany, der in der steirischen Landeshauptstadt zum „Magister artium" und zum Doktor der Theologie promovierte. Pazmany wurde zum Träger der Ge-

Alte Universität. Kupferstich aus Machers Graecium, 1700

genreformation in Ungarn, und auf sein Betreiben hin errichtete man nach dem Grazer Vorbild die Universität Tyrnau (gegründet 1635), die letztlich nach Ofen bzw. Pest übertragen wurde.

In einem Schreiben an den Papst berichtete Karl von Reibereien infolge der Benützung der Kirche St. Ägids durch die Pfarre und die Jesuiten. Die Katharinenkirche war zu klein geworden, die Jesuiten fürchteten den Neid und die Nachrede, sie hätten den Pfarrer verdrängt, und so ließen sie ihn weiter den Pfarrgottesdienst in der Ägidiuskirche halten. Die Auseinadersetzungen entstanden durch das Nebeneinander von Pfarr- und Ordensseelsorge. Mit Rücksicht auf die Zwistigkeiten hatte der Erzherzog der Pfarre Kirche und Kloster zum Heiligen Blut in der Herrengasse zugewiesen. Laut päpstlicher Bestätigung wurde die bisherige Dominikanerkirche zur Stadtpfarrkirche erhoben — unter Aberkennung aller Ansprüche der Dominikaner. Die feierliche päpstliche Bestätigung erging am 1. Mai 1586. Die wenigen Mönche übersiedelten in ihre neue Heimstatt der St.-Andrä-Kirche und einem anliegenden Haus. Der Weiler und die St.-Andrä-Kirche sind siedlungsgeschichtlich der älteste Teil der Murvorstadt. Die Kirche war wohl ursprünglich eine von einem Laien gestiftete Eigenkirche. 1616 begann Archangelo Carlone mit einem Kirchenneubau.

Die Kirche zum Heiligen Blut wird Stadtpfarrkirche

In den Monaten davor hatten die Landstände immer mehr an Macht und Einfluß verloren. Die Schloßbergbesatzung war ab 1585 rein katholisch und dem Landesfürsten vollkommen ergeben. In der Stadt hatte man der Bürgerschaft den Wachdienst entzogen und dafür eine eigene, vom Erzherzog abhängige Stadtguardia eingesetzt, die in den Räumen des Eisernen Tores untergebracht war. Auch begünstigte die Regierung nun die Einwanderung von Italienern, da diese sich mit Überzeugung zur katholischen Kirche bekannten. Außerdem erhielten nur noch Katholiken von den geistlichen Grundherren Kaufbriefe für Häuser, Grund oder Boden.

Im Sommer 1590 holte der Hof zu einem weiteren schweren Schlag gegen die protestantischen Bürger von Graz aus. Ab jetzt war nicht nur der Besuch der protestantischen Gottesdienste in Graz, sondern auch außerhalb der Stadt verboten. Wegen einer neuen, zusätzlichen Formel beim Bürgereid, der Ernennung von katholischen Stadträten und einer Auseinandersetzung wegen eines verhafteten Bindermeisters brach in Graz ein Tumult aus, so

Leichenzug Erzherzog Karls II. vor der Stadt Graz. Kupferstich von Georg Peham, 1594

Tod des Erzherzogs

daß man bald vom unmittelbaren Ausbruch einer zweiten Pariser Bluthochzeit sprach. Erzherzog Karl mußte vom niederösterreichischen Bad Mannersdorf nach Graz eilen. Bereits schwer erkrankt, ließ er sich mit einer Sänfte über Mariazell nach Bruck tragen und von dort auf einem Schiff nach Graz bringen. Drei Tage nach seiner Ankunft verstarb er hier am 10. Juli, 50 Jahre alt. Am 17. Oktober wurde sein Leichnam in die Benediktinerabtei Seckau überführt. Ein imposanter Leichenzug brachte die sterblichen Überreste des Erzherzogs in das von ihm gestiftete Mausoleum. Der Konduit mit dem Trauerwagen, der mit acht spanischen Pferden bespannt war, zog in Begleitung der Erzherzöge Ernst und Maximilian, Vertreter der Kirche, des Adels, der innerösterreichischen Regierung, des Magistrats, der Universität und einer großen Menschenmenge am 17. Oktober aus der Residenzstadt aus. Die Reise nach Seckau dauerte drei Tage. Hier fand Erzherzog Karl in der Gruft des Mausoleums — einem architektonischen Meisterwerk der steirischen Spätrenaissance — seine letzte Ruhestätte.

Architektur und Kultur im ausgehenden 16. Jahrhundert

Dem Regierungsantritt Erzherzog Karls war in Graz eine lebhafte Bautätigkeit vorausgegangen. Überall im ganzen Land befanden sich italienische Baumeister, die im Sinne der Renaissance arbeiteten. Neben den fortwährenden Auseinandersetzungen mit dem Protestantismus war die Türkenbedrohung eine der Hauptsorgen Karls und somit der Abschluß der Stadtbefestigung zu einer dringlichen Angelegenheit geworden. Die Befestigung des Schloßbergs konnte spätestens 1559 abgeschlossen werden. Seit 1566 wurden Stadtgräben angelegt, und zwei Jahre später begann der Bau einer neuen Bastion vor dem Eisernen Tor — der Landschaftsbastei. Sie nahm den Raum zwischen dem heutigen Platz „Am Eisernen Tor" und der Hamerlinggasse ein. Fast gleichzeitig wurde das neue Eiserne Tor vollendet. Die Tafel über dem Torbogen mit dem landfesfürstlichen und dem steirischen Wappen wurde erst 1574 angebracht.

Nach dem Ableben dell' Allios fehlte es an einer einheitlichen Leitung und Koordinierung der Bauarbeiten. Als sein Nachfolger kam Francesco Theobaldi nach Graz, der interimistisch ebenso die Leitung der Befestigungsanlagen an der kroatischen Grenze übertragen bekam, bis ihn der Architekt Salustio Peruzzi ablöste.

Um 1576 war das moderne Festungswerk, das Graz umschloß, mit vier Bastionen fertig. Die folgenden Arbeiten betrafen hauptsächlich den Osthang des Schloßbergs, durch welche die Stadt um die Paulustorvorstadt erweitert wurde. Dieses Bauvorhaben konnte nur äußerst mühsam und langsam verwirklicht werden, da die protestantischen Stände die dazu notwendigen Zahlungen verweigerten. Zwischen 1582 und 1588 arbeitete man lediglich an den Basteien vor dem äußeren Paulustor. Die Kriegsstellenbastei, die das Tor auf der Schloßbergseite flankiert, konnte die folgenden 400 Jahre fast unversehrt überstehen und ihr ursprüngliches Aussehen bis in die Gegenwart bewahren. Die gleichzeitig geschaffene Karmeliterbastei mit ihrer Verbindungsmauer zum Burgtor erhielt ihren späteren Namen nach dem Kloster am Karmeliterplatz (gegr. 1629). Unter dem Geldmangel litt nicht nur der Arbeitsvorgang, sondern auch die notwendig gewordenen Ausbesserungsarbeiten an den älteren, schon fertigen Werken. An die Festungsanlagen

Geldmangel bedingt schleppenden Baufortschritt

Stadtansicht von 1565. Lithographie von Adolf Gnauth nach einem (heute nicht mehr erhaltenen) Gemälde im Palazzo Vecchio in Florenz

wurden Häuser der einfacheren Leute angebaut, auf den Verbindungsmauern, den Kurtinen, pflanzte man Wein, Obstbäume sowie andere Pflanzen und hätte somit eine etwa notwendige Verteidigung behindert. Andererseits war die Murseite der Stadt noch überhaupt nicht geschützt. Diese Aufgabe sollte sich Karls Nachfolger stellen.

Das Aussehen von Graz zur Zeit Karls II. zeigt die sogenannte Florentineransicht. Sie ist eine der ältesten Ansichten der Stadt. Als 1565 die Tochter Kaiser Ferdinands I., Erzherzogin Johanna, Francesco de Medici heiratete, ließ dieser als Aufmerksamkeit für seine Braut am Gang des Palazzo Vecchio in Florenz 15 Stadtansichten aus Österreich als Wandmalereien anbringen. Unter der Leitung des Künstlers Giorgio Vasaris wurde eine Ansicht von Graz nach Vorstudien des Malers Cäsarius Pambstl geschaffen. Diese heute nur mehr in Reproduktionen erhaltene Ansicht vermittelt ein recht gutes Bild der Schloßbergbastion mit dem alten Schloß auf dem obersten Plateau sowie dem Turm der Bürgerbastei (Uhrturm). Auch die bis 1560 fertiggestellten Stadtbastionen, die alten Stadttürme und die Stadttore (Murtor, Eisernes Tor, inneres Sacktor sowie inneres Paulustor) sind deutlich zu erkennen.

Als Erzherzog Karl die Stadtburg bezog, war diese den Ansprüchen, die er an seine zukünftige innerösterreichische Residenz stellte, nicht mehr gewachsen. 1566 schien erstmals an die Erweiterung der Burg gedacht worden zu sein. Ein Jahr zuvor brachte man an dem aufgesetzten Türmchen des Burgtors, in dem sich eine Glocke befand, eine Uhr mit großen Zifferblättern an, die der Uhrmachermeister Hieronymus Müller aus Schottwien verfertigt hatte. Seinen Dienst als Uhrturm versah es, bis der Friedrichsburg der neue Hofuhrturm aufgesetzt wurde (1676). Zum eigentlichen Baubeginn kam es erst 1570. Der Landesfürst ließ über der mittelalterlichen Stadtmauer zwischen Kammerkapelle und Burgtor einen nüchternen, frühbarocken Trakt (sogenannter Karlsbau) aufführen. Nachdem sich der Erzherzog für einen der beiden Pläne des kaiserlichen Hofbaumeisters Pietro Ferrabosco entschieden hatte, erhielt der Hofbaupolier Marco Dionisio Tadei den Bauauftrag. Das Gebäude wurde im Süden gegen die Hofgasse durch einen schmalen Flügelbau, der von dem noch bestehenden Rustikator durchbrochen wurde, mit der Friedrichsburg verbunden. Den obersten Abschluß bildete der Trompetergang, dessen ehemals offene Säulenreihe (heute vermauert) noch zu erkennen ist.

Erweiterung der Stadtburg

Das Jagdschloß Karlau. Stich von Andreas Trost (Detail), 1700

Karlau

Erzherzog Karl war zeitlebens ein eifriger Jäger. Für seine Leidenschaft gab er alljährlich etwa 18.000 fl. aus. Inmitten des ehemaligen landesfürstlichen Tiergartens im Süden der Murvorstadt ließ sich Karl ein Jagdschloß errichten. Der Erzherzog liebte diesen Ort. Das Schloß sollte ihm als Erholungsort und Sommerresidenz dienen. Von hier aus jagte er durch die Murauen, den Kaiser- und Schachenwald bis Tobelbad und Wildon. Was Karl als Zweitwohnsitz geplant hatte, trug zuerst nach der benachbarten Ortschaft die Bezeichnung „Tobel". Aber noch während der Bauzeit setzte sich der Name Karl Au = Karlau durch. Karl konnte sich aber nicht mehr an seinem Schloß erfreuen. Er starb 1590. Seine Witwe, Erzherzogin Maria, führte den Bau weiter und ließ ihn mit einer einfachen Befestigungsanlage in Form von Ringmauern und Türmen umgeben. In den Räumen des Schlosses wurden die wertvolle Waffensammlung und die Familienporträts verwahrt.

In die Zeit der Vermählung des Erzherzogs fiel wahrscheinlich die Gründung und Errichtung der „Schatz-, Kunst- und Rüstkammer" der Burg. Prächtige Hochzeitsgeschenke und so manch kostbares Stück, das die Erzherzogin mit nach Graz gebracht hatte, machten einen nicht unbedeutenden Teil aus.

Schatz des Kaisers

Aus der ersten Hälfte des 15. Jahrhunderts haben sich Inventarlisten erhalten. Friedrich III. und sein Sohn Maximilian I. sandten Schatztruhen zwischen Graz, Wien und Wiener Neustadt hin und her. 1525 — sechs Jahre nach dem Tod Maximilians — wurde der „Schatz des Kaisers" mit den Reichsinsignien Krone, Szepter und Reichsapfel aus dem unsicheren Wiener Neustadt in die Grazer Burg gebracht. Die Insignien und andere Teile der Sammlung ließ Ferdinand wenige Jahre später zu sich nach Wien bringen. Als er starb wurde neben den Ländern auch der Schatz in Wien unter den drei Erben geteilt. So erwuchs nun aus den alten Beständen und der kaiserlichen Verlassenschaft eine wertvolle und umfangreiche Sammlung.

Nicht nur Karl trug gerne Kostbarkeiten zusammen, auch die Erzherzogin hatte die Lust zum Sammeln von ihrem Vater geerbt. Bis zu ihrem Tod war sie unermüdlich bestrebt, die Grazer Kunstsammlungen durch Ankäufe zu vermehren. Ihr Hauptagent für die Erwerbungen war der kaiserliche Gesandte in Madrid, Johann Christoph Khevenhüller. Maria erstand vorwiegend Bilder, Geschmeide aus Gold und Silber, Goldbrokat und Spitzen. Karl sammelte hingegen kunstvolle Uhren, astronomische und mathematische Instrumente aus dem „guldinischen Turm" der Jesuitenuniversität, weiters wertvolle Musikinstrumente sowie Prunkrüstungen und Prunkwaffen.

Die starke Neigung der Erzherzogin zur Kunst machte den Grazer Hof rasch zum Mittelpunkt der Kulturbestrebungen, die von der Gattin Karls gelenkt und bestimmt wurde. Schon im Jahr ihrer Hochzeit gab sie den Auftrag, im oberen Stockwerk des friederizianischen Palas die zweite Kapelle der Burg — die Hofkapelle — neu einzurichten. Für die Ausführung des Altarbildes konnte der venezianische Maler Giulio Licinio gewonnen werden, der sich auf der Durchreise nach Italien befand. Die Wandmalereien stammen aus der Hand von Egyd de Rye. Da es in der Steiermark an qualifizierten Künstlern fehlte, waren die erzherzoglichen Auftraggeber darauf angewiesen, ausländische Maler an ihren Hof zu berufen. Nach der Einladung Licinios blühte die Hofmalerei auf, die hauptsächlich Porträts hervorbrachte. Zu diesem Zweck besuchten der Dalmatiner Martino Rotter, der niederländische Porträtmaler Cornelius Vermeyen sowie der Italiener Ottavio Zanuoli Graz. *Ausländische Künstler am Grazer Hof*

Zum beliebten Zeitvertreib des Erzherzogs gehörte auch die Musik. Er unterhielt eine eigene Hofmusikkapelle, die von ihren Anfängen an von Niederländern und Italienern in eine Spitzenposition geführt wurde. Um etwa 1570 ist eine Um- und Neubesetzung der Musikerposten zu bemerken, sodaß sich das Verhältnis zugunsten der Italiener verschob. Die neue Orientierung — besonders auf Venedig — äußerte sich in der Berufung mehrerer berühmter Musiker aus der Lagunenstadt, etwa des Annibale Padovano, nach Graz. Im Gegenzug kam es zur Drucklegung von Werken Grazer Musiker in Venedig. *Hofmusikkapelle*

Neben seiner Sammelleidenschaft, Musikliebe und Jagdlust liebte Karl die Pferde. 1580 errichtete er in der Nähe des Dorfes Lipizza (heute Jugoslawien) ein Gestüt und züchtete dort für das Heer wertvolle, aus Spanien angekaufte, weiße Pferde. Vier Jahre später vergrößerten die beiden Baumeister Marcantonio Tadei und Battista Marin den unter der Burg im südöstlichen Eck der Stadtbastionen liegenden alten Hofstall, um die in Lipizza gezüchteten Pferde einzustellen und zuzureiten. Die neuen Bauten erhielten den gemeinsamen Namen „Tummelplatz". *Lipizzaner*

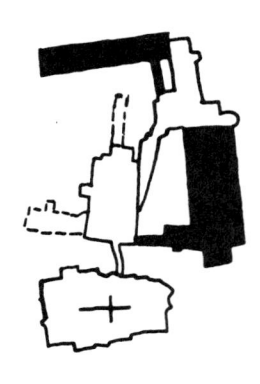

Die Neubauten Erzherzog Karls II. von Innerösterreich, rechts die Karlsburg mit dem Trompetergang (um 1570), nördlich querstehend der ab 1580 erbaute Registraturstrakt

Bau des Glockenturmes

Obgleich die Arbeiten an der Stadtbefestigung mangels entsprechender Mittel ruhten, ließ der Erzherzog nach Fertigstellung der Karlsburg unter Einbeziehung der mittelalterlichen Stadtmauer ein neues Bauwerk nordöstlich der bestehenden Gebäude aufführen. Schon der Name des Anfang der achtziger Jahre begonnen Komplexes „Registraturstrakt" wies auf die zukünftige Verwendung hin. Dieser neue, ursprünglich zweigeschossige Teil der Burg (1917/18 aufgestockt) besaß an der 15achsigen Südfront offene Säulenarkaden.

Aber nicht nur an der Stadtburg, auch auf dem Schloßberg kam es zu wesentlichen Umbauten. Schon 1577/78 wurde das alte Schloß auf der höchsten Kuppe abgetragen. Damit änderte sich nun der Charakter des Berges: Er trug nicht mehr ein befestigtes Schloß, sondern war eine reine militärische Festung geworden. Bis 1585 entstand die heute nach dem Schloßhauptmann Hans Fernberger von Auer benannte Fernberger Bastei, auf der jetzt die Schloßbergrestauration steht.

Kurz darauf beschloß Karl, der alten romanischen Thomaskapelle, die zukünftig als Festungskirche zu dienen hatte, einen Glockenturm zur Seite zu stellen. 1588 erfolgte der Bau des achteckigen, 34 Meter hohen Turms, der von Beginn an einer doppelten Bestimmung dienen sollte. Die drei untersten Geschoße enthielten Staatsgefängnisse — das gefürchtetste war die unterirdische „Baßgeige" — das oberste, mit weiten Schallöffnungen versehen war für eine Glocke vorgesehen, die der Landesherr bereits ein Jahr zuvor in Auftrag gegeben hatte. Die „Lisl", wie sie heute noch im Volksmund genannt wird, wiegt 4.600 kg (ohne Klöppel) und zählt zu den größten Glocken der Steiermark. Vom Bildhauer Jeremias Frank modelliert und vom Geschützgießer Martin Hilger gegossen, wird sie täglich um 7, 12 und 19 Uhr mit je 101 Schlägen geläutet. Der weithin sichtbare Turm gehört zu den Wahrzeichen der Murmetropole, die ihn Anfang des 19. Jahrhunderts durch ihre Opferbereitschaft vor der französischen Zerstörung retten konnte.

1586, in der Zeit der schwersten Auseinandersetzungen mit der protestantischen Bürgerschaft entwickelte Karl den Plan, den geheimen Gang von der Burg auf den Schloßberg, durch den er ungesehen und ungestört aus der Stadt in die sichere Festung gelangen konnte, auszubauen und mit einem Dach zu versehen. Der Gang führte auf der mittelalterliche Stadtmauer vom rückwärtigen Teil

Blick in die Glockenstube des 34 Meter hohen Glockenturms mit der 1587 vom Bildhauer Jeremias Frank modellierten und vom Glockengießer Martin Hilger gegossenen „Lisl"

der Burg bis zum Uhrturm. Auch von den großen unterirdischen Räumen des Palas gingen Gänge aus. Einer davon führte unter der Hofgasse zum ebenerdigen Ecksaal des Universitätsgebäudes. Dieser Gang war für die Stadt Graz von historischer Bedeutung, denn durch ihn gelangten die ersten Jesuiten aus dem Haus des Hofvizekanzlers Schranz von Schrantzenegg (Hofgasse 12) heimlich in die Burg.

Sieg der Gegenreformation

Fort mit den Protestanten

Kaiser Rudolf II.

In seinem Testament trat Erzherzog Karl II. von Innerösterreich für die Primogeniturerbfolge ein und verpflichtete seine Erben, die katholische Kirche zu schützen und das Sektenwesen zu bekämpfen. Von den 15 Kindern, vier wandten sich dem geistlichen Stand zu, war der erst zwölfjährige Ferdinand zur Nachfolge berufen. Gemeinsam mit seinem bairischen Verwandten wurde er in Ingolstadt im Sinne des römisch-katholischen Glaubens erzogen. Die Regierungsgeschäfte in Innerösterreich führten inzwischen nach dem Wunsch des Obervormundes — des Kaisers Rudolfs II. — anfangs Erzherzog Ernst. Als dieser zum Statthalter in den spanischen Niederlanden berufen wurde, folgte ihm Erzherzog Maximilian, der Deutschmeister. Während dieser Zeit war ein Stillstand in der Gegenreformation — oder wie es amtlich hieß, in der heilsamen römisch-katholischen Reformation — eingetreten, die dem Protestantismus eine Atempause und den Ländern eine Spanne innerer Ruhe gewährte.

Erzherzog Ferdinand verließ 1595 die Universität und übernahm am 3. Mai provisorisch die Regierung. Der Kaiser stellte ihm Andreas von Herbersdorf und Maximilian von Schrattenbach als Geheimräte sowie den bewährten Ruprecht von Eggenberg als Kriegsrat zur Seite. Die Jesuiten feierten seine Ankunft mit einer Triumphpforte und akademischen Festen, wofür ihnen Ferdinand 2.000 fl. zur Ausschmückung des Hochaltars ihrer Kirche schenkte. Die Landstände luden anläßlich der Großjährigkeitserklärung des Erzherzogs am 30. Dezember 1596 zu einem großen Festessen ins Landhaus. Der Hofmaler Balthasar Grineo verfertigte für diesen Rahmen ein sogenanntes „Beschauessen", d. h. Tafelaufsätze aus Blech und Papiermaché — mit Wasserfarben bemalt.

Kurz vorher hatte das alte Zeremoniell der Erbhuldigung stattgefunden. Der geschickten Politik Ferdinands war es zu verdanken, daß die Pazifikation in den landesfürstlichen Eid nicht aufgenommen und jede Religionszusage vermieden wurde. Der junge Lan-

Kaiser Rudolf II. Hans von Aachen, Öl auf Kupfer, 1594

desfürst trat seine Regierung mit dem Ziel an, die Gegenreformation ohne Verzug durchzuführen. Dahin hatte man seine strenge katholische Erziehung ausgerichtet, und in diesem Sinne wirkten seine Mutter, der Nuntius, die Bischöfe sowie die Jesuiten auf ihn ein.

Im Frühjahr 1598 begab sich Ferdinand unter dem Namen eines Grafen von Cilli nach Rom, um von Papst Clemens VIII. den apostolischen Segen für sein großes Vorhaben zu erhalten. Beim Plan, den Protestantismus in seinen Ländern zu vernichten, standen dem Erzherzog Georg Stobäus, Bischof von Lavant, Martin Brenner, Bischof von Seckau, Jakob Rosolenz, Propst von Stainz, Lorenz

Papst Clemens VIII.

Schwerer Schlag gegen den Protestantismus

Sonnabender, Stadtpfarrer von Graz, sowie die Jesuitenrektoren Hauser und Neukirch hilfreich zur Seite.

Im Sommer wurde man aktiv. Bischof Stobäus, der Statthalter Innerösterreichs, hatte alles vorbereitet. Die Aktionen gegen die Grazer Bürgerschaft begannen mit der Einbehaltung des zehnten Teiles ihrer Habe im Falle der Auswanderung. Graz erhielt einen katholischen Richter, und über die Bürger wurde ein Versammlungsverbot verhängt. Gegen das evangelische Stift ging man mit der Geltendmachung der kirchlichen Rechte durch Pfarrer Sonnabender vor. Die Auseinandersetzungen gipfelten im September mit dem Ausweisungsbefehl gegen 19 evangelische Professoren und Lehrer.

Die Dekrete des Septembers 1598 versetzten dem innerösterreichischen Protestantismus einen schweren Stoß. Der Erzherzog verwies unbeugsam jeden Prädikanten und Bürger, der sich weigerte zum katholischen Glauben zurückzukehren, aus Stadt und Land. Ferner löste er alle protestantischen Schulen, Erziehungsanstalten und Kirchen auf. Um jeden Widerstand bei der Durchführung der Verordnungen zu brechen, verstärkte Ferdinand vorsorglich die Schloßbergbesatzung. Besonders 1599, als die umbarmherzige Ausweisung aller evangelischen Bürger aus den Städten und Märkten Innerösterreichs begann, stellte der Landesherr dem Grazer Stadthauptmann Christoph Paradeiser eine zusätzliche Bedeckung zur Seite. Die Stände versuchten vergeblich, sich gegen die katholische Besetzung ihrer Hauptstadt durch Paradeiser und seine Leute zu wehren. Sogar die landschaftliche Garde im Landhaus und im Eisernen Tor mußte abziehen. Lediglich das Eindringen von Seuchen bewirkte eine kurzzeitige Verzögerung der Ausweisungen.

Viel wirksamer als die bisherigen Reformationskommissionen, deren Aufgabe es war, Prädikanten und Bürger, die nicht abschwören wollten, auszuweisen, sollten die neuen, durch starke militärische Bedeckung geschützten Kommissionen der Jahre 1599/1600 arbeiten. Mit Graz wurde im Sommer 1600 der Schlußstrich unter die Kommissionsarbeit gezogen. Der Erzherzog selbst lud am 27. Juli alle Bürger und Beamten für den 31. desselben Monats um sechs Uhr morgens in die Pfarrkirche vor. Niemand durfte bis dahin die Stadt verlassen, und jeder hatte bei einer Strafe von 100 Dukaten zu erscheinen. Die Prüfung der Anwesenden dauerte bis zum 3.

August. Etwa 100 Bürger waren evangelisch. Rund die Hälfte mußte sofort die Stadt verlassen, die übrigen traten zum katholischen Glauben über. Am 8. August hatten alle verbliebenen Bürger den katholischen Religionseid zu leisten, und am Abend schritt die Regierung daran, die lutherischen Bücher zu vernichten. An die 10.000 Bücher protestantischen Gedankenguts wurden mittels acht Wagen vor das innere Paulustor gebracht und hier verbrannt. Auf der Brandstelle errichtete man ein Kreuz und legte zwei Tage später den Grundstein für das erste steirische Kapuzinerkloster St. Anton auf der Stiege (heute Volkskundemuseum). Es sollte zum Mutterstift aller innerösterreichischen Klöster dieses Ordens werden.

Bücherverbrennung

Grundsteinlegung für das Kapuzinerkloster

Mitten in diese Zeit fiel die Vermählung des Erzherzogs mit der bayrischen Prinzessin Maria Anna. Die Braut erreichte am 21. April Graz, begleitet von 3.000 Reitern. Ihr Bruder Maximilian allein — der spätere erste bairische Kurfürst — hatte 1.200 Pferde. Es fehlte nicht an Festen, doch der größte Teil des protestantischen Adels hielt sich begreiflicherweise fern. Dafür war die Beteiligung von katholischer Seite um so eifriger. Die einzige Triumphpforte — im Gegensatz zu den sieben bei der Hochzeit seines Vaters — kann als deutlicher Gradmesser der politischen Stimmung angesehen werden.

Die Trauung am 23. April in der Hofkirche nahmen Kardinal Franz von Dietrichstein und Bischof Stobäus von Lavant in Anwesenheit von Vertretern Spaniens, Venedigs, Polens, Bambergs, der Kurpfalz und Mantuas vor. Eine Woche dauerten die Festlichkeiten, in deren Rahmen ein Turnier, Ringelstechen, Schauspiel u. ä. für Abwechslung und Unterhaltung sorgten. Die Verbindung des Erzherzogs verstärkte naturgemäß den Einfluß Bayerns auf die innerösterreichischen Angelegenheiten und folglich auf die Zurückdrängung des Protestantismus.

Vermählung des Erzherzogs

Der nächste Schritt der Regierung in dieser Sache war nun die Neuorganisation des Zunftwesens. Man stellte die Handwerksorganisation auf eine religiöse Grundlage. Dies war notwendig geworden, da sich die Bürgerschaft größtenteils aus Handwerkern zusammensetzte. Hoher Wert wurde auf den Gottesdienst, die Beichte, Begräbnisse und vor allem auf die Fronleichnahmsprozession gelegt. Das Burggrafenamt auf dem Schloßberg wurde mit verläßlichen Katholiken, meist Fremden, besetzt. Vor allem vom Stadtrichter verlangte man unbedingte Loyalität, da dieser berufsbedingt am häufigsten mit Protestanten in Berührung kam. Die alten Klöster wurden vom Hof neu ausgestattet, und die Neugründungen waren so zahlreich, daß ein halbes Jahrhundert später Kaiser Leopold I. seine Bedenken darüber äußerte. Vorerst entstanden das Kapuzinerkloster und das Klarissinnenkloster (Stiftsbrief 1603), dem die Erzherzogin Maria die den Landständen abgenommene Stiftsschule beim Murtor überließ. Die ersten Nonnen, acht an der Zahl, kamen am 10. November 1602 aus dem Münchner Klarissinnenkloster in Graz an. Die Kirche wurde von Bischof Martin Brenner zu Ehren aller Heiligen geweiht und von der Stifterin mit prächtigen Kirchengeräten, Gewändern und kostbaren Reliquien beschenkt.

Johannes Kepler

Der Ausweisungsbefehl für die Protestanten traf auch den an der protestantischen Stiftsschule lehrenden Astronomen und Mathematiker Johannes Kepler. Er war nach einem 20tägigen Fußmarsch im Alter von 23 Jahren von Tübingen nach Graz gekommen. Neben seiner Lehrtätigkeit gab er jährlich einen Kalender mit astronomischen und astrologischen Angaben und Prognosen heraus. Von seinen sechs den steirischen Landständen gewidmeten Kalendern sind heute noch drei (für 1597, 1598, 1599) erhalten. Am unsichersten waren, seiner eigenen Meinung nach, die Voraussagen für das Wetter, doch die Vorhersagen für 1595, kalter Winter, Angriff der Türken und Bauernunruhen, trafen ein. In der steirischen Landeshauptstadt setzte er seine in Tübingen begonnenen astronomischen Beobachtungen fort und veröffentlichte hier sein erste Werk „Mysterium cosmographicum" („Das Geheimnis des Kosmos"). 1597 ehelichte er die junge Witwe eines Kriegszahlmeisters, Barbara Müller von Mühleck aus Gössendorf. Von ihren fünf Kindern starben die beiden ersten, noch in der Steiermark geborenen, im Säuglingsalter.

Als die protestantischen Lehrer im September 1598 ausgewiesen wurden, durfte er bleiben, weil die Jesuiten auf seine Bekehrung hofften. Mitten in dieser schweren Zeit entwarf er die Grundlagen zu seiner „Harmonie der Welt". Bereits in Graz begann Kepler sich mit optischen Problemen zu befassen. So hatte er für die Beobachtung der Sonnenfinsternis im Juli 1600 auf dem Hauptplatz ein „Ekliptikinstrument" konstruiert. Dieses Gerät lieferte erstmals in der Geschichte der Astronomie meßbare Phasenbilder einer derartigen Finsternis.

Portrait Johannes Keplers. Stich von T. Bauer

Da jedoch Kepler dem Augsburger Bekenntnis nicht abschwören wollte, mußte er am 30. September 1600 Graz endgültig verlassen. Der Wissenschafter begab sich nach Prag, wo ihn sein Kollege Tycho de Brahe — selbst ein Flüchtling — am Hofe des astronomisch höchst interessierten und liberaleren Kaiser Rudolfs II. einführte.

Nun bildete sich eine neue Art des Katholizismus aus. Ihn begleiteten aber auch Formen des Aberglaubens. Die Grazer Hofgesellschaft schaffte sich mit Teufelsaustreiben einen spannenden und *Teufelsaustreiben als Zeitvertreib* gruseligen Zeitvertreib. Zwei der bekanntesten Teufelsaustreiber waren die Jesuitenprofessoren Martin Antonio Delrio, der sich um die Jahrhundertwende in Graz aufhielt, und der erzherzogliche Hofkaplan Paulus Knor von Rosenrodt. Delrio trat in seiner Schrift „Disquisitiones magicarum libri sex" (1599) vehement gegen die Verfolgung von Hexen durch weltliche Gerichte ein. Nicht nur die Gesellschaft am Hofe, sondern auch Fürstbischof Martin Brenner war diesem Wahn verfallen, der schließlich zu den zahlreichen Hexenverfolgungen des 17. Jahrhunderts führen sollte.

Schwere Zeiten

Parallel zu den eben geschilderten innenpolitischen Ereignissen wütete seit 1593 der Krieg mit den Türken. Seit dem Tod Suleimans des Prächtigen stand die türkische Expansion still. In den Friedensverträgen von Konstantinopel und Adrianopel sahen die Osmanen lediglich Waffenstillstände. Die kleinen, lokalen Überfälle in Grenzregionen bedeuteten in ihren Augen keinen Friedensbruch. Erst als Hassan Pascha, der 1593 mit einem starken Heer vor Sissek erschien, durch Ruprecht von Eggenberg und Andreas von Auersberg eine schwere Niederlage einstecken mußte, erklärte die Pforte offiziell den Krieg.

Türkenalarm

In Graz, dem Sitz des innerösterreichischen Hofkriegsrates, begann wie schon so oft in der Vergangenheit hektisches Treiben. Von hier aus wurden alle Verteidigungsmaßnahmen getroffen, hier liefen alle Meldungen von der Front ein, und die Siegesmeldungen sowie die Schreckensnachrichten konnten sich wegen der Grenznähe in der Stadt rasch verbreiten. Der Verlust der Festung Kanizsa, die als Schutzfestung der Steiermark galt, an den Großwesir Ibrahim (1600) löste in Graz Alarm aus. Die nächste unmittelbar gefährdete Festung war jetzt Radkersburg. Daher ließ man unter der Leitung des Feldherrn Ruprecht von Eggenberg Mängel an der Schloßbergfestung beseitigen, die unvollendeten Bastionen vor dem äußeren Paulustor anschütten und die Gräben ausräumen. Im Mai 1606 erließ der Erzherzog das Landesaufgebot, und der Papst, Spanien sowie das Reich leisteten Truppenhilfe. Die Aufgebotenen und die Hilfstruppen mußten in Graz untergebracht und verpflegt werden. Erst Ende des Sommers, viel zu spät, sammelte sich bei Radkers-

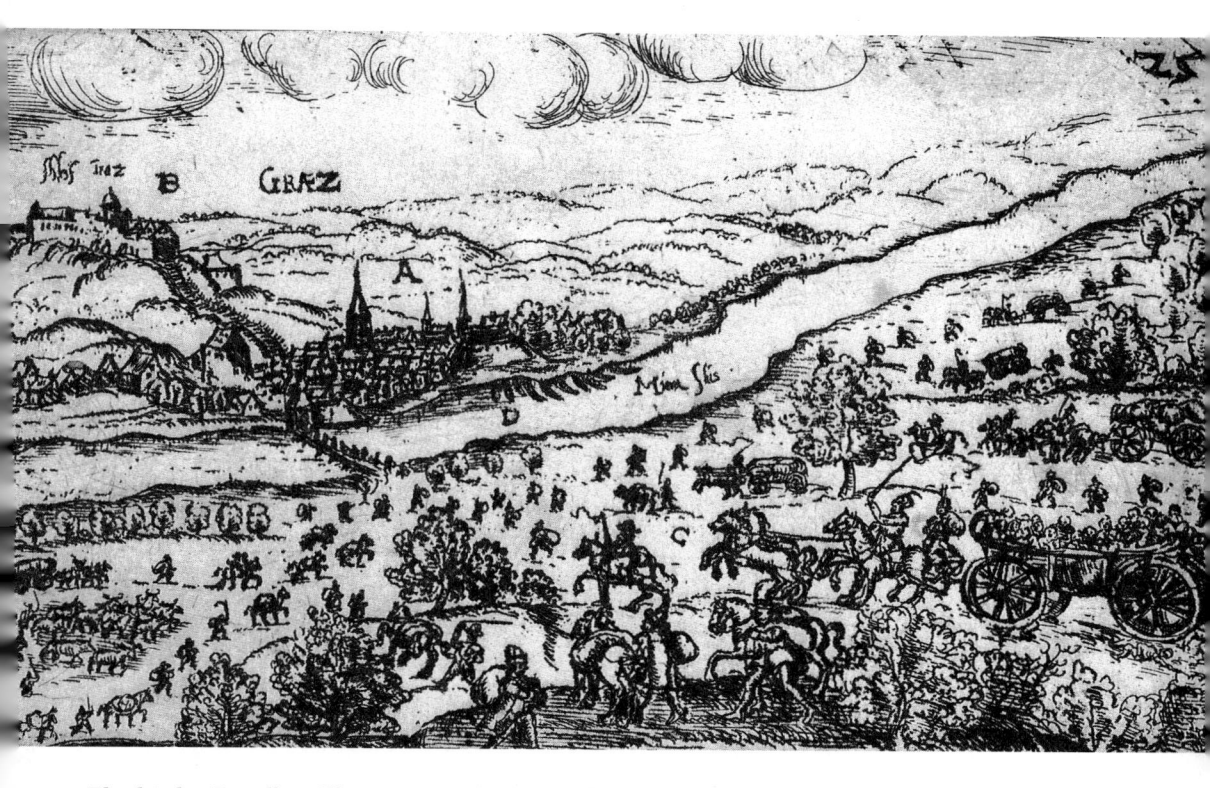

Flucht der Landbevölkerung vor den Haiduken in das sichere Graz. Radierung eines unbekannten Künstlers, 1605

burg das Heer. Das innerösterreichische Aufgebot führte Erzherzog Ferdinand persönlich. Mitte September begann die Belagerung Kanizsas. Schlechtes Wetter sowie unfähige Unterbefehlshaber deuteten eine Niederlage an. Ein Generalsturm mißlang, und nach heftigen Schneefällen mußte das ganze Unternehmen abgebrochen werden. Kanizsa blieb in türkischer Hand.

Die Regierung rechnete zwar mit Türkeneinfällen, doch jener der ungarischen Haiduken kam für sie überraschend. Die Bestrebungen Kaiser Rudolfs II., in Westungarn die Gegenreformation einzuführen, führten zu einem Aufstand. Gregor Nemethy, ein Unterführer des rebellischen siebenbürgischen Magnaten Stephan Bocskay, fiel mit seinen Leuten, die durch Türken und Tartaren verstärkt wurden, im Mai 1605 völlig unvorhergesehen in die Steiermark ein. Er brannte Fürstenfeld nieder und drang bis in das Ilztal vor. Einzelne feindliche Reiter erreichten Gleisdorf. Die panische Flucht der Landbevölkerung vor dem unerwarteten Einfall erstreckte sich weit über das Kriegsgebiet hinaus bis nach Graz und

Haidukengefahr

in die umliegenden Bergdörfer. Die Grazer Stellen waren überrascht. Der Hof dachte an eine heimliche Abreise. Erzherzogin Maria entsandte Jesuiten aufs Land, um Getreide für die Stadt zu beschaffen, da eine Belagerung zu befürchten war. Berichte der flüchtenden Landbevölkerung, die hinter den schützenden Mauern der Stadt Zuflucht suchten, schürten die allgemeine Unruhe.

Die Verteidigungsmaßnahmen gegen die Haiduken gingen nur schleppend vor sich. Erst Ende Juli gelang es den Bemühungen der Erzherzöge Ferdinand und Matthias, eine gemeinsame Aktion des Grazer und des Wiener Hofkriegsrates zustandezubringen. Habsburgtreue ungarische Magnaten, ein niederösterreichisches und ein steirisches Kontingent unter Friedrich von Trauttmansdorf warfen Nemethy zurück. Dem Wiener Frieden von 1606 traute man nicht; erst im Herbst 1611 wurde die Stadtguardia entlassen, und die Wachaufgaben wurden wiederum den Bürgern übertragen.

Kaiser Matthias

Seit dem Jahre 1613 hielt sich der innerösterreichische Herzog immer häufiger am Hofe des ein Jahr zuvor zum Kaiser gewählten Matthias auf. Da der kinderlose Monarch keinen Erben hatte, zog er liebend gerne seinen Vetter als Berater heran und bereitete ihn als seinen Nachfolger vor. Nachdem die Stände Böhmens den in Graz geborenen Ferdinand zu ihrem König erwählt hatten, bereitete die Stadt ihrem großen Sohn einen prächtigen Empfang, bei dem Triumphbogen und ein Feuerwerk nicht fehlen durften. Zu Ehren der Krönung fand ein großartiges Schauspiel statt. Man brachte die Geschichte des ägyptischen Joseph, der zum Vizekönig ernannt worden war, zur Aufführung. Es wurden Träume vorgeführt, die Joseph auslegte. Der böhmische Löwe trat in seiner ganzen Wildheit auf, doch König Ferdinand besänftigte ihn durch seine Güte.

Prager Fenstersturz

Die Wirklichkeit sah aber anders aus: In Böhmen spitzten sich die bestehenden politischen und konfessionellen Gegensätze durch die Wahl des überzeugten Katholiken Ferdinand II. weiter zu. Im Frühjahr 1618 kam es zum offenen Aufstand, als die radikalen Vertreter der protestantischen Stände auf dem Prager Hradschin die Statthalter des neues Königs aus dem Fenster in den Burggraben warfen und eine provisorische Regierung einsetzten. Der Prager Fenstersturz gab das Signal für den Beginn des Dreißigjährigen Krieges. Der böhmische Adel befand sich nun im offenen Aufstand, und sogar das weit entfernte Graz schien gefährdet. Der

Der Prager Fenstersturz. Kupferstich von Matthäus Merian d. Ä.

Stadthauptmann Hans Albrecht von Lamberg besetzte vorsorglich die Geschütze auf den Bastionen und übernahm mit seinen Leuten bis zum Sieg des Habsburgers am Weißen Berg (1620) von der Bürgerschaft die Wachaufgaben. Am 26. Oktober 1619 traf der mittlerweile zum Kaiser gewählte Ferdinand II. in seiner bisherigen Residenzstadt ein, von den Vertretern der Stände, der Stadt und der Universität feierlich empfangen. Hunderte von Kriegsknechten paradierten in den Stadtgräben. Chor, Musikkapellen und von den Jesuiten gestellte lebende Bilder gaben dem Einzug ein besonderes Gepräge. Zweieinhalb Stunden dauerte der Zug vom Eisernen Tor bis zur Hofkirche. Auf die dringliche Empfehlung seines Bruders, Erzherzog Leopold V., der auf die von Bethlen Gabor drohende Gefahr hinwies, verließ der Kaiser im November endgültig Graz und löste seine Residenz auf. Gabor zählte zu den erbittertsten Feinden der Habsburger und verfolgte das Ziel, das geteilte Königreich Ungarn unter seiner Führung wieder zu vereinigen. Als Ferdinand von Graz nach Wien reiste, entging er nur knapp den bereits südlich der neuen Reichshauptstadt schwärmenden Reitern.

Hans Ulrich von Eggenberg, Berater Kaiser Ferdinands II. Kupferstich

Der Kaiser geht nach Wien

Es bedarf keiner näheren Ausführung, um zu verdeutlichen, was der Abzug des Hofes für die Stadt Graz bedeutete. Zwar blieb Graz die Hauptstadt Innerösterreichs, doch es lag nun abseits aller wichtigen politischen Entscheidungen. Der Kaiser kehrte zum letzten Mal 1622 in die Landeshauptstadt zurück, um seine Söhne zu sich zu holen.

Als Ferdinand das Erbe seines Vetters antrat, nahm er seine Grazer Hofwürdenträger und Ratgeber nach Wien mit. Darunter befand sich auch sein besonderer Berater Hans Ulrich von Eggenberg. 1595, nach Reisen durch ganz Europa wieder in die Murmetropole zurückgekehrt, quittierte er recht bald den Dienst der protestantischen Stände und trat zum katholischen Glauben über. Nun stand seinem Eintritt in den innerösterreichischen Hofdienst nichts mehr im Wege. Der Ratgeber der Witwe Karls II., Maria von Bayern, war bald zum Obersthofmeister aufgestiegen. Als Hofkammerpräsident begleitete er seinen Herrn 1619 zur Kaiserkrönung nach Frankfurt am Main. Auch in Wien gehörte Hans Ulrich zu den wichtigsten Ratgebern des Kaisers. Als Gesandter reiste er nach Spanien und wurde in den Orden vom Goldenen Vlies aufgenommen. Die Brautwerbung und die Vertretung des verwitweten Kaisers bei dessen Hochzeit mit Eleonore Gonzaga in Mantua brachte ihm den Herzogtitel. Nach der Belehnung mit der böhmischen Herrschaft Krumau (1623) wurde er in den Reichsfürstenstand erhoben und zählte neben Wallenstein zu den mächtigsten Männern des Reiches.

Die Statthalterschaft Innerösterreichs, die er ab 1625 innehatte, und die Leitung des in Graz zurückgebliebenen Geheimratskollegs behielt er bis zu seinem Tode (1634). In Graz setzte er sich seinem Rang gemäß ein außergewöhnliches architektonisches Denkmal: das Schloß Eggenberg.

Krieg und Hunger, der „Dreißigjährige Krieg"

Der Sieg am Weißen Berg bei Prag 1628 hatte das Los des protestantischen Adels von Innerösterreich entschieden. Die landesfürstliche Gewalt hatte über die ständische Macht auf allen Linien gesiegt. Der landständische Adel war von den Ausweisungen der Jahrhundertwende noch verschont geblieben und hatte gelegentlich durch diplomatische Vorstöße versucht, den Gang der Dinge wieder umzukehren. Jedoch das Generalmandat Ferdinands vom 1. August 1628 stellte nun auch den Adel vor die Entscheidung, katholisch zu werden oder binnen Jahresfrist auszuwandern. Damit war nicht nur die Gegenreformation abgeschlossen, sondern auch die absolute Gewalt des Landesfürsten in Hinsicht auf die Konfession durchgesetzt. Der abziehende Adel mußte damals seine Güter verkaufen, doch wurde ihm der zehnte Pfennig nachgesehen. Wie zuvor auch die bürgerlichen Auswanderer, emigrierte der Adel in die lutherischen Reichsstädte im oberdeutschen und südwestdeutschen Raum.

Abschluß der Gegenreformation

Gesamtansicht von Graz aus Süden. Laurenz van de Sype/Wenzel Hollar, Kupferstich um 1635

Zwar nicht unmittelbar bedroht, aber indirekt litt Graz ebenso unter diesem großen Krieg wie nahezu ganz Mittel- und Westeuropa. Die ersten Kriegsjahre brachten hohe Steuerlasten, eine Münzverschlechterung und damit unweigerlich verbunden Lebensmittelknappheit und Teuerung sowie den Verlust des Vermögens mancher Bürger mit sich. Das Land verarmte. Bereits im Jänner 1621 klagte man über Schmalzmangel und die hohen Brot- und Fleischpreise. Die Münzstätte arbeitete auch in den Nachtstunden, um den gestiegenen Bedarf an Münzen, die immer weniger Silber enthielten, gerecht zu werden. Die von der Regierung erlassenen Preisverordnungen blieben erfolglos. Die Lebensmittelknappheit wäre nicht so schlimm gewesen, hätte nicht eine übermäßige Ausfuhr von Getreide, Wein und Vieh — trotz strenger Verbote — stattgefunden. Das Proviantwesen war eine besonders lukrative und regelmäßige Einnahmequelle. Die innerösterreichischen Länder mußten nämlich auch die Militärgrenze in Kroatien und Slawonien mit Proviant versorgen, da hier die Getreideproduktion oft nicht ausreiche, um die Versorgung sicherzustellen. Nutznieser der Liefe-

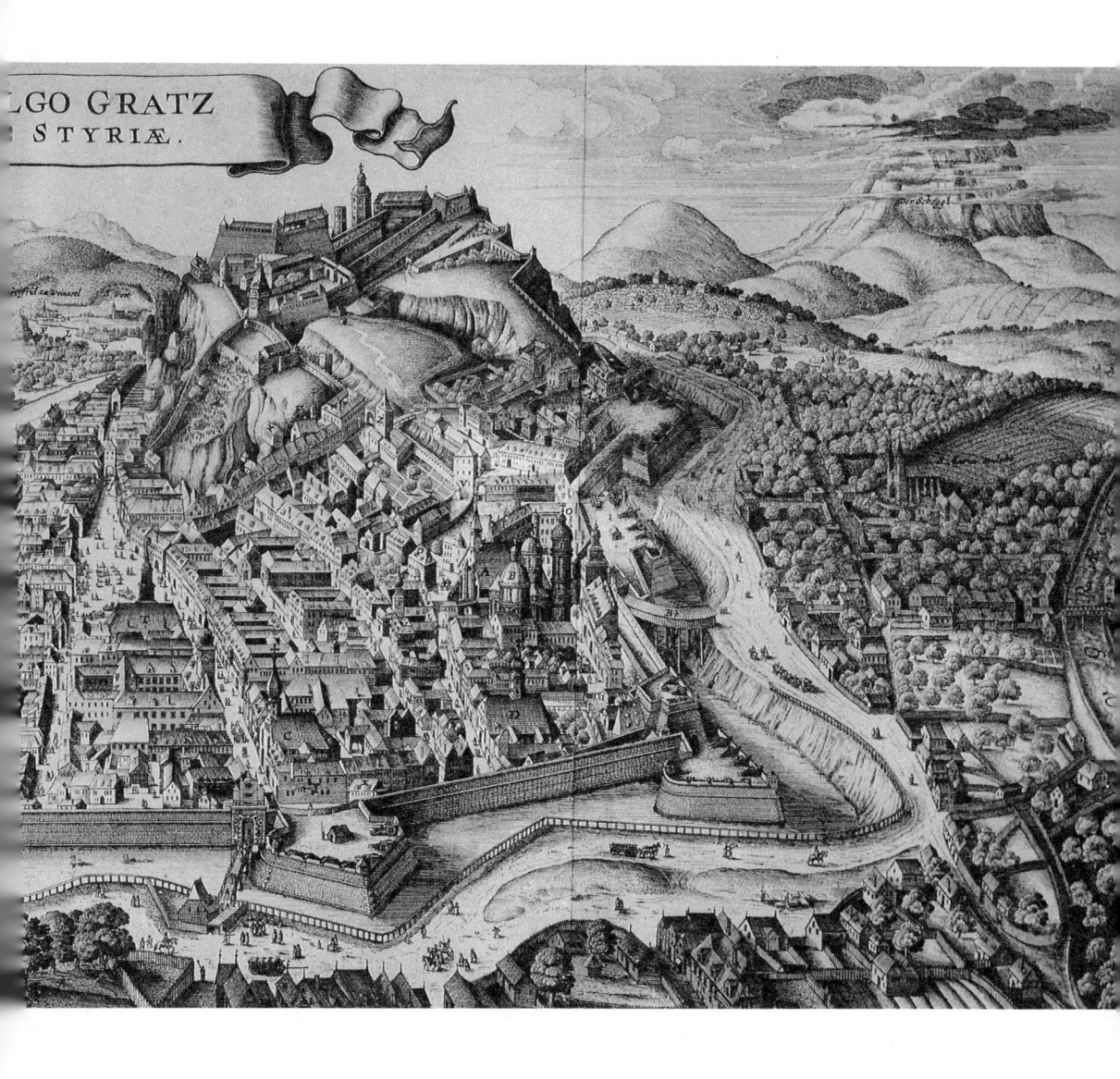

Der Krieg als Geschäft

rungen waren einige wenige in der Untersteiermark und in der südöstlichen Steiermark begüterte Grundherrn, die gleichzeitig als Erzeuger und Lieferanten fungierten und in Graz die notwendigen Verbindungen hatten oder selbst in den Entscheidungsgremien der Landstände saßen.

Anfang 1623 waren die Waren durchschnittlich um das Vier- bis Sechsfache gestiegen, und im April war in Graz kein Fleisch mehr zu bekommen. Nun brach die Münze zusammen und das Geld wurde um 5/6 entwertet. Zudem führten die Geldnot und der enorme Finanzbedarf des Kaisers sowie der steirischen Landstände zu zusätzlichen Steuern und zur Abgabe von Realitäten. Mit der Durchführung der dementsprechenden Verordnungen waren die kaiserlichen Kommissäre Georg Sigmund Paradeiser und Johann Kaspar Dornsperger betraut.

1629 brach wie schon so oft in der Vergangenheit in der Stadt eine Hungersnot aus. Schon im August des vorangegangenen Jahres mangelte es an Brot. Die schlechte Ernte trug das ihre dazu bei. Hinzu kam die allgemeine Verpflichtung, die Soldaten des Kaisers, der gerade einen Feldzug iin Italien führte, zu verpflegen und zu beherbergen. Die Not zwang viele Bauern, ihr Land zu verlassen und nach Kroatien abzuwandern. Während der kalten Jahreszeit zogen hungernde Menschen aus der Umgebung nach Graz, halb erfroren und mehr tot als lebendig. Der Magistrat beklagte sich, daß er bei der Almosensammlung von niemandem außer der Priorin des Dominikanerinnenklosters unterstützt wurde. Trotz der Öffnung des Lazaretts und der Spitäler für die Flüchtlinge — das Bürgerspital mußte statt 90 nunmehr 130 Personen aufnehmen — erfroren oder verhungerten die Leute auf offener Straße.

Der „Schwarze Tod"

Zwischen 1633 und 1634 litt die Stadt — nicht zum ersten und letzten Mal — unter der Pest oder den schwarzen Blattern, die aus Ungarn eingeschleppt worden war. Das Säubern der Straßen und das Ausjagen der Bettler half nichts. Am heftigsten wütete die Krankheit 1634. Innerhalb eines halben Jahres starben zwischen 700 und 1.000 Menschen, mit ihnen der Pestarzt. Erst im Dezember konnten die inzwischen geschlossenen Schulen wieder geöffnet werden. Die Regierung war in der Zwischenzeit nach Bruck an der Mur übersiedelt; selbst die Gerichte hatten ihre Arbeit eingestellt. In solchen Notzeiten traf sich die Bürgerschaft regelmäßig zu öffentlichen Gebeten zu den Pestschutzpatronen St. Sebastian und

Rochus. Verschiedene Gelübde wurden zur Abwehr der Krankheit abgelegt. Der begüterte Bürger und Hofsteinhauer Bernhard Coletti verwirklichte sein Versprechen, indem er eine Kapelle bei der Leechkirche errichtete. Gleichfalls gelobte die gesamte Pfarrgemeinde den Bau einer Kapelle zu Ehren des heiligen Georg in der Murvorstadt (St.-Georgen-Gasse, in der Nähe des Orpheums).

Im Februar 1637 verstarb in Wien Kaiser Ferdinand II. im Alter von 58 Jahren. Sein Leben lang war er tief überzeugt gewesen, daß es in den Ländern des Hauses Habsburg nur eine einzige christliche Kirche, die Katholische, geben dürfe. In den letzten Jahren mußte er zwar die Klöster besteuern, um den Krieg weiterführen zu können, doch erhöhte er ihre Zahl durch Neugründungen.

Um die katholische Religion in der Mittelsteiermark zu stärken, hatte sich der Kaiser schon seit längerem mit dem Gedanken getragen, ein Bistum in Graz zu errichten. Als erster Bischof von Graz war der Stainzer Propst Jakob Rosolentz vorgesehen. Der Sprengel des Bistums war bestimmt, die Zustimmung des Erzbischofs lag vor — da starben zuerst der Propst und dann der Kaiser. Somit waren die Pläne vorerst vereitelt, denn der Regierung war es unmöglich, die Mittel für das geplante Bistum zu sichern.

Plan eines Grazer Bistums

Seinen letzten Anordnungen gemäß überführte man den Kaiser in einem Prunkzug von Wien nach Graz. Hinter dem Leichenwagen zog der landständische Adel, angeführt vom Reichsfürsten Hans Ulrich von Eggenberg, zum kaiserlichen Mausoleum.

In dessen Gruft fand er seine letzte Ruhestätte. Der Rotmarmorsarkophag seiner Mutter, Erzherzogin Maria, kam erst nach der Auflassung des von ihr gegründeten Klarissinnenklosters 1783 ins Mausoleum.

Der Weg zu neuen Formen

Der Bürger der damaligen Zeit führte im allgemeinen ein zurückgezogenes Leben. Das dürfte einer der Gründe gewesen sein, warum er der Innenseite seines Hauses mehr Aufmerksamkeit schenkte als der äußeren Schauseite. Diese war noch immer schlicht und mit vorkragendem Oberstockwerk versehen. Neu dazu kam nun lediglich das Motiv des Erkers, der in Graz ausschließ-

Das städtische Antlitz verändert sich

lich eine polygonale Form besitzt, wenn man vom Runderker der „Goldenen Pastete" (Sporgasse 28) absieht. Trotz allem hatte sich das Antlitz der Stadt seit der Reformationszeit erheblich verändert. Es entstanden neue Kirchen, Adelssitze und Klöster. Das Leben in der Stadt nach 1600 war ständig von den Türken bedroht, und nicht selten von verheerenden Seuchen. Die Enge der Stadt innerhalb des Bastionengürtels verhinderte ein weiträumiges Bauen, aber trotzdem gelang es dem Adel, durch den Ankauf und das Zusammenlegen mehrerer Bürgerhäuser größere Bauvorhaben durchzuführen. Als Beispiel sei hier das Palais Herberstein (heute Neue Galerie, Sackstraße 16) genannt, das die Eggenberger 1602 durch den Zusammenschluß dreier Bürgerhäuser als ihren Stadtsitz erbauen ließen. Seinen Namen trägt das Palais nach den Erben der Erbauer, den Grafen von Herberstein.

In den Außenbezirken der Stadt entstanden zahlreiche Gärten mit einfachen Landhäusern, die manchmal zum Sitz einer Grundherrschaft, einer Gült wurden.

Arbeiten am Bastionengürtel

Die Hauptlast des kunstvollen Verteidigungssystems im Südosten des Reiches lag noch immer auf der Steiermark. Daher setzte man die Arbeiten am Bastionengürtel der Stadt auch unter Ferdinand II. fort. Das Tor, das die längste Bauzeit beanspruchte, war das äußere Paulustor. Um 1582/86 begonnen, konnte es erst 1614

Das Paulustor, einziges erhaltenes Walltor der Spätrenaissancefestung mit Wappentafeln Erzherzog Ferdinands (li.) und seiner Gemahlin Maria Anna von Bayern

fertiggestellt werden. Es ist das einzige erhaltene Walltor der Spätrenaissancefestung. Die parkseitigen Wappentafeln Erzherzog Ferdinands und seiner ersten Gemahlin Maria Anna von Bayern fertigte der Bildhauer Philibert Pocabello im Jahre 1605 an — lange vor der Vollendung des Tores.

Wenige Jahre danach gingen die Arbeiten an der ungeschützt gebliebener Murseite dem Ende zu. Zwischen der Bürgerbastei und dem Fluß legte man eine neue Bastion an, die den Raum der unteren Kalchberggasse einnahm und das Kälbernen Viertel nach Süden abschloß. Sie hieß nach der Gegend die Kälbernenviertelbastei oder nach dem nahen Tor die Neutorbastei. Das Neutor (um 1620) befand sich beim heutigen Hauptpostgebäude. Es war vorerst recht klein angelegt, wurde aber später zu einem weitläufigen, quadratischen, zweistöckigen Gebäude ausgebaut. Durch das Tor (abgetragen im 19. Jahrhundert) gelangte man auf das kleine Glacis zur Überfuhr und späteren (1787) Murbrücke. Die Nordseite der Stadt wurde durch das dritte, äußere Sacktor abgeschlossen, womit die Häuser des „dritten Sackes" (bis Kaiser-Franz-Josef-Kai 62) in die Stadtbefestigung einbezogen waren. Die Neubefestigung verschlang hohe Geldsummen. Zwischen 1544 und 1620 hatte man in Graz etwa eine halbe Million Gulden verbaut. Die Kosten gingen im 17. Jahrhundert zwar stark zurück, doch waren die Mittel, die für die Erhaltung notwendig waren, noch immer sehr hoch. Da die finanziellen Möglichkeiten des Landesfürsten und erst recht der Bürger sehr begrenzt waren, mußte der größte Teil der Festungsbauten von der steirischen Landschaft finanziert werden. Entsprechend ihrer Finanzierung wurden die Grazer Festungswerke in einzelne Abschnitte geteilt, die jeweils von den Bürgern, der steirischen Landschaft und vom Landesfürst erhalten und verwaltet wurden und notfalls auch verteidigt werden sollten.

Um der Stadtbefestigung die nötige Sturmfreiheit zu verschaffen, war die Anlage eines Glacis notwendig — eines Raumes, der *Das Glacis* von Hausbauten, Bäumen und ähnlichem freigehalten werden mußte. Das Freihalten dieses Geländes war eine ziemlich schwierige Aufgabe, da es der Ausbreitung der wachsenden Stadt hinderlich war. Aber auch noch andere Umstände verminderten die Wehrfähigkeit des Bastionensystems. An den Rändern des Stadtgrabens wucherte wildes Weidegebüsch, und im Wasser betrieben der Magistrat und der Landesfürst eine Fischzucht. Zu Beginn des

17. Jahrhunderts hielt der erzherzogliche Hof hier Schwäne. Für Erzherzog Maximilian Ernst wurde ein Garten hinter seinem Haus angelegt, der die nördlich angrenzende Burgbastei ausfüllte und als Vorgänger des heutigen Burggartens bezeichnet werden kann. Innerhalb dieser Anlage ließ sich die Mutter des Erzherzogs, Maria, 1603 durch den Bildhauer Sebastian Carlon eine Einsiedelei und drei Springbrunnen errichten. Der Garten bildete den Erholungsplatz für die höfische Jugend. Das Beispiel der Burgbastei machte Schule. Die Dietrichstein, die in der Burggasse ein großes Palais besaßen, bemächtigten sich der benachbarten Grillbühelbastei und legten dort ihren Garten an, wodurch der Name „Dietrichsteinbastei" aufkam.

Ferdinand II. baut an der Burg

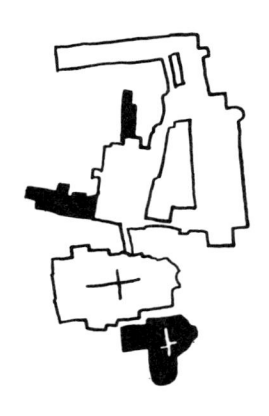

Die letzte größere Erweiterung erfuhr die Burg durch Ferdinand II. Nach seiner Hochzeit (1600) erbaute er den schmalen Flügel, den sogenannten Ferdinandsbau, längs der Hofgasse, der sich von der alten Friedrichsburg bis zum Schauspielhaus erstreckte. Dieser Bau war bereits 1566 von der Hofkammer vorgeschlagen, von Karl II. jedoch abgelehnt worden, da dieser zuerst den Haupttrakt der Burg aufführen wollte. Die Burg setzte sich nun aus verschiedensten Gebäuden zusammen, die den Stil zwischen 1440 und 1600 aufwiesen und bald als „Flickwerk" bezeichnet wurde. Von ihnen ist jedoch heute nur mehr ein Teil vorhanden. Die Friedrichsburg und der Ferdinandsbau fielen zur Gänze wegen angeblicher Baufälligkeit 1853/54 der Spitzhacke zum Opfer. Mit ihnen verschwand die Hofkapelle, die Prunktreppe dell' Allios und teilweise der Trompetergang, dessen Rest zugemauert wurde. 1950 begann man nach den Plänen von Architekt Harald Bleich mit einem Neubau, der sich auf den ehemaligen Grundflächen des Palas und des Ferdinandbaues erhebt.

Die Zubauten Kaiser Ferdinands II. nach 1600: links vom alten Palas der neue Trakt mit der Hofkapelle, südlich des Domes das Mausoleum

Eine neue Situation für die innerösterreichische Hofkunst ergab sich durch die Berufung von Giovanni Pietro de Pomis nach Graz (1595), der hier zum führenden Künstler in der Epoche des Manierismus in Graz wurde. Der um 1569 im oberitalienischen Lodi geborene Künstler scheint nach dem Stil seiner Werke ein Schüler des Venezianers Jacopo Tintorettos gewesen zu sein. De Pomis erwies sich als außerordentlich vielseitig und betätigte sich als Maler, Medailleur, Architekt und Festungsbaumeister sowie als. Ebenso engagierte er sich politisch und entwickelte sich zum Propagandisten für Ferdinands politisch-religiöses Programm. Vor seiner Gra-

Die Burg von Süden. Kupferstich von Andreas Trost, 1700

zer Tätigkeit war de Pomis von 1588 bis 1595 als Kammermaler bei Erzherzog Ferdinand von Tirol beschäftigt gewesen.

Anläßlich der erzherzoglichen Vermählungsfeierlichkeiten schuf der Künstler die Porträts Erzherzog Ferdinands und seiner Braut Maria Anna von Bayern. Ein Jahr später befand er sich bereits im Gefolge Ferdinands bei der mißglückten Belagerung Kanizsas. Hier dürfte er erstmals Gelegenheit gehabt haben, als Mili-

Der Maler, Medailleur, Architekt und Festungsbaumeister Giovanni Pietro de Pomis. Selbstportrait, Öl

tär-Ingenieur aufzutreten. In der folgenden Zeit wandte sich jedoch de Pomis wieder der Malerei zu. Als die seit 1600 rekatholisierten Stände Erzherzogin Maria das Gebäude der ehemaligen Stiftsschule samt der Kirche überließen, widmete sie das Areal dem Klarissinnenorden, die es zum „Paradeishof" umbauten. Das Bild des Hochaltars stammt ebenso von der Hand de Pomis, wie das gleichzeitig entstandene Altarblatt der Kirche des Kapuzinerklosters, St. Antonius von Padua. Es zeigt Erzherzog Ferdinand als militärischen Streiter gegen den Unglauben. Als Lohn für diese Arbeit, besonders für die Glorifikation Ferdinands als Kämpfer gegen die protestantische Religion, wurde de Pomis in den Adelsstand erhoben (1605).

Ein eigenes Gebäude für die Universität

1607 erfolgte die Grundsteinlegung zum Bau der (alten) Universität. Als treibende Kraft für ein eigenes Gebäude der Universität, deren Vorlesungen bisher im Jesuitenkolleg stattgefunden hatten, trat der Beichtvater des Erzherzogs, Pater Bartholomeus Villerius,

Allegorie auf Erzherzog Ferdinand II. als Kämpfer für die Wiederherstellung der katholischen Kirche. Ölgemälde von Giovanni Pietro de Pomis, um 1614

auf. Er war es, der durch Geschenke, Widmungen oder Zuwendungen aus protestantischen Strafgeldern die notwendigen finanziellen Mittel zusammenbrachte, so daß im April die feierliche Grundsteinlegung stattfinden konnte. Für das Ferdinandeum setzte sich Villerius in ähnlicher Weise ein.

An dem nach Entwürfen von Petro Valnegro (?) erbauten Haus (heute Landesarchiv gegenüber Schauspielhaus) befinden sich noch die farbigen Marmorwappen des Erzherzogs und seiner Gattin. Für das Fest der Grundsteinlegung verfertigte Pietro de Pomis eine sogenannte Grundsteinmedaille. Bei dieser Gelegenheit arbeitete der Künstler erstmals als Medaillenmodelleur, als der er künftig mehrmals anzutreffen ist. Alle Medaillen sind Gußmedaillen, die er in Wachs modellierte, wonach dann Abgüsse in Silber oder Bronze ausgeführt wurden.

Im Herbst desselben Jahres rief Erzherzog Ferdinand die englische Wanderbühne des John Green nach Graz, wo sie im November

Vorstellungen in der Burg gab. Wie heiter und fröhlich es — trotz aller Frömmigkeit — im Februar 1608 am Grazer Hof zuging, verdeutlicht ein Brief der damals 21jährigen Erzherzogin Maria Magdalena, der späteren Großherzogin von Toscana und Gemahlin Cosimos III. Medici, dem sie ihren Bruder Ferdinand an den Regensburger Reichstag schickte. Das Schreiben ist gerade wegen der de-

Englischer Schauspieler des „Niemandt". Mitglied der Truppe des John Green, Theaterhandschrift von 1607

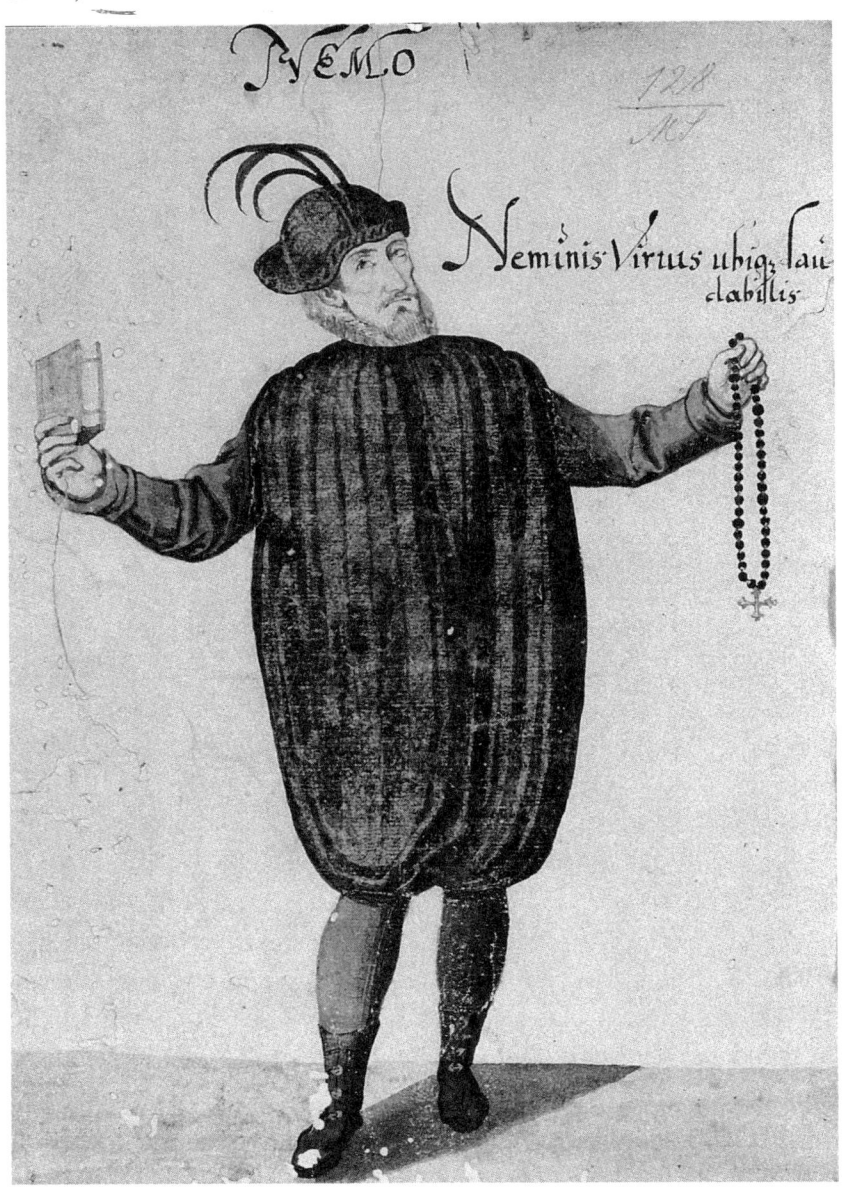

taillierten Angaben über die im Ballhaus auftretende Komödiantengruppe und der weiteren Theateraufführungen dieser Tage interessant. Das neue Ballhaus trug seinen Namen nach dem beliebten Ballspiel, das Ferdinand I. aus seiner spanischen Heimat mitgebracht hatte. Das Ballhaus, das in den ersten fünf Jahren des 17. Jahrhunderts errichtet wurde, befand sich nördlich des Burgkomplexes zwischen dem alten Zeughaus (neues 1594 vollendet) und dem inneren Paulustor. Mit diesem zusammen wurde es 1846 abgetragen — nur ein Straßenname erinnert heute noch daran. Bereits 1583 hatte man am Tummelplatz ein Ballhaus eingerichtet, das 1600 aufgelassen wurde. Im neuen Haus, das hundert Jahre später sogar ein Billardzimmer enthielt, wurden bei jeder Gelegenheit, besonders zur Faschingszeit, festliche Tanzveranstaltungen gegeben. Der heutige Ausdruck „Ball" ist aus den Unterhaltungen in den Ballhäusern entstanden.

Erzherzogin Maria Magdalena schrieb, daß man 1608 zur Faschingszeit nahezu an jedem Abend Theater spielte, und daß neben den Engländern auch die Jesuiten Aufführungen veranstalteten. Die Erwähnung des offensichtlich in einer Bearbeitung gezeigten „Faust" von Marlowe gilt als die erste Nachricht über eine Aufführung dieser Tragödie auf dem Festland. Mit diesem Drama und anderen Werken — darunter Shakespeares „Kaufmann von Venedig", das die Grazer noch zu Lebzeiten des großen Dichters sahen, und dem Singspiel „Niemandt und jemandt" — konnte John Green mit seiner Truppe, die vom innerösterreichischen Hof freigiebig protegierten Jesuiten konkurrenzieren. *Christopher Marlowes „Faust", William Shakespeares „Kaufmann von Venedig"*

Kaum zwei Monate nach den geschilderten Ereignissen starb Erzherzoginmutter Maria von Bayern im Alter von 75 Jahren. Als fromme Katholikin war ihre die Erhaltung der „alten" Religion ein wichtiges Anliegen gewesen. Auf den Bergkuppen südwestlich von Graz ließ sie die bereits bestehenden Kirchen St. Johann und Paul (um 1590) und St. Florian (1597) durch Stiftungen ausbauen und vergrößern. Die Erzherzogin wurde ihrem Wunsch gemäß im Klarissinnenkloster im Ordensornat bestattet. Noch kurz vor ihrem Tode hatte die Stifterin die Ordensprofeß in die Hände ihres Beichtvaters Pater Simeo Mainhart abgelegt. *St. Johann u. Paul, St. Florian*

Da sie nach ihrem Ableben von der katholischen Bevölkerung fast wie eine Heilige verehrt wurde, hielt Pietro de Pomis die allgemeine Stimmung der Katholiken in einem Gemälde fest, das die

Neuerbaute Mariahilfer Kirche

Aufnahme der Verstorbenen in den Himmel zum Inhalt hat.

Mit der Übergabe des großen Hochaltarbildes an die Minoriten für ihre neuerbaute Kirche Mariahilf hatte de Pomis den Minderbrüdern eines seiner Hauptwerke geschenkt, das zu den populärsten Mariendarstellungen der Steiermark zählt. Die seit 1515 obdachlosen Minoriten hatten hier wahrscheinlich — im Sommerhaus des Seyfried von Eggenberg untergebracht — ein Frauenkirchlein betreut. 1607 legte Erzherzog Ferdinand den Grundstein zu Kirche und Kloster Mariahilf, das neben Mariazell zu einem großen steirischen Wallfahrtsort werden sollte. Die Gesamtplanung und die Fassade sind ebenfalls dem vielseitigen de Pomis zuzuschreiben, der hier seine letzte Ruhestätte fand. Als Erbauer trat vermutlich Pietro Valnegro auf.

Um eine vorübergehende Augenkrankheit de Pomis rankt sich eine Legende, wonach der Künstler das Altarbild nur gegen eine größere Geldsumme fertigstellen wollte. Dafür sei er von der Muttergottes mit dem Verlust seines Augenlichtes bestraft worden. Reuig hätte er versprochen, das Werk umsonst zu vollenden, falls er seine Sehkraft wiedererlangen würde. Von der Himmelskönigin geheilt, schenkte er sein Werk dem Orden.

Am Dreifaltigkeitssonntag, dem 29. Mai 1611, weihte der Minoritenbischof Johannes Peter de Ponte, Titularbischof von Troja und Nuntius am Grazer Hof die Kirche, die hauptsächlich von Geldern des Hans Ulrich von Eggenberg finanziert worden war.

Ansicht der Kirche Mariahilf vor dem barocken Umbau. Kupferstich

Das Mausoleum

Als Erzherzog Ferdinand beschloß, für sich und seine Familie ein Mausoleum zu bauen, wählte er den Platz neben der Hofkirche, auf dem innerhalb der Friedhofsmauern die alte, romanische — wahrscheinlich schon baufällige — Katharinenkapelle stand. Der Auftrag dafür erging an den Maler/Architekten Pietro de Pomis, der hier eines der bedeutendsten Baudenkmäler Österreichs aus der Zeit des Übergangs vom Manierismus zum Barock errichten sollte. Das Mausoleum seines Vaters Karl II. in Seckau schien durch seine prächtige Wirkung einen direkten Einfluß auf die weiteren Mausoleumsbauten in der Steiermark ausgeübt zu haben. Kaum nach dessen Vollendung ließen sich Ruprecht von Eggenberg in Ehrenhausen und Ferdinand ähnliche Bauten errichten. 1614 wurde die Katharinenkapelle bis auf die halbkreisförmige Mauer der Apsis, die der Architekt in seine Gesamtplanung miteinbezogen hatte, abgebrochen und der Neubau begonnen. Im folgenden Jahr fand die feierliche Grundsteinlegung statt, zu welcher de Pomis erneut eine Grundstein-Medaille schuf, die auf der Vorderseite die Brustbilder des Herrscherpaares und auf der Rückseite die geplante Fassade zeigt. Der Vergleich zwischen dem Bau, wie er sich heute darstellt, und der Medaille läßt Unterschiede deutlich erkennen, da de Pomis des öfteren seine Pläne änderte.

Das Bauvorhaben ging äußerst langsam vor sich, denn der Künstler war vielfach anderwärtig beschäftigt. 1614 reiste er nach Venedig, um dort persönlich Farben einzukaufen, wofür er von der Regierung einen Zuschuß erbat. Aber nicht nur seine Abwesenheit aus Graz, ebenso seine vielseitigen Tätigkeiten verzögerten den Bau. So errichtete er etwa für sich selbst vor dem Eisernen Tor ein Wohnhaus, und im September wurde er sogar zum „Ingenieur der Festungen Görz, Gradisca, Triest und Fiume" ernannt, mit der Verpflichtung, diese Anlagen regelmäßig zu inspizieren. 1619 malte er ein Altarbild für den rechten Seitenaltar der Hofkirche, des heutigen Domes. Von den wichtigsten Arbeiten de Pomis' während des Mausoleumsbaues sind noch die Errichtung einer prächtigen Triumphpforte anläßlich der Königskrönung Ferdinands (1617), und in den folgenden Jahren das Altarbild „Nachfolge Christi", das für den rechten Seitenaltar der Hofkirche vom Freiherrn von Stadl gestiftet wurde, sowie fünf Medaillen zur Verherrlichung des Sieges am Weißen Berg zu nennen. Aus diesen Gründen mußte der Baufortschritt des Mausoleums zeitweise ruhen, das erst 1622 unter

Grundsteinlegungsmedaille anläßlich des Mausoleumbaues von Pietro de Pomis, 1615. Vorderseite: Kaiser Ferdinand II. mit Gattin Rückseite: Bildnis des Mausoleums in seiner ursprünglich geplanten Form

Dach kam und beim Tode des de Pomis (1633) noch immer nicht abgeschlossen war. Ebenso konnte er die Innendekoration nicht selbst vollenden. Nur die unter der elliptischen Kuppel gelegene Gruftkapelle wurde von Mattia Camin (?) mit reichen Stuckarbeiten ausgestattet, die de Pomis noch selbst entworfen haben soll. Nach dem Ableben de Pomis bestellte man dessen engen Freund und Hofbaupolier Pietro Valnegro zum Bauleiter, der den Außenbau abschließen konnte. Seit Wien nach dem Abzug des Kaisers zur Residenz der Habsburger geworden war, wurde die Kapuzinergruft bis heute zu ihrer Begräbnisstätte. Das Grazer Mausoleum hatte kaum noch Bedeutung und war dem Verfall preisgegeben. Erst nach wiederholten Berichten der Hofkammer, daß die Grabkapelle bedroht sei, entschloß sich Kaiser Leopold I. mittels einer Resolution (13. 2. 1687), den Bau instand zu setzen und endgültig fertigzustellen. Der Entwurf — inhaltlich von den Jesuiten geplant — und die Ausführung der plastischen Dekoration im Inneren stammen von dem in Graz 1656 geborenen Johann Bernhard Fischer, dem späteren Bernhard Fischer von Erlach, der um diese Zeit von einer italienischen Studienreise in die Stadt zurückgekehrt war. Weithin sichtbar tragen die Spitzen des Mausoleums die Symbole des Kaisertums: Szepter, Adler und Reichsapfel. Kunstgeschichtlich bedeutsam ist der ovale Grundriß des eigentlichen

Pietro Valnegro schließt den Bau ab

Bernhard Fischer von Erlach

Das Mausoleum in seiner verwirklichten Form. Darüber ein Portrait Kaiser Ferdinands II. Stich aus „Sodalis augustus seu Ferdinando secundi...", 1715

Grabbaues, der seitlich dem Querschiff angefügt wurde. Die elliptische Raumform dürfte Erlachs Schaffen nachhaltig angeregt haben.

Der Sieg der Gegenreformation fand in vermehrten Klostergründungen seinen Ausdruck. Nachdem ab dem Jahre 1600 am Kapuzinerkloster gebaut wurde, schritt man im Juni 1615 zur feierlichen Kreuzaufrichtung und Grundsteinlegung für das geplante Kloster sowie das Spital der Barmherzigen Brüder. Zu diesem Zweck war ein Grundstück in der Nähe des landschaftlichen Gartens am Murvorstadtplatz gekauft worden. Kaiser Ferdinand II. hatte als Gönner des medizinisch versierten Pater Gabriel Ferrara am 21. Juli 1615 den Stiftsbrief erlassen. Pater Ferrara war es gelungen, den amputationsgefährdeten Arm von Erzherzog Maximilian Ernst zu retten. Dankbarkeit und die Überzeugung von der Nützlichkeit des Ordens hatten also zu ihrer Niederlassung in Graz geführt. Zuerst wurde aus einem Stadel ein Krankenzimmer mit zwölf Betten und aus einer Wagenhütte der Speiseraum erbaut. Die Grundsteinlegung zur Kirche fand 1632 statt. 1636 wurde sie von Fürstbischof Johann Markus von Seckau geweiht. 1638 war das Gotteshaus vollendet, 1735 entstand der Neubau nach Plänen von Johann Georg Stengg.

Kloster und Spital der Barmherzigen Brüder

Ein weiterer Orden siedelte sich fast gleichzeitig in Graz an: die Karmeliter. Zu diesem Orden fühlte sich Kaiser Ferdinand II. besonders hingezogen, seit jenem denkwürdigen 8. November 1620, an dem die Schlacht am Weißen Berg geschlagen worden war. Den Sieg führte der Kaiser auf das feurige Gebet eines Karmeliters zurück. Aus Dankbarkeit gründete er in Wien, Prag und Graz ein Karmeliterkloster. 1628 wurde der der Stadtpfarre untertänige Grund gegen Geldentschädigung abgelöst und vom Fürst Eggenberg bezahlt. Am 22. Dezember desselben Jahres konnte in einer Hauskapelle die erste Messe gelesen werden. Der Kirchenbau begann im nächsten Jahr, und der Stiftsbrief folgte im April. Die Grazer Niederlassung, die 1786 aufgehoben wurde, entstand am Plateau unter dem Osthang des Schloßberges, dem heutigen Karmeliterplatz. Im Gebäude befindet sich derzeit das steiermärkische Landesarchiv.

Gründung des Karmeliterklosters

In der ersten Hälfte des 17. Jahrhunderts wurde die älteste Grazer Kirchengründung St. Paul (Stiegenkirche) in eine frühbarocke Anlage umgebaut. Die eigentümliche Lage zwischen den Felsen

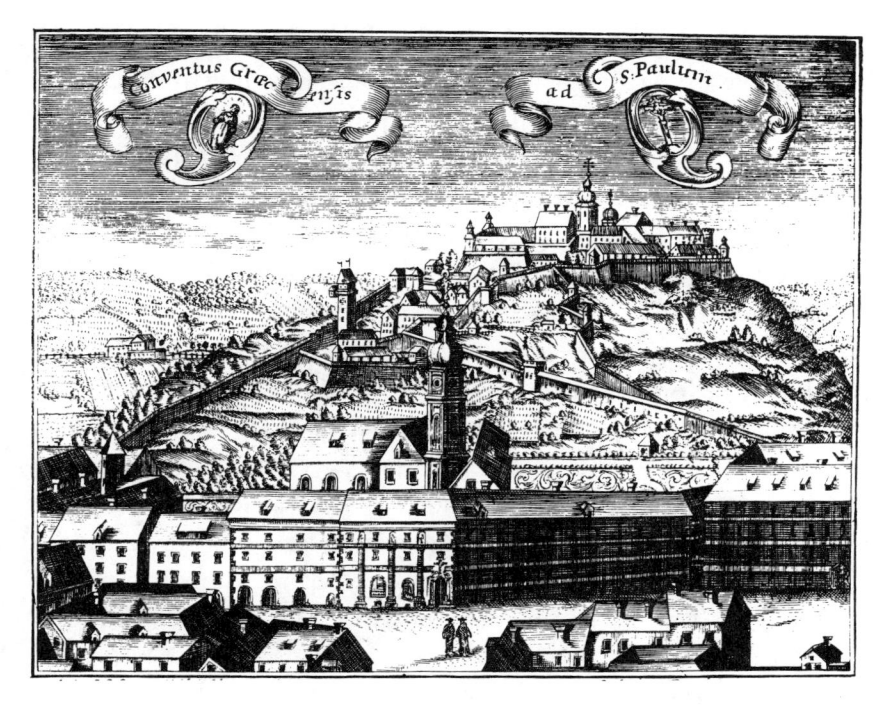

Stiegen- oder Pauluskirche mit dem Schloßberg. Kupferstich von J. Puechholzer nach einer Zeichnung von H. Grewitschitscher

des Schloßbergs und den Wohnhäusern der Sporgasse ließ eine äußere architektonische Entwicklung nicht zu. An der Kirche wurde fast ständig gebaut und diese immer geändert. Von der Ausstattung vor 1630 ist nahezu nichts mehr vorhanden. Nur am Hauptportal, durch welche man in die seit 1587 von den Augustiner-Eremiten betreute Kirche gelangt, findet sich die Jahreszahl 1631. Der Architekt Archangelo Carlone, dem der Bau zugeschrieben wird, war ab 1616 auch am Neubau der St.-Andrä-Kirche beschäftigt. Weil die alte Andreaskapelle den gewohnten und eingeführten Ritus der Dominikaner beim Chor und dem Altar allzu sehr beengte, mußte man an einen Kirchenneubau denken. Nach einem Beschluß der Patres und des Kaisers wurden Almosensammler durch das ganze Reich und Teile Italiens gesandt, um das nötige Geld aufzutreiben. Innerhalb kürzester Zeit kam eine hohe Summe zusammen, ab 1620 entstand der Turm, und 1627 war die Kirche vollendet.

Umbau der Stiegenkirche

Drei Kilometer westlich von Graz liegt einer der wenigen profanen Großbauten dieser Periode, das Schloß Eggenberg. Hans Ulrich von Eggenberg, der Berater Kaiser Ferdinands II., wollte seinem Geschlecht ein Stammschloß errichten. Anstelle des vor 1470 erbauten Familiensitzes plante er einen Repräsentationsbau, der in Lage und Ausstattung alles bisher dagewesene übertreffen sollte.

Der Eskorial in Madrid diente teilweise als Vorbild, mit dem das Schloß weitgehende Übereinstimmungen aufweist. Der Bauplan dürfte vermutlich von Giovanni Pietro de Pomis stammen, da die Verbindung der Eggenberger über den Kaiser zum Künstler sicherlich gegeben war. Die Arbeiten leitete ab 1625 neben de Pomis zeitweise der Niederländer Laurenz van de Sype und nach dem Tode de Pomis Pietro Valnegro sowie Giovanni Battista di Nono. Die Architektur des mächtigen, fast quadratischen Baublocks mit seinen Ecktürmen gab immer wieder Anlaß zu Zahlenspekulationen innerhalb eines astronomischen Grundkonzepts — vier Türme, 365 Fenster, 52 Fenster der Prunksäle.

Der von einem tiefen Graben umgebene Bau, der teilweise 1556 fertig war, stand in einem prächtigen Schloßgarten und war mittels einer heute noch zum Teil bestehenden Kastanienallee mit der Stadt verbunden.

Innenausstattung durch Hans Adam Weissenkircher

Die Innenausstattung erfolgte ganz im Sinne der dominierenden italienischen Einflüsse. 1684/85 wurde durch den fürstlich-eggenbergischen Hofmaler Hans Adam Weissenkircher der große, prunkvolle Festsaal mit Wand- und Deckenmalereien ausgeschmückt. Schloß Eggenberg gilt heute als das erste und zugleich als das bedeutendste Barockschloß in der Steiermark. Der Schloß-

Schloß Eggenberg. Kupferstich von Georg Matthaeus Vischer, um 1680

bau scheint Valnegros letzte Arbeit gewesen zu sein — er starb im März 1639. Es ist nicht unmöglich, daß auf ihn der Umbau des Palais Saurau in die heutige Form zurückgeht.

Innerhalb weniger Jahre starben die Hautpträger dieser Periode der höfischen Grazer Kunst- und Kulturtätigkeit. Pietro de Pomis 1633, Fürst Hans Ulrich von Eggenberg 1634 und Kaiser Ferdinand II. 1637. Ein neuer Stil hatte durch den Schloßbau von Eggenberg bereits auf sich aufmerksam gemacht: das Barock. Die Verlegung der Residenz nach Wien und die drückende Nachbarschaft der Hohen Pforte unterbanden jedoch vorerst die neuerliche schöpferische Entfaltung der Künste in Graz.

Am Rande des Reiches

Gelegenheit zum Feiern

Kaiser Ferdinand III.

Den Sohn und Erbe des Kaisers, Ferdinand III. (* 1608 in Graz), führte sein Weg äußerst selten hierher (1641). Nach dem Ableben seines Vaters zeigte er sich zu Friedensverhandlungen geneigt, um endlich den Krieg zu beenden. Aber das Ringen sollte sich noch Jahre dahinschleppen und näherte sich immer weiter Österreich. Als im Frühjahr 1645 die Schweden von Böhmen aus in Niederösterreich einfielen und Georg I. Rákóczy von Siebenbürgen mit den Feinden des Kaisers paktierte, ergab sich für die Steiermark eine ähnliche Situation wie 1619. Die steirische Landschaft rief das Aufgebot zu den Waffen und verlegte drei Kompanien an die oststeirische Grenze. Ein Strom von Flüchtlingen ergoß sich aus Wien in Richtung Graz. Schon im Mai war Kaiserin Maria mit ihren drei Kindern und dem gesamten Hofstaat in die steirische Landeshauptstadt geflohen.

Landeszeughaus

Ein Jahr zuvor (1644) waren die Bauarbeiten am Landeszeughaus beendet worden. Die Zahl der im Zeughaus für die Ausrüstung der geworbenen Söldner und des Landesaufgebots verwahrten Waffen der Stände waren in der Anfangsphase des „Dreißigjährigen Krieges" so stark angewachsen, daß man sich — trotz der hohen Kriegslasten — 1642 zu einem Neubau entschloß. Der in der Herrengasse im Anschluß an das Landhaus errichtete Bau wurde vom Südschweizer Baumeister Antonio Solar ausgeführt und mit Steinmetzarbeiten des Giovanni Mamolo geschmückt. Er birgt in seinen vier Stockwerken ein vollkommen erhaltenes Rüsthaus aus der damaligen Zeit.

Die zahlreichen Belastungen der Bevölkerung erreichten in der Endphase des Krieges und unmittelbar nach dem Abschluß der westfälischen Friedensverträge ihren Höhepunkt und bewirkten in der Folge eine jahrelange Stagnation der städtischen Wirtschaftskraft. Besonders das Militär und die Flüchtlinge aus Süddeutschland und den Sudetenländern lagen der Bürgerschaft auf der Tasche. Bis 1632 war die Steiermark nur gelegentlich von größeren

Truppendurchzügen berührt worden, da der Kaiser sein Stammland möglichst zu schonen suchte. Seit dem Vormarsch der Schweden war aber die Steiermark Aufmarschgebiet für die kaiserlichen Armeen geworden. Verpflegung und Einquartierung verschlangen Unsummen. 1645 standen die Schweden unter Torstenson schon vor Wien. Daher flohen ein Teil des kaiserlichen Hofes, zahlreiche Adelige und Ordensgeistliche nach Graz. Ebenso verlegte der kaiserliche Generalstab seinen Sitz vorübergehend hierher.

Der westfälische Friede 1648 brachte für Graz keine Erleichterung, denn die Einquartierungspflicht blieb bestehen, bis der Frieden von Nürnberg 1650 Schweden und Franzosen zur Räumung der besetzten Gebiete verpflichtete. Nun konnte das kaiserliche Heer entlassen werden und zog ab.

Aus Freude über den Abschluß der Friedensverträge veranstalteten die Regierung und die steirische Landschaft in der Hofkirche ein Friedensfest mit abschließendem Feuerwerk. Im Garten des ehemaligen Jagdschlosses Erzherzogs Karl II. (heute Strafvollzugsanstalt), der Karlau, wurde ein großes Volksfest gegeben.

Da auch der Friedensvertrag mit den Türken verlängert werden konnte, herrschte in den letzten Regierungsjahren Kaiser Ferdinands III. Frieden. Das Volk genoß diese Zeit, und seine Lebensfreude kam in zahlreichen Festen zum Ausdruck. Die Huldigung der Landstände 1651 an den Sohn und Nachfolger des Kaisers, Fer-

„Ich bringe gute Post und neue Friedenszeit", heißt es auf einem Flugblatt, welches das Ende des Dreißigjährigen Krieges verkündet

König Ferdinand IV. dinand IV., die vor den dazu entsandten kaiserlichen Kommissaren, Oberhofmeister Maximilian von Dietrichstein und dem innerösterreichischen Hofkammerpräsidenten Siegmund Ludwig von Dietrichstein, stattfand, war mit einer Feier im Landhaus und einem Bankett in der Burg verbunden. Zur Erhöhung der Festlichkeiten wurden Kanonen auf dem Schloßberg abgefeuert.

Nicht minder großartig fiel die Festlichkeiten in Graz aus, als es dem Kaiser nach längeren Verhandlungen gelungen war, in Regensburg die Wahl seines Sohnes (1653) zum König durchzusetzen. Die steirischen Stände ließen zu diesem Anlaß Silberpfennige prägen und an das Volk verteilen. Wie immer bildete ein Feuerwerk den Abschluß.

Kaiser Leopold I. Den neuen Herrscher der österreichischen Länder, Böhmens und der christlich gebliebenen Landstriche Ungarns, Leopold I. brachten die Pocken auf den Thron: Ferdinand IV. fiel im Juli 1654 im Alter von 20 Jahren der aus dem Südosten Europas eingeschleppten Seuche zum Opfer. Sein Bruder Leopold sollte vorerst die geistliche Laufbahn einschlagen. Mit 18 Jahren, nach dem Tode seines Vaters (1657), wurde er zum Kaiser des Reiches gewählt.

Kaiser Leopold I. kam 1660 nach Graz, um die Erbhuldigung entgegenzunehmen. Für dieses Ereignis begann man in der Stadt, die alten Gebäude herzurichten und das Straßenpflaster zu erneuern. Die Landstände bewilligten ein Ehrengeschenk von 3.000 Gulden. Als Leopold am 23. Juni 1660 in Begleitung des Erzherzogs Leopold Wilhelm und des Herzogs von Mantua sowie hoher venezianischer und spanischer Gesandter in Graz einzog, empfing ihn die steirische Landeshauptstadt mit allen Ehren. Adel und Stände ritten dem Gast entgegen. Je eine Bürgerkompanie war vor dem Eisernen Tor, auf dem Hauptplatz und vor der Hofkirche angetreten. Durch Ehrenpforten gelangte der hohe Gast mit seinem Gefolge vom Landhaus zur Universität und in die Kirche. Nach der Ablegung des Eides, die alten Rechte und Privilegien des Landes zu schützen, nahm der Kaiser den Ständen den Treueeid ab. Die Tage bis zu seiner Abreise verbrachte Leopold mit Treibjagden und Theateraufführungen Theater der Jesuiten und auf deren Besitz am Rosenberg (heute Rosenhain).

Die Viertelmeister der Stadt (heute mit Bezirksvorstehern vergleichbar) ergriffen die Gelegenheit und überreichten im Juni dem Kaiser im Namen der Bürgerschaft einen Beschwerdebrief gegen

Portrait Kaiser Leopolds I. Kupferstich

den Magistrat. Die Bürger waren nicht nur mit der schlechten Verwaltung unzufrieden, sondern machten den Magistrat für die schwierige wirtschaftliche Situation der Stadt verantwortlich. Dies war der Anfang einer harten, mitunter sehr persönlich geführten Auseinandersetzung zwischen Bürgerschaft und Stadtverwaltung. Erst nach vier Jahren (1664) konnte durch einen endgültigen kaiserlichen Bescheid die Ruhe wieder hergestellt werden. Der Kaiser hatte in den meisten Punkten den Bürgern recht gegeben.

Auseinandersetzung Bürger–Magistrat

Fast genau drei Monate nach dem Besuch des hohen Gastes weihte am 26. September Fürstbischof J. Markus die Kirche der Karmelitinnen unter dem Titel „Mariä Verkündigung". Bereits Anfang der vierziger Jahre hatte die Witwe Kaiser Ferdinands II., Eleonore, durch ihre Oberthofmeisterin Gräfin von Herberstein und dem Kämmerer Freiherrn von Zeredin vier Karmeliter-Jungfrauen von Wien nach Graz bringen lassen, nachdem Papst Urban VIII. das Vorhaben genehmigt hatte. Der Klosterbau im Kälbernen

Karmelitinnenkloster

Papst Urban VIII.

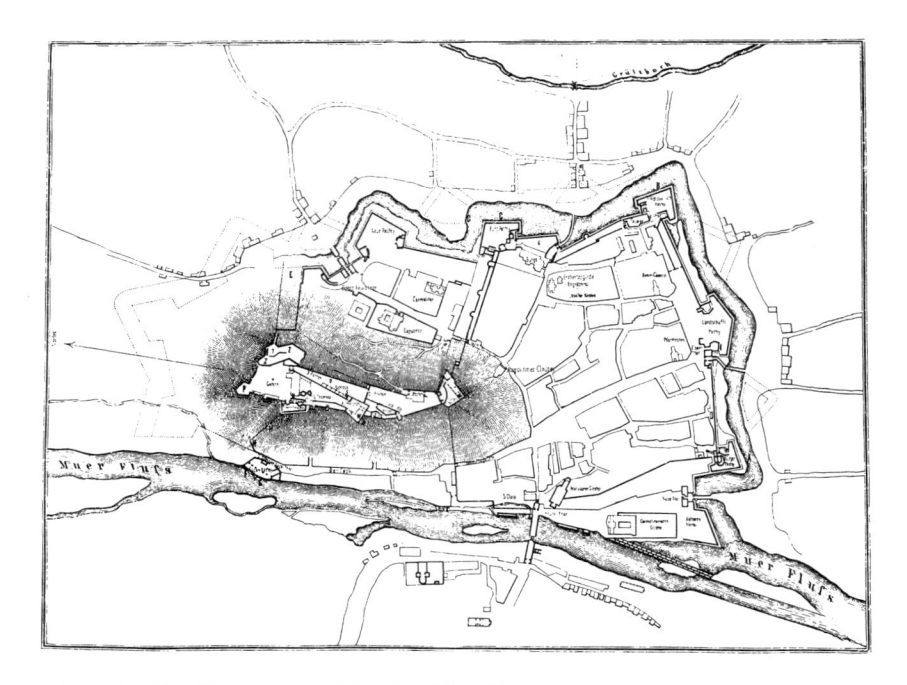

Plan der Stadt Graz von Martin Stier 1657

Viertel (heute steht dort das Verwaltungsgebäude der Grazer Stadtwerke, Ecke Neutorgasse/Andreas-Hofer-Platz) war 1654 so weit gediehen, daß die Schwestern einziehen konnten. Als Überbrückung hatten sie in den letzten Jahren im einstigen Haus Erzherzog Maximilians, in sogenannten Maximilianischen Stöckl, gewohnt.

Martin Stier inspiziert die Festungswerke

Zur selben Zeit (bis 1664) bereiste der Festungsbaumeister Martin Stier im Auftrag des Hofkriegsrates Steiermark, Krain und Istrien, um die Festungswerke zu inspizieren. Die in Graz festgestellten Mängel an den Verteidigungsbauten führten zu Verbesserungsvorschlägen und zur Erstellung von sechs Plänen für innere Stadt und die Vorstädte. Stier verlangte zwischen den Basteien den Einschub von Ravelins, vorgeschobene Erdwerke im Stadtgraben. Nach einer weiteren Überarbeitung der Pläne durch den kaiserlichen Festungsingenieur Giovanni Giuseppe Spalla begannen die Befestigungsarbeiten an der Murseite. Im Anschluß an die Kälberne Viertel- oder Neutorbastei entstand zwischen dem heutigen Grazer Landesgericht von der Radetzkybrücke die Karmelitinnenbastei, deren Verbindungsmauer noch heute an der nordwestlichen Brücke des Andreas-Hofer-Platzes gut zu erkennen ist. Zwischen

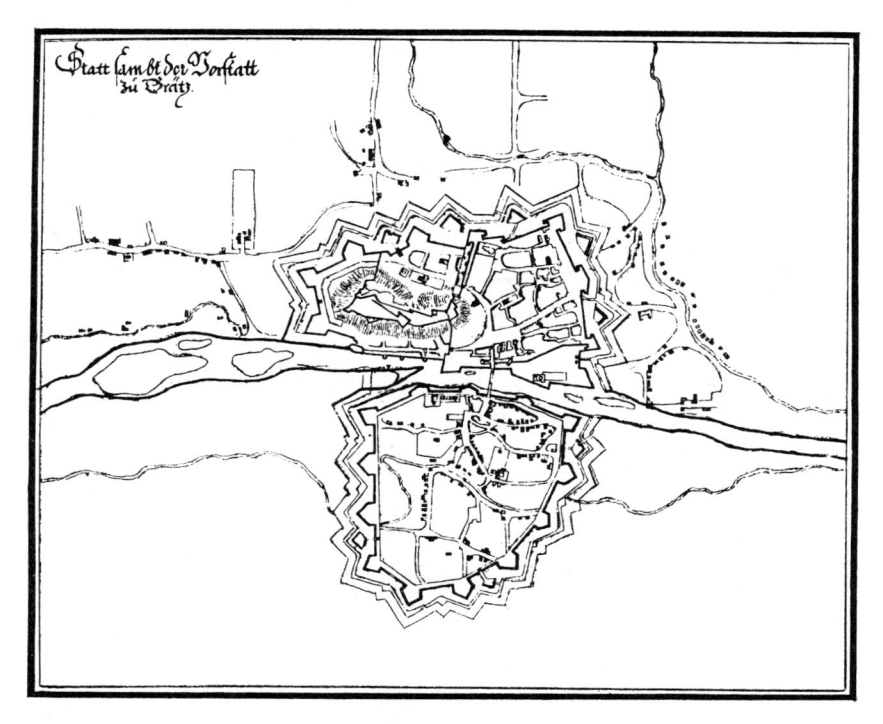

Der geplante Ausbau der Stadtbefestigung

dem dritten Sacktor und der Mur hatte die Bürgerschaft den Bau einer neuen Bastei selbst übernommen, um damit den drohenden Abbruch ihrer Häuser zu verhindern. Gleichzeitig wurde längs des Murfeldes im Kälbernen Viertel bis zur Admonterbastei (benannt nach dem Admonterhof) eine Verbindungsmauer auf Pfahlrosten errichtet. Dieser letzte große Neubau der Stadtbefestigung konnte Ende des 17. Jahrhunderts abgeschlossen werden. Unausgeführt blieben die zusätzlichen Basteien an der Nord- und Ostseite der Stadt sowie der geplante Befestigungsring um die Murvorstadt, da dieser nicht finanzierbar war.

Abschluß der Bauten an der Stadtbefestigung

Ursache: Siebenbürgen

Nach einer Friedensperiode, die nahezu ein halbes Jahrhundert dauerte, drohte erneut ein Konflikt mit den Türken auszubrechen. Der Grund lag in Siebenbürgen. Weil der Kaiser sein Reich mit diesem Land abrunden wollte, verfolgte er denselben Plan wie die Osmanen. Nach dem Tod des Fürsten Georg II. Rákóczy in der

Schlacht von Klausenburg (1660) geriet das Fürstentum in Gefahr, vollständig unter türkische Oberhoheit zu geraten. Mit der Intervention Leopolds I. spitzte sich seit 1661 die Lage zu. Diese gespannte politische Situation führte in Graz zu Vorbereitungen gegen einen etwaigen feindlichen Einfall in der Steiermark. Im Juli befahl die Hofkammer dem Schloßhauptmann, die Festung zu überprüfen und gegebenenfalls auszubessern. Die hinhaltende Verhandlungstaktik der kaiserlichen Diplomatie führte schließlich dazu, daß der dynamische, junge Großwesir Ahmed Köprülü im Frühjahr 1663 seinen Truppen den Angriff befahl. In kürzester Zeit überrannten die Osmanen die für den späteren Angriff auf Wien militärisch bedeutende Festung Neuhäusl im heutigen Niederösterreich. Wie schon so oft in den Jahrhunderten vorher war wieder die Steiermark von der Türkengefahr besonders betroffen. Seit dem Bekanntwerden der türkischen Kriegserklärung bereiteten die zuständigen Stellen in Graz die Stadt intensiv auf eine mögliche Auseinandersetzung vor. Neben der Einlagerung von Lebensmittelvorräten für ein ganzes Jahr ging man daran, vor dem ausgebesserten Festungswerk Schanzen aufzuwerfen und mit Pfahlwerk zu verstärken. Jeder Stadtbewohner oder Hausbesitzer hatte sich an diesen Arbeiten zu beteiligen oder einen Tagwerker abzustellen. Nicht wieder gutzumachende Schäden fügte den betroffenen Bürgern eine Hofresolution zu, wonach alle Häuser vor dem Eisernen Tor und dem Paulustor abzutragen waren. Damit wollte man einerseits dem Festungswerk ein übersichtliches Vorfeld bieten, andererseits dem Feind Deckungsmöglichleiten und Stützpunkte nehmen. Wer die Gebäude auf eigene Kosten abriß, behielt den Nutzgenuß des Baumaterials. Dieses wurde in die Lendgegend, in die heutige Strauchergasse, und auf den Gries transportiert, wo den Bürgern neue Bauplätze zur Verfügung gestellt wurden, um ein Abwandern zu verhindern. Die Folge war, daß allein in der Murvorstadt innerhalb von sieben Jahren 50 neue Häuser entstanden. 1663 wohnten hier erst 3.400 Menschen, 1783 waren es bereits 12.282. Die Leechkirche und das Karmelitinnenkloster blieben infolge einer Verzögerungstaktik entgegen ausdrücklicher Befehle bestehen.

Zur strafferen Durchführung der kriegerischen Vorbereitungen bekam Oberst Thomas Vogel von Falkenstein vom Kaiser das Kommando über den Schloßberg und die Stadt übertragen. Neben den Franziskanern und Barmherzigen Brüdern erklärten sich auch die

Dynamischer Großwesir Ahmed Köprülü

Studenten der Jesuitenuniversität bereit, ihren Beitrag zur Verteidigung zu leisten. Wie überall im Land gelobte die Bürgerschaft während feierlicher Gottesdienste, der Gottesmutter eine Säule zu errichten. Die 1666 begonnene und 1670 vollendete Votivsäule sollte vorerst auf dem Hauptplatz, dann vor der Universität, schließlich auf der Bastei unter der Dominikanerinnenkirche aufgerichtet werden. Letztlich entschloß man sich jedoch für den Karmeliterplatz (später für den Jakominiplatz, 1927 abgebrochen und 1928 Am Eisernen Tor übertragen). 1988 fiel die Madonna einem Brandanschlag zum Opfer und wird nach Restaurierung im Herbst 1989 wieder eingeweiht. *Votivsäule gegen Türkengefahr*

Ende April rüsteten die steirischen Stände eine Truppe aus, die unter dem Grafen Strozzi den Türken die besetzte Festung Kanizsa in einer großangelegten Aktion entreißen und somit der Pforte die Basis für Einfälle in die Steiermark nehmen sollte. Dieses vom kaiserlichen Oberbefehlshaber Generalfeldmarschall Raimund Graf Montecuccoli nicht gebilligte Unternehmen entwickelte sich zu einem verheerenden Fehlschlag. Köprülü entsetzte mit seiner Hauptmacht Kanizsa, eroberte gleichzeitig weitere Schlösser und schob die österreichischen Truppen bis über die Raab zurück. Damit war seine Armee in eine Richtung gelenkt worden, die das Land in eine noch größere unmittelbare Gefahr brachte. Die verletzten Soldaten schlugen sich bis nach Graz durch, wo sie in der zu einem Lazarett umgestalteten Reitschule ärztlich versorgt und verpflegt wurden. Der Türke stand nun wiederum vor dem Tor der Steiermark. Am 1. August 1664 schlug Montecuccoli zurück. Er errang durch einen Angriff auf das im Übergang über die Raab befindliche feindliche Heer bei Mogersdorf, nördlich von St.Gotthard, einen bedeutenden Sieg. Der Kampfausgang bewog den Großwesir zur Aufnahme von Friedensverhandlungen, die schon am 10. August 1664 zum Frieden von Eisenburg (Vasvár) führten. *Sieg bei Mogersdorf*

In Graz herrschte in den ersten Augusttagen Spannung und Aufregung. Einige in der kritischen Phase der Schlacht geflüchteten Soldaten hatten die Niederlage des christliche Heeres verkündet und damit die Stadt in Panik versetzt. Als einer der Ersten verließ der Landeshauptmann Siegmund Friedrich von Trauttmansdorf Graz. Mit ihm setzten sich viele Bürger in die Obersteiermark ab. Erst am folgenden Tag traute man der Siegesmeldung von St. Gotthard-Mogersdorf und hob den Alarmzustand auf.

Der Sackbrand 1670. Votivbild in der Straßganger Florianikapelle, dat. 1672. Von Anton Konrath laut Bezeichnung im Jahr 1800 neu gemalt

Die Belastungen von Graz waren damit noch keinesfalls beendet. Durch ungarisches und türkisches Beutevieh eingeschleppt, brach eine besonders heftige Viehseuche aus. Zusätzlich befanden sich in den Straßen und Gassen der Stadt immer mehr verwundete Soldaten. Vom Wundfieber, der Ruhr und von Ungeziefer gepeinigt, suchten sie in den Viehställen und Scheunen Zuflucht, steckten aber auch die Einwohnerschaft an. Zur Hitze- und Dürreperiode und der Lebensmittelknappheit kam 1670 ein Brand, der im oberen „Sack" großen Schaden anrichtete und viele Häuser einäscherte. Wegen der damals engen Bauart der Gebäude und deren Schindeldächer sowie den vielen hölzernen Stallungen und Scheunen in den Hinterhöfen blieben alle Bemühungen erfolglos, die Flammen einzudämmen. In einer ersten Reaktion trug daher die Regierung dem Magistrat auf, bei den Häusern der einfachen Leute alle hölzernen Bestandteile zu entfernen.

„Magnatenverschwörung"

Indessen nahmen in den von den Türken nicht besetzten Teilen Ungarns einige Magnaten, reiche Grundherren, Geheimverhandlungen auf. Sie waren mit dem Abschluß des Friedensvertrages nicht zufrieden und fürchteten zudem das Erstarken des Absolutismus und der Gegenreformation. Ihr Ziel war es, die habsburgische Herrschaft zunächst einzuschränken und schließlich ganz abzuschütteln. Als geistige Führer der „Magnatenverschwörung" traten zunächst Nikolaus Zriny, Ban von Kroatien, dessen Schwager Franz Frangepani und Franz Graf Nadásdy, der oberste Richter Ungarns auf. Durch die Beteiligung des Görzer Landeshauptmannes Karl Graf Thurn sowie des ehrgeizigen steirischen Grafen Hans Erasmus von Tattenbach, Regierungsrat der innerösterreichischen Verwaltung. Im September 1667 rückte die Rebellion in steirische Nähe. Laut Plan sollte Tattenbach mit einem Bauernaufgebot Pettau, Radkersburg, Marburg und Graz besetzen und sich schließlich bei Pettau mit Zriny vereinigen. Als Lohn dafür war für Tattenbach zumindest die Grafschaft Cilli oder später sogar der steirische Herzogshut vorgesehen. Sobald die türkische Unterstützung gesichert war, sollte losgeschlagen werden. Die Verschwörer agierten jedoch so ungeschickt und geräuschvoll, daß die österreichischen Organe sehr bald von dem Vorhaben erfuhren. Die Regierung in Graz dürfte alle Einzelheiten von den Bediensteten Tattenbachs sowie aus einem gesiegelten Bündnisbrief erfahren haben und sicherte sich gegen einen möglichen Einfall Zrinys und der Türken ab. Als der türkische Großwesir Ahmed dem Wiener Hof eine detaillierte Warnung überreichte, um zu beweisen, daß er mit dieser Sache nichts zu tun habe, entschloß sich der Kaiser zu handeln. Die Rebellen, verunsichert durch die gegenwärtige Situation, schwankten zwischen Unterwerfung und weiterem Widerstand.

Magnaten gegen habsburgische Herrschaft

Hans Erasmus von Tattenbach

Warnung des Großwesirs

Die Behörden Innerösterreichs waren dem kaiserlichen Befehl zuvorgekommen und hatten bereits am 22. März 1670 den Grafen Tattenbach während einer Regierungssitzung verhaftet. Zur selben Zeit zerschlugen die kaiserlichen Truppen in Oberungarn und Krain die Aufstandsbewegung. Trotz allem wiegten sich die Grazer noch nicht in Sicherheit, da sie kaum Geschütze besaßen. Die meisten Kanonen waren bei der unrühmlichen Belagerung von Kaniszsa vernichtet worden. Besonders verunsicherte das Verhalten des Schloßhauptmannes Franz Graf von Trautmannsdorf die Gemüter der Bevölkerung. Er hatte nämlich den Schloßberg verlassen und sich ins sichere Wien abgesetzt.

Durch das schnelle Handeln der Behörden war die Bewegung rasch zusammengebrochen. Zriny, Frangepani und Nadásdy wurden in Wien verhaftet und im April 1671 zum Tode verurteilt. Im selben Monat erkannten die geheimen Räte in Graz den Grafen Tattenbach des Hochverrats für schuldig. Das von der innerösterreichischen Regierung ausgearbeitete und von Kaiser Leopold I. bestätigte Urteil lautete auf Konfiszierung aller Güter, Ehrverlust, Abschlagen der rechten Hand und Tod durch Enthauptung. Alle Versuche, eine Begnadigung Tattenbachs zu erwirken, scheiterten. Nachdem der Graf dreimal gebeichtet hatte, führte man ihn in Begleitung von Jesuiten am 1. Dezember 1671 in den großen Saal des Rathauses, wo die Hinrichtung stattfand. Das Abschlagen der rechten Hand wurde vom Kaiser erlassen, doch der Scharfrichter

Tattenbach wird verhaftet und verurteilt

Hinrichtung des Grafen Tattenbach im Grazer Rathaus, Kupferstich 1672

tat seine Arbeit so stümperhaft, daß er dreimal zuschlagen mußte, bis das Haupt fiel. Der Leichnam wurde öffentlich ausgestellt und am Abend bei den Dominikanern in der Totenkapelle beigesetzt.

Die anderen Teilnehmer an der Verschwörung befanden sich auf dem Schloßberg in Haft. So Gräfin Zriny, Freiherr von Locatelli, Hauptmann Caldi und der Landeshauptmann Karl Graf Thurn, der zu lebenslangem Kerker und Güterverlust verurteilt worden war. Er starb hier 1689.

Innere Zustände gegen Ende des 17. Jahrhunderts

Im 17. Jahrhundert entwickelte sich auch in Graz das Zeitungswesen. In früheren Zeiten besorgten die Klöster die Nachrichtenübermittlung, fahrende Leute oder Händler erzählten bei den Messen sowie auf den Märkten die Neuigkeiten. Die Städte organisierten Botendienste. An der Schwelle zum 16. Jahrhundert stellten die Fürsten und die Stände die Postverwalter größerer Städte in ihre Dienste. Sie übermittelten Briefe, wenn ihnen etwas wichtig erschien. Etwas später entstanden in den süddeutschen und italienischen Städten eigenen Nachrichtenbüros. Graz wurde von den Augsburgern Herwart und Schiffli mit Neuigkeiten versorgt. Aber auch Flugblätter begannen langsam, die Bevölkerung zu informieren. So verbreitete Georg Widmannstetter zwei „Wahrhafte neue Zeitungen" (1593). Auch sogenannte „Türkenzeitungen" brachten in unregelmäßigen Abständen berichtenswerte Ereignisse über Geschehnisse an der Militärgrenze.

Städtische Botendienste

„Türkenzeitungen"

1639 erhielt der Postverwalter Eustachius Khan erstmals von der innerösterreichischen Regierung die Erlaubnis, Zeitungen drucken zu lassen und bestellte gleichzeitig einen Zensor. Verleger war der Buchdrucker Widmannstetter. Ab 1650 erschien seine Zeitung unter dem Titel „Wiener Blätter". Khan wurde wiederholt von der Regierung gerügt, mußte 1660 seine Stellung aufgeben und die Zeitung einstellen. Von 1711 existiert noch ein Fragment des Nachrichtenblattes „Sambstägig-Grätzerisch: Europaeische Zeitung" aus der 1721 der „Posttäglich-Grätzerisch — Außenfliegender Mercurius" erwuchs.

Zweite Hochzeit Kaiser Leopolds

Nach dem schaurigen Schauspiel, der Hinrichtung Tattenbachs, erlebte Graz 1673 eine prachtvolle Hochzeit. Am 11. Oktober traf der verwitwete Kaiser Leopold I. in der Stadt ein, um sich hier mit der Tochter des Erzherzogs Ferdinand Karl von Tirol, Claudia Felicitas, zu vermählen. Während der Anwesenheit des Kaisers in Graz — noch vor Eintreffen seiner Braut — wurde am 12. Oktober in einem feierlichen Rahmen der Grundstein für das neue Kloster der Augustiner-Barfüßer St. Anna im Münzgraben gelegt, dessen erster Prior Abraham a Santa Clara werden sollte. Die Bewilligung zum Klosterbau hatte der Kaiser bereits 1665, gegen den Widerstand des Grazer Magistrates erteilt.

Augustinerkloster im Münzgraben

Tags darauf fuhr der Monarch seiner zukünftigen Gattin bis Gratwein entgegen und geleitete sie zum Schloß Eggenberg. Noch heute erinnert die Steininschrift über dem Tor, „aVe ClaVDIa IMperatrIX", an dieses Ereignis. Nachdem am 14. Oktober das kaiserliche Hochzeitspaar die Glückwünsche des Adels und der Stände entgegengenommen hatte, fanden am nächsten Tag die Hochzeitsfeierlichkeiten statt. Die Trauung wurde in der prachtvoll geschmückten Hofkirche vom päpstlichen Gesandten unter Mitwirkung von vier Bischöfen und 14 Äbten vollzogen. Die Jesuiten verbanden ihre Feier anläßlich des 100jährigen Bestandes ihres Ordens in Graz mit der Vermählung des Kaisers und führten ein Festspiel mit Allegorien auf die Hochzeit auf.

Schwere Pestepidemie

Als der Kaiser fünf Jahre später mit seinem Gefolge aus dem pestverseuchten Wien und Niederösterreich nach Mariazell flüchten mußte, dürfte mit seinem Hofstaat auch die Pest in die Steiermark gelangt sein. Vom obersteirischen Wallfahrtsort breitete sich die Seuche in kürzester Zeit in der gesamten Steiermark aus. Im Sommer 1680 mußten in der Landeshauptstadt sämtliche Schulen gesperrt werden. Wer aus der Peststadt flüchten konnte, tat dies. Aus diesem Grund scheinen in den Verstorbenenlisten vorwiegend ältere und ärmere Leute auf. Der Geheime Rat, die Hofkammer, der Hofkriegsrat, der Landeshauptmann und die landschaftlichen Verordneten übersiedelten nach Bruck an der Mur. Die beiden vorhandenen Lazarette konnten die Kranken nicht mehr aufnehmen, und so mußten sie in sogenannten Pesthütten oder sogar unter freiem Himmel notdürftig versorgt werden. Auf dem Schloßberg, in der Festung, wüteten außerdem die Blattern. Die von der asiatischen

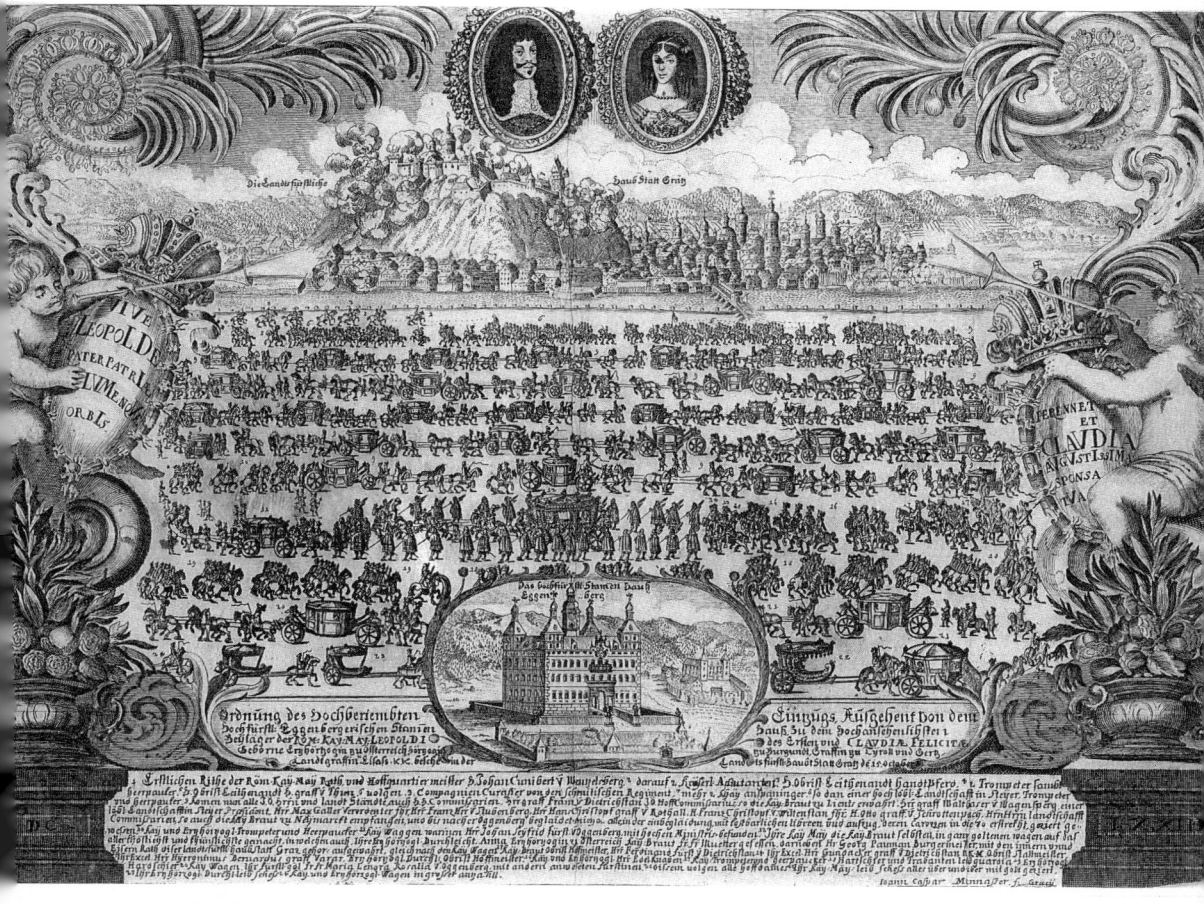

Einzug Claudias Felicitas von Tirol als Braut Kaiser Leopolds I. in Graz. Die Reihung des Zuges gibt ein getreues Bild des Hofzeremoniells, des Hofstaates und der Rangordnung der Stände. Kupferstich von Johann Caspar Mannasser, 1673

Beulenpest befallenen Personen bekamen hohes Fieber, entsetzlichen Durst, Angstgefühle und Schwächeanfälle. Kurz darauf zeigten sich in den Gelenksbeugen Beulen. Zwischen dem dritten und dem fünften Tag trat gewöhnlich der Tod ein.

Da damals die eigentliche Ursache der Pest noch nicht erkannt war, versuchte man, sie durch Hygiene zu bekämpfen. In Seuchenzeiten hatten in Graz alle Hausbesitzer mindestens zweimal pro Woche die Straßen vor ihren Häusern zu reinigen. Ebenso war das Verkaufen alter Kleider auf den Märkten untersagt. Zahlreiche Prediger riefen zur Buße und zu einem sittlichen Leben auf. Die Badehäuser wurden geschlossen und für Fremde eine 30—40tägige Quarantäne („Absonderung") angeordnet. Erkrankungen mußten gemeldet werden, sonst drohten schweren Strafen. Die Häuser angesteckter Personen wurden mit weißen Kreuzen gekennzeichnet und erst nach einer 40tägigen Verschlußzeit geöffnet — der Hausrat meist verbrannt. Zeitweise wurden sogar die Haupttore, wie das Murtor oder das Eiserne Tor, gesperrt und zugemauert, um die Kontrolle an den verbliebenen Einfahrten zu erleichtern.

Der Arzt und Literat Adam von Lebenwald

Einer der bekanntesten steirischen Ärzte, Dr. Adam von Lebenwald suchte die Hauptursache der Pest in mineralischen Giften und glaubte als ihren Träger die Luft gefunden zu haben — besonders die weiche Luft des Unterlandes. Aber auch Kleider, Wäsche, Wolle, Briefe etc. wären seiner Meinung nach für Ansteckungen verantwortlich. Seine Therapie waren Schwitzen, die Einnahme von Theriak, Pimpinelle sowie Wacholder. Die getrocknete und in Essig aufgekochte Kröte galt damals nur mehr wenig. Bauern genasen, wenn sie sich daraufhin ordentlich übergaben oder in Misthaufen oder Erdlöchern eingraben ließen. Die Haupthilfe erwartete man aber von den acht Nothelfern: Maria, Sebastian, Rochus, Rosalia, Franz Xaver, Anton, Ignaz und Joseph.

Der Grazer Augustiner vom Münzgraben, Pater Daniel Leone, verwendete als erster in der Stadt eine Gesichtsmaske — die Pestmaske —, die mit Gewürzen, Pech und Harz bestrichen war, um sich nicht anzustecken. Laut Verordnung durften die Toten nicht in den Friedhöfen, die noch innerhalb der Mauern lagen, begraben werden. Es wurden eigene Friedhöfe in der Nähe der außerhalb der Stadt gelegenen Lazarette und Pesthütten angelegt. Solche befanden sich etwa in der Murvorstadt und vor der Leechkirche in der Gegend des heutigen Stadtparkbrunnens.

Als die Grazer Bevölkerung mit Schrecken sah, wie schnell sich die Seuche ausbreitete, zog Anfang Juni 1680 eine feierliche Prozession durch die Hauptstraßen, an der etwa 3.000 Personen teilnahmen. An der Ecke Sackstraße/Hauptplatz verkündete Statthalter Georg Friedrich Graf von Mengsberg im Namen des Kaisers und des ganzen Landes, daß hier eine Denksäule zu Ehren der Allerheiligsten Dreifaltigkeit errichtet werde, um Gott zu versöhnen und die Seuchenplage abzuwenden. Die rasch errichtete hölzerne Säule konnte schon 1684 durch eine reich vergoldete Dreifaltigkeitssäule ersetzt werden, die 1685 von Abraham a Santa Clara geweiht wurde. Sie steht heute auf dem Karmeliterplatz. Der bedeutende Augustinermönch Santa Clara, der eigentlich Johann Ulrich

Abraham a Santa Clara, Pest- und Sonntagsprediger. Ölgemälde

Megerle hieß, trat in der Stadt als Pestprediger auf und verfaßte hier während seiner siebenjährigen Tätigkeit als Sonntagsprediger neben anderen seine Predigt „Auff, auff, ihr Christen", die Schiller als Vorbild für seine Kapuzinerpredigt in „Wallensteins Lager" diente.

Auch die Bewohner der Vorstädte errichteten Pestsäulen, die gegenwärtig auf dem Lendplatz, Griesplatz, Minoritenplatz und vor dem St.-Peter-Friedhof stehen. *Votivsäulen gegen die Pest*

Die Pest raffte damals in Niederösterreich, Wien und Steiermark mehr Menschen hinweg als der letzte Türkenkrieg. In Graz forderte sie angeblich dreieinhalbtausend Opfer — ein Fünftel der Bevölkerung.

Der durch Pest und Blattern dezimierten Einwohnerschaft drohte noch im selben Jahr eine weitere Gefahr. In der Nacht vom 22. auf den 23. August 1680 brach auf dem Schloßberg, oberhalb des äußeren oder „dritten Sackes", ein Brand aus, der sich rasch auf die Soldatenquartiere und dem Luntenturm ausdehnte. Man mußte befürchten, daß der Pulverturm unter der Stallbastei Feuer fangen und explodieren könnte. Die Folgen für die Stadt wären unabsehbar gewesen. Drei Tage lang beobachteten die Grazer die Löscharbeiten in der Festung und die Absicherung des Pulverturms, bis das Feuer durch die Mithilfe eines heftigen Gewitters unter Kontrolle gebracht werden konnte. Für einige Gefangene kam aber jede Hilfe zu spät — sie waren in ihren Gefängnissen an den Rauchgasen erstickt. Aus Sicherheitsgründen wurde nun das Pulverdepot von der Regierung in die Burg Gösting verlegt.

Neue Kriege

Großwesir Kara Mustafa, der 1676 das hohe Amt von Ahmed Köprülü übernommen hatte, sandte im März 1683 im Namen seines Sultans Mehemed IV. eine formelle Kriegserklärung nach Wien. In Graz hatte man diesen Krieg geahnt, denn schon ein Jahr zuvor hatte der aus den Landständen gebildete Sicherheitsausschuß die Verproviantisierung der Stadt angeordnet. Jetzt wurden die Stadtbefestigung verstärkt und Palisaden aufgeführt. Der Grazer Schloßberg hatte noch im Juli nur 80 Mann Besatzung und die Munition fehlte gänzlich. Am 10. August traf der neue Stadtkommandant, Feldmarschalleutnant Karl Graf von Strassoldo, ein. Zwischen dem 14. und 16. August hatten die Türken den „Goldenen Apfel", wie sie Wien nannten, eingeschlossen. Wiener Festungskommandant war der in Graz geborene Ernst Rüdiger Graf von Starhemberg. Der Oberbefehlshaber der kaiserlichen Truppen, Generalleutnant Herzog Karl von Lothringen, beorderte im August die drei in der Steiermark liegenden Regimenter nach Schottwien. Ein vereinigtes europäisches Entsatzheer unter der vom Kaiser nicht gebilligten Führung des Polenkönigs Jan Sobieski konnte schließlich den Feind in die Flucht schlagen. Die Gefahr war mit dem Sieg vor Wien noch nicht gebannt, da immer noch vereinzelt türkische Abteilungen durch das Land streiften. Erst gegen Ende des Jahres 1687, als die Kaiserlichen bei ihrer Gegenoffensive bereits tief in Ungarn standen, fühlten sich die Grazer vollkommen sicher. Wie in allen Kriegen war auch diesmal die steirische Landeshauptstadt neuerlich zu einer Drehscheibe für Truppenbewegungen gewor-

Wiener Türkenbelagerung 1683

Sieg über die Türken vor Wien. Fresko am Langhausgewölbe des Grazer Mausoleums von Franz Stainpichler, 1688/89

den. Ständig sahen die Stadtbewohner Militärdurchzüge. Bis 1686 lagen in der Murvorstadt und im Münzgraben oberrheinische Hilfstruppen unter dem Befehl des Barons Johann Christoph Buttlar im Quartier. Der größte Teil der Grazer Handwerker war in diesen Jahren für das Heer tätig und zur Verpflegung mußten sogar zusätzliche Backstuben errichtet werden.

Folgenschwere Niederlage Kara Mustafas

Neben den türkischen Feinden bedrohte die Expansionspolitik des französischen Königs Ludwig XIV. das Reich. Das Volk mußte mit hohen Steuern den Zweifrontenkrieg finanzieren. Graz, das sein Getreide größtenteils aus Ungarn bezog, hatte zugunsten der dort stationierten Truppen darauf zu verzichten. Zum Getreidemangel gesellte sich ab 1695 ein Schlachtviehmangel. Die allgemeine Lage besserte sich erst, als Prinz Eugen von Savoyen dem Großwesir nahe der kleinen Stadt Zenta eine vernichtende Niederlage zufügte und ihn schließlich 1699 zum Frieden von Karlowitz zwang. Zwei Jahre davor war das Ringen im Westen beendet worden. Der Friede von Rijswijk (1697) bedeutete in Wirklichkeit jedoch nicht mehr als einen Waffenstillstand, denn die diplomatischen Auseinandersetzungen um die spanische Thronfolge waren schon im vollen Gange.

Der Spanische Erbfolgekrieg

In kürzester Zeit überschattete die Frage der spanischen Thronfolge nach dem Aussterben des Letzten der spanischen Habsburger Carlos II. alle anderen Probleme. 1701 brach ein 14jähriger Krieg offen aus. Die Heere Leopolds unter Prinz Eugen konnten zu Beginn in Oberitalien wichtige Erfolge erzielen. Für die Länder Innerösterreichs bestimmte der Kaiser aus verwandtschaftlicher Rücksicht den polnischen Prinzen Jakob Sobieski — den Sohn des Wienbefreiers — zum Gubernator. Während seiner kurzen Amtszeit wohnte er mit seiner Gemahlin, der Prinzessin Maria Elisabeth von Pfalz-Neuberg, in der ehemals kaiserlichen Burg der Stadt. Der im Verlauf der Auseinandersetzung bei Cremona gefangene französische General Marschall Villeroy wurde als Kriegsgefangener 1702 nach Graz überstellt und mit seinem Gefolge in einem Haus am Hauptplatz untergebracht. Da Villeroy Verbindungen mit den in der Stadt befindlichen Franzosen aufnahm, führte der Oberkommandierende der Schloßbergbesatzung, Graf Rabatta, eine strenge Paßkontrolle bei allen Fremden ein, um etwaige heimliche Kontakte zum französischen Feldherrn zu unterbinden. Selbst dem Gubernator Sobieski mißtraute man und ließ ihn durch den Grafen Johann Rudolf von Saurau beobachten.

Als im selben Jahr die adriatischen Häfen von französischen Kriegsschiffen blockiert wurden, mußte die Grazer Bevölkerung aus ihren Reihen Verstärkung zum Schutz der Hafenstädte entsenden. Inzwischen bezogen die mit Waffen aus den Zeughäusern versehenen Bürger die Hauptwache in der Stadt. Obwohl Graz die Hauptfestung Innerösterreichs war, spielte zumindest im 17. Jahrhundert das Militär in der Bevölkerungsstruktur der Stadt nur eine untergeordnete Rolle, da lediglich in der landesfürstlichen Schloßbergfestung ständig eine 50 bis 80 Mann starke Besatzung lag. In der Stadt selbst existierte nur eine etwa 50 bis 60 Mann zählende Stadtwache. Während der Rekatholisierung löste der Landesfürst die vom Grazer Magistrat unterhaltene Stadtwache auf und ersetzte sie durch eigene Söldner. Wie erwähnt, stellte ab 1611 wiederum der Magistrat die Stadtwache, doch wurde diese 1703 erneut von der Regierung übernommen. Neben der Stadtwache existierte eine Bürgerwehr, die aber nur fallweise bei festlichen Anlässen oder Feindesgefahr aufgeboten wurde und die man bei Bedarf durch Söldner und Handwerksburschen ergänzte. Graz besaß als größter Waffenplatz der innerösterreichischen Länder damals drei Zeughäuser: das landesfürstliche Hofzeughaus, das landständische in der Herrengasse und schließlich das Zeughaus der Bürger. Die nach Italien entsandte Verstärkung kehrte Ende Oktober zurück, da der englische Admiral Fairborn mit einer holländisch-englischen Flotte die französischen Schiffe abgedrängt hatte.

Als aber mit dem Einfall der miteinander verbündeten bayrischen und französischen Truppen in Tirol der Kriegsschauplatz sich nach Österreich zu verschieben schien, wurden die Archive der oberösterreichischen Behörden und der Ambraser Schatz von Innsbruck nach Graz verlegt. Auch die inzwischen verwitwete Kurfürstin von Pfalz-Neuberg, die nach dem Tode ihres Gatten Graz in Richtung Tirol verlassen hatte, wollte nun in die sichere Burg zurückkehren. Jedoch die Unruhen an der ungarischen Grenze bewogen sie, in Klagenfurt zu bleiben.

Gerade als der Spanische Erbfolgekrieg die größten Kräfte des Hauses Habsburg an die westeuropäischen Kriegsschauplätze band, entwickelte sich an den Grenzen von Mähren, Niederösterreich und der Steiermark ein blutiger Kleinkrieg der ungarischen

Kämpfende Kuruzzen. Ölbild eines unbekannten Malers

Kuruzzenkrieg   Kuruzzen (= Kreuzträger) gegen den Kaiser und seine Länder. Durch französische Hilfsgelder gelang es 1703 den Aufrührern unter der Führung des siebenbürgischen Fürsten Rákóczy, ganz Oberungarn in die Hand zu bekommen. Dem Kaiser war es unmöglich, ihnen eine entsprechende Truppenmacht entgegenzustellen. In Graz traf man zur Vorsicht alle nötigen Maßnahmen, um einem Angriff trotzen zu können. Die Zeughäuser wurden überprüft, Vorräte angelegt, der Palisadengürtel erneuert und mit 400 Bauern die Basteien besetzt.

Im Jänner 1704 traf der erste Kuruzzeneinfall untersteirisches Gebiet an der unteren Mur. Nach dem Fall der Festung Tschakaturn verwüsteten die Aufständischen im Februar das Gebiet zwischen Donau und Mur, drangen durch das Raabtal weiter und plünderten verschiedene Grenzorte von Friedberg bis Fürstenfeld. Die rasch von den steirischen Landständen aufgebotene, noch kampfunerfahrene Landmiliz erlitt unter dem Kommando des Grazer Schloßhauptmanns Graf Rabatta im Juli bei Mogersdorf eine bittere Niederlage. Drei Wochen später verwüsteten die Kuruzzen zwischen Feldbach und Hartberg an die 62 Dörfer. In Graz herrschte Angst und Schrecken. Man befürchtete einen Angriff. Die Wachen wurden verdoppelt und aus den pferdebesitzenden Bürgern eine Reiterei geschaffen. Die Universität beteiligte sich an der Stadtverteidigung und stellte eine „akademische Legion" zur Verstärkung der Stadtwache. An die 300 Studenten bildeten vier Kompanien, die vom Universitätsrichter, dem Universitätsrektor und von Senatsassesoren befehligt wurden. Die Kuruzzen gelangen niemals bis vor die Mauern der Stadt, aber erst im Jahre 1711 konnte mit dem Friedensvertrag von Szátmár der Schlußstrich unter die Aufstände gezogen werden.

Beginnender Absolutismus

Am 5. Mai 1705 war nach 48jähriger Regierung Kaiser Leopold gestorben. Sein Sohn Joseph I. folgte ihm in der kaiserlichen Würde und als Herrscher der österreichischen Länder. Er führte die Staatsgeschäfte mit eiserner Hand und begann in der Reichshauptstadt mit der Neuorganisation der höchsten Behörden. Die Neuerungen wirkten sich auch auf Graz aus. Dem Magistrat wurden Rechte auf die Stadtwache entzogen, und Prinz Eugen erreichte als Präsident des kaiserlichen Hofkriegsrates die Unterstellung des Grazer Kriegsrates und damit die Zentralisierung der militärischen Befehls- und Verwaltungsinstanzen in Wien. Dennoch behielt die Grazer Einrichtung als „Kriegsstelle" bzw. „Militäroberdirektorium", wie sie später hieß, eine Sonderstellung bis in die theresianische Zeit. Nach der Unterstellung leistete die Hofkammer Widerstand gegen die weitere Übergabe verschiedener Kompetenzen. Die Zeughäuser wurden zwei Jahre später übergeben. Zur besseren und rascheren Durchführung der Verordnungen entsandten die Wiener Stellen den Generalfeldzeugmeister Johann Martin Gschwindt von Pöckstein nach Graz.

Kaiser Josef I.

Prinz Eugen betreibt die Zentralisierung der Militärverwaltung in Wien

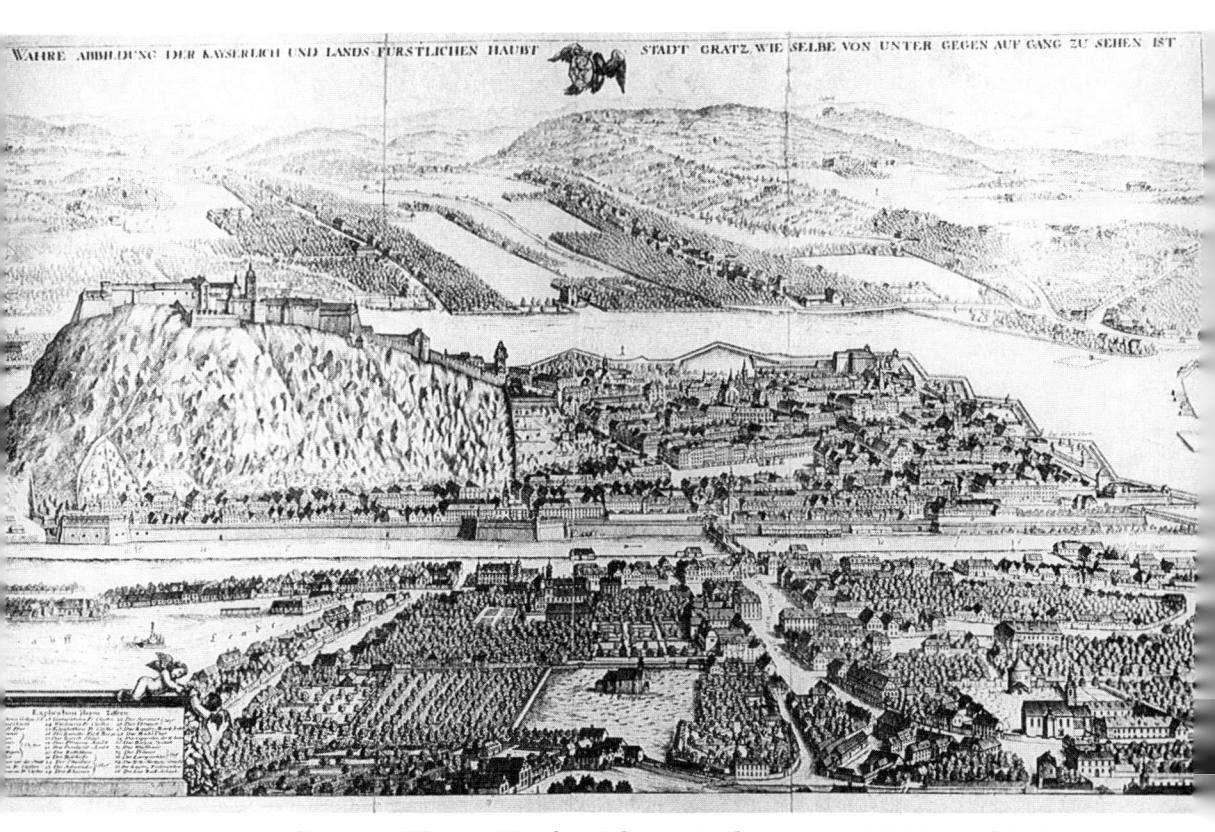

Graz von Westen. Kupferstich von Andreas Trost 1689/99 und 1728

Kaiser Karl VI.

Eine entscheidende Wendung im Krieg um das spanische Erbe brachte der überraschende Tod Kaiser Josephs I. im April 1711. Sein jüngerer Bruder, Carlos, mußte aus seinem geliebten Spanien nach Wien zurückkehren und als Kaiser Karl VI. die Nachfolge antreten. Eine Vereinigung der österreichischen Länder mit der spanischen Gesamtmonarchie lag aber nicht im Sinn der verbündeten Mächte, die um ein europäisches Gleichgewicht bemüht waren.

Im folgenden Jahr ließ der Kaiser die fünf Kinder des bayrischen Kurfürsten, Max Emanuel, als ehrenvolle Gefangene von Klagenfurt nach Graz bringen. Als Unterkunft war die Burg vorgesehen. Die bayrischen Prinzen — darunter der spätere Kaiser Karl VII. — mußten sich bis Ende 1714 in der Stadt aufhalten. Erst nach dem Friedensvertrag von Baden konnten sie die Heimreise antreten.

Ein Jahr zuvor waren innerhalb der Mauern schwere Handwerkerunruhen ausgebrochen. Die Regierung bestand darauf, daß nur Gesellen, die den vorgeschriebenen „Kundschaftszettel" mit den

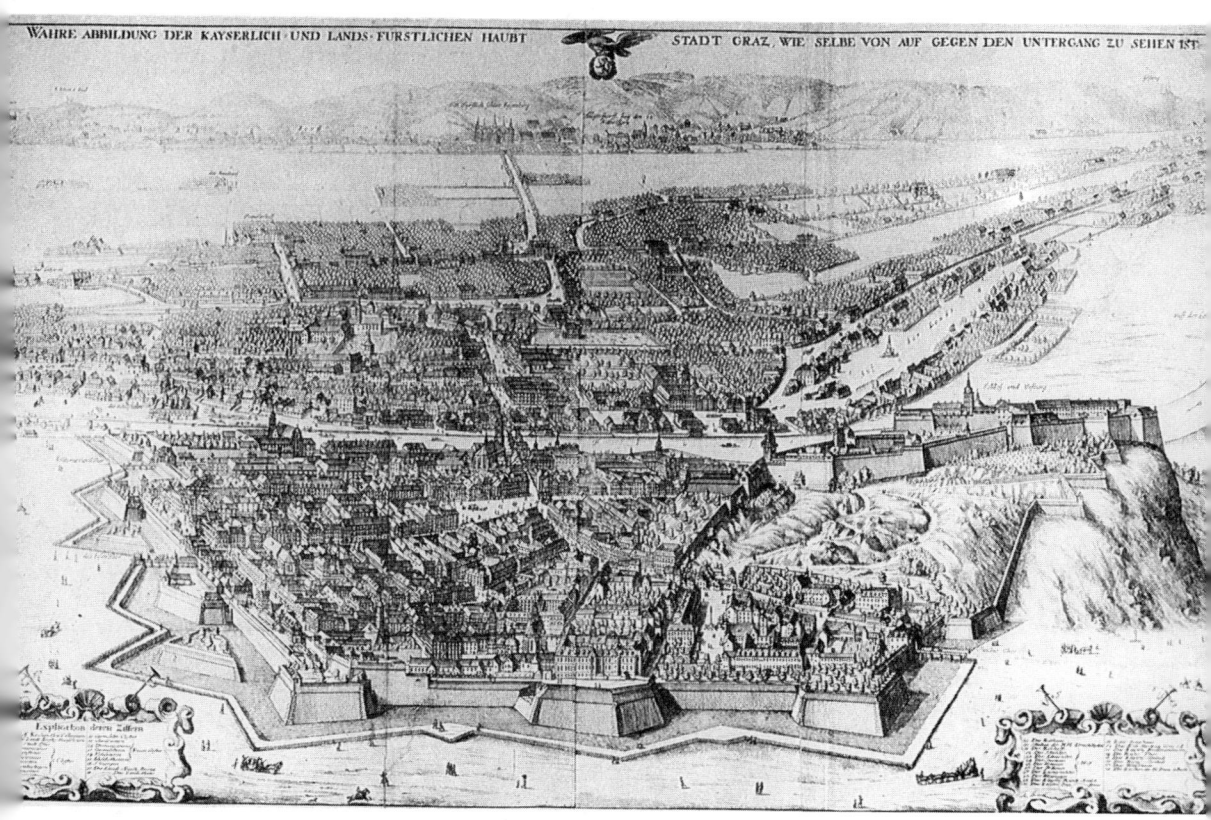

Graz von Osten. Kupferstich von Andreas Trost 1703 und 1728

persönlichen Daten und einem Leumundszeugnis besaßen, Arbeit erhalten sollten. Über 60 Schuhknechte und 40 Lehrlinge verweigerten trotz Peitschenhieben und Arrest die Annahme der Kundschaftszettel. Die Bürgerschaft erklärte sich mit den Handwerkern solidarisch, und eine aufgebrachte Menge schickte sich an, das Rathaus zu stürmen. Aus Angst vor gröberen Ausschreitungen verhängte die Regierung den Belagerungszustand über die Stadt und rief 40 Reiter von der Schloßbergbesatzung zu Hilfe. Erst als die Regierungskommissäre den Schuhknechten mit der ewigen Ausweisung drohten, konnte die Ruhe wieder hergestellt werden.

Handwerkerunruhen

In Wien drängte Prinz Eugen auf eine weitere Zentralisierung der Militärverwaltung und der Kommandoführung. Nach dem Ausscheiden des innerösterreichischen Hofkriegsratspräsidenten Graf Gronsfeld (1717) wurde nur mehr ein Vizepräsident — Max Adam Graf Lengheimb — ernannt. Mit der immer stärker werdenden Bevormundung durch die Wiener Zentralstellen wurde Graz von den großen politischen Geschehnissen abgedrängt, und weniger bedeutende Ereignisse beherrschten nun seine Geschichte.

Der Kaiser stiftet ein Armen- und Siechenhaus

Bereits in den früheren Jahren war dem Magistrat die Oberaufsicht über das städtische Wohlfahrtswesen entzogen worden. Um die Politik der allgemeinen Hebung des Wohlstandes und der Erweiterung der Armenfürsorge weiterführen zu können, stiftete der Kaiser 1724 am Gries ein großes Armen- und Siechenhaus, das später von der Gemeinde übernommen und dem ein Altenkrankenhaus angeschlossen wurde. Im Sinne ähnlicher Interessen mußte der Magistrat auch das alte und reiche Bürgerspital abgeben, das der in Landessicherheitssachen angeordneten Hauptkonferenz unterstellt wurde. Alle Bestrebungen der Regierung liefen auf die Einschränkung der autonomen Gewalt hinaus. So beschränkte man noch im selben Jahr die akademische Gerichtsbarkeit, indem der Senat der Universität die Untersuchungen und die Aburteilungen der an den Tumulten beteiligten Studenten an eine Kommission der Hofkammer verlor.

Die „Pragmatische Sanktion"

Da die innerösterreichischen Stände bereits 1720 die „immerwährende Satzung" der Pragmatischen Sanktion (1713) und somit die Erbfolge Maria Theresias anerkannt hatten, fühlte sich deren Vater Kaiser Karl VI. verpflichtet, in Graz die Zeremonie der Erbhuldigung zu vollziehen, die sein Bruder Joseph I. unterlassen hatte. Er sollte der letzte Regent sein, der sich in der steirischen Landeshauptstadt huldigen ließ.

Im Februar 1728 kündigte der Kaiser den steirischen Ständen seine Absicht an. Die Regierung ließ zur Verkehrserleichterung eine Schiffsbrücke in der Gegend der heutigen Radetzkybrücke über die Mur errichten, die wenigen mittels Murschotter gepflasterten Straßen ausbessern und auf Wunsch des Kaisers eine Straßenbeleuchtung einrichten.

Neue Straßen- und Gassenbeleuchtung

Eine allgemeine Beleuchtung der Stadt kannte man bisher nur bei Festlichkeiten und unruhigen Zeiten. Sie erfolgte mittels Pechkränzen oder -pfannen. Wer damals in der Nacht ausging, hatte für seine eigene Beleuchtung zu sorgen. Am Samstag, dem 19. Juni, vier Tage vor der Ankunft des Kaisers, erstrahlten die Gassen der Stadt zum ersten Mal im Licht der mit Unschlitt gefüllten Laternen, welche an den Hauswänden befestigt waren. Warnungstafeln sollten boshafte Beschäftigungen unterbinden. So wurde für das ein-

Warnungstafel gegen das Einschlagen der Laternen (47 x 71 cm). Öl auf Blech, 1728

malige Einschlagen einer Laterne eine Geldstrafe angedroht, beim zweiten Mal war Prangerstehen vorgesehen, und beim dritten Mal drohte sogar das Abhacken der Hand.

Zu den Festvorbereitungen zogen die eigens nach Graz entsandten Hofbeamten sowohl den Magistrat als auch den Bürgeraus-

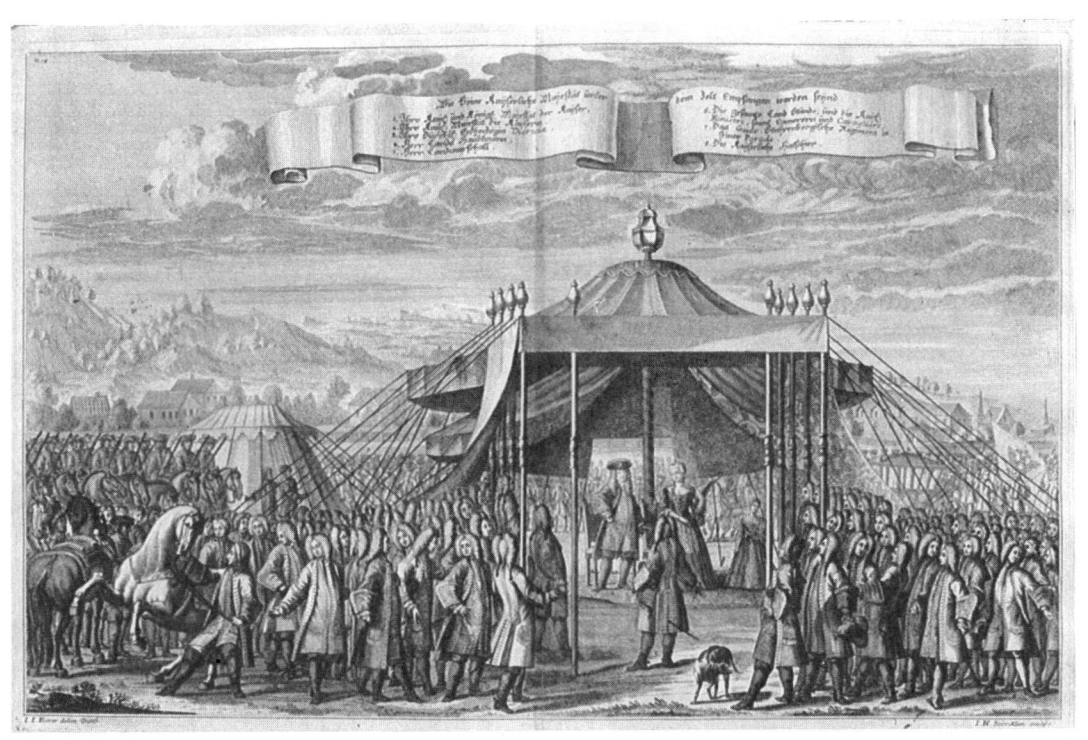

„Wie Seine Kayserliche Majestät unter dem Zelt Empfangen worden seynd". Kupferstich von Joh. Heinrich Störcklin, nach einer Zeichnung von Ignaz Joseph Flurer, 1728. Aus dem Erbhuldigungswerk von Joh. Jakob von Deyerlsberg

schuß heran. Die Burg wurde gründlich renoviert, die Doppelwendeltreppe, die zu den Amtsräumen der Hofkammer führte, ausgebessert, der Gang von der Burg zur Schloßbergbefestigung instandgesetzt. Sogar der Hofkriegsrat mußte seinen Sitzungssaal zugunsten des Hofstaates abtreten. Am Nachmittag des 23. Juni traf der Kaiser mit seinem Hof in der Stadt ein. Bereits ab Frohnleiten begleitete eine landständische Abordnung den hohen Gast, der für die Reise von Wien bis nach Graz nahezu eine Woche benötigt hatte. In Begleitung Karls reisten seine elfjährige Tochter Maria Theresia, Herzog Franz Stephan von Lothringen sowie der Herzog Pius von Savoyen. Der Zug bewegte sich unter Salutschüssen und Glockengeläute über den Lendplatz zum Murtor. Nach der Begrüßung durch den Magistrat überreichte Bürgermeister Sebastian Pesenkemmer Karl VI. die Stadtschlüssel. Trotz strömenden Regens zog der Kondukt mit großer Prunkentfaltung durch die Herrengasse zum Landhaus und zur Hofkirche. Den hellgelben Traghimmel aus Seide, der sich über dem Kaiser entfaltete, trugen acht Ratsher-

„Der Zug Ihro May. des Kaisers von der Burgg in die Hof-Kirchen."
Kupferstich von Joh. Heinrich Störcklin aus der „Erbhuldigung von Joh.
Jakob von Deyerlsberg, nach einer Zeichnung von Ignaz Joseph Flurer

ren. Am 6. Juli begleiteten die Landstände den Kaiser von der Burg zur Kirche zum Hochamt. Anschließend leistete der Herrscher in der Burg vor dem Landeshauptmann und dem landschaftlichen Ausschuß den Eid auf die alten Privilegien des Landes. Nun huldigten ihm die Landstände und gelobten Gehorsam und Treue. Pikanterie am Rande: der feierliche Akt mußte ohne den steirischen Herzogshut stattfinden, da dieser nirgends aufzufinden war. Ein Tedeum in der Hofkirche sowie ein reichhaltiges Bankett in der Burg beschlossen das Erbhuldigungsfest.

Einen Höhepunkt im Grazer Kulturleben stellte die Aufführung einer Oper im Rahmen der Feierlichkeiten dar. Die italienische Oper war durch Domenico Mazzeni (1677) in die steirischen Landeshauptstadt eingeführt worden und hatte besonders beim adeli-

Opernaufführung

gen Publikum eine bemerkenswerte Anhängerschaft gefunden. Die Aufführung von 1728 dauerte fast fünf Stunden — von acht Uhr abends bis nach Mitternacht. Der Kaiser blieb noch bis zum 16. August in der Stadt und reiste anschließend in die übrigen Länder Innerösterreichs, um dort ebenfalls die Erbhuldigung entgegenzunehmen. Auf dem Rückweg an den Hof in Wien traf er am 24. September erneut in Graz ein, um die hier verbliebene Kaiserin und die Erzherzogin Maria Theresia abzuholen. Nach dem Abzug des Kaiserpaares samt seinem Hofstaat sprachen die finanziellen Aufwendungen eine eindeutige Sprache. Das barocke Spektakel der „Erbhuldigung" hatte rund 60.000 Gulden verschlungen — in der heutigen Umrechnung also etwa 6 Millionen Schilling. Der Kaiser selbst hatte für Reisekosten ein „Geschenk" von 40.000 Gulden und die selbe Summe nochmals als Anleihe verlangt. Die Festlichkeiten der vergangenen Tage halten das Kupferstichwerk von J. Jac. Edlen von Deyerlsberg für die Nachwelt im Bild fest.

Theater am Tummelplatz

Der Leiter einer italienischen Operngesellschaft war es auch, dem die Einrichtung des ersten ständigen Theaters in der Stadt gelang. Wie alle anderen italienischen und deutschen Truppen, die meist nur auf behelfsmäßigen Bühnen — bestenfalls im Ballhaus — spielen konnten, mußte sich der Opernunternehmer Pietro Mingotti im Frühjahr 1736 ebenso mit der leerstehenden Wagenremise der ehemaligen Hofstallungen am Tummelplatz begnügen. Angespornt durch seine Erfolge bei Publikum und Hofkammer entschloß er sich, das Gebäude in ein richtiges „Opern- oder Komödienhaus" umzubauen. Das Ansehen Mingottis war binnen eines Jahres so gestiegen, daß ihm die Landstände Faschingsveranstaltungen subventionierten. Wiederholt erhielt Mingotti vom steirischen Adel einen „Gnaden-Auswurf". Grund: „... weilen die Opern große Unkosten und zu wenig Zugang hatten und dennoch den Ständen zur honetten Unterhaltung dieneten". Das bürgerliche Publikum war also kaum anzusprechen. Es vergnügte sich lieber mit den vor allem zu den Märkten angereisten Wanderschauspielern in den billigen „Kreuzerhütten" und anderen behelfsmäßigen Theatern. Durch das Ausbleiben dieses Publikums mußte Mingotti das Theater 1743 seinem Hauptgläubiger, dem Weinaufschlagpächter und späteren Kommerzialrat Peter Piccinelli, abtreten, dem er 4.000 Gulden schuldete.

In den letzten Regierungsjahren des Kaisers kam es in der Umgebung der Stadt zu Bauernunruhen. Ursache dafür waren die hohe Besteuerung, die vielen Rekrutierungen und vor allem die strengen Jagdgesetze. Durch den Fraß des überhegten Wildes litten die Feldfrüchte. Selbst der Magistrat mußte auf seinen Getreidefeldern auf der Kühtratte schwere Einbußen hinnehmen. 1737 leisteten einige hundert Bauern den zur Werbung ausgesandten Soldaten bewaffneten Widerstand. Um diesen Unruhen zu begegnen, wurde der Herzog von Sachsen-Hildburghausen, Joseph Friedrich, nach Graz entsandt, wo er das Kommando über die in der Stadt befindlichen Truppen übernahm. Doch erst die Verordnungen Maria Theresias über den Wildschutz konnten die Bauern beruhigen.

Als am 20. Oktober 1740 Karl VI. einer schnell verlaufenden tückischen Krankheit erlag, starb das Geschlecht der Habsburger im Mannesstamm aus. Nach den Bestimmungen der Pragmatischen Sanktion übernahm nun Maria Theresia die Regierungsgeschäfte. *Aussterben der Habsburger im Mannesstamm*

Die unregelmäßige Perle

Mit dem Sieg der Gegenreformation begann sich nun auch ein neuer Kunst- und Kulturstil zu regen: das Barock. Anfänglich nur zögernd, da sich die durch die ständige Überfallsbereitschaft der Osmanen entstandene Unsicherheit nicht nur auf Handel und Wirtschaft der Stadt Graz, sondern ebenso auf die Baufreudigkeit lähmend auswirkte. Abgesehen vom repräsentativen Mausoleum, dem monumentalen Schloß Eggenberg und dem Landeszeughaus stagnierte die Bautätigkeit bis zum dritten Viertel des 17. Jahrhunderts. Es ist bezeichnend, daß der einzige Bau der Landstände militärischen Zwecken diente. *Bauten des Frühbarock*

Die zwei überlebensgroßen Nischenfiguren an beiden Seiten des Portals — links der Kriegsgott Mars, rechts die Göttin des Krieges Bellona, werden zu den großartigsten Plastiken des Frühbarock in der Steiermark gezählt. Als endlich die Türkengefahr einigermaßen gebannt war und der Krieg um das spanische Erbe seinem Ende zuging, hatte der barocke Baustil seinen Höhepunkt bereits wieder überschritten. Die Bezeichnung der Epoche stammt vom portugiesischen Wort „barocco" und bedeutete ursprünglich die Oberfläche einer unregelmäßigen Perle.

Unter dem Eindruck der Siege über die Türken (St. Gotthard 1664, Wien 1683) und der damit verbundenen Stabilisierung des Reiches begann im ganzen Land, so auch in Graz, eine erneute Blüte der Künste. Die Bautätigkeit in der Stadt setzte schlagartig und derart intensiv ein, daß das Stadtbild abermals grundlegend umgestaltet wurde, und der heutige Gesamteindruck der Altstadt noch vorwiegend vom Barock bestimmt wird.

Architektur

In der neuen Baugesinnung spiegeln sich deutlich die geänderten Lebensverhältnisse: die Verfeinerung der Lebensformen und das starke Bedürfnis an Repräsentation. Daher legte man jetzt das Hauptaugenmerk auf die prunkvolle Behandlung des Gebäudeäusseren — war es doch im gewissen Sinn die Visitenkarte des Besitzers. Beschränkte sich der Eigentümer anfangs lediglich auf Umbauten oder Neufassadierung (Ende 17. Jhds.) — ein eindrucksvolles Beispiel stellt das Luegg am Hauptplatz mit seinem üppigen Akanthusstuck dar — war schließlich der Schritt zu Neubauten unvermeidlich. Zwischen 1680 und 1720 entstanden die schönsten Palais der Stadt, wie z. B. die Palais Khuenburg (Ende 17. Jahrhundert), Stubenberg-Welsersheimb (1689/94), Lengheimb (um 1690), Attems (1702/05) oder das Palais Wildenstein (um 1715/20).

Das bemittelte, kultivierte Bürgertum wollte aber hinter den aristokratischen Kreisen nicht zurückstehen und suchte es ihnen gleichzutun. Nicht allein Kunstsinn, sondern wohl auch das Streben nach Standeserhöhung spiegelt sich in dieser Absicht. In die Straßenflucht gestellte Fronten verdrängten langsam das schmale Giebelhaus. Besondere Aufmerksamkeit widmete der Bauherr der Ausstattung der Portale. Durch Pilaster und Säulen gegliedert, tragen sie die darüberliegenden Balkonbalustraden und werden so zu einer selbständigen architektonischen Schöpfung.

Im 18. Jahrhundert verliehen vor allem zwei Architekten der Stadt wesentliche Akzente: der Grazer Johann Georg Stengg und der 1740 aus Wien zugezogene Joseph Hueber.

Der Kalvarienberg

1723 erhielt die Kalvarienbergkirche die „Heilige Stiege" mit einem Fassadenprospekt als Vorbau, dessen bemerkenswerte Gestaltung Johann Georg Stengg zugeschrieben wird. Der Kalvarienberg in Graz zählt zu den größten und künstlerisch bedeutensten Anlagen dieser Art in Österreich. Er stellt ein besonderes Denkmal hochbarocker Frömmigkeit dar.

Der Kalvarienberg. Stich nach einem Original von Maria Viktoria Attems

Die Geschichte des Berges setzt mit den drei Kreuzen ein, die der Oberhofmeister Bernhard Walter 1606 auf dem sogenannten Austein errichten ließ. Grund und Boden gehörten damals zum Gut

Leuzenhof des Freiherrn Ferdinand von Maschwander. Die Aufstellung der Kreuzgruppe geschah zu einer Zeit, als die Bevölkerung gerade eine Pestperiode überstanden hatte und die Gegenreformation des späteren Kaisers Ferdinand II. die ersten Früchte zeigte. Der Berg entwickelte sich rasch zu einem Anziehungspunkt für die Gläubigen. Als Stiftung fiel er, gemeinsam mit dem Gut, letztendlich an die Jesuiten, die als Leiter der bürgerlichen Bruderschaft „Mariae Reinigung" den weiteren Ausbau vorantrieben und die Verehrung dieser Stätte planmäßig intensivierten. Johann Gabriel von Maschwander, der Sohn des vormaligen Besitzers, ließ als Mitglied der Bruderschaft 1654 die Grabkapelle errichten. Vier Jahre später wurden die Ölberg-Kapelle sowie die Kreuzgruppe eingeweiht. Um die Kreuze auf der Bergspitze entstanden nach und nach die einzelnen Kapellen, von denen die Ölberg-Kapelle — die Vorgängerin der jetzigen Kirche — den Rang einer Pfarrkirche (1787) erlangen sollte. Zahlreiche Spender und Wohltäter — unter ihnen auch Kaiser Leopold I., der in Begleitung von Erzherzog Leopold Wilhelm den „neuen Berg Calvaria in der Maschwander-Au" besuchte (4. Oktober 1660) — ermöglichten den Ausbau der Anlage. Durch die Umgestaltung und gleichzeitige Vergrößerung der Ölberg-Kapelle in die heutige Gestalt unter dem Reichsgrafen Johann Georg von Herberstein, der als Bauherr auftrat, konnte die Anstellung eines Benefiziaten (1698) erreicht werden. Die Spendenfreudigkeit des Kaufmannes und Wechselherrn Andreas Brunner machte die Bestellung möglich. Der Aufbau der „Heiligen Stiege" war das letzte große Werk der Marienbruderschaft.

Wallfahrtskirche Maria Trost

Ein weiteres Werk Stenggs, wenn nicht gar sein Hauptwerk, war der Neubau der Barmherzigenkirche (1734/40), deren Fassade einen Höhepunkt der steirischen Sakralarchitektur darstellt. Wenige Jahre später (1746) konnte die von Andreas Stengg und dessen Sohn Johann Georg erbaute Wallfahrtskirche Maria Trost auf dem sogenannten „Purberg" (Burgberg) geweiht werden, jedoch mit einer unvollendeten Fassade.

Den ersten Schritt auf dem langen Weg zu einer Kirche tat der damalige Besitzer des „Purberg-Schlößl", Johann Maximilian Freiherr von Wilfersdorff, als er eine Muttergottesstatue des Stiftes Rein in seiner Schloßkapelle aufstellte. Nach dem Verkauf an den Registrator der Regierungskanzlei, Franz Caspar Conduzzi von Heldenfeldt, berichtete eine kirchliche Visitation, daß die St.-Anna-Kapelle im Schlößl von Conduzzi selbständig unter den Schutznamen Maria Trost „intituliert" worden sei. Um die in der Folge immer stärker werdenden Wallfahrten — an Sonn-und Feiertagen kamen oft über 800 Pilger — in geregelte Bahnen zu lenken und Gelegenheit zur heiligen Messe sowie zur Beichte zu schaffen, übergab Conduzzi Kapelle und Schlößl dem Orden der Pauliner aus Kroatien. Diese waren es, die nach kirchlicher Anerkennung des Ortes als Wallfahrtsort (1711) im Jahre 1714 den Grundstein für Kirche und Kloster legten.

Aber nicht nur im sakralen Bereich, sondern auch im profanen schuf Johann Georg Stengg Großartiges, wie etwa das Haus Mehlplatz Nr. 1, oder das für Ignaz Maria Graf Attems erbaute Talschloß Gösting, das bis 1955 im Besitz des Adelsgeschlechts der Attems verblieb.

Joseph Huebers bedeutendster Auftrag kirchlicher Natur war die Neugestaltung der Kirche des Minoritenklosters Mariahilf (1742/44), deren Zweiturmfassade zu einem repräsentativen Schwerpunkt in der Murvorstadt wurde. Weitere Arbeiten Huebers sind die Nepomukkapelle in der Stadtpfarrkirche (1741/42), der Dompfarrhof, die Umbauten für die Grafen Herberstein im Schloßbereich Eggenberg und im Palais Herberstein sowie eine beträchtliche Anzahl von Bürgerhäusern. *Neugestaltung der Kirche Mariahilf*

Den Ausklang der spätbarocken Architektur und den Übergang ins Rokoko in Graz stellt der von Joseph Stengg geschaffene eingeschoßige Dachreiter der Stadtpfarrkirche mit seinem reich modellierten Turmhelm dar.

Bereits zu Beginn des 17. Jahrhunderts wurde in der Malerei durch Pietro de Pomis ein erster Höhepunkt erreicht, in dem sich der Manierismus zum Barock wandelte. Erst im letzten Viertel desselben Jahrhunderts konnte durch den in Italien geschulten Eggenberger Hofmaler Hans Adam Weissenkircher mit der malerischen Ausgestaltung des Festsaales des Schlosses (1679/85) eine ähnlich hohe künstlerische Qualität erreicht werden. *Malerei*

In den nächsten Jahrzehnten dominierte die Freskomalerei, die durch Antonio Maderni (sg. „Minoritensaal", 1702) und Franz Carl Remp (Palais Attems, ca. 1702/10), Philipp Carl Laubmann (Palais Herberstein, um 1756) und Johann Caspar Fibich (Domherrnhofkapelle, um 1770) großartig dokumentiert wird. Gleichzeitig konnten Johann Veit Hauck (Elisabethinerkloster), Franz Ignaz Flurer *Freskomalerei*

Schloß Eggenberg. Blick zur südlichen Stirnseite des großen Festsaales (Planetensaal). Den Zyklus schuf der Eggenberger Hofmaler Hans Adam Weissenkircher zwischen 1680 und 1685

(Domkirche) sowie Johann Anton Baptist Raunacher (Schloß Eggenberg) Bedeutendes auf dem Gebiet der Malerei leisten.

Plastik Im Bereich der Plastik hinterließen u.a. der in Graz geborene Hofkünstler Johann Bernhard Fischer von Erlach, der in Rom ausgebildete Marx Schokotnigg, Johann Jakob Schoy, der Admonter Stiftsbildhauer Josef Stammel, Joseph Schokotnigg, Matthias Leitner, Philipp Jakob Straub sowie der ab 1755 in Graz wirkende Veit Königer ihre Spuren.

Die von Kaiser Leopold I. geförderte Ausstattung des Mausoleums (Stukkaturen, Hochaltar) sind die einzigen Arbeiten, die Fischer von Erlach in Graz hinterlassen. Werke von Marx Schokotnigg befinden sich ebenfalls im Mausoleum (Altarfiguren), von Schoy im Dom (Hochaltaraufsatzfiguren), von Stammel in St. Martin („Drei-Pferde-Altar"), von Joseph Schokotnigg an der Fassade der Stadtpfarrkirche, von M. Leitner in der Barmherzigenkirche, von Straub in der Stadtpfarrkirche (Nepomukkapelle) und von Veit Königer in der Domkirche (Triumphbogenaltäre).

Neben den großräumigen und weitläufigen Arbeiten der Barockkunst darf auf die zahlreichen Kleindenkmäler, die das Stadtbild

Das „Gemalte Haus" oder „Herzogshof", bis 1450 herzoglicher Lehenshof. Ursprünglich ornamentale Malereien von Giovanni Pietro de Pomis. Heutige Freskenfassade von Johann Mayer (1742). Aquarell auf Pappe von Franz Thür, 1935

bis heute künstlerisch bereichern, nicht vergessen werden. Neben kunstvollen Türbeschlägen und Fenstergittern verdeutlichen die für die Stadt charakteristischen Votivsäulen und die vielen barocken Hausmadonnen den wiedererstarkten Katholizismus und die intensive Marien- und Heiligenverehrung innerhalb von Graz.

Mit der Zurückdrängung des italienischen und dem immer stärker auftretenden Einfluß französischer Kunst — Frankreich war zum tonangebenden Kulturland Europas aufgestiegen — faßte der das Rokoko neben dem Spätbarock hier Fuß. An die Stelle der schweren, überladenen Hochrelief-Formen traten nun leichtere, graziöse Motive. Gelegentlich ersetzte man den Stuckdekor an den Hausfronten durch Fresken. Das einzige heute noch erhaltene Beispiel dieser Art ist das „Gemalte Haus" (Herrengasse Nr. 3), aber auch dessen mythologischen Szenen — 1742 von Johann Mayer ausgeführt — haben schon unzählige Restaurierungen über sich ergehen lassen müssen.

Das „Gemalte Haus"

Reformen

Umorganisation und Neuerungen

Als Erzherzogin Maria Theresia das Erbe ihres Vaters antrat, war sie 23 Jahre alt, mit dem 31jährigen Herzog von Lothringen, Franz Stephan, verheiratet und Mutter dreier Kinder.

Mit einer leeren Staatskasse, nahezu ohne jeglichen Kredit, einem geschlagenen Heer, hinterließ der letzte männliche Habsburger sein Vermächtnis — gesichert durch die lediglich papierene Garantie der Pragmatischen Sanktion. Wieviel diese wert war, mußte Maria Theresia in ihren ersten acht Regierungsjahren erfahren: Bayern und Sachsen, Frankreich und Spanien sowie das aufstrebende Preußen traten gegen die junge Monarchin an. Der Erbfolgekrieg, die zwei schlesischen und der Siebenjährige Krieg sollten der Habsburgerin nur Ungarn, den größten Teil Niederösterreichs und ganz Innerösterreich lassen. Die Landeshauptstadt Graz lag von den Kriegsschauplätzen viel zu weit entfernt, um von Kampfhandlungen berührt zu werden, trotzdem ließ der steirische Landesverteidigungsausschuß die Nordgrenzen sichern und Graz befestigen, als der Kurfürst von Bayern — vor Jahren vornehmer Gefangener der Stadt — im September 1741 Oberösterreich besetzte. Noch während der Kriege (1741—1748) hatte Maria Theresia wissen lassen, daß sie mit den veralteten Zuständen in ihren Ländern nicht mehr einverstanden war. Sofort nach den Friedensverhandlungen begann sie ihr großes Reformwerk. Im Zuge der Neuordnung des Finanzwesens gelang es der Monarchin, das erste Mal nach Jahrhunderten den Staat finanziell zu sichern.

Maria Theresia, Erzherzogin von Österreich, Königin von Ungarn und Böhmen

Die Finanzreform — gekoppelt mit einer großangelegten Verwaltungsreform — machte auch vor den althergebrachten Privilegien nicht halt. Die Regierung schrieb eine einheitliche und übersichtliche Einkommenssteuer vor. Der Klerus und der Hochadel büßten trotz heftigster Proteste ihre jahrhundertealte Steuerfreiheit ein.

Reform des Staatsapparats

Bei der Umstrukturierung des Staatsapparates ging es in erster Linie um die Entmachtung der zweifellos rückständig gewordenen, nur noch auf ihre eigenen Vorrechte bedachten Stände, vor allem

Maria Theresia, Königin von Ungarn und Böhmen, Erzherzogin von Österreich. Kupferstich

des finanzkräftigen Hochadels, sowie um die Vereinfachung und Konzentration der politischen Arbeit. Aus diesem Grunde sollten die österreichischen Länder durch verwaltungstechnische Maßnahmen zu einem Einheitsstaat zusammengeschlossen werden. Im Mai 1749 ordnete Maria Theresia die Reorganisation an. Als gemeinsames Innen- und Finanzministerium (später getrennt) wirkte eine oberste Verwaltungsstelle mit dem Namen „Directorium in publicis et cameralibus". Im neugegründeten Haus-, Hof- und Staatsarchiv sollten von nun an alle wichtigen Urkunden und Akten des Hofes aufbewahrt werden. Zu diesem Zweck erschien der kaiserliche Hausarchivar in der Grazer Burg und übersandte aus den Archivbeständen etwa 500 Urkunden sowie Aktenmaterial nach Wien. Von den 2.600 Bänden der Hofbibliothek kamen an die 800 Stück nach Wien, der Rest nach Rein in die Stiftsbibliothek. Über 200 Gemälde wanderten in die Reichshauptstadt, und wenig später ließ Maria Theresia die Reliquien aus der Schatzkammer an das Kloster St. Lambrecht, die Ursulinen und an die Jesuiten verteilen.

Bestände Grazer Archive und der Hofbibliothek kommen nach Wien

Das bereits 1742 in Wien geschaffene Außenamt, die Geheime Hof- und Staatskanzlei, blieben unangetastet, ebenso wie der Hofkriegsrat. Als Justizministerium und gleichzeitig als Oberster Gerichtshof wurde eine oberste Justizstelle eingerichtet. 1761 bildeten die Reformer einen Staatsrat. Diese beratende Körperschaft, die auch über den sogenannten Obersten Stellen stand, war für die reibungslose Zusammenarbeit zwischen den einzelnen Behörden verantwortlich. Viele dieser neuen Einrichtungen wurden häufig modifiziert, die Behörden zusammengelegt, erneut getrennt oder nach einiger Zeit zur Gänze aufgelöst.

In dieses System wurden nun die Behörden der Länder eingeordnet. In Graz erachtete man daher die Geheime Stelle, die Hofkammer und die innerösterreichische Kriegsstelle für unnötig und löste sie auf. Ab Jänner 1744 residierte in Graz statt des Hofkriegsrates ein Militär-Oberdirektor, der auch kommandierender General für die innerösterreichischen Länder war. Die staatliche Sonderstellung Innerösterreichs, die schon seit langem geschwächt war, ging damit endgültig zu Ende. Die ehemaligen innerösterreichischen Zentralbehörden hatten nunmehr den Rang von Mittelbehörden, welche die Wiener Anordnungen vollziehen mußten. Dennoch blieben noch einige Ämter erhalten, die weiterhin für den großen Länderkomplex tätig waren. In der Burg arbeiteten seit 1745 die „Repräsentation" als politische und die „Kammer" als Finanzbehörde. Seit 1763 bestand ein „Gubernium" unter der Leitung von Gouverneuren, den früheren Statthaltern.

Im Rahmen der Reformen wurde Graz nun Sitz der Landesregierung für Steiermark, auf welche der größte Teil der Aufgaben der ständischen Ausschüsse überging. Gleichzeitig entstanden in der

Graz wird Sitz der Landesregierung für Steiermark

Stadt das Hauptsiegelamt, das Oberpostamt, das Münzamt, das Versatz- und Lottoamt, die Banco-Administration, das Werkdirektorium sowie das „Cameral-Tabakgefälls-Oberadministrationsamt".

Die beiden landschaftlichen Gerichte wurden 1748 aufgehoben, dafür wurde das landesfürstliche Landrecht geschaffen. Der Landeshauptmann führte den Vorsitz. Als Beisitzer fungierten Landesräte. Der Landeshauptmann selbst war ein staatlicher Beamter geworden, der ohne Beschluß der Landschaft von der Regierung bestellt wurde und seinen Eid nur der staatlichen Repräsentation — nicht mehr den Ständen — zu leisten hatte.

Auch das landständische Zeughaus sollte nach dem Willen der Wiener Regierung aufgelöst werden, da die Stände damit nichts mehr anzufangen wüßten. Zum Glück konnte dies und ein Antrag im Landtag (etwa 20 Jahre später), das Haus zu verkaufen, verhindert werden, so daß die umfangreiche Waffensammlung bis zum heutigen Tage existiert.

Neue Mittelinstanzen

Nicht ausgeschlossen aus dem Reformwerk war der Stadtmagistrat. Diese Reform, die mit der Auflösung der inneröster-

Kunstvoll gearbeitete Eisentruhe des „alten Rates", um 1710

reichischen Behörden und der Errichtung neuer Mittelinstanzen zusammenfällt, betraf nicht die Stadtverfassung, die auf der Basis der althergebrachten Privilegien bestand — von Maria Theresia am 13. Februar 1749 bestätigt —, sondern sollte die Finanzkraft der Stadt heben. Zu diesem Zweck erstellte der innerösterreichische Kammergraf Wilhelm Freiherr von Haugwitz ein Gutachten. Ziel war einerseits die Straffung der Verwaltung durch Ämterzusammenlegungen und Personaleinsparungen, andererseits die Anhebung der städtischen Finanzkraft. Der Magistrat bestand nun anstatt aus 17 Personen aus dem Bürgermeister, dem Stadtrichter, einem rechtsgelehrten Syndikus und fünf Ratsmännern, der bürgerliche Ausschuß nur mehr aus vier Personen. Die damalige Anzahl der Angestellten dürfte bei etwa 70 Personen gelegen sein. Das Personal wurde von der Regierung ernannt und fix besoldet. Durch eine Neubemessung der städtischen Häuser nach dem damaligen Hauswert gelang es, höhere Steuerleistungen zu erzielen. Auch die Vorstadthäuser unterstellte man nun der Steuerhoheit. Dies machte eine Feststellung des Burgfrieds notwendig, die mittels der Burgfriedbereitung von 1749 durchgeführt wurde. Es war dies die letzte derartige Amtshandlung in der Stadtgeschichte.

Mit all diesen Mitteln gelang es, die Macht der Stände, des Adels und der Kirche zu verringern und den Einfluß des Herrschers zu vergrößern. Alles sollte dem Wohl des Volkes dienen. In diesem Sinne schufen die Reformer 1748 — zum Teil nach böhmischem Vorbild, aber nicht als ständische, sondern als staatliche Behörden — die k.k. Kreisämter. Für die Mehrheit der Bevölkerung bedeutete ihre Einrichtung den wichtigsten Schritt der gesamten Reform. Denn mit diesem Amt erschien nun selbst in den entferntesten Winkeln der Donaumonarchie die zwar langsame, aber humane österreichische Beamtenverwaltung, die durchaus fähig war, den kleinen Mann vor der Willkür der Großen zu schützen. Die fünf steirischen Kreise, darunter neben Judenburg, Bruck an der Mur, Leibnitz, später Marburg, und Cilli auch Graz, wurden von Kreishauptmännern geleitet. Dies waren fast ausschließlich Grafen oder Freiherrn, welche kein anderes Amt nebenbei ausführen und nicht dem landständischen Adel angehören durften. Die Neugestaltungen verschlangen so viel Geld, daß man versuchte, mittels Ämtereinziehungen einzusparen. So etwa wurde das Amt des Landmarschalls, Graf Maria Ludwig von Saurau, nach dessen Tode (1755) eingezo-

Fünf steirische Kreise

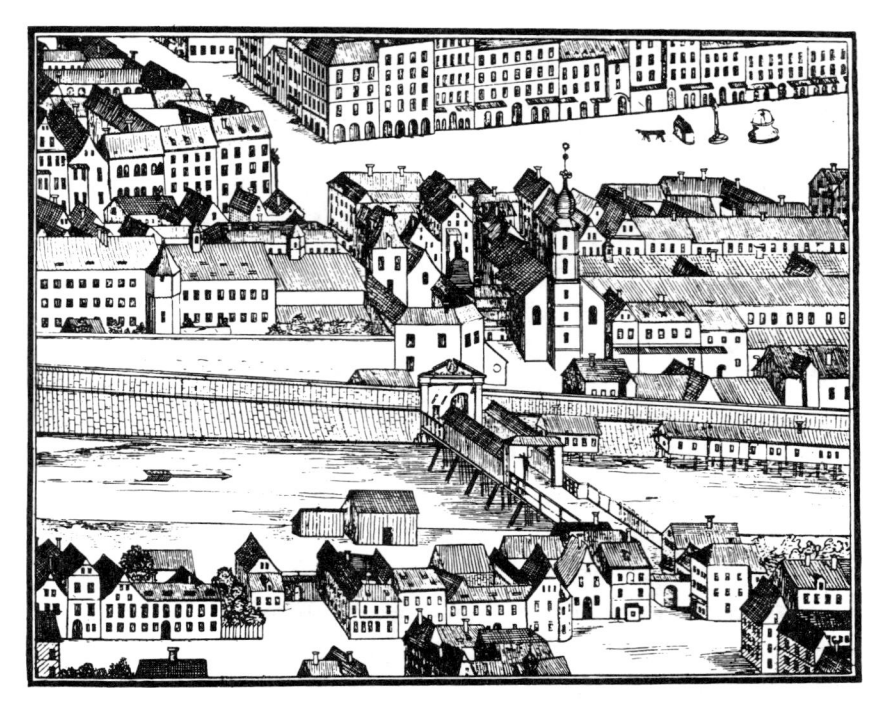

Stadtteile zu beiden Seiten der Murbrücke. Am Hauptplatz befinden sich die Votivsäule (li.), der „Esel", das Narrenhäusl, der Pranger und der Platzbrunnen, Kupferstich um 1730

gen, ebenso verschwand das Verwesamt (1767), und die Zahl der Verordneten sank auf vier.

Da die Türkenkriege, der Krieg mit Spanien und die Waffengänge in den ersten Regierungsjahren Maria Theresias hohe Blutopfer gefordert hatten und die Monarchin dem militärisch überlegenen Preußenkönig das verlorene Schlesien wieder entreißen wollte, dachte man nun an den Ausbau des stehenden Heeres — in erster Linie an dessen Ergänzung. War dieses bisher allein durch Werbung seitens der einzelnen Regimenter erfolgt, so sollte nun ein Ergänzungssystem angewandt werden, das die gesamte Bevölkerung nach einem einigermaßen gerechten Schlüssel heranzog. Dazu war aber vorerst eine Volkszählung notwendig; an die sich eine Hausnumerierung schloß. 1770 mußten alle Häuser in Graz mit fortlaufenden Nummern versehen werden, und 14 Jahre später wurden Schilder mit den Straßen-, Gassen- und Platznamen an den Ein- und Ausgängen befestigt. Um diese Zeit waren den einzelnen Regimentern bestimmte Werbbezirke zugewiesen worden. Seit dem Siebenjährigen Krieg befanden sich sogenannte Friedensgarnisonen in Graz. Damals kam das Infanterieregiment Nr. 27 Christoph Prinz zu Baden-Durlach, benannt nach dem Regimentsinhaber, in die Stadt. Es war vorher in Gent und Brügge gestanden und wurde schließlich mit zwei Grenadierkompanien hier in Kasernen (Graben, Geidorf, Lazarettkaserne, Karlau, zweiter Sack, Schloßberg) sowie teilweise in Häusern untergebracht. Das Regiment erhielt den Grazer, den Marburger und einen Teil des obersteirischen Kreises als Werbe- bzw. als Ergänzungsbezirk zugewiesen. Die zentrale Stabsstation blieb für die „27er" — ab 1853 „Belgier" benannt — bis 1918 die steirische Landeshauptstadt Graz.

Infanterieregiment Nr. 27

Schulwesen

Am 6. Dezember 1774 trat die „Allgemeine Schulordnung für Österreich" in Kraft. Hochadel und Klerus standen anfangs auch der großen Schulreform, die für das gesamte Unterrichtswesen völlig neue, in vielen Ansätzen bis heute gültig gebliebene Strukturen schuf, ablehnend gegenüber. Die Grundherrn hielten allzuviel Bildung für den Bauern für überflüssig, die Geistlichkeit sah sich von der weltlichen Macht um eine ihrer wichtigsten Aufgaben gebracht. In der sogenannten Trivialschule — der Vorgängerin der Volksschule — wurde sechs- bis zwölfjährigen Kindern Lesen, Schreiben, Rechnen und Religion vorgetragen. In den dreiklassigen Hauptschulen umfaßte der Lehrplan die Gegenstände Deutsch, Geschichte, Geographie, Zeichnen, Feldmeßkunst, Haus- und Landwirtschaft sowie die Grundbegriffe der lateinischen Sprache. In jeder Landeshauptstadt — so auch in Graz — am Sitz der Landesschulkommission gab es eine Normalschule für die Lehrerausbildung, an der neben Sprachlehre auch Naturgeschichte sowie Naturlehre geboten. Das Schul-Eintrittsalter der Kinder war auf das sechste Lebensjahr festgesetzt und das Schulbuch als das wichtigste Unterrichtsmittel eingeführt worden.

Trivialschulen

Eine erste Schule läßt sich in Graz bereits 1254 durch die Nennung eines Magister Heinrich nachweisen, der sich „scolasticus" nannte. 1278 erhielt der Deutsche Ritterorden das Aufsichtsrecht über alle Schulen in Graz, das König Maximilian 1490 bestätigte. Im 13. und 14. Jahrhundert hatte es wahrscheinlich schon in jedem Kloster eine Schule gegeben.

Blick ins Klassenzimmer einer Knabenvolksschule. Gemälde eines anonymen Künstlers

Verbotene Winkelschulen

Vor den theresianischen Neuordnungen gab es — abgesehen von den verbotenen Winkelschulen — im Jahre 1745 nur eine einzige öffentliche deutsche Schule, und zwar die Armenschule bei St.. Ägid. Hier unterrichteten die Jesuiten seit 1630 fünfzig und nach 1693 unentgeltlich 63 Knaben. Um diesen Mangel zu beheben, wurde der Jesuit Ignaz Parhammer, ein junger Schulreformer, nach Graz geholt, der die Aufbauarbeit für acht neue Schulen leistete, die alle vom Orden kontrolliert wurden. Im Gegensatz zu diesen Schulen, in denen ausgebildete Lehrkräfte den Unterricht leiteten, unterrichteten in verbotenen Winkelschulen Schneider, Schreiber, Flickschuster, Wäscher, Tuchmacher, Mauteinnehmer und im Galgendörfl (wahrscheinlich beim Orpheum) zwei Töchter des Leobner Henkers.

Normalschule im Ferdinandeum

Am 26. Mai 1775 wurde die oberösterreichische Schulordnung für Innerösterreich für verbindlich erklärt und bereits im Sommer in Graz die Normalschule im Ferdinandeum eröffnet. Ihr erster Direktor hieß Frank Frick von Frickenberg. Durch die Aufhebung des Jesuitenordens (1773) und den Einzug ihres Vermögens und Umwidmung zum Studienfonds (in Graz 120.000 fl. bar) war eine finanzielle Grundlage geschaffen, die beamteten Lehrer zu bezahlen.

Die anerkanntesten Trivialschulen befanden sich an der Lend, am Gries, Grazbach, Graben, St. Leonhard und in der Prankergasse. Die Schulmeister erhielten ein festes Gehalt und hatten Pensionsanspruch. Der erste weltliche Schulinspektor aus Graz war Frick von Frickenberg, er wird 1778 genannt. Seine Zuständigkeit betraf den Ausbildungsstand der Lehrer. 1780 gab es in der Stadt 2.643 schulpflichtige Kinder, von denen 1.014 nicht zum Unterricht gingen. Eine staatliche Inspektion fand die allgemeinen Verhältnisse an den Normal- und Hauptschulen für gut. Besonders belobigte man den Unterricht der Ursulinen und der Dominikanerinnen, der Piaristen im Waisenhaus, der Soldatenschule und der Zeichenakademie unter ihrem Direktor Kauperz.

Der „Entwurf zur Errichtung von Gymnasien in den k. k. Erblanden" regelte ab 1775 die Beschaffenheit der höheren Mittelschulen, an denen Latein (zum Teil als Unterrichtssprache) ein Bestandteil des Lehrplans war. Das ehemalige Jesuitengymnasium wurde landesfürstlich und führte ab 1776 den Namen „kaiserlich akademisches Gymnasium". Der Lehrplan umfaßte neben Physik, Geometrie, Naturgeschichte, Rhetorik und Poetik auch noch die Fächer Geographie und Geschichte. *„Kaiserlich akademisches Gymnasium"*

Die Reform der Universitäten bedeutete teilweise einen Rückschritt, denn der von Maria Theresia regierte Staat erwartete von den Hochschulen keine neuen Ideen und auch keine neuen Forschungsergebnisse. Sie erwartete vielmehr eine in strikt vorgeschriebenen Bahnen verlaufende Ausbildung tüchtiger und loyaler Beamter. Die Grazer Universität überwachte eine eigene k. k. Studienkommission, die aus einigen Beamten und dem zum Universitätskanzler ernannten Bischof von Seckau bestand. *Universitätsreform*

Die Aufnahme des Rechtsstudiums an die Universität konnte nicht mehr länger umgangen werden. Die bisher an der philosophischen Fakultät betriebenen Rechtsstudien wurden endlich zu einer eigenen juristischen Fakultät zusammengefaßt (1778/79). Zwar beschäftigte die steirische Landschaft schon seit über 100 Jahren eigene Rechtslehrer, doch boten diese lediglich eine allgemeine Einführung nach selbst ausgearbeiteten Skripten. Als 1773 die Gesellschaft Jesu aufgehoben und daher die Universität zu einer Staatsanstalt geworden war, ersetzte man die Jesuiten an der theologischen Fakultät ausnahmslos durch Weltgeistliche. Einige wichtige und tüchtige Mitglieder des Ordens blieben jedoch weiterhin an der philosophischen Fakultät. So der Mathematiker Taube, der auch gleichzeitig die 1769 gegründete Handwerksschule an der Universität leitete. Ferner hielt sich der Physiker und Naturforscher Leopold Biwald weiterhin in Graz auf.

Auch eine bessere medizinische Ausbildung war nun möglich. Der landschaftliche Accoucheur, der seit 1764 die Hebammen im Armen- und Siechenhaus (heute Altersheim) unterrichtete, unterwies seit 1778 die Gesellen und Lehrlinge der Bader- und Barbierzunft in der „Zergliederungskunst" und brachte ihnen die notwendigen Kenntnisse der Wundarznei sowie der Tierheilkunde bei.

Merkantilismus

In seinem Buch „Österreich über alles, wann es nur will" faßte 1684 der aus Deutschland stammende Nationalökonom Philipp Wilhelm von Hörnigk die wesentlichen Merkmale einer Wirtschaftsform zusammen, die allgemein als Merkantilismus bezeichnet wird. Hörnigk sah in dieser Form — vereinfacht ausgedrückt — eine staatliche Lenkung und Förderung der Volkswirtschaft des Landes ohne Rücksichtnahme auf die Bedürfnisse anderer Staaten. Der Verlust Schlesiens bedeutete eine schwere wirtschaftliche Schädigung Österreichs, weshalb die Gewerbeproduktion und der Handel forciert werden sollte. Die Verantwortlichen wußten, daß dies nur durch die Beseitigung der Zunftschranken und binnenländischen Zollschranken möglich war. Der schon unter Karl VI. begonnene Ausbau des Straßennetzes wurde fortgesetzt, vornehmlich in südlicher Richtung zur Adria hin. Maria Theresia bemühte sich, durch geeignete Maßnahmen den Betrieb der Manufakturen zu fördern und dadurch die noch immer vorwiegend agrarische Wirtschaftsstruktur der Länder aufzulockern. Unternehmer, aber auch Facharbeiter aus dem wirtschaftlich fortgeschrittenen Ausland wurden von der Regierung begünstigt und verliehen der heimischen Wirtschaft wertvolle Impulse.

Förderung des Gewerbes

Eine zu Beginn des 18. Jahrhunderts errichtete innerösterreichische Kommerzienkommission in Graz stellte Marktforschungen an und legte der innerösterreichischen Kammer einen Schlußbericht vor, wie Handel und Industrie im Land und in der Hauptstadt zu beleben seien. Nach ihren Studien sollten neue Manufakturen, vor allem durch die gemeinsame finanzielle Unterstützung des reichen Adels, geschaffen werden. Die Karlau wäre in einen

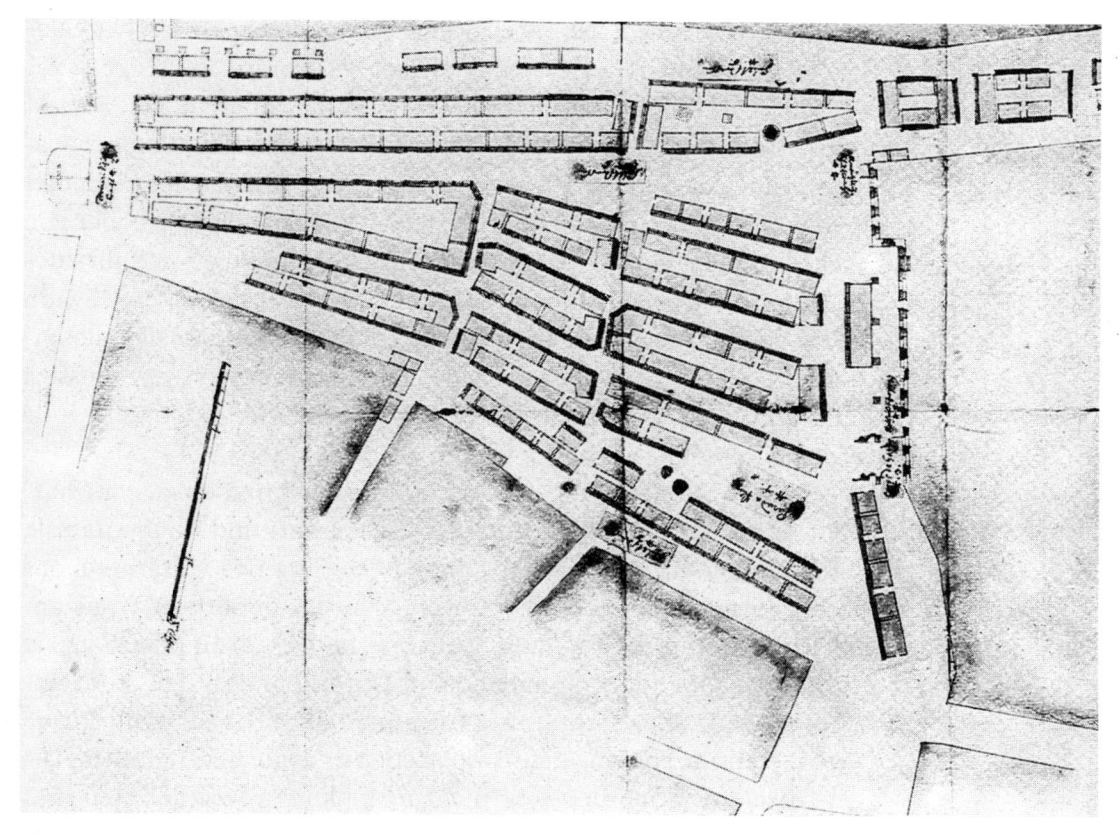

Messehütten auf dem Hauptplatz im Jahr 1718

Militärtuchbetrieb umzubauen und arbeitslose Bettler sollten beschäftigt werden.

Die Anfänge der Industrialisierung waren — abgesehen vom Eisenwesen — in der gesamten Steiermark eher bescheiden. In Leutzendorf an der oberen Lend bestand bereits seit Anfang des 16. Jahrhunderts eine Papiermühle, die vielleicht von Balthasar Eggenberger aufgestellt worden war. 1660, kurz vor ihrem Verkauf an die Jesuiten, erhielt sie das Monopol im gesamten Land. Der erste wirklich größere Betrieb entstand 1720 in Graz. Johann Aigentler, Christoph Miller und Paul Ramblmayr gründeten eine Gesellschaft zur Erzeugung von Barchent. Zwölf Jahre lang konnten sie ihre Monopolstellung halten. Die Grazer Fabrik, deren Hauptteilhaber später Aigentlers Schwiegersohn Caspar Dobler wurde, entwickelte sich zu einer scharfen Konkurrentin der bisherigen Marktführer auf dem süddeutschen Manufakturmärkten Salzburg und Augsburg.

Bescheidener Anfang der Industrialisierung

Ein weiterer Betrieb, der in der Stadt entstand, war eine Geschirrerzeugung. Franz Hueber erhielt 1721 vorerst für 12 Jahre das Privileg, in seiner Fabrik „irdenes Geschirr" zu erzeugen. Es war dies die älteste Fayence-Manufaktur der Monarchie. Als Betriebsförderung gestanden die verantwortlichen Stellen dem Inhaber Steuererleichterungen zu. Im ersten Betriebsjahr war Hueber von jeder Abgabe befreit. Im zweiten Jahr sollte er von der Hälfte des Gewinns und im folgenden Jahr schließlich vom gesamten Gewinn 10 % versteuern. 1738 wurde das Privileg bestätigt, da sich die Fabrik bewährt und die Formen sowie die Glasur der Ware verbessert hatten. Ab 1779 besaß Josef Urli die Fabrik, die in der Gemeinde Karlau Majolika-Geschirr fertigte.

Um den Bettlern der Stadt eine sinnvolle Tätigkeit zu verschaffen, eröffnete der Magistrat 1748 eine Strumpf- und Haubenfabrik. Aber schon ein Jahr später ging der Umsatz des Unternehmens stark zurück, weil die Grazer Bevölkerung die importierten ausländischen Waren bevorzugten. Daher verlangte ein Handelskonsortium, das aus den wohlhabendsten Unternehmern der Stadt wie Aigentler, Dobler, Krazer und Forhuber bestand, welche die Firma weiterführen sollten, eine Importsperre. Jedoch vergeblich. Die städtische Einrichtung war nicht mehr konkurrenzfähig zu machen. Sie mußte, zusammen mit der älteren Tuchfabrik, stillgelegt werden (1761). Auch der 1770 entstandenen Baumwollstrümpfe-, Hauben- und Kinderröckefabrik des Unternehmers Weigl dürfte die Konkurrenz der billigen Halleiner Waren zu stark gewesen sein, da sie auch schließen mußte. Weigl jedoch investierte weiter und errichtete in Gesellschaft mit J. Schwab, Friedrich von Rieger u. a. 1780 eine Kattun-Indiennefabrik und eine Spinnerei, die als einzige Innerösterreichs bis ins 19. Jahrhundert bestanden.

Als unter der Regentschaft Maria Theresias der Bau der Papiermühlen freigegeben wurde, stellten die Jesuiten in Leutzendorf eine sogenannte Holländermaschine auf, um auch in Zukunft konkurrenzlos produzieren zu können. Eine neue Papiermacherordnung (1754) verlangte Stampfen und verbot die Glättarbeit, ebenso war die Ausfuhr von Hadern verboten, ihr Sammeln aber gleichzeitig freigegeben. In diesem Jahr arbeitete die Grazer Mühle mit neun Gesellen und zwei Lehrjungen an 14 Stampflöchern sowie zwei Schöpfbütten. Jährlich verließen 180 Ballen Papier die Mühle, die aus 600 Zentnern Hadern entstanden waren. In der Mitte der

80er Jahre des 18. Jahrhunderts baute der Buchbinder Prugmayer seine Schleifmühle vor dem Sacktor in eine Papiermühle um, und wenige Jahre später (1790) entstand in der Nähe eine weitere. Die Leutzendorfer Mühle — die leistungsfähigste in der ganzen Steiermark — erwarb der Mainzer Andreas Leykam. Er hatte bereits 1785 in Graz die Buchdruckerei Leykam gegründet, welche er mit Umsicht und Geschick zur bedeutendsten im ganzen Land ausbauen konnte.

Andreas Leykam

Die Hauptquelle des Wohlstandes in der Steiermark war noch immer das Eisen. Der wirtschaftliche Aufschwung, der sich unter Karl VI. — wenn auch in bescheidenem Ausmaß — abzuzeichnen begann, bewirkte zu Beginn der Regierung Maria Theresias eine stetig steigende Nachfrage im In- und Ausland. Die Innerberger (Eisenerzer) Hauptgewerkschaft errichtete 1766 in Graz eine Fabrik zu Erzeugung von feinen Stahlwaren in der heutigen Körösistraße. Drei englische und zwei französische Fachleute sollten die Arbeiter einschulen. Auf die Dauer erwiesen sie sich jedoch als zu langsam und zu teuer, sodaß sie entlassen werden mußten. Die Produktpalette der Firma, die zur Zeit ihres höchsten Produktionsauswurfs 100 Arbeiter beschäftigte, reichte von Messern und Gabeln über Scheren, chirurgischen Instrumenten, Uhrketten bis zu kunstvoll eingelegten Degen.

Der letzte Zwanziger

Mit der Verlegung der Residenz nach Wien (1619) wurde auch in Bezug auf die Grazer Münze eine Neuordnung, d. h. die Einfügung in den Gesamtstaat eingeleitet. Auch war nach dem Staatsbankrott von 1623 eine Neuregelung des Geldwesens notwendig geworden. Die vorangetriebene Zentralisierung führte unweigerlich zur Aufhebung kleinerer Münzstätten. Die Grazer Münze war zwar noch 1756 aus Raummangel in ein neues Haus in der Sackgasse übersiedelt, doch lohnte sich dies alles nicht mehr. Der von der Regierung in Andritz erbaute (1675) Münzhammer blieb in Betrieb. Damals wurden die feine Wiener Mark, 12 Taler = Zweiguldenstücke, Halbtaler (Gulden), Vierteltaler (Halbgulden oder Dreißiger), Zwanziger (ganze Kopfstücke), Zehner (halbe Kopfstücke) geprägt. Bis 1753 gab es auch Fünfzehner, Zwölfer und Siebener, bis 1765 Siebzehner. Weiters Groschen (drei Kreuzer), Silberkreuzer — sechzig pro Gulden —, Halbkreuzer und Pfennig (240 = 1 fl.). Am 27. Sep-

Staatsbankrott

Ende der Grazer Münze

tember 1760 kam zum ersten Mal der Kupferkreuzer in den Verkehr. Als jedoch der Silbergewinn unter anderem von Zeiring, Waldstein sowie Frohnleiten zurückging, wandelte die Regierung die Grazer Münze in ein Einlöseamt um. Karl von Geramb gab schließlich als letzter Grazer Münzmeister am 6. Februar 1772 den letzten Zwanziger aus. Damit war nun eine etwa fünfhundertjährige Periode eigenständiger Münzprägung in Graz zu Ende gegangen.

Ein ständiges Theater

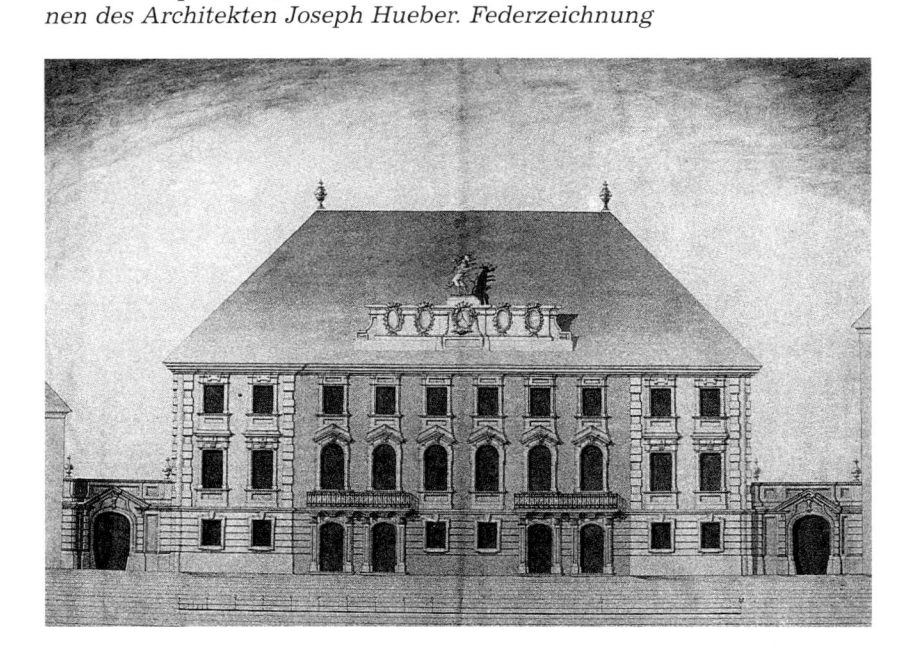

Josef Hueber erbaut ein neues Theater

Mit der Eröffnung des landständischen Theaters — des heutigen Schauspielhauses — im Jahr 1776 schien das Grazer Theater eine endgültige Heimstätte gefunden zu haben. Das Tummelplatztheater war trotz einer großzügigen Sanierung durch den landschaftlichen Maurermeister Josef Hueber ein baufälliges und feuergefährliches Haus geblieben. Der von den Grazer Landständen mit der Planung eines Neubaues beauftragte Anton Graf Inzaghi konnte nach zehn Verhandlungen den Vizedomgarten neben der Burg als Standplatz sichern und in relativ kurzer Zeit die Hälfte der Baukosten, die von den an den König von Neapel verkauften Kanonen stammten, in Empfang nehmen. In knapp zwei Jahren erbaute der bedeutende Architekt Josef Hueber das neue Theater und am 9.

Das Schauspielhaus, erbaut durch die steirischen Landstände nach Plänen des Architekten Joseph Hueber. Federzeichnung

September 1776 konnte es mit einem Prolog von Karl Ludwig Reuling sowie dem Trauerspiel „Derbi oder Freundschaft und Treue" von Anton Adolf von Crenzin eröffnet werden.

Das josephinische Jahrzehnt

Nach dem Tode Maria Theresias im November 1780, die während ihrer 40jährigen Amtszeit die Stadt Graz sehr selten besucht hatte, wurde ihr Sohn Familienhaupt im Hause Habsburg-Lothringen. *Haus Habsburg-Lothringen* Seit mit Kaiser Karl VI. die männliche Linie ausstarb, wurde das „Erzhaus", die regierende Familie der Habsburger, Haus Habsburg-Lothringen genannt, da Franz I. Stephan, Josephs II. Vater, aus dem Hause Lothringen stammte. Joseph II. war bereits 1764 *Kaiser Josef II.* zum König gewählt worden und nach dem Ableben seines Vaters (1765) ihm als Kaiser gefolgt. Auf die österreichische Politik hatte Joseph trotz seiner Stellung als Mitregent nur einen begrenzten Einfluß.

Die verschiedensten geistigen Strömungen und Traditionen trafen in der theresianisch-josephinischen Epoche zusammen, die gerne mit dem Etikett „Josephinismus" versehen werden. Das Kernstück der josephinischen Gesetzgebung bildeten die kirchenpolitischen Maßnahmen und Verordnungen. Schon Maria Theresia hatte ein Aufsichtsrecht des Staates über die Kirche ausgeübt. So durfte keine Verordnung des Papstes ohne staatliche Zustimmung veröffentlicht werden (sogenanntes placetum regium). Nach knapp einem Jahr seiner Alleinregierung erließ Joseph im Oktober 1781 das kaiserliche Toleranzpatent, das den Lutherianern, Kalvinern *Toleranzpatent* und Griechisch-Orthodoxen bürgerliche Gleichheit mit der katholischen Bevölkerung sowie Kultusfreiheit gewährte. Gewisse einschränkende Bestimmungen (z. B. keine Türme, keine Glocken, keine Straßenportale) sollten trotz allem den Vorrang der römisch-katholischen Konfession sichern.

Die nach außen hin wohl spektakulärste kirchenpolitische Aktion Josephs II. betraf die Klöster. Mit einem propagandistischen Paukenschlag bereitete er die von ihm angestrebte vollständige Abhängigkeit der Kirche vom Staat vor. Am 12. Jänner 1782 trat das erste Gesetz über die Klosteraufhebungen in Kraft. Zunächst traf es *Kloster-* nur jene Klöster, die sich nicht mit der Seelsorge befaßten, in einer *aufhebung* zweiten Welle wurden jene aufgelöst, die man für entbehrlich hielt, und zu guter Letzt auch diejenigen, welche der Staat aus ökonomischen Gründen benötigte, um das für die Neuorganisation notwendige Geld dem Religionsfonds, eine geldliche staatliche Stiftung, basierend auf Klostergründen und Einkünften zur Bezahlung der Kirchenausgaben, zuzuführen. Es mußten also alle Klöster weichen, die sich nicht mit der Seelsorge, Jugenderziehung oder der Krankenpflege widmeten.

In Graz bestanden bei etwa 30.000 Einwohnern 16 Klöster mit rund 300 Mönchen und 160 Nonnen. Die Klarissinnen im „Paradeis" und die Karmelitinnen an der Mur — beide sehr wohlhabende Orden — fielen als erste dem Gesetz zum Opfer. Weiters mußten die Karmeliter, die Kapuziner, die Trinitarier, die Augustiner von St. Paul sowie die Pauliner in Mariatrost ihre Häuser schließen. Das Dominikanerinnenkloster wurde in ein adeliges Damenstift umgewandelt.

Das eingezogene Vermögen sowie der Erlös aus dem Verkauf ihrer Güter und Kunstgegenstände floß in den Religionsfond, aus dem neue Kirchenbauten finanziert und die staatlich festgesetzten Gehälter der Pfarrer und Kapläne bezahlt wurden. Wertvolle Bücher und Handschriften kamen an die Universitätsbibliothek, in der sich schon die Bestände der Jesuitenbibliothek befanden.

Papst Pius VI.

Der rücksichtslose Einbruch in den Machtbereich der Kirche alarmierte die Stellen in Rom. Papst Pius VI. entschloß sich noch im selben Jahr, persönlich nach Wien zu reisen, um den Kaiser zum Einlenken zu bewegen. Auf seiner Reise erreichte der heilige Vater am 19. März Graz, wo er im damaligen Lambrechterhof (ehemaliges Palais Wildenstein, später Allgemeines Krankenhaus, heute Polizeidirektion) nächtigte. Am folgenden Tag setzte Papst Pius seinen Weg nach Wien fort, nachdem er einer heiligen Messe beigewohnt hatte.

Der Papst in Graz 1782

Beim Kaiser erreichte er jedoch nichts. Bereits im April erließ Joseph ein „Regierungs-Cirkular" über die neue Ordnung der Totenbestattung. Der medizinisch gebildete Monarch, für den im aufgeklärten Zeitalter die Vernunft im Mittelpunkt stand, verbot aus hygienischen Gründen die Beisetzung der Verstorbenen mitten in den Ortschaften sowie in und um die Kirchen. Familiengrüfte innerhalb der Stadt mußten aufgelassen werden, weshalb man nun außerhalb der Mauern zwei neue Friedhöfe anlegte. Joseph untersag-

Kaiser Joseph II. empfängt Papst Pius VI. Stich von A. Poggioli, nach einem Gemälde von G. Beys

te die Verwendung von Särgen, da man kein teures Holz vergeuden dürfe und den natürlichen Verwesungsprozeß nicht verlangsamen sollte. Die Leichen mußten, mit Kalk bestreut, in Leinensäcken eingenäht begraben werden. In den Kirchen ließ er allen überflüssigen Prunk beseitigen, legte die Zahl und die Dauer der Messen fest, verbot den Kauf und das Küssen der Reliquien sowie die Wallfahrten und untersagte das Schmücken der Heiligenstatuen mit Kleidern.

Ein besonderes Anliegen der Anhänger des Josephinismus betraf die kirchliche Einteilung in Bistümer und Pfarren. Schon Maria Theresia hatte die Notwendigkeit einer besseren Pfarreinteilung in ihren österreichischen Erblanden erkannt. Daher forderte sie Mitte der 70er Jahre des 18. Jahrhunderts die Bischöfe auf, ihr geeignete Vorschläge zu unterbreiten. Ins Rollen brachte diese gesamte Neuerung der Laibacher Fürstbischof Karl Joseph Graf Herberstein. Nach der Auffassung Josephs galt für die Pfarreinteilung in den Städten die Überlegung, daß ein Pfarrer 1.000 Seelen betreuen sollte, in den Vorstädten 700. Von den etwa 30.000 Einwohnern der Stadt gehörten 17.000 zur einzigen Pfarre, der Stadtpfarre zum Heiligen Blut. Zusammen mit ihr, die Propstei wurde, entstanden in Graz zehn Pfarrbezirke — in der Karlau und am Kalvarienberg richtete man Lokalkaplaneien ein. Einer der wichtigsten Berater des Kaisers, Anton Graf Auersberg, schlug Graz als Sitz eines

Pfarreinteilung

Geplantes Erzbistum

Erzbistums Seckau und die Erhebung der Hofkirche St. Ägidius zur Domkirche vor. Der Diözesansprengel sollte die Kreise Graz und Marburg umfassen.

Die Ägidiuskirche wird zur Domkirche

Nach der Aufhebung des Jesuitenordens 1773 wurde die Ägidiuskirche von einem Subdirektor und dreier Predigern aus dem Kreis der ehemaligen Jesuiten geleitet. Die Kirche, die seit 1781 als Universitätskirche im Eigentum der kaiserlichen Universität stand, war rechtlich gesehen lediglich eine Filiale der Stadtpfarrkirche. Ab 1782 diente sie als Gotteshaus des Generalseminars, in dem die jungen angehenden Priester ganz im Sinne des Josephinismus erzogen wurden. Dieses Seminar war im einstigen Kolleg untergebracht. Nach der 1783 vollzogenen Übertragung des Bistums Sekkau nach Graz hatte man vorerst als künftige Kathedrale die Stadtpfarrkirche im Auge. Erst die mit Vorwissen des Papstes erlassene Urkunde vom Oktober 1786 erwähnt die Ägidiuskirche als Kathedrale mit einem Dompfarrer und einem Domkapitel. Der feierliche Einzug in den Dom fand am 26. November desselben Jahres statt. Der erste Oberhirte des Diözese Graz-Seckau war Fürstbischof Joseph Adam Graf Arco, und zum ersten Dompfarrer wurde Joseph Maximilian von Heipl ernannt.

Die Universität als Lyzeum

Nicht nur durch das straffe Durchorganisieren der Verwaltung sollte gespart werden — auch im Bereich der Bildung. Knapp vor ihrer 200-Jahr-Feier degradierte der Kaiser die Grazer Universität 1782 zu einem Lyzeum. Den Theologen und Philosophen überließ man weiterhin das Promotionsrecht. Die josephinische „Revolution von oben" beseitigte gemeinsam mit allen anderen Freiheiten ebenso die akademische Autonomie. Die Beibehaltung der Rektorswahl war eine reine Formsache. Auf Veranlassung des Monarchen mußten die Rektoren ihre Amtsperücken und ihre Roben abgeben, die anschließend versteigert wurden. Ebenso fiel die akademische Gerichtsbarkeit. Die Vorlesungen mußten sich streng an die polizeilich geprüften und zugelassenen Lehrbücher halten. Wer seinen staatlich vorgeschriebenen Stoff auswendig wußte, galt als tüchtiger „Professor". Wissenschaftliche Arbeiten, Bibliotheksbenützung sowie die persönliche Bewegungsfreiheit der Professoren wurden streng überwacht. Man wollte tüchtige Beamte züchten — Gelehrte bildete man in Wien und Prag aus. Durch diese Zustände riß der geistige Anschluß an die große Welt veständlicherweise ab.

Das Einzugsgebiet der Studenten und Professoren beschränkte sich immer mehr auf das innere Österreich. Die Besucherzahl sank von Jahr zu Jahr — die Ausländer blieben weg. Bereits 1782 erreichte das Lyzeum mit 22 Inskriptionen einen Tiefststand.

Als aufgeklärter Absolutist erkannte Joseph II., daß er nur durch ein straff organisiertes Staatswesen den Menschen seines Staates am besten dienen könne. Schon in den Jahres seiner Mitregentschaft mußte er die Mißstände der Verwaltung zur Kenntnis nehmen, die auch die Reformen seiner Mutter nicht beseitigen konnten. An der Spitze der Verwaltungspyramide wurden im Dezember 1782 in Wien die bisherigen obersten Zentralstellen in den Vereinigten Hofstellen zusammengefaßt. Bei dieser Zusammenlegung aller nichtmilitärischen und nichtjudiziellen Verwaltungseinheiten stand Preußen als Vorbild Pate. Auf der Ebene der Mittelinstanz bestand seit Maria Theresia das k. k. innerösterreichische Gubernium, das nun mit den Landeshauptmannschaften von Steiermark, Kärnten und Krain vereinigt wurde. Die Verordneten und die Buchhaltung von Kärnten und Krain übersiedelten nun zwangsweise nach Graz. Durch diesen Akt wurde neuerdings das Übergewicht der Steiermark und seiner Landeshauptstadt im innerösterreichischen Raum betont. Den Landeshauptmann enthoben die Wiener Stellen seines Amtes, welches sie mit dem des Gouverneurs zusammenlegten. Franz Anton Graf Khevenhüller leitete von der Burg aus bis 1791 die Geschicke des Landes. Er war nun auch als „Erster" der Stände für das Landrecht zuständig, das nur mehr aus sechs Beisitzern — darunter auch Nichtadelige — bestand. Das „peinliche Gericht" über Adelige ging auf die Kriminalgerichte über.

Sinnbildlich für die veränderte staatsrechtliche Stellung des Landes war 1785 die Anordnung Josephs, den steirischen Herzogshut nach Wien zu bringen, da es ja nun keinen steirischen Herzog mehr gäbe. Der Kaiser ließ sich nicht mehr von den Ständen huldigen — ebensowenig wie Maria Theresia — und beschwor weder die Landesfreiheiten noch bestätigte er die alten Privilegien. Innerösterreich bildete damals ein von Graz aus regiertes einheitliches Ganzes. Sämtliche Handlungen liefen unter der Devise des aufgeklärten Absolutismus: „Alles für das Volk und nichts durch das Volk." Deutsch wurde zur Staatssprache, wozu die Volksschulen den Grundstein legten.

Der steirische Herzogshut kommt nach Wien

Steirischer Herzogshut, um 1400 mit Änderungen von 1766 und 1838. Heute im Kuppelsaal des Landesmuseums Joanneum

Unter den Mittelinstanzen standen die Kreisämter. Dadurch, daß diesen die Aufsicht der Stadtobrigkeiten und der herrschaftlichen Ämter in Polizei- und Gemeindeangelegenheiten übertragen worden war, gerieten die Städte in deren Abhängigkeit und Bevormundung. Dies galt ebenso für Graz. Als Letzte, an der Basis der Pyramide, mußten nun die Magistrate der landesfürstlichen Städte und Märkte organisiert und in das Staatsmodell eingegliedert werden.

Magistratsreform   Die Ausarbeitung der Grazer Magistratsreform erfolgte 1783/84 durch die Wiener Hofkanzlei im Einvernehmen mit dem k. k. innerösterreichischem Gubernium sowie dem seit 1782 eingerichteten k.k. inner- und oberösterreichischen Appellationsgericht in Klagenfurt. Die Publikation der neuen Ordnung wurde mittels Hofdekret vom 1. Juli 1784 vorgenommen. Dieser kaiserliche Erlaß war vom obersten Kanzler, Leopold Johann Graf Kollowrat-Krakowsky unterzeichnet. Die näheren Durchführungsbestimmungen wurden dem Magistrat durch ein Dekret vom 15. Juli übermittelt. Die Reform, die nach dem Vorbild der Wiener Magistratsreform durchgeführt wurde, brachte als wichtigste Neuerung die Einrichtung eines sechsköpfigen, juridisch gebildeten Kollegialratsgremiums, das unter dem Vorsitz eines vom Landesfürsten bestätigten Bürgermeisters (4 Jahre Amtszeit) in einem gemeinschaftlichen, ungeteilten Senat die politisch-ökonomischen sowie die juristischen Geschäfte zu erledigen hatte. Einem 30-köpfigen „Bürgerlichen Ausschuß" oblag die Wahl der Räte und des Bürgermeisters. Wesentlich war, daß seit dem Tod des Stadtrichters Johann Andreas König (13. Mai 1783) der Posten des Stadtrichteramtes nicht mehr besetzt wurde. Innerhalb der Reform war weder das Amt des Stadtrichters noch das eines Syndikus vorgesehen. Beide Ämter wurden nun durch den gemeinschaftlichen Senat von geprüften Magistratsräten ersetzt. Als vorgesetzte Behörden wirkten das innerösterreichische Gubernium bzw. das Appellationsgericht in Klagenfurt, wobei der Bürgermeister zunächst vom Grazer Kreisamt seine Direktiven entgegenzunehmen hatte. Durch den vermehrten Einsatz von geprüften Juristen sollte in Zukunft Protektion unmöglich sein. Eine zeitgeschichtliche Aufzeichnung spricht jedoch von „Blutsfreundschaft", „Parteilichkeit" sowie „Privatabsichten" im Rathaus.

Auflassung des Stadtrichteramtes

Auf dem Gebiet des Rechtswesens hatte der Josephinismus bedeutende Leistungen aufzuweisen. Die unter Maria Theresia eingeleitete Trennung von Justiz und Verwaltung führte Joseph konsequent weiter. Das im ersten Teil des „Allgemeinen Bürgerlichen Gesetzbuches" (1786) publizierte Eherecht entsprach im wesentlichen dem Ehepatent von 1783 — es sah die Ehe als bürgerlichen Vertrag an — und rief damit den schärfsten Widerstand der Kirche hervor. Die Todesstrafe schuf der Kaiser ab, andererseits sah jedoch die josephinische Gesetzgebung schwere Kerker-, Arbeits- und Züchtigungsstrafen vor. Die Mehrheit der patrimonialen Landgerichte wurden aufgehoben. Das Organisationspatent vom 20. August 1787 brachte auch für den Grazer Magistrat Neuerungen und eine räumliche Erweiterung seiner Zuständigkeit. Er war nun in Bezug auf die Kriminalrechtspflege für die Hauptstadt Graz und für die Staatsverbrechen im gesamten Grazer Kreis zuständig. Weiters wurde ihm auch ein Merkantil- und Wechselgericht erster Instanz eingerichtet, um die Einnahmen zu erhöhen. Den ca. 50

„Civil-Ehe" und Strafrechtsreform

Grundherrschaften im Stadtgebiet verblieb nur mehr die Ziviljurisdiktion. In der Zivilrechtspflege unterstanden dem Magistrat alle zum städtischen Grundbuch gehörigen Häuser mit ihren Bewohnern und die Untertanen der Bürgerspitalsherrschaft Heiliger Geist.

Mit der Magistratsreform Josephs II. war aus dem Grazer Magistrat, der bis dahin eine auf dem Privilegienrecht aufgebaute Verwaltungsbehörde gewesen war, eine bürgerliche Behörde im Rahmen des absolutistischen Staatswesens geworden.

Kaiser Joseph II. regierte seine Länder nicht nur vom grünen Tisch aus. Durch ständiges Reisen überzeugte er sich persönlich von den Durchführungen seiner Anordnungen. Bereits vor der Übernahme der Kaiserkrone war der Monarch anläßlich der Reise seiner Eltern nach Innsbruck in Graz gewesen. In den Handbillets, die Joseph anläßlich seines Aufenthalts im März 1784 an den innerösterreichischen Landesgouverneur übermittelte, hatte er bis ins kleinste Detail Vorschriften ausgearbeitet, wie in Zukunft mit den verschiedensten Problemen zu verfahren sei. Der volksnahe Kaiser, der damals im bürgerlichen Gasthaus „Zum weißen Lamm" in der Schmiedgasse abstieg, stattete allen öffentlichen Anstalten einen Besuch ab. Sein Interesse fanden vor allem das Militär, die Klöster und die Wohlfahrtsanstalten. Lediglich das Gubernium und das Kreisamt wurden kritisiert, da sie nach Josephs Ansicht personell überbesetzt waren.

Josef I. logiert im Gasthof „Zum weißen Lamm"

Graz verliert den Festungsring

Durch die Edikte des Kaisers (1782 und 1784) wurde Graz zur offenen Stadt erklärt. Damit verlor der Festungsring, der sich wie ein enges Korsett um die Stadt gelegt hatte, seine Bedeutung, und Graz konnte sich nach allen Seiten frei ausbreiten. Die Regierung verkaufte jetzt das nicht mehr notwendige Festungsgelände vor den Stadtmauern. Die Stelle des einstigen Wassergrabens wurde gärtnerisch gestaltet, und auf den ständischen Bauinspektor und Zeughausadministrator Johann Heinrich Ritter von Formentini geht die Anpflanzung der Dammallee auf dem ehemaligen „Großen Glacis" zurück (1787). Er verpachtete die Flächen des Stadtgrabens als Futter- und Weidegründe und aus den Einnahmen finanzierte er die Bäume der heute noch von der Mont-Clair-Allee bis zum Paulustor führenden Kastanienallee. Vorausblickend beließ man jedoch den Rest des Geländes unbebaut.

Der Jakominiplatz im „Vormärz". Vorlage für einen Stahlstich in Schreiners „Grätz", Tempera auf Papier von Conrad Kreuzer, um 1840

Kaspar Andreas Jakomini legte um den nach ihm benannten Jakominiplatz eine neue Vorstadt im Süden der Altstadt an. Gleichzeitig wurden die Gegend südlich der Brückenkopf- und Rösselmühlgasse, das Leechfeld, Zinzendorf-, Harrach- und Attemsgasse sowie das Gelände zwischen der Mur- und der Wienerstraße verbaut. Um die Verbindungen zu den neuen Stadtteilen zu verbessern, errichtete man vor dem Burgtor über den Stadtgraben nach St. Leonhard eine Brücke. Eine zweite Brücke über die Mur entstand an der Stelle der heutigen Radetzkybrücke, nachdem der Verkehr an dieser Stelle bereits durch Überfuhren besorgt worden war. Das rasche Aufblühen des Bezirkes Gries sowie der Murvorstadt waren der unmittelbare Anlaß.

Kaspar Andreas Jakomini

Eine der wichtigsten bleibenden Einrichtungen des josephinischen Jahrzehnts für Graz war die Einrichtung des „Allgemeinen Krankenhauses" im ehemaligen Lambrechterhof. Im unmittelbar benachbarten — ebenfalls aufgelösten — Kapuzinerkloster wurde zur Betreuung Geisteskranker ein „Tollhaus" untergebracht, wozu man auch die benachbarte, sogenannte Palmburg und das Reckenzaunsche Haus (heute Bezirksgericht neben dem Volkskundemuseum) heranzog.

Das „Allgemeine Krankenhaus"

Im Krankenhaus fand die vom Kaiser gegründete „medizinisch-chirurgische Lehranstalt" ihre Unterkunft. Damit war nun ein Institut zur schnellen Heranbildung von Ärzten vorhanden, die somit der nur handwerklichen Ausbildung der Wundärzte entgegentraten.

Graz stand mit seinen 30.000 Einwohnern weit an der Spitze aller anderen innerösterreichischen Städte. Bauherrn der neuen Häuser waren nicht bloß finanziell starke Großkaufleute oder Grundstücksspekulanten, sondern ebenso Beamte, Handwerker u. ä.

Im neuen Staat hatte das Bürgertum eine neue Bedeutung erhalten. Es war nun zum staatstragenden Faktor geworden und lebte nach dem Grundsatz: leben und leben lassen.

Die Bemühungen Maria Theresias, die heimische Wirtschaftskraft zu heben, setzte nun Joseph II. fort. Seine intensiven Anstrengungen richteten sich gegen alle Hemmnisse, die dem Aufschwung der wirtschaftlichen Produktion entgegenstanden. Der inländische Bedarf sollte durch inländische Waren gedeckt werden. Aus diesem Grund erhöhte Joseph die Zölle und drosselte somit fast die gesamte Einfuhr, insbesondere die der Luxuswaren. Durch sein Toleranzpatent förderte er den Zuzug tüchtiger protestantischer Handwerker und Arbeiter. Seinen Hauptwunsch konnte der Kaiser jedoch nicht durchsetzen: die gänzliche Aufhebung der Inlandsmautstellen, die hauptsächlich die Jahrmarktsfahrer betrafen. Es bestanden ja noch immer die alten Jahrmärkte, von denen jedoch nur mehr dem Grazer Markt größere Bedeutung zukam. Der Mitfastenmarkt dauerte bis zur Palmwoche, der Ägidiusmarkt fast den ganzen September. Wie immer wurde die Marktzeit vom Schloßberg aus eingeläutet und zum Zeichen der Handelsfreiheit auf dem Rathaus ein Arm mit einem Schwert angebracht. Die Verkäufer, welche aus nahezu allen Landeshauptstädten der Monarchie angereist kamen, überzogen den Hauptplatz mit nahezu 200 Markthütten. Auch die Juden durften seit 1783 wieder die Märkte besuchen.

Aufschwung des Handels

Durch Josephs kluge Handelspolitik war die Zahl der Grazer Kaufleute und Handwerker stark angestiegen. Der Handel blühte wie schon lange nicht mehr. So wurden z. B. große Mengen Tischlerleim über Triest nach Italien ausgeführt oder jährlich etwa 65.000 Stück Sensen, vorerst nach Lemberg und von dort ans Schwarze Meer verschickt. Wie in alten Zeiten schwammen vom Lendplatz aus Schiffe und Flöße — beladen mit Stahl und Eisen - die Mur abwärts. Die Seidenfabrik Sartory in der Lazarettgasse entwickelte sich zu Konkurrenz der Schweizer Seide, und die große Zitz- und

Kattunfabrik Ammerbacher in der Neuholdau versorgte ganz Innerösterreich mit ihren Produkten.

Nicht alle Neuerungen blieben

Am 20. Februar 1790 starb der schon lange kränkelnde Kaiser Joseph II. in Wien. Der Monarch, der durch die „Revolution von oben" eine Zwangsbeglückung durchsetzen wollte, hielt sich dreimal in Graz auf (1784, 1787, 1788). Er hinterließ seinem Nachfolger und jüngeren Bruder Leopold, bisher Großherzog von Toskana, eine durch sein starres Reformwerk und seine rücksichtslose Außenpolitik instabile Monarchie. In unglaublich kurzer Zeit löste Leopold II. eine

Kaiser Leopold II.

Kaiser Leopold II. mit Friedrich August von Sachsen und Erzherzog Franz (v. li.). Kolorierter Kupferstich von Hieronymus Löschenkohl, 1791

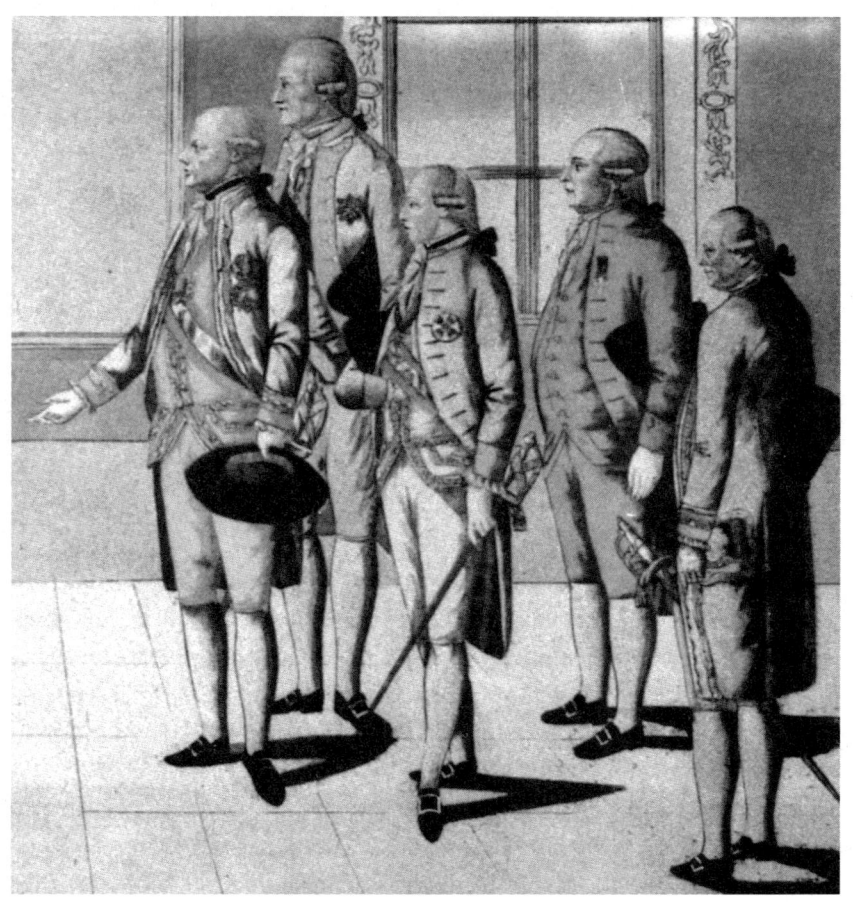

Reihe heikler politischer Aufgaben. Ganz im Gegensatz zu dem verstorbenen Joseph war der neue Regent ein geschickter, kühl rechnender Taktiker.

Die steirischen Stände legten Leopold kurz nach dem Ableben Josephs ein Schreiben vor, das die Wiederherstellung der früheren Einrichtungen zum Inhalt hatte. Der Monarch gab in der Form nach und löste das innerösterreichische Gubernium wieder auf. An die Stelle dieser Verwaltungseinheit wurde je ein Gouverneur für die Steiermark, Kärnten und Krain berufen. Er ernannte auch wieder einen eigenen Landeshauptmann — jedoch ohne Gerichtsgewalt — und stellte das Verordneten-Kolleg mit der Landesverwaltung wieder her. Die hohe Gerichtsbarkeit wurde wiederum den Städten übertragen, und die Stadtpfarrer von Bruck an der Mur und Graz wurden 1795 zu infulierten Pröpsten und Mitglieder der Landstände erhoben. Dies war daher notwendig geworden, weil sich durch die josephinische Klosteraufhebung die Prälatenbank im Landtag gelichtet hatte. Daher traten an die Stelle früherer Stiftsprälaten die Dompröpste von Seckau und Leoben und zwei vom Landtag zu wählende Prälaten. Man erkor die Pfarrer von Bruck und Graz, verlangte aber ihre Infulierung. Ebenso nahm Leopold die Kriminalgerichtsorganisation seines Bruders zurück. Im wesentlichen jedoch behielt Leopold die Reformen Josephs bei, nur in Dingen, die seinen Vorstellungen nach leicht zu bewerkstelligen waren und der Sache keinen Eintrag brachten, lenkte er ein. So etwa ließ er im Mai 1790 — nach fünf Jahren — auf Bestreben der Stände den steirischen Herzogshut wieder nach Graz zurückbringen, wo das hohe Landessymbol mit großem Prunk empfangen wurde. Zu diesen Feierlichkeiten war das Grazer Bürgerkorps in bunten Uniformen und mit Waffen umgürtet erschienen. Das Bürgerkorps geht auf den Grazer Baumeister Richard Seebacher zurück, der anläßlich des Besuches von Maria Theresia und ihres Gatten Kaiser Franz I. im Schloß Eggenberg 1765 ein von ihm „frei aufgerichtetes bürgerliches Jägercorps" aufmarschieren ließ.

Das Grazer Bürgerkorps begrüßt den Herzogshut

Anfang September 1790, kurz vor seiner Kaiserkrönung in Frankfurt, besuchte Erzherzog Leopold die steirische Landeshauptstadt. In seiner Begleitung befanden sich seine Gemahlin, Erzherzog Alexander — Paladin von Ungarn —, der König von Neapel-Sizilien, Ferdinand IV. mit seiner Gattin sowie die Töchter Theresia und Louise. Logiert hatte der Monarch in der Mariahilferstra-

Kaiser Leopold in Graz

„Eskadron bürg. Kavallerie" anläßlich des Besuchs Leopold II. in Graz. Rechts: Oberst Richard Seebacher, links: Oberstleutnant Franz Dobler. Gemälde von 1790

ße im „Gasthof zur Sonne". Die Grazer ließen die Gelegenheit nicht vergehen, ohne zu Ehren ihrer Gäste großartige Festlichkeiten abzuhalten, wie es ja fast schon Tradition war. Gleich der Erbhuldigung Karls VI. erstrahlte die ganze Stadt in hellem Lichtermeer. In Eggenberg lud man zu Tanzveranstaltungen und einem Preisschießen. Im Park war zur Belustigung der Besucher ein Karussell aufgestellt worden.

Durch die Bestimmung des josephinischen Toleranzpatents war es der protestantischen Glaubensgemeinde nun möglich geworden, wieder öffentliche Gottesdienste in Graz abzuhalten. 1792 konnte — nach nahezu 200 Jahren — in einem vom Landesgouverneur Philipp Graf Welsperg-Reitenau zur Verfügung gestellten Saal — kurioserweise im zweiten Stock des ehemaligen Jesuitenkollegs (dem heutigen Barocksaal im Priesterhaus) — wieder ein evangelischer Gottesdienst gefeiert werden.

Öffentliche Gottesdienste der Protestanten

Die vielen Pläne, die der politisch hochbegabte Kaiser noch verwirklichen wollte, gelangten nicht zur Realisierung, da er völlig unerwartet am 1. März 1792 verstarb. Vorerst kamen Gerüchte von einem Attentat der französischen Jakobiner oder der Freimaurer auf, doch höchstwahrscheinlich erlag Leopold einer Blinddarm- oder Bauchfellentzündung.

Vom Schloßberg weht die Trikolore

Napoleon in der Stadt

Der Tod Kaiser Leopolds stellt in mancher Hinsicht eine wichtige Zäsur dar, weil ein halbes Jahrhundert staatlicher Reformarbeit im Geist des aufgeklärten Absolutismus zu Ende gegangen war. Seinem ältesten Sohn Franz waren zwar dessen jüngere Brüder Karl und Johann an Talent, Phantasie und Aufgeschlossenheit für das Neue überlegen, doch das Gesetz der Primogenitur, das die Nachfolge durch die Stunde der Geburt bestimmt, wagte niemand zu bezweifeln.

Kaiser Franz II., römischer Kaiser

Als am 20. April 1792 das revolutionäre Frankreich seinen König Ludwig XVI. zwang, dem Habsburger Franz, der erst wenige Wochen später zum letzten römisch-deutschen Kaiser gewählt werden sollte, den Krieg zu erklären, ahnte noch niemand, daß damit eine lange und schwere Kriegsperiode beginnen sollte. Die Kriegserklärung war von der Girondistenpartei ausgegangen, die damit die Erregung der französischen Massen auf einen äußeren Feind ablenken wollte. Österreich kämpfte in einer Koalition verschiedener europäischer Staaten gegen Frankreich. Hatten die ersten Kriegsjahre von der Grazer Bevölkerung nur Militärdienst, erhöhte Steuern oder Zwangsdarlehen verlangt, so erlebte die Stadt 1797 den ersten Einfall des Feindes.

Erster Koalitionskrieg

Die österreichischen Truppen hatten den Gegner in Belgien und in Süddeutschland mehrmals geschlagen, die Entscheidung fiel jedoch in Italien, wo der französische General Napoleon Bonaparte die Österreicher zur Gänze aus der Lombardei verdrängen konnte. Erzherzog Karl, der Bruder des Kaisers — seit 1796 Oberbefehlshaber der österreichischen Armee —, mußte sich zurückziehen und Villach sowie Klagenfurt aufgeben. Im Frühjahr 1797 drangen zum ersten Mal seit langer Zeit wieder feindliche Heere in die Steiermark ein. Die Regierung in Graz hatte vorsorglich die Stadt verlassen. Die Kassen und Akten wurden eilends nach Wien gesandt, die ständischen Kanonen nach Ungarn. Viele Bewohner flohen. Eine von den Ständen gewählte Landeskommission hatte unter Landes-

Napoleon Bonaparte

Franzosen auf dem Hauptwachplatz im April 1797. Im Hintergrund das Renaissance-Rathaus mit der Hauptwache. Kupferstich von A. Mathieu

hauptmann Breuner als Präsident und Bürgermeister Dr. Michael Steffn als Vizepräsident die Verwaltung des Landes übernommen. Die drei Bürgerkorps, von den Einwohnern oft belächelt, versahen unter ihren Obersten, des Handels- und Geschäftsmannes Franz Caspar Dobler nach dem Abzug des Militärs zusammen mit der sogenannten „Stadtfahne" — einer erweiterten Bürgerwehr — den Ordnungsdienst.

Die Revolutionsarmee in Graz

Am 10. April 1797 erreichten die Franzosen kampflos die Stadt. Die Revolutionsarmee zog unter General Beaumont, erwartet von einer großen Menschenmenge, über den Lendplatz, den Griesplatz durch das Eiserne Tor zum Hauptplatz. Gegen neun Uhr abends ritt der erst 28jährige französische Obergeneral Napoleon Bonaparte in die Stadt ein und nahm in der Herrengasse im Stubenbergschen Haus (heute Nr. 13) Quartier. Die Feinde besetzten den Schloßberg, die Ries und bezogen gemeinsam mit dem Bürgerkorps die Wachposten. Die Einwohnerschaft hatte nicht nur die Soldaten zu verpflegen, auch für die mitgenommenen Frauen und Kinder mußten Nahrung und Unterkunft bereitgestellt werden. Das französische Heer war ein Volksheer. Es kämpfte — zumindest in den ersten Jahren des Krieges — für Recht, Freiheit sowie ein besseres Los der unterdrückten Bevölkerung. Napoleon verlangte von der Landeskommission den Eid auf die französische Republik. Als ihm diesen verweigert wurde, erklärte der General sie kurzerhand für aufgelöst. Die Kommissionäre ließen sich aber dadurch nicht einschüchtern und setzten ihre Arbeit fort.

Während einer Besichtigung der Schloßbergfestung äußerte Bonaparte, daß sich die Österreicher wohl kaum länger als 24 Stunden gegen seine Armee in dieser „Bruchbude" (Bicoque) behaupten könnten. Zwölf Jahre später trat die Schloßbergbesatzung den Gegenbeweis an.

Von Graz aus kehrte der Korse nach Leoben zurück, wo er mit Erzherzog Karl im Gartenhaus des Radgewerken Egger von Eggenwald, am 18. April den Vorfrieden von Leoben schloß, der schließlich im Oktober zum Frieden von Campo Formido bei Udine führen sollte. In Graz wurden am 26. April die ratifizierten Friedensurkunden ausgewechselt, und Napoleon — seit dem 22. in der Stadt — begab sich nach Italien. Die in Leoben ausgehandelten Bestimmungen waren für Österreich die günstigsten, welche die Monarchie im Zuge der Auseinandersetzungen mit Frankreich je erzielen konnte. Alle weiteren Friedensschlüsse folgten aus Diktatfrieden nach eklatanten militärischen Niederlagen.

Vorfriede von Leoben

Der letzte der über 20.000 Franzosen verließ gegen Ende des Monats Graz. Obwohl die Besatzer nur für kurze Zeit in Graz waren,

Unterzeichnung des Vorfriedens von Leoben am 18. April 1797

und die drei Bürgerkorps für Ruhe und Ordnung gesorgt hatten, erwarben sich während dieser Zeit die französischen Soldaten durch mehrere Fälle von Zechprellerei sowie Erpressung einen äußerst schlechten Ruf. Weil sich die Landeskommission gut bewährt hatte, verlieh der Landesgouverneur, Philipp Graf Welsperg-Reitenau, dem Grazer Bürgermeister den Ehrentitel eines k. k. Rates und überreichte dem Kommandanten des Korps, Dobler, die goldene „Zivil-Ehren-Medaille" für Verdienste um die Stadt.

Ein Jahr nach dem Abzug der Franzosen wurde in einer Zeit großer wirtschaftlicher Anspannungen die älteste heute noch bestehende Versicherungsanstalt der Steiermark gegründet. Anfang Juni 1778 hatten einige Grazer Handelsdiener den Entschluß gefaßt, ein Institut zur Unterstützung dienstunfähiger Kollegen zu gründen. Die Genehmigung der Statuten durch den bürgerlichen Handelsstand erfolgte im Dezember 1798 und die der Landesstelle im Februar 1799. Ursprünglich nur auf Graz beschränkt, erstreckte sich der Wirkungsbereich des Handelsdiener-Institutes (ab 1945 „Merkur Wechselseitige Versicherungsanstalt") bald auf die gesamte Steiermark.

Zweiter Koalitionskrieg

Kommando für den 18jährigen Erzherzog Johann

Der Frieden mit Frankreich währte nicht allzu lange. Der Aufenthalt Napoleons in Ägypten führte zu einer zweiten Koalition, und Frankreich erklärte im März 1799 den Krieg. Graz wurde diesmal nicht in die Auseinandersetzungen hineingezogen und blieb zudem von den vielen Militärdurchmärschen verschont. Dieser Waffengang, in dem der erst 18jährige Erzherzog Johann formell ein eigenes Kommando führte, endete mit einer empfindlichen Niederlagen Österreichs und einer Schwächung des Kaisertums. Der Feind drang abermals in die Steiermark ein, blieb jedoch im Oberland. Der Friede von Lunéville, der im wesentlichen die Bestimmungen von Campo Formido bestätigte, setzte dem zweiten Koalitionskrieg 1801 ein Ende und befreite die Obersteiermark von den Franzosen.

Nur wenige Jahre später entstanden zwischen Napoleon und England neue Spannungen. Der Inselstaat suchte erneut nach Bundesgenossen und hatte im zaristischen Rußland Erfolg. Als Napoleon im Mai 1804 seine Absicht verkündete, sich zum erblichen Kaiser der Franzosen krönen zu lassen, dachte man auch im Hause Habsburg-Lothringen an die Schaffung einer erblichen Kaiserwürde. Am 10. August nahm Kaiser Franz II., der schon lange die Vererbbarkeit seines Kaisertums gewünscht hatte, den Titel „Erblicher Kaiser von Österreich" an. Am folgenden Tag fand die Veröffentlichung durch ein kaiserliches Patent und am 7. Dezember 1804 die allgemeine Verkündung in feierlicher Form statt. Von einer Krönung sah man ab.

Kaiserreich Österreich 1804

Obwohl der kaiserliche Oberbefehlshaber Erzherzog Karl die Erfolgsaussichten eines neuen Krieges gegen Frankreich eher skeptisch beurteilte, trat im August 1805 Österreich der englisch-russischen Koalition bei, der sich auch Schweden anschloß. Wie es Erzherzog Karl geahnt hatte, nahm der dritte Koalitionskrieg tatsächlich einen katastrophalen Verlauf. Die an der Donau unvorsichtig operierende österreichische Armee wurde in Ulm eingeschlossen, wodurch der Feind bis zum Inn vordringen konnte. An der Enns trennte sich Feldmarschalleutnant Meerveld mit seinen Korps von den verbündeten Russen und zog über Mariazell nach Süden. Die nachfolgenden Franzosen fügten ihm schwere Verluste zu. Erst in Graz und Fürstenfeld gelang es Meerveld, seine Truppen zu sammeln und zu verstärken. Zur gleichen Zeit rückte ein zweites französisches Korps unter General Marmont bis nach Leoben und Bruck an der Mur. Er hatte alle Murbrücken von Judenburg bis St. Michael zerstört, überall kleine Abteilungen zurückgelassen und den Semmering besetzt. Nun zog er mit seiner Hauptmacht in Richtung Landeshauptstadt. In Graz herrschte Untergangsstimmung. Wieder war ein Teil der Regierung nach Wien abgezogen und hatte die Flucht der reicheren Bevölkerungsschichten ausgelöst. Meerveld wollte zunächst die Stadt gegen den Feind verteidigen, doch die erneut eingesetzte Landeskommission bewirkte dessen Abzug nach Fürstenfeld. Am 14. November 1805 rückten die Franzosen zum zweiten Mal in Graz ein. General Marmont folgte mit seinem Stab zwei Tage später nach. Im damaligen Lesliehof (heute Joanneum) bezog er Quartier. Französische Vorposten wurden bis Premstätten, später sogar bis nach Ehrenhausen und Fürstenfeld ausgesandt, da aus dieser Richtung der Anmarsch österreichischer Truppen befürchtet wurde.

Dritter Koalitionskrieg

Erneut Franzosen in Graz

Am 18. November befanden sich 8.000 feindliche Soldaten in Graz. Die Stadtbewohner wurden aufgefordert, der französischen Truppe alle von den Österreichern zurückgelassenen Militärsachen auszuliefern. Weiters waren täglich 24.000 Portionen Brot, 20.000

Hohe Geldforderung der Franzosen

große Seidel Wein und 21 Klafter Holz bereitzustellen; dazu noch Schuhe, Mehl, Heu, Hafer, Tücher, Ochsen, Pferde und anderes. Vielen wohlhabenden Familien war es möglich gewesen, die Stadt noch rechtzeitig zu verlassen. Dabei hatten sie ihre Pferde mitgenommen, so daß alle Lasten sowie die Vorspanndienste meist auf dem mittleren und unteren Stand lasteten. Der tägliche Unterhalt kostete der Stadt 12.000 Gulden. Die Besitzer aller verbliebenen Pferde mußten ihre Tiere zum Tummelplatz bringen, wo die französische Armee die besten aussonderte. Zusätzlich hatten die Grazer auf Anordnung Marmonts binnen 24 Stunden 1 Million Gulden aufzubringen. Doch auf Ersuchen der Bürgerschaft, der es wirklich unmöglich war, diese hohe Summe aufzutreiben, halbierte der General den Betrag. Die Stadt mußte zur Bereitstellung unter Garantie der Stände ein Darlehen aufnehmen.

Inzwischen hatte sich die militärische Lage geändert. General Radetzky näherte sich von Süden — ebenso Erzherzog Johann. Die bei Windischgraz (Slovenjgradec) vereinigten Armeen ergaben eine Truppenstärke von 80.000 Mann. Marmont sah sich dadurch bedroht und zog mit seiner Hauptmacht am 29. November bis Wildon. Nach kurzen Gefechten mit der österreichischen Vorhut zog er sich wieder nach Graz zurück, wo ihm Informationen des Kollaborateurs Franz Haas bei der Planung seiner weiteren Operationen dienlich waren.

„Drei-Kaiser-Schlacht" bei Austerlitz

Trotz des Seesieges Lord Nelsons bei Trafalgar ging der Krieg durch die von Zar Alexander ausgelöste „Drei-Kaiser-Schlacht" bei Austerlitz (2. Dezember 1805) verloren. Der darauffolgende Waffenstillstand öffnete die ganze Steiermark den Franzosen. Marmont, der mit seinen Truppen von Napoleon kurzfristig nach Wien befohlen worden war, kehrte am 12. Dezember in die von kaiserlichen Truppen gänzlich verlassene Landeshauptstadt zurück. Er wollte den Schloßberg in eine moderne Festungsanlage umbauen lassen. Zu diesem Zweck wurden vorerst durch über 100 requirierte Bauern mehrere Wohngebäude niedergerissen, doch beendete der Friedensvertrag die Arbeiten. Trotz des im Dezember in Preßburg abgeschlossenen Friedens verlangten die Franzosen immer wieder neue Kontributionszahlungen, bis sie schließlich am 11. Jänner 1806 Stadt und Land verließen. Die Landeskommission löste sich auf, und das Gubernium nahm am 13. Jänner seinen

Dienst wieder auf. Anschließend rückten kaiserlich-königliche Truppen unter dem Feldmarschalleutnant Chasteller in Graz ein.

Ruhmreicher Schloßberg

Als Napoleon die Gründung des sogenannten Rheinbundes veranlaßte, und dessen 16 Mitglieder ihr Ausscheiden aus dem Reich verkündeten, legte Kaiser Franz II. unter dem Druck Frankreichs am 6. August 1806 die römisch-deutsche Kaiserkrone zurück, die sein Geschlecht 368 Jahre nahezu ununterbrochen getragen hatte. Gleichzeitig gab er die Auflösung des „Heiligen Römischen Reiches deutscher Nation" bekannt und regierte fortan als Kaiser Franz I. ausschließlich das Kaisertum Österreich. *Ende des „Heiligen Römischen Reiches"*

Im September des folgenden Jahres besuchte der Kaiser in Begleitung seines Hofkanzlers die Landeshauptstadt Graz. Während seines 12tägigen Aufenthaltes wurde täglich ein Sprechtag in der Burg abgehalten. Der Kaiser besichtigte die Festung, das Rathaus und einige Klöster. Ein Ausflug führte ihn nach Eggenberg, wo ihm zu Ehren ein Theaterstück aufgeführt sowie ein Maskenball gegeben wurden.

Österreich begann, sich erneut auf einen Waffengang mit Frankreich vorzubereiten, da der Friede von Preßburg den Kaiser zuviel gekostet hatte und außerdem nur als Waffenstillstand betrachtet wurde.

Die maßgebenden Männer in Wien hatten allmählich begriffen, daß es unmöglich sei, das revolutionäre Frankreich niederzuringen, ohne sich dessen neuen Kampf- und Organisationsmethoden anzupassen. Zu diesen Männern gehörte Erzherzog Johann. Mit Nachdruck verfocht er den Gedanken eines allgemeinen Volksaufgebots, der Landwehr. Seinen anfänglich etwas zögernden Bruder Karl konnte er schließlich doch noch für seine Ideen gewinnen. Im Frühsommer des Jahres 1808, am 9. Juni, wurde das Landeswehrpatent kundgemacht. Alle wehrfähigen Männer vom 18. bis 45. Lebensjahr, soweit sie nicht vom Wehrdienst befreit waren, nicht bereits in der Armee dienten oder in die Reserve eingeteilt waren, unterstanden der Landwehrpflicht und hatten im Falle eines Aufrufes zu Waffen zu greifen. Erzherzog Johann übernahm persönlich das Amt des innerösterreichischen Landwehrinspektors. Die Steier- *Die Landwehr*

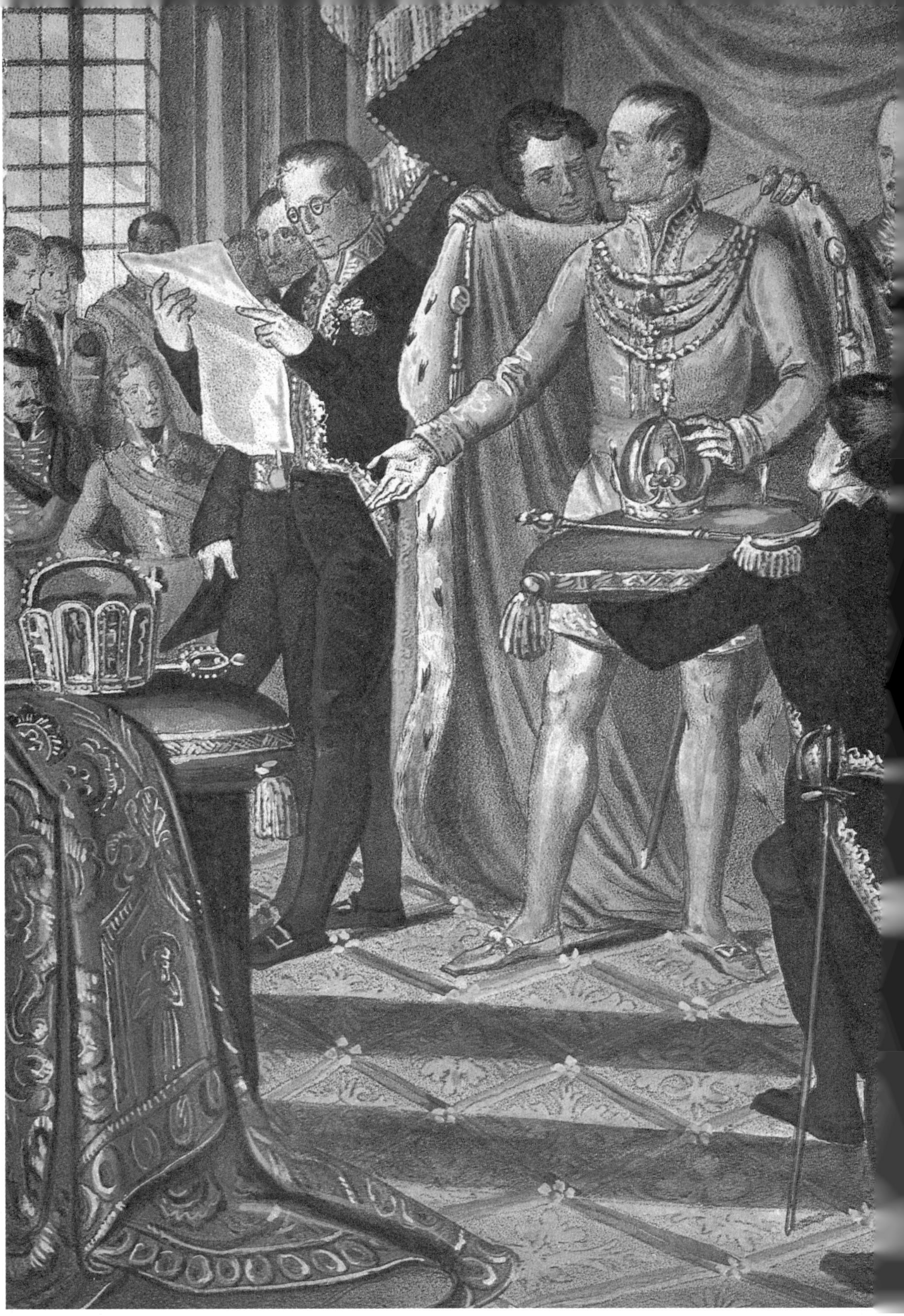

mark mußte 13 Bataillone stellen (13.819 Mann). Das erste Grazer Landwehrbataillon bestand aus 1.404 Mann, davon waren 1.334 freiwillige. Zwei Kompanien bestanden ausschließlich aus Studenten. Die Fahne der Grazer zeigte auf der Vorderseite den heiligen Nikolaus und auf der Rückseite den steirischen Panther — ein deutliches Zeichen für die Dezentralisierung der Wehren.

Im Frühjahr 1809 erwogen die verantwortlichen Staatsmänner — abermals gegen den Widerstand Erzherzog Karls — den Krieg mit Frankreich zu wagen. Erzherzog Johann erhielt den Oberbefehl über die für den Feldzug in Italien bestimmten Südstreitkräfte. Die innerösterreichische Landwehr bildete nun einen Teil seiner Armee. Eidesleistung und Fahnenweihe der insgesamt fünf Landwehrbataillone des Grazer Kreises hatte am 24. März 1809 in Anwesenheit von Erzherzog Johann auf dem Glacis stattgefunden. Da Napoleon überraschend schnell auf dem Hauptkriegsschauplatz eintraf, und die Österreicher in einer Reihe von Gefechten im Raum Regensburg zurückgeworfen wurden, sollte der in Oberitalien recht glücklich operierende Erzherzog Johann mit seiner Armee Erzherzog Karl unterstützen. Verfolgt vom italienischen Vizekönig Eugène de Beauharnais marschierte Johann in Richtung Osten. In Graz erfuhr der Erzherzog vom Sieg seines Bruders in Aspern über Napoleon. Erzherzog Johann wollte sich hier mit dem aus Salzburg anrückenden Korps des Feldmarschalleutnants Jellačić vereinigen und über Ungarn nach Wien ziehen, da der Semmering bereits besetzt war. Bei St. Michael stießen die Truppen Jellačićs auf eine französische Vorhut. Das darauffolgende Gefecht dauerte etwa zehn Minuten und kostete die Österreicher zwei Drittel ihrer Mannschaft. In der Folge konnten die Franzosen das ganze Mürztal besetzen und bis nach Frohnleiten vordringen, das dabei in Flammen aufging. Statt der erwarteten 9.000 Mann erreichten bloß etwa 3.000 Graz. Erzherzog Johann mußte mit etwa 17.000 Mann die Stadt verlassen, denn auch der nach Osten marschierende Feldmarschalleutnant Chasteler war nicht rechtzeitig eingetroffen. Der Erzherzog rückte über Gleisdorf nach Westungarn ab (29., 30. Mai). Die Steiermark war nun zum vierten Mal, Graz zum dritten Mal, den Franzosen preisgegeben.

Erneut Krieg gegen Frankreich

Sieg Erzherzog Karls bei Aspern

Gegenüberliegende Seite:
Kaiser Franz II. legt die römisch-deutsche Kaiserkrone zurück. Tempera auf Lithographie

Graz von Südwesten mit der Schloßbergfestung vor ihrer Zerstörung. 1807

Major Franz Hackher zu Hart

Die Verteidigung des Schloßberges hatte Erzherzog Johann bereits Mitte Mai dem Major der Genietruppen (vergleichbar mit den heutigen Pionieren) Franz Hackher zu Hart übertragen. Hackher war anbefohlen, die Stadt und besonders den Berg möglichst lange zu halten, um der österreichischen Armee den Weg nach Wien zu sichern und den Nachschub des Feindes zu hindern. Major Hackher ließ durch 300 Bauern alle Festungsbauwerke so gut wie möglich verstärken, zwei Blockhäuser errichten, die Gefangenen in die Karlau verlegen und Proviant auf den Schloßberg bringen. Die Besatzung bestand aus rund 900 Mann. 18 Kanonen, vier Haubitzen sowie knappe 600 Gewehre befanden sich in der Festung. Am selben Tag, als der Erzherzog die Stadt verließ und die Ausbesserungsarbeiten auf dem Schloßberg notdürftig abgeschlossen wurden, erreichten die aus Süden anrückenden Truppen der Generäle Grouchys und MacDonalds Graz. Major Hackher ließ als Befehlshaber von Graz die Stadttore schließen und die Mauern besetzen. Die Aufforderung zur Kapitulation überbrachte ihm am nächsten Tag ein Parlamentär. General Gouchy verlangte die bedingungslose Übergabe der Festung und der Stadt. Um Graz zu retten und deren Beschießung zu vermeiden, mußte der Major die Stadt den Feinden überlassen. Er selbst verschanzte sich mit seinen Leuten in der Schloßbergfestung. Es gelang jedoch, durch die Unterstützung des „Pastetenwirtes" Michael Sprengg, der durch den Keller eines an den Schloßberg angebauten Hauses Nachrichten von und zur Festung übermittelte, mit der Außenwelt und dem Erzherzog in Verbindung zu bleiben. Noch am selben Tag verkündete die „Lisl"

Einmarsch der Franzosen

auf dem Schloßberg den Einmarsch der Franzosen über die gedeckte Murbrücke. Der General en Chef, MacDonald, errichtete sein Hauptquartier im Schloß Eggenberg. Die Landeskommission und das Bürgerkorps hatten wieder alle Hände voll zu tun, um den

Anforderungen der Besatzung gerecht zu werden. MacDonald forderte von der Bevölkerung die gesamte in der Stadt gelagerte Munition, Sturmleitern, Steigeisen sowie unzählige Krampen und Schaufeln. Der General ließ einen Laufgraben ausheben und den Schloßberg mit Feldwachen umstellen. An drei Punkten wurden Geschützstellungen errichtet; vor dem Paulustor (Harrachgasse), im Garten des Meerscheinschlössels (Mozartgasse) und in der Grabenvorstadt. Am 9. Juni war MacDonald mit zwei Divisionen in Richtung Ungarn abgezogen. General Broussier blieb mit einer starken Abteilung und dem halben Artilleriepark in Graz zurück. Nachdem Hackher zum wiederholten Mal die Übergabe des Schloßbergs verweigert hatte, beauftragte Broussier seinen „Bloquade Commandant", Oberst Garsibin, den Sturm auf das „Fort" vorzubereiten.

In der Nacht vom 13. zum 14. Juni Punkt 24/00 Uhr begann das Bombardement des Berges. Die Grazer zählten in einer Stunde bis zu 90 Kanonenschüsse. Durch die Beschießung entstanden an den Gebäuden der Festung erhebliche Schäden. Ein Teil der Mannschaft mußte zur Feuerbekämpfung abgestellt werden, da einige Granaten gefährliche Brände verursachten. Weil die Feinde, die über keine Belagerungsartillerie, sondern nur über Feldgeschütze verfügten, nicht sofort die richtigen Geschützstellungen finden konnten, überschossen sie öfters den Berg und beschädigten dabei die Häuser der Sackstraße und sogar der Murvorstadt. Mehrmals versuchte der Feind, in der Nacht den Berg zu stürmen, aber die

Vergeblicher Sturmlauf

Beschuß des Schloßbergs in der Nacht zum 14. Juni 1809. Koloriertes Schabblatt

Österreicher konnten alle Angriffe zurückschlagen und den Franzosen schwere Verluste zufügen. Rollgranaten, durch Ketten verbundene Steinkugeln verhinderten den Einsatz der Sturmleitern. Eines der mit letztem Einsatz kämpfenden Besatzungsmitglieder war Hauptmann Cerrini, welcher auf eigenem Wunsch die durch ihre niedrige Bauweise am stärksten gefährdete Bürgerbastei verteidigte. Durch den gezielten Beschuß der französischen Geschützstellungen gelang es den Österreichern, die außerhalb des Paulustores befindliche Stellung zu zerstören.

Auch die Batterie vor der Harrachgasse ging den Belagerern verloren. Der letzte Sturmangriff erfolgte am 17. Juni — der Geschützkampf dauerte unvermindert bis drei Tage lang an.

Um Mitternacht zog Broussier aus der Stadt ab, denn ein österreichisches Korps unter Gyulai, dem Banus von Kroatien, näherte sich vom Süden.

Hackher nützte die Gelegenheit, um Laufgräben, Schanzen sowie Geschützstellungen zu vernichten und sich mit neuem Proviant zu versorgen. Am 23. kehrte Broussier nach Graz zurück, um nach einigen vergeblichen Sturmläufen gegen den Schloßberg die Stadt am 24. wieder zu verlassen. Er wollte sich mit den aus Dalmatien kommenden Truppen des französischen Marschalls Marmont vereinigen. Am selben Tag fiel auch der österreichische Fähnrich Karl König, als er auf der Rückkehr von Verhandlungen mit den Franzosen bei der Kehre der heutigen Weldenstraße von einem Scharfschützen aus dem Hinterhalt erschossen wurde. Das Kreuz an dieser Stelle trägt heute den Namen Franzosenkreuz. Im Volksmund heißt es auch „Abschieds- oder Armensünderkreuz", da die Angehörigen eines Verurteilten ihn bis hierher begleiten durften. Am 26. Juni erreichte das österreichische Korps unter den Generälen Gyulai, Zach und Spleny die steirische Landeshauptstadt, nachdem es bereits mit Teilen der abziehenden französischen Mannschaft zu kleineren Gefechten gekommen war. Broussier war es inzwischen gelungen, durch die Besetzung des Rosenbergs sowie des Grabens eine günstige Position zu erreichen und eröffnete daher die Kampfhandlungen. Die Franzosen brachen durch die Linien der Österreicher durch und erreichten den Ruckerlberg. Die Kämpfe zogen sich bis in die St.-Leonhard-Vorstadt hinein. Trotz rollender Angriffe Gyulais konnte der Gegner die Leonhardkirche und den Friedhof halten. Überhaupt waren die Franzosen durch ihre besseren Stel-

Schwere Kämpfe im Osten von Graz

lungen in Häusern und Anhöhen der Umgebung den Österreichern strategisch überlegen. Diesen gelang es jedoch, mit letztem Einsatz die Franzosen am Abend zurückzudrängen und den Rosen- sowie Ruckerlberg zu besetzen. Die französischen Schanzen für die Artillerie — heute erinnert der Name „Schanzelwirt" daran — konnten genommen werden. Sie standen auf der Anhöhe unweit der Leonhardkirche, im Bereich des heutigen Landeskrankenhauses. Im Gefecht um die Kirche gelang es, die dort gefangenen Österreicher zu befreien. Ein dabei verwundeter französischer Offizier stiftete nach einem Gelübde für seine Errettung der Muttergottes beim Friedhofskreuz seinen Degen. Er steckt heute noch im Herzen der schmerzhaften Madonna. Gyulai hatte schwere Verluste zu beklagen und wagte es nach diesem Anfangserfolg nicht, mit seinen ungeübten Männern den vereinigten Truppen Marmonts und Broussiers Widerstand zu leisten. Er zog daher am 27. nach Gleisdorf, Fernitz und Gnas ab. Die Grazer konnten es sich aber nicht erklären, warum Gyulais Truppen die Franzosen nicht entschlossener angriffen. Voller Enttäuschung nannten sie ihn den „Herzog vom Ruckerlberg", der seine Leute mit hölzernen Säbeln kämpfen lasse.

Am 30. Juni versuchte Marmont, Gyulai einzuholen, er mußte sein Vorhaben aber abbrechen, da er nach Wien beordert wurde. Am 2. Juli war Major Hackher wieder Herr der Stadt, und Gyulai kehrte zurück. Die Franzosen hatten Graz sieglos verlassen, nicht ohne daß der Belagerungsgeneral Broussier den Bürgern der Stadt in einer öffentlichen Ansprache unter freiem Himmel für ihr faires Verhalten in den letzten Wochen gedankt und ihnen freundlich nahegelegt hatte, seine etwa 2.000 nicht transportfähigen, schwer verwundeten Landsleute gesund zu pflegen.

Inzwischen fiel die Entscheidung des Krieges im Osten. Erzherzog Johann hatte die Absicht, sich mit der im Marchfeld zusammengezogenen Hauptarmee seines Bruders Karl zu treffen. Johann wurde aber vom italienischen Vizekönig Beauharnais, der ihm auf einem kürzeren Weg von Italien her gefolgt war, bei Raab eingeholt und östlich der Stadt am 14. Juli zum Kampf gestellt. Das zweite Grazer Landwehrbatailon unter dem Kommandanten Major Ludwig Freiherr von Hummel hatte die Aufgabe, das Zentrum zu verteidigen. Den ganzen Tag konnte Hummel der feindlichen Übermacht standhalten. Erst als die Munitionsvorräte ausgegangen waren, mußte er die Waffen strecken. Infolge des unglückli-

Major Hummel kämpft bei Raab

Schlacht bei Wagram

chen Gefechtes war Johann zur kriegsentscheidenden Schlacht bei Wagram zu spät gekommen. Die zahlenmäßig wesentlich schwächeren Österreicher wurden nach erbittertem Widerstand geschlagen (5./6. Juli), und nach einem weiteren kurzen Gefecht schloß Erzherzog Karl am 12. desselben Monats einen Waffenstillstand. Der Feind konnte nun kampflos ganz Innerösterreich besetzen. Daher räumte Gyulai die Stadt und zog sich nach Ungarn zurück. Am 21. Juli erschienen unter ihrem Kommandeur MacDonald erneut die Franzosen in der Landeshauptstadt. Aufgrund der Bestimmungen des Znaimer Waffenstillstandabkommens mußte Erzherzog Johann Major Hackher die Räumung der Schloßbergfestung anbefehlen. Die Besatzung erhielt freien Abzug und rückte mit allen militärischen Ehren und fliegenden Fahnen ab. Hackher erhielt für seine heldenhafte Verteidigung das Kreuz des Maria-Theresien-Ordens verliehen und wurde in den Freiherrnstand erhoben. Eine Abteilung der mit den Franzosen verbündeten Württemberger rückte in die Festung ein. Im August stellten sie die beschädigten Werke wieder her und bauten einige neue Verstärkungen. Die Trikolore wurde nun täglich auf dem Schloßberg hochgezogen. Ende des Monats gerieten die Württemberger mit den Franzosen derart heftig in Streit, daß sie die Stadt verlassen mußten, nicht ohne aber zuvor ihre ganzen Vorräte an die Grazer verschleudert zu haben.

Als Kriegsentschädigung sollte das verarmte Land 44,8 Millionen Franken aufbringen — die Stadt Graz sofort 300 Zentner Mehl. Weil es nicht gelang, die von Napoleon geforderten Gelder rasch genug bereitzustellen, mußten vier Mitglieder der Landeskommission als Geiseln auf den Schloßberg ziehen. Es waren dies der Bischof von Seckau, Graf Waldstein, Graf Ignaz Attems — Sohn des Landeshauptmannes, Cajetan Wildenstein und der Kaufmann Ignaz von Gadolla. Am 27. September, als ein Teil der Summe übergeben worden war, wurden sie wieder auf freien Fuß gesetzt.

Friede von Schönbrunn

Die Bestimmungen des Friedens von Schönbrunn (Oktober 1809) waren erdrückend. Neben großen Gebietsverlusten wurde Napoleon auf seinen persönlichen Wunsch hin der Abbruch der unbezwungenen Schloßbergfestung zugestanden. Marschall MacDonald, inzwischen Herzog von Tarent, ließ alle Vorbereitungen zur Schleifung der Anlage vorbereiten. Mit der Minenlegung waren 300 Mann beschäftigt. Am 11. November mußte der Berg geräumt sein,

Der Schloßberg mit den gesprengten Festungsanlagen. Ansicht von 1812

und am 16. begannen die Sprengungen. Das gesamte bewegliche Gut hatten die Besatzer versteigert. Eine von der Regierung angebotene Ablöse von 150.000 Gulden wurde abgelehnt. Die Sprengungen waren in der gesamten Umgebung zu hören, und die Bürger wurden durch Kanonenschüsse sowie Trommelwirbel vor den herabfallenden Trümmern gewarnt. Das Zerstörungswerk dauerte bis Ende Dezember. Die Häuser in der Paulustor-, Spor- und Sackstraße wurden durch herabstürzende Trümmer erheblich beschädigt. Die Stadt erkaufte sich daher von den Franzosen die Erlaubnis, das Mauerwerk hier mit der Hand abräumen zu dürfen. Als man daranging, den Uhr- und den Glockenturm zu sprengen, erreichte eine Abordnung unter dem Vorstand des Grazer bürgerlichen Handelsstandes Wilhelm Klein und Bürgermeister Wiesenauer vom französischen Stadtkommandanten MacDonald gegen eine Entschädigung von 2.978 Gulden und 41 Kreuzer die Rettung der beiden Grazer Wahrzeichen. Mittels einer Urkunde vom 24. November 1809 erhielten die Grazer die Türme samt Glocke und Uhr übereignet.

Sprengung der Schloßbergfestung

Die durch den Beschuß schwer beschädigten Gebäude, Kasernen und Depots wurden ebenso wie das Haus des Schloßhauptmannes, deren Kasemattenkeller heute die Freilichtbühne bildet, und die vier Festungstore sowie die Mauern an der Nord- und Ostseite fast gänzlich zerstört. Nur die alte Thomaskapelle, welche die Mineure für einen römischen Tempel hielten, entging dem Zerstörungswerk. Lediglich ihr Kupferdach und die Inneneinrichtung wurden demoliert. Ein Jahr später ließen die Behörden dieses alte Bauwerk aufgrund des schlechten baulichen Zustandes abtragen.

Nach getaner Arbeit verließ die Sprengmannschaft den Berg und zusammen mit der gesamten französischen Besatzung am 4. Jänner 1810 die Stadt. Zurück blieb eine einst wohlhabende, jetzt aber total verarmte Bürgerschaft, die zusätzlich an einer vom Feind eingeschleppten Typhusart zu leiden hatte. Auf dem mit Trümmern übersäten Schloßberg verrichtete das österreichische Militär notdürftige Aufräumungsarbeiten. Das abtransportierte Material diente zum Neubau der Dominikanerkaserne.

Vormärz

Neuordnung

Kriege kosten Geld. Trotz überaus hoher Steuern verschuldete sich der Staat. Das Papiergeld hatte seine Kaufkraft eingebüßt, und die Bevölkerung litt unter einer ungeheuren Teuerungswelle. Als 1810 der Umlauf der Banknoten eine Milliarde Gulden überschritt, war klar, daß der Staat bankrott war. Die Regierung gab neues Papiergeld (Einlösescheine) aus und zog das alte um 1/5 des Nennwertes ein. Kurze Zeit nach der Kundmachung des Finanzpatents (Februar 1811) setzte eine Lebensmittel-Preiserhöhung ein. In Graz wurden für die meisten Waren um 20 bis zu 30 %, für Getreide und Mehl über 50 %, mehr verlangt als zuvor. Gouverneur und Polizeidirektor versuchten vergeblich, durch strenge Maßnahmen die Kauf- und Handelsleute zu Preissenkungen zu bewegen, um den Grazer Markt zu sichern. Wegen der hohen Ölpreise mußte der größte Teil der Stadt unbeleuchtet bleiben. Das wiederum erhöhte die Zahl der Überfälle und der Einbrüche. Erst als das Vertrauen in die Einlösescheine stieg, konnte man eine geringe Besserung der Situation feststellen. Eine völlige Normalisierung war jedoch noch lange nicht in Sicht.

Staatsbankrott 1811

Entgegen seiner im März 1811 gegebenen Zusage, keine ungedeckten Geldscheine herauszugeben, sah sich der Kaiser gezwungen, 1813 nochmals neue Banknoten ohne jegliche Deckung herauszugeben: die „Antizipationsscheine". Diese waren als „Wiener Währung" den Einlösescheinen gleichgestellt. Der Staat benötigte etwa 45 Millionen Gulden, um einen neuen Krieg gegen Frankreich beginnen zu können. Aus diesen Gründen wiederholten sich nach 1813 die Zustände von 1800.

Die Inflationszeit, die um 1800 begann, hatte aber auch positive Aspekte. Das billige Geld veranlaßte so manchen Handwerker, seinen Betrieb umzustruktuieren und industriell einzurichten. Industrieartikel wurden damals immer begehrter, da sogar sie ihren Wert länger behielten als das rasch sinkende Papiergeld. Während der ersten Jahrzehnte des 19. Jahrhunderts befanden sich u. a. fol-

Industrielle Betriebe

gende industriell, also mit Kraftmaschinen eingerichtete Betriebe in der Stadt: die k. k. privilegierte Kettenfabrik Schafzahl, die ab 1836 von Joseph Körösi übernommen wurde. Körösi war nach mehrjähriger Tätigkeit in Budapester Eisenunternehmungen nach Graz gekommen und hatte mit 24 Jahren die obengenannte Fabrik übernommen und in der Folge die Maschinenfabrik Andritz gegründet (1853). Kurz nach Anlaufen der Maschinenfabrik öffnete 1854 die „Grazer Waggonfabrik" des Johann Weitzer (heute Simmering-Graz-Pauker A.G., Werk Graz) ihre Tore.

Die ebenfalls von Schafzahl seit 1813 betriebene Nagelfabrik übernahm 1821 der Eisenhändler Karl Greinitz, der sich 1817 in Graz angesiedelt und 1820 seine eigene Eisenhandelsfirma am heutigen Andreas-Hofer-Platz eröffnet hatte.

Weiters bestanden in Graz die Lederfabriken Lewol und Steiner, die Kammfabrik Straffinger, die Majolikaerzeugung Halbärth, die Steingutfabrik Dr. Propst, die Instrumentenfabrik der Gebrüder Rospini, die Tuchfabrik Lechner, die Lodenerzeugung Fürler und die Pendeluhrenfabrik Jäckle in der Münzgrabenstraße, die Kunden in Deutschland, Italien, der Türkei und in Amerika belieferte.

Die Bierbrauerei wurde nun ebenfalls im größeren Rahmen gewerbsmäßig betrieben. Sie mußte sich aber erst — mitten in einem Weinland — auf dem Markt behaupten. Die erste fabriksmäßige Brauerei errichtete Ferdinand Knabel 1838 in Puntigam, die unter Franz Hold bereits nach zwei Jahren erweitert werden mußte. Franz Hold war lange Zeit im Königshoferischen Brauhaus auf dem Grazer Steinfeld (heute Brauerei Reininghaus) als Braumeister tätig gewesen.

In der Heinrichstraße ließ sich das Wiener Großhandelshaus Arnstein und Eskeles nieder und baute dort 1824 eine Zuckerraffinerie. Die Errichtung dieser Anlage, die zur größten der damaligen Monarchie zählte (im Bereich der heutigen Herdergasse), wurde zum Vorboten der „neuen" Zeit — der industriellen Revolution. Die österreichische Zuckerindustrie mußte sich nach Napoleons Kontinentalsperre auf einheimische Rohstoffe umstellen. Versuche mit Ahornzucker schlugen fehl. Unter großen Schwierigkeiten gelang schließlich die Herstellung des Rübenzuckers. Die 110 Arbeiter in Graz unter ihrem Direktor Josef von Dumreicher erwirtschafteten mit der ersten steirischen Dampfmaschine einen jährlichen Umsatz von 72.000 Gulden.

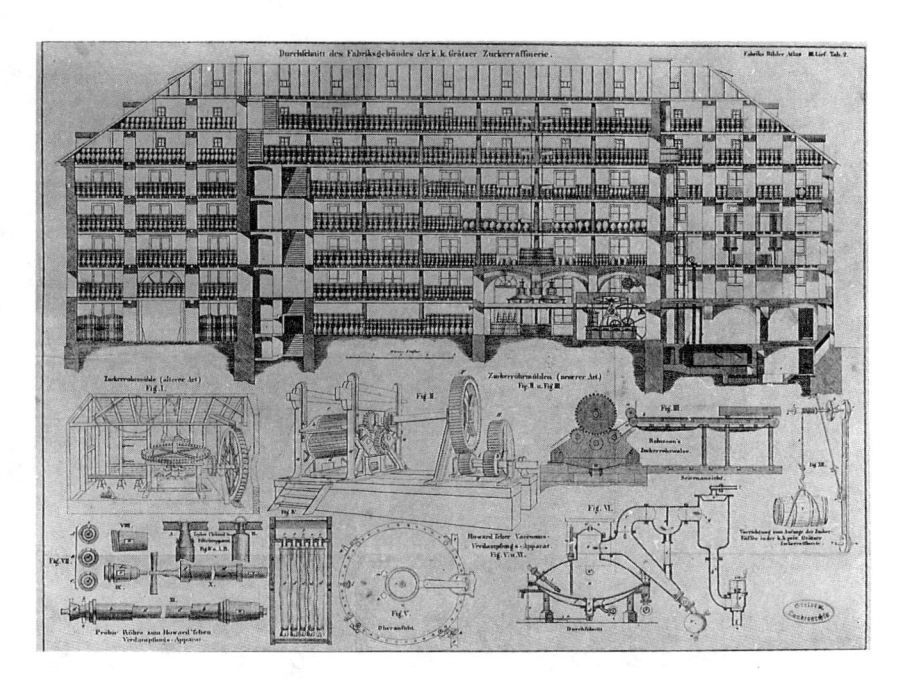

Schnittzeichnung durch die k.k. „Grätzer Zuckerrafinerie" mit Detaildarstellungen der Maschinen, 1842

Die Neugründungen von Fabriken leitete die erste Industrialisierungswelle der Steiermark ein. Das Angebot an Arbeit führte zu einer starken Zuwanderung in die Industriegebiete. Im sogenannten Vormärz — der Zeitspanne bis zur Märzrevolution (1848) — lag der Beginn der Großindustrie. Der Einsatz von Maschinen ermöglichte eine ungeahnte rationelle Produktion, die gleichzeitig vereinfacht und daher billiger geworden war. Der Arbeiter des Vormärz war nicht mehr der gesuchte Spezialist der merkantilistischen Epoche, sondern in der Regel der meist rasch und oberflächlich angelernte „Proletarier". Neben den Männern arbeiteten Frauen und Kinder oft unter den ungünstigsten Bedingungen bei meist 14stündiger Arbeitszeit. Der Lohn war in der Regel gering, daher kam es unter der Arbeiterschaft wiederholt zu Hungerkrawallen. Hand in Hand mit dem Aufbau der Industrie ging jener des Verkehrs, vor allem der Straßen- und der Eisenbahn.

Nach der Niederlage Napoleons und dem (ersten) Pariser Frieden 1814 wurde zur Regelung der europäischen Fragen ein Kongreß in Wien vereinbart (1814—1815). An den Beratungen nahmen fast 200 Vertreter von Herzog- und Fürstentümern teil. Die wesentli- *Der Wiener Kongreß*

Volksfest in Eggenberg am 16. November 1814

Der Deutsche Bund

chen Beschlüsse, die in 121 Artikeln in die Schlußakte des Kongresses aufgenommen wurden, hatten die führenden Staatsmänner der fünf anerkannten Großmächte Rußland, England, Österreich, Preußen und Frankreich in einer Reihe von Geheimsitzungen ausgearbeitet. Das kaiserliche Österreich erhielt fast alle Gebiete, die es 1805 und 1809 verloren hatte, wieder zurück. Zur Wiederherstellung des „Heiligen Römischen Reiches" kam es nicht. Die Fürstentümer und freien Städte Deutschlands sowie Österreich und Preußen — insgesamt 39 gleichberechtigte Staaten — schlossen sich zu einem international anerkannten Verband zusammen: dem Deutschen Bund. Unter dem Vorsitz Österreichs versuchte man von Frankfurt aus, die Einheit des „Reiches" fortzusetzen. Es blieb jedoch nur bei einigen wenigen Aktivitäten. Oberstes Organ war der Bundestag in Frankfurt am Main. Am 26. September 1815 gründeten der Zar von Rußland, der König von Preußen und der Kaiser von Österreich einen Weltfriedensbund: die „Heilige Allianz". Diesem Dreiervertrag, dem sich sehr bald fast alle europäischen Staaten anschlossen, verdankt Europa eine über drei Jahrzehnte stabile Friedensperiode. Um das Eindringen der revolutionären Ideen der französischen Revolution zu unterbinden, aber auch, um das nationale Erwachen der in der österreichischen Monarchie vereinigten Völker zu verhindern, schlossen sich Österreich und Preußen gegen alle geistigen Neuerungen ab, und die Regierungen der meisten Staaten folgten ohne Widerspruch der Führung des österreichischen Staatskanzlers Clemens Wenzel Fürst Metternich, dem „Großkutscher Europas".

Staatskanzler Clemens Fürst Metternich

Um die Revolution von Österreich fernzuhalten, stieg die Polizeihofstelle unter dem Polizeiminister zur wichtigsten Behörde im Staat auf. In Graz wurde die k. k. Polizeidirektion (gegründet 1793) mit dieser Aufgabe betraut. Die Polizei überwachte alles. Nicht nur auf die Fremden, sondern besonders auf jene Bürger, die sich durch ihre Stellung im geistigen, kulturellen oder wirtschaftlichen Leben einen Namen gemacht hatten, richtete sie ihr besonderes Augenmerk. Niemand wagte, über Politik zu sprechen. Da sich sogar harmlose Vereine sowie religiöse Verbände der Beobachtung durch Spitzel nicht entziehen konnten, zog sich der Bürger in die Privatsphäre zurück.

Zwischen Bürgertum und Hochadel lag in Graz, eigentlich in der ganzen Steiermark, eine geistig regsame Schicht. Sie gehörte zwar großteils dem niederen Adel an, doch in Beruf und Lebensauffassung stand sie dem Bürgertum nahe. Dazu zählten Rechtsanwälte, Ärzte, Professoren, Kaufleute, Vertreter der hohen Bürokratie und auch Fabrikanten. Sie alle hatten eine spezifische Kultur entwickelt, die weit über das provinzielle Maß hinausging. Vorerst bestand auch eine enge Beziehung zum Wiener Bürgertum, das in politischen sowie kulturellen Belangen stark von gesellschaftlich und finanziell potenten jüdischen Familien bestimmt war, wie etwa die Arnstein. Diese Familie hatte auch in Graz großen Einfluß, gehörte ihr doch die Zuckerraffinerie in Geidorf. Nicht weniger wichtig war die jüdische Großhändler- und Bankiersfamilie Henigstein, in die der in Graz geborene Orientalist Josef Freiherr von Hammer-Burgstall einheiratete.

Zu dieser Zeit schien ein bereits langersehnter Wunsch der kleinen evangelischen Gemeinde in Graz in Erfüllung zu gehen. Da die Zahl von 500 Evangelischen, die das Toleranzpatent pro Stadt für die Bewilligung eines Betsaales vorschrieb, in Graz nicht erreicht werden konnte, bildete sich ein Ausschuß, der eine Petition an den Kaiser ausarbeitete. Am 16. Februar 1821 genehmigte dieser den Grazern eine evangelische Kirche mit einem eigenen Seelsorger.

Bereits im April konstituierte sich die Grazer evangelische Gemeinde als Filiale von Wald am Schoberpaß. Noch im selben Monat schloß man mit dem Besitzer der Stiegenkirche, die jahrelang leergestanden war, einen dreijährigen Mietvertrag ab. Nachdem die Kirche von einem katholischen Geistlichen exekriert worden war, fand hier der erste Gottesdienst statt. Nun trat aber eine unerwartete Wendung ein. Der Dompropst Ritter von Jakomini, der Domkustos Johann Hasenhüttl und der Gubernalrat Freiherr von Hohenrain kauften den gesamten Kirchenkomplex. In der Folge kam es nicht mehr zu einer Verlängerung des Mietverhältnisses, und das Haus mußte von den Evangelischen geräumt werden. Jetzt ging die Gemeinde daran, ein eigenes Bethaus zu errichten. Zu diesem Zweck hatte der Seilermeister Johann Kriste Baugründe am Holzplatz (heute Kaiser-Joseph-Platz) auf der Esplanade — so hieß der Teil des aufgelassenen Glacis vor der Stadtmauer — angekauft, den er um 5.000 Gulden der evangelischen Gemeinde überließ. Ebenso kam er für den Dachstuhl der neuen Kirche auf. Am 10. Oktober 1824 fand die feierliche Weihe des Hauses statt, das heute noch den Kern der Heilandskirche bildet.

Bau der evangelischen Heilandskirche

Kaum ein Jahr später — am 15. Mai 1825 — nahm die älteste Sparkasse des Landes im Schmiedgassentrakt des Landhauses ihre Tätigkeit auf. Das Lokal war der „Steyermärkischen Sparcasse zu Grätz" von den Landständen überlassen worden. Im ersten Jahr vertrauten etwa 1.000 Personen der „Steiermärkischen Sparkasse" ihre Ersparnisse, rund 50.000 Gulden, an. Das nach dem Muster der Wiener „Ersten Österreichischen Sparkasse" errichtete Institut erreichte bereits 10 Jahre später einen Einlagenstand von mehr als einer Million Gulden. Die Widmungen der Sparkasse für gemeinnützige und wohltätige Zwecke kamen der ganzen Steiermark und im besonderen der Stadt Graz zugute. An die jährliche Spende an humanitäre Institute schlossen sich bedeutende Stiftungen.

Triebkraft Erzherzog Johann

Es entsprach seinem Wesen, daß Erzherzog Johann, als er 1804 zum ersten Mal nach Graz kam, in Rusterhofers Gasthaus „Zur goldenen Sonne" abstieg. Dieses Haus hatte bereits 1790 seinem Vater, Kaiser Leopold II., Quartier geboten. Trotzdem blieb dieser Auf-

Erzherzog Johann

enthalt vorerst nur eine Zwischenstation im Leben des Erzherzogs.

Der Prinz war am 20. Jänner 1782 zu Florenz im Palazzo Pitti als neunter Sohn des Großherzogs von Toskana, des späteren Kaisers, geboren worden. Nach dem Ableben seines Vaters übernahm sein älterer Bruder Franz den Kaiserthron. Frühzeitig zum Militärdienst bestimmt, wurde Erzherzog Johann, technisch und naturwissenschaftlich begabt, militärisch erzogen und erhielt bereits mit 18 Jahren den Oberbefehl im Kampf gegen die Franzosen in Süddeutschland. Natürlich war das nur eine Formsache, da der Oberbefehlshaber jeden Befehl zuerst seinem Generalstabschef vorlegen mußte. Zwischen dem Erzherzog und dem General gab es einen bedeutenden Unterschied: Der junge Johann war unerfahren, der General aber unfähig. Und so ging, nach anfänglichen Erfolgen, die Schlacht bei Hohenlinden am 2. Dezember 1800 verloren. Der Erzherzog hat unter dieser Niederlage, an der er keine Schuld, aber die ganze Verantwortung trug, immer gelitten. 1805 sollte der Erzherzog Tirol verteidigen, ein Land, zu dem er besondere Zuneigung hegte. Doch gerade Tirol mußte von Österreich an Bayern abgetreten werden. 1808 und 1813 setzte sich Erzherzog Johann verstärkt für die Befreiung Tirols von Bayern durch einen Aufstand ein. Diese bis heute nicht völlig aufgeklärte Affäre erweckte in Kaiser Franz den Verdacht, Johann habe sich zum Herrscher eines Königreiches Rätien, mit dem Kernland Tirol aufschwingen wollen. Der Kaiser, der zu dieser Zeit noch nicht gegen Frankreich Krieg führte (erst ab dem 11. August) war darüber äußerst erbost und verbot seinem Bruder, Tirol jemals wieder zu betreten.

Nun suchte und fand Erzherzog Johann, der die Alpen und ihr Volk liebte, in der Steiermark ein neues Wirkungsfeld. *Wirkungsfeld Steiermark*

Bereits 1808 hatte Johann die Absicht, seine Bibliothek und seine in Schönbrunn aufgestellten Sammlungen nach Graz zu bringen und hier ein Museum für Naturgeschichte, Chemie, Ökonomie und Technologie im Rahmen des Lyzeums zu gründen. 1811 kam es zur kulturell folgenreichen Gründung des Joanneums, das sich *Das Joanneum* letztlich zum ersten und bisher einzigen Nationalmuseum in Österreich entwickelte. Für dieses Unternehmen erwarb das Land trotz seiner schlechten finanziellen Lage den Lesliehof in der Raubergasse. Am 11. Juli 1811 stellte der Erzherzog den Ständen über die von ihm gespendete Sammlung eine Schenkungsurkunde aus und ernannte den Grafen Ferdinand Attems, den Abt des Stiftes Admont, Gotthard Kugelmayr sowie Johann von Kalchberg zu den ersten Kuratoren. Durch die gezielte Sammlung von Urkunden, Dokumenten, Handschriften und Akten war gleichzeitig der Grundstock für das steirische Landesarchiv geschaffen. Der Historiker Joseph Wartinger, der erste Archivdirektor, verfaßte für den Schulunterricht eine „kurzgefaßte Geschichte der Steiermark", um der Bevölkerung, wie er sagte, durch die Kenntnis ihrer Vergangenheit ein besonderes Verständnis der Gegenwart zu ermöglichen.

Die Montanistische Hochschule

Das Joanneum war ursprünglich nicht als Museum gedacht. So hieß es im ersten Jahresbericht von 1812, daß die Lehre der Hauptzweck des Institutes sei, und es ist sicherlich kein Zufall, daß sich aus dieser Einrichtung das erste Realgymnasium der Steiermark (1845), die Montanistische Hochschule (1840 bzw. 1849) und die technische Hochschule (1874) herauskristallisierten. Das Joanneum wurde 1887 vom Landeshauptmann Gundakar Graf Wurmbrand zum steirischen Landesmuseum umgewandelt.

Das Hauptgewicht legte der Stifter auf die Naturwissenschaften und die Technik, die am Lyzeum gelehrt wurde. Die Lehrkräfte bezahlte Erzherzog Johann zum Teil selbst. Bedeutende Kapazitäten wie Friedrich Moos, der Urheber der mineralogischen Härteskala, oder Engerth, der die erste Gebirgslokomotive baute, wirkten am Institut. Die Überbetonung dieser Gebiete kam auch nicht von ungefähr. Einerseits war Johann durch seinen Vater Physiokrat, andererseits gab es in der Steiermark sehr wichtige Vorstufen in diese Richtung.

So hatte bereits 1775 der Ex-Jesuit Leopold Biwald die Schaffung einer naturwissenschaftlichen Lehranstalt angeregt. Weiters muß in diesem Zusammenhang der Grazer Piller genannt werden, der — ebenfalls Ex-Jesuit — um die Wende zum 19. Jahrhundert in Ungarn ein naturwissenschaftliches Kabinett errichtete. Als eine zusätzliche Vorstufe des Joanneums in Graz ist das „Kabinett der Minerva" in Triest mit seiner Synthese von geisteswissenschaftlichen und naturwissenschaftlichen Disziplinen im frühen 19. Jahrhundert zu betrachten.

Zu den weiteren Wünschen des Erzherzogs zählte die Einrichtung eines Lesevereines am Joanneum, der seine Mitglieder, im Gegensatz zum Grazer Adelskasino, weiterbilden und nützliche Kentnisse verbreiten sollte. Damals war es besonders schwierig, die Regierung dafür zu gewinnen, da die meisten Bücher und Zeitschriften im Ausland angekauft werden mußten. Während zur Zeit Josephs II. in Graz fünf Zeitungen existierten, gab es nun nur mehr die sorgfältig kontrollierte „Grätzer Zeitung". Ebenfalls ein Anliegen des Prinzen war die Gründung einer für die breiteren Schichten bestimmten Zeitung. 1812 begann schließlich der aus Graz stammende Schriftsteller und Maler Ignaz Kollmann die Zeitungsbeilage „Der Aufmerksame" herauszugeben, die über 30 Jahre bestand. Allerdings verstand es Kalchberg, der als Freimaurer gegen den Katholiken Kollmann intrigierte, den Erzherzog gegen Kollmann einzunehmen. Nach langjährigen Bemühungen gelang es dem Leseverein, die „Steyermärkische Zeitschrift" ins Leben zu rufen (1821), die eine Vereinigung des geisteswissenschaftlichen und naturwissenschaftlichen Fächer verwirklichte und führenden Vertretern ihrer Fächer breiten Raum für Meinungsäußerungen bot.

Zeitungswesen

Das Joanneum und der Leseverein ermöglichten es Graz, als erste Provinzhauptstadt von Wien unabhängig zu werden, was zu einem verstärkten Eigenleben führte. Auch auf dem Gebiet der Musik begann eine selbständige Entfaltung. Anfangs 1815 schlossen sich 30 Akademiker zu einer Musikgesellschaft zusammen; Ende des Jahres waren bereits 80 Mitglieder eingeschrieben, und zwei Jahre später gründeten die Brüder Hüttenbrenner einen Musikver-

Anselm Hüttenbrenner (Mitte) mit Franz Schubert (re.) und Johann Baptist Jenger. Zeichnung von Josef Teltscher

ein mit einer Musikschule, dessen Protektor Erzherzog Johann wurde.

In der Annenstraße stand bis vor wenigen Jahren — einem großen Einrichtungshaus zugehörig — ein zweistöckiges Gebäude, das den Versuchs- und Musterhof der 1819 gegründeten steiermärkischen Landwirtschafts-Genossenschaft beherbergte. Nach der großen Hungersnot der Jahre 1816/17 — verursacht durch die Franzosenkriege und Geldentwertungen — schien es nun an der Zeit, den Landwirten neue, moderne Methoden zu vermitteln. Der Gründer der Genossenschaft, Erzherzog Johann, hatte sich ja schon seit seiner frühesten Jugend für die Landwirtschaft interessiert. Die Gesellschaft war mehr als nur eine Interessengemeinschaft der Bauern des Landes, da keineswegs nur Landwirte oder der Landwirtschaft nahestehende Personen in ihren Reihen zu finden waren.

Die Landwirtschafts-Genossenschaft

Im Gründungsjahr der Landwirtschafts-Gesellschaft (1819) wurde in Deutschland der Dichter August von Kotzebue vom Studenten Sand aus politischen Gründen ermordet. Die Studenten, von denen viele als Halbwüchsige an den Kriegen gegen Napoleon teilgenommen hatten, waren nach dem Ende des Wiener Kongresses entschlossen, den Separatismus der deutschen Einzelstaaten und Landschaften zu überwinden. Sie wollten ein Gesamtdeutschland aufbauen, das ihnen der Deutsche Bund vorenthielt. Die deutschnationalen Studenten hatten Kotzebue für einen Spion und Vaterlandsverräter gehalten. Sein Stück „Der Freimaurer" — kurz zuvor in Graz aufgeführt — löste in der Stadt einen Theaterskandal aus. Die Reaktion nach Kotzebues Ermordung führte zu den „Karlsbader Beschlüssen" Metternichs, die eine deutliche Verschärfung der Zensur und der Meinungsfreiheit bedeuteten.

Ermordung Kotzebues

„Karlsbader Beschlüsse"

Biedermeierliches Kulturleben

Das städtische Bürgertum zog sich — politisch scheinbar desinteressiert — in die vertraute Gesellschaft Gleichgesinnter und Gleichgestellter in eine private Sphäre zurück. Man suchte das Glück im einfachen, naturnahen Idyll, in dem man mit der Behörde nicht in Konflikt kam. Diese nach innen gekehrte, auf die vom Regime zugelassenen kleinen Freiheiten und Freuden des Daseins ausgerichtete Lebensform ging unter dem Begriff „Biedermeier" in die Geschichte ein. Diese Bezeichnung, mit der nicht nur ein Stil, sondern ebenso Verhaltensweisen, Denkformen und Umwelt des Durchschnittsmenschen im Vormärz bezeichnet werden, tauchte erst um das Jahr 1850 auf. Die Gesellschaft des Grazer Biedermeier ist bis heute noch nicht im richtigen Licht betrachtet worden. Man hat sich begnügt, Erzherzog Johann als treibende Kraft hinzustellen. Es war dies zur Zeit, als liberale Perönlichkeiten wie Julius Franz Schneller oder Armand Berghofer die Stadt bereits wieder verlassen hatten oder nicht mehr am Leben waren. Beide betätigten sich als Schriftsteller — Berghofer als freier Autor, Schneller als Professor am Lyzeum.

Die Zensur machte auch den wissenschaftlich tätigen Autoren in Graz schwer zu schaffen. So konnte etwa die von Albert von Muchar verfaßte Geschichte der Universität nicht wie vorgesehen zu deren Wiedererrichtung, sondern erst sieben Jahre später (1834) erscheinen. Die Universität war als Lyzeum seit 1782 mit ihren drei Fakultäten zu einer strohtrockenen Ausbildungsstelle für Beamte abgewertet worden. Jedoch 1810 war für die juridische Fakultät ein neuer Lehrplan ausgearbeitet worden. Sein Verfasser war der Grazer Franz Anton Zeiller, der als letzter Redakteur am „Allgemeinen Bürgerlichen Gesetzbuch" (ab 1. 1. 1812 in Kraft) mitgearbeitet hatte. Die ruhige Haltung der Studenten, der Einfluß Zeillers und die Bemühungen Erzherzog Johanns bewirkten, daß mit kaiserlichem Entschluß vom 27. Jänner 1827 die Erhebung des Lyzeums zur Universität erreicht werden konnte. Die Grazer Universität führt nun als zweiten Namen den ihres Wiederbegründers, Franz. Ab jetzt durfte auch die juridische Fakultät, nicht bloß die theologische, ihre Abgänger zu Doktoren promovieren. Aber die veralteten Einrichtungen blieben weiterhin bestehen — ebenso die niedrigen Gehälter der Lehrbeauftragten. Es war also kein Wunder, wenn die Zahl der Hörer in Graz immer mehr zurückging (1827: 282 neu Inmatrikulierte, 1840: 195). Außerdem erfolgte die Wiedererrichtung unter Ausschluß der Medizin, was wiederum als Skepsis des vormärzlichen Regimes den Naturwissenschaften gegenüber gewertet werden darf.

Vier Jahre zuvor, in der Christnacht 1823, war das ständische Theater, das heutige Schauspielhaus am Freiheitsplatz (damals Franzensplatz), bis auf die Grundmauern niedergebrannt. Die da-

Zensur

Franz Anton Zeiller

Erhebung des Lyzeums zur Universität

Ein Brand vernichtet das Schauspielhaus

Theater- und Musikleben

durch ausgelöste Konsolidierung der kunstbegeisterten Grazer Bevölkerung brachte es mit sich, daß das Theater nicht lange sein Ausweichquartier im Besitz des Handelsmannes Pferschy am Graben und im Rittersaal des Landhauses nehmen mußte. Schon zwei Jahre später war das vom Wiener Hofbaurat Peter de Nobile wiedererbaute Haus fertiggestellt. Durch die gleichzeitige Niederlegung einiger benachbarter Gebäude entstand der Franzensplatz. Im Oktober erlebte die Bevölkerung die feierliche Wiedereröffnung mit einem Festspiel des jungen Dichters Carl Gottfried Ritter von Leitner, „Styria und die Kunst". Leitner, ein Vertrauter Erzherzog Johanns, der eine der frühesten Gesamtbiographien über ihn schrieb, trat als Dichter und wissenschaftlicher Schriftsteller an die Öffentlichkeit. Er gehörte dem Redaktionskommitee der „Steiermärkischen Zeitschrift" an und wirkte als Kurator am Joanneum. In den folgenden Jahren konnten die Grazer zum ersten Mal Goethes „Faust", Grillparzers „König Ottokars Glück und Ende", Lessings „Nathan der Weise" und zahlreiche Zaubermärchen Raimunds sehen. Auch an Uraufführungen fehlte es nicht. Überblickt man das Repertoire des Theaters — wobei damals Oper und Schauspiel räumlich noch nicht getrennt waren —, kann man feststellen, daß steirische Kulturschaffende keinen wesentlichen Anteil daran hatten.

Von größerer Bedeutung war die Oper. Neben Mozart und Weber standen Rossini, Spontini, Donizetti u. a. auf dem Programm. Das kunstverständige Bürgertum lud die Künstler oft und gerne in seine Häuser und Gärten ein. Die besten Kräfte blieben jedoch nicht lange in der Stadt, denn Graz galt schon damals als wichtiges Sprungbrett für Wien oder andere große deutsche Städte. Schauspiel und Oper standen bis in die vierziger Jahre auf einem beachtlich hohen Niveau. Besonders der Spielplan des Direktors Joseph Bellomo zeichnete sich durch intensive Mozartpflege aus. Bellomo war, bevor er in Graz tätig wurde (1791), in Weimar Theaterdirektor gewesen. Sein Nachfolger dort war Goethe. Bellomo standen die bedeutendsten Mozart-Interpreten seiner Zeit zur Verfügung. 1809 erwarb er auf dem Rosenberg Liegenschaften, wo er den Panoramahof als Gastwirtschaft betrieb. Sein Nachfolger am Theater hieß Karl Friedrich Domaratius. Unter seiner Leitung kam es zu einem wichtigen kulturellen Ereignis in Graz: Am 9. Jänner 1804 wurde Heinrich von Kleists „Familie Schroffenstein" uraufgeführt. Es war

Das brennende Schauspielhaus vom Schloßberg aus aufgenommen. Ölgemälde eines unbekannten Malers, 1823/24

dies überhaupt die erste Aufführung eines Dramas von diesem Autor. Als weitere Besonderheit in der Grazer Theatergeschichte wäre die deutschsprachige Uraufführung von Rossinis „Der Barbier von Sevillia" zu erwähnen, die Erzherzog Johanns Vertrauter, Ignaz Kollmann, bewerkstelligen konnte. Franz Eduard Hysel, der Domaratius folgte, sah den Schwerpunkt seiner Arbeit ebenfalls auf dem musikalischen Gebiet. So ist es nicht ungewöhnlich, daß der vorerst als Opernsänger tätige Johann Nestroy als Bassist 1826 ein Engagement im Grazer Haus bekam. Hier verfaßte er ein Jahr später sein erstes Stück „Der Zettelträger Papp".

Prominente Gäste besuchten Graz. Besonders zu erwähnen ist die Anwesenheit von Kaiser Franz I., der in Begleitung des Herzogs von Reichstadt 1830 in die Stadt kam. Diesem Anlaß widmete der Lithograph J. Franz Kaiser ein Erinnerungstableau. Dieser hatte bereits 1820 die erste lithographische Anstalt der Stadt gegründet. Kaiser, der den steirischen Erzherzog wohl schon seit seinem

Stadtansichten

Kriegsdienst (1809) gekannt hatte, konnte durch dessen Protektion in den folgenden Jahren einen steilen Aufstieg nehmen, wobei ihm zweifellos seine Vielseitigkeit zugute kam. Er betätigte sich nicht nur als Lithograph, sondern ebenso als Verleger, Handelsmann und sogar als Erfinder eines Parfums — dem „Gräzer Wasser".

Schon 1822 findet man Kaisers lithographische Kunst in einem führenden Werk der damaligen Zeit, als Karl Schmutz sein „Historisches Lexikon der Steiermark" veröffentlichte, wofür der Lithograph zusammen mit dem Maler Johann Wachtl die Bebilderung lieferte. Ein kleines Blatt, das Kaiser einer Geschichte von Leoben (1824) beisteuerte, gab den Anstoß für ein ungleich größeres Vorhaben. Der Erfolg der Leobner Ansicht führte zur großen Bildserie „Lithographische Ansichten der steirischen Städte, Märkte und Schlösser". Es war dies das erste derartige Unternehmen seit Vischers Schlösserbuch 1680. Natürlich wurde in diesem Werk auch das Erscheinungsbild der Stadt Graz ausgiebig festgehalten. Es ist daher eine der wichtigsten Dokumentationen der Stadt im Biedermeier. Einer der ersten Subskribenten dieses Werkes war Erzherzog Johann.

Bei dieser Dominanz Kaisers ist es nicht verwunderlich, daß die zweite lithographische Anstalt, die Ignaz Hofer 1827 eröffnet hatte, nicht lange bestehen konnte. Im selben Jahr starb in Graz der steirische Spätbarockmaler Johann von Lederwasch, der vergeblich

Palais Erzherzog Johanns. Kohlezeichnung von Thomas Acland, um 1843

den Kontakt mit Erzherzog Johann gesucht hatte. Aber auch so populäre Künstler der Grazer Biedermeierzeit wie Konrad und Vinzenz Kreuzer, oder die Brüder Kuwasseg konnten keine nennenswerten Kontakte zum Prinzen knüpfen. Das lag daran, daß sich Erzherzog Johann eine eigene Künstlergruppe, für die das Naturerlebnis wichtiger war als das bürgerliche Stadtbild, aufgebaut hatte: die „Kammermaler".

In diesem Zusammenhang fällt auf, daß sich Erzherzog Johann relativ spät in Graz eine repräsentatives Haus errichten ließ. Es ist das Palais Meran (erbaut 1841—1843) in der Leonhardstraße — der heutige Sitz der Hochschule für Musik und darstellende Kunst. Nach der Fertigstellung des vom Architekten Georg Hauberisser d. Ä. geplanten Palais meinte der Bauherr, daß dieser Bau die größte Dummheit seines Lebens gewesen sei, obwohl dieses Haus zu bedeutendsten Villenbauten der Steiermark zählt.

Ab 1836 begann allgemein eine rege Bautätigkeit in der Stadt, und Georg Hauberisser d. Ä. konnte dem biedermeierlichen Baugeschehen seinen Stempel aufdrücken. Alte, vertraute Gebäude wie das Café Promenade und das Militärkommando am Glacis — ehemaliges Palais Kees — gehen auf Hauberisser zurück. *Architektur*

Den Eingang zur Wickenburggasse bildete zu dieser Zeit die Kettenbrücke, deren Brückenhäuser ebenfalls Hauberisser geplant hatte und deren Neubau durch das verheerende Hochwasser der Mur (1827) notwendig geworden war. Diese Katastrophe wurde in eindrucksvollen Bildern von Joseph Kuwassegg festgehalten, und es war sein jüngerer Bruder Leopold, der 1836 eine Illustration für die Festschrift anläßlich der Brückeneröffnung beisteuerte. Das Bauwerk stellte damals eine technische Pionierleistung dar, nämlich eine der ersten Eisenskelettbrücken der Monarchie. Sie war nach dem damaligen Kaiser Ferdinand benannt.

Damals fehlten Feuerversicherungen im ländlichen sowie im städtischen Raum. Diese Lücke versuchte man mit der Gründung von Versicherungen zu schließen. Die Initiative zur Gründung der „k.k. privilegierten innerösterreichischen wechselseitigen Brandschaden-Versicherungs-Anstalt" ging von der steirischen Landwirts-Gesellschaft, insbesondere von ihrem Präsidenten, Erzherzog Johann, aus. Die Studie des Wiener Universitätsprofessors Joseph Ritter von Kudler wurde nach Überarbeitung zur Basis für die Gründung der „Wechselseitigen". Am 14. Juli 1828 war mit kaiserlicher Entschließung die Errichtung der Versicherung mit einem Wirkungskreis für Steiermark, Kärnten und Krain bewilligt worden. Im Juni 1829 konnte der reguläre Geschäftsbetrieb aufgenommen werden.

1836 ist auch das Geburtsjahr von Marie Geistinger, die als Königin der Operette in der Gründerzeit Weltruhm erlangen sollte. Die in Graz (Wickenburggasse 9) geborene Tochter eines Schauspielerehepaares am Zarenhof, trat bereits mit elf Jahren hier auf und erhielt eine ausgezeichnete schauspielerische sowie musikalische Ausbildung. Ihre größten Erfolge erzielte sie in Operetten von Jacques Offenbach sowie in der Uraufführung von Johann Strauß' „Die Fledermaus".

Kaiser Ferdinand   Kaiser Ferdinand hatte nach dem letzten Willen seines Vaters Franz I. und von Metternich beeinflußt, der Primogenitur, gemäß die Krone übernommen.

Für den geistig unbedeutenden Kaiser sollte die Staatskonferenz die Regierungsgeschäfte führen, die am 12. Dezember 1836 eingerichtet wurde. Sie stand unter dem Vorsitz Erzherzogs Ludwig oder seines Stellvertreters Metternich. Die Erzherzöge Karl und Johann hatten vergeblich die Aufnahme in die Regentschaft gefordert, sie wurden zurückgewiesen. Erzherzog Ludwig, der Bruder des alten Kaisers, war dessen Ebenbild. Überaus konservativ und mit wenig Entschlußkraft — „Liegenlassen ist die beste Entscheidung". Das veraltete System blieb also bestehen. Der Landtag bedeutete nichts mehr. Der Kaiser berief ihn jährlich einmal ein und ließ ihm durch einen Vertreter — meist war es der Gouverneur — die Steuerforderung des Staates vorlegen. Der Landtag mußte sie ohne Widerrede bewilligen. Haupt der Stände war nach wie vor der Landeshauptmann. Die Mitglieder des Landtages nannten dem Landesfürsten auf Wahlzetteln zwölf Mitglieder des Herren- und Ritterstandes, und dieser ernannte daraus den Mann seines Vertrauens auf Lebenszeit. Die ausübende Gewalt des Landtages lag beim „ständigen Ausschuß", dem „kleinen permanenten Landtag". Der eigentliche Mittelpunkt für alle ständischen Geschäfte war das Verordneten-Kollegium, das, auf sechs Jahre gewählt, das Vermögen des Landes verwaltete. Es hielt wöchentlich seine Sitzungen ab.

Magistrat   Die dem Magistrat zustehenden Geschäfte ließen sich jetzt einfach nicht mehr bewältigen. Daher wurde der Magistrat vor dem

Die neuerbaute Kettenbrücke (heute Keplerbrücke). Ölgemälde von Christian Bossler, 1836

Anbruch der sogenannten bürgerlich-liberalen Ära noch im Vormärz reguliert. Dieses Regulierungswerk wurde mittels Hofkanzleidekret vom 7. November 1838 publiziert. Es mußten ein Vizebürgermeister sowie zwei geteilte Senate für das politische und das judizielle Fach mit nicht weniger als zwölf Räten bewilligt werden. Der bürgerliche ständige Ausschuß, bestehend aus fünf Personen, auch als „Gemeindeausschuß" bezeichnet, der den letzten Einfluß auf die Stadtregierung verkörperte, war in der Zwischenzeit in seinem Wirkungsbereich stark beschnitten worden. Er hatte vor allem das Recht auf Wahl der Magistratspersonen verloren. Die Ernennung des Bürgermeisters blieb dem Kaiser vorbehalten, die des Vize-Bürgermeisters nahmen gemeinsam die vereinigte Hofkanzlei und die oberste Justizstelle vor. Die Ernennung der Räte, Sekretäre und Ratsprotokollisten erfolgte durch das Gubernium als politische Behörde und dem Appellationsgericht als Justizbehörde. Damit war in bezug auf die bürgerliche Mitwirkung an der Stadtregierung im Vormärz der Tiefpunkt erreicht.

Der Industrie- und Gewerbeverein

Das Eindringen der modernen Technik in die Stadt symbolisierte aber dennoch den Aufbruch in eine neue Zeit. 1837 erlaubte die Regierung die Gründung eines Industrie- und Gewerbevereins, aus dem letztlich die Handelskammer erwuchs. Die eigentliche Gründungsphase begann bereits Ende Oktober 1833 mit der Eingabe eines Gesuchs der Landwirtschafts-Gesellschaft an das k.k. steiermärkische Gubernium. Nach etlichen Verzögerungen und Schwierigkeiten erfolgte am 11. März 1837 die endgültige Genehmigung. Dieser erste Zusammenschluß von Unternehmern, der die Interessen der „Gewerbs-Industrie" vertreten sollte, war ein rein privater Verein.

Auch sonst zeichnete sich in Graz — besonders in der Architektur — so manche Neuerung ab. Der Grazer Architekt Joseph Benedikt Withalm erbaute auf dem Gelände des heutigen Pestalozzigymnasiums das Coliseum — das erste Kongreßzentrum, in dem fast 3.000

„Das Haus von Eisen in Gratz". Kolorierte Lithographie von Vinzenz Reim, 1848

Das Coliseum des Architekten Joseph Benedikt Withalm. Lithographie 1839

Personen Platz fanden. Im rechten Winkel dazu wurde die Benediktsburg angebaut, in der sich bis zum Neubau auf dem rechten Murufer auch die Synagoge befand. Außerdem führte Withalm in den vierziger Jahren das „Eiserne Haus" am Murvorstadtplatz auf, wovon heute noch einige Fragmente erhalten sind. Dieses Gebäude, von dem in den Graz-Ansichten des Johann Vinzenz Reim, die ursprüngliche, von Withalm gedachte Konstruktion bildlich überliefert ist, war für seine Zeit ein revolutionärer Bau nach englischen Vorbildern und ist ein Beispiel für die Anwendung von Gußeisen im Hochbau in Europa. Withalms Coliseum ermöglichte es der Stadt, erstmals attraktive Großveranstaltungen durchzuführen. 1843 fand auf Betreiben Erzherzog Johanns hier die 21. Versammlung der deutschen Naturforscher und Ärzte statt. Dabei trafen sich der Orientalist Hammer-Purgstall und Gustav Schreiner, der für diesen Kongreß das Buch „Grätz" verfaßte. Die beiden stritten über die Frage, ob der Name der steirischen Landeshauptstadt „Gratz" oder „Grätz" sei.

Das Coliseum — erstes Grazer Kongreßzentrum

Gratz oder Grätz

Diese umstrittene Frage hatte besonders im Vormärz einen hohen Stellenwert in der Publizistik erhalten. Schreiner, der ein überzeugter Verfechter von „Grätz" war, sammelte in der „Steiermärkischen Zeitschrift" Belegstellen dafür. Auch andere renommierte Autoren wie Joseph Diemer, der Entdecker der Vorauer Kaiserchronik, oder der Graz-Chronist Gustav Graf Stainach meldeten sich zu Wort. Im Grunde war jedoch die Streitfrage schon längst entschieden, da sich nicht der Name Graz, sondern nur die Schreibweise geändert hatte.

Zeitungskarrikatur von 1845 auf die Streitfrage „Gratz" oder „Grätz" zwischen Hammer-Purgstall (li.) und Gustav Schreiner

1845 kam es im Coliseum zu umjubelten Konzerten des späteren Walzerkönigs Johann Strauß. Ein weiteres Großereignis dieser Zeit war die zehnte Versammlung der deutschen Landwirte, wozu die monumentale Schrift „Die Landwirtschaft im Erzherzogtum Steiermark" von Franz Xaver Hlubek — einem Gegenspieler des berühmten deutschen Chemikers Justus Liebig — erschien. Gleichsam wie zu Beginn des Vormärz die steirische Landwirtschafts-Gesellschaft mit politischem Hintergrund versehen war, so kann auch bei dieser Versammlung des Jahres 1846 festgestellt werden, daß nicht nur landwirtschaftliche Aspekte ausschlaggebend waren. Mehrere Teilnehmer der Versammlung waren zwei Jahre später nicht unwesentlich daran beteiligt, daß Erzherzog Johann zum deutschen Reichsverweser gewählt wurde.

Der grüne Schloßberg

Ludwig Freiherr von Welden

Dreißig Jahre nach der Sprengung der Schloßbergfestung entwickelte sich der mit Trümmern übersäte Berg für den ab 1838 in Graz Dienst tuenden Divisionär Ludwig Freiherr von Welden zu einem breiten und interessanten Betätigungsfeld. Welden, dem nicht nur der Ruf eines guten Soldaten, sondern vielmehr der eines Botanikers und Gartenarchitekten voranging, legte ein Grundkonzept für die Neugestaltung und Begrünung des Berges vor.

Der Schloßberg war seit 1818 im Besitz der Stände, und seit 1820 hatte der Grazer Hof- und Gerichtsadvokat Dr. Bonaventura Konstantin Hödl versucht, die von ihm erstandenen Gründe zu kultivieren. Nach dem Abtransport des Schuttes legte er unterhalb der Stallbastei einen Weingarten an. Ein bleibendes Monument setzte sich Hödl, — er mußte 1839 wegen finanzieller Schwierigkeiten alles verkaufen — in einem ägyptisch-dorischen Portal, das er dem gotischen Torbogen der Kasematten an der Basis der Stallbastei voranstellte.

Nach Weldens Plan sollte der Schloßberg ein Park werden, der durch sanft ansteigende Wege jedem Alter den Aufstieg ermöglichte. Im Oktober 1839 begannen die Arbeiten und schritten planmäßig voran. 55 Arbeiter aus den verschiedensten Berufssparten arbeiteten an der Nord- und Ostseite. Sogar seine Soldaten zog Welden hinzu. Von den etwa 20.000 benötigten Bäumen und Sträuchern konnten im ersten Jahr 5.000 Stück gepflanzt werden. Im

Der Schloßberg als Park

Die von Franz Ludwig von Welden geplante Schloßberganlage. Zinkographie, 1839

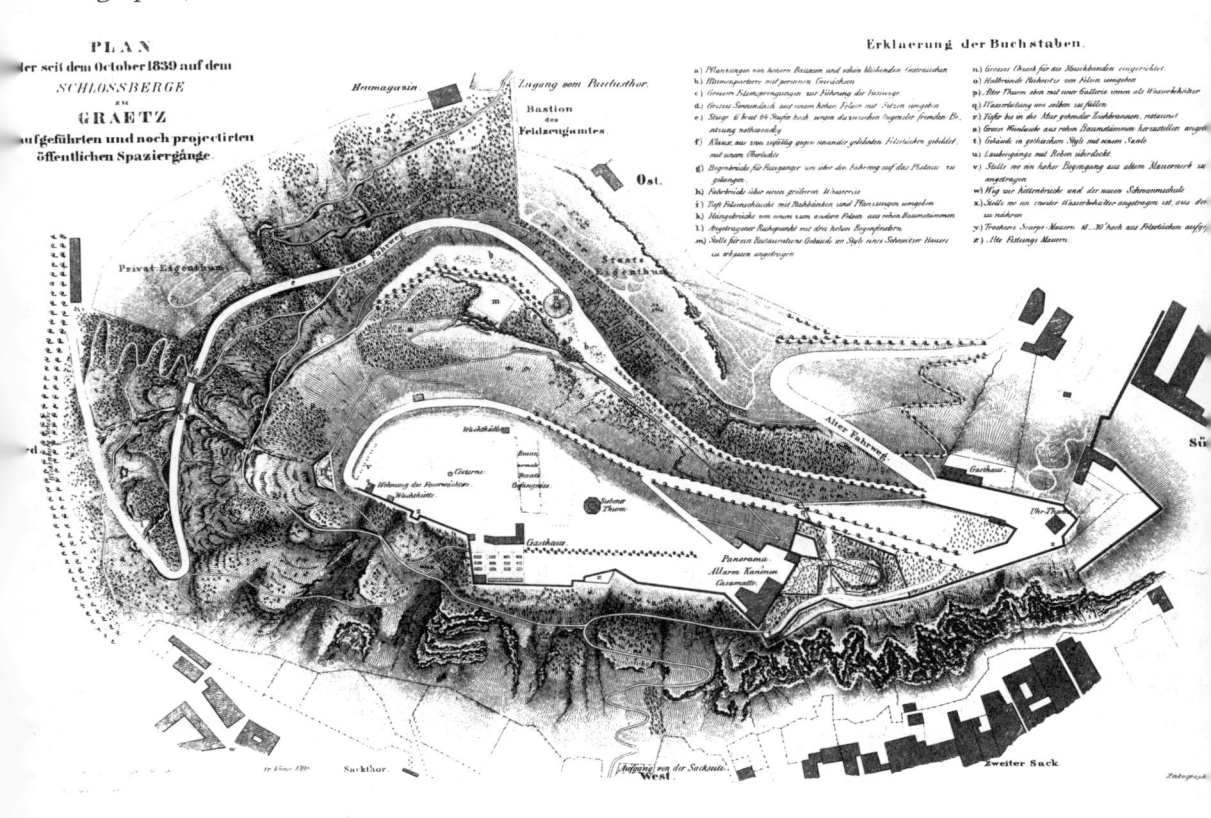

Frühjahr 1840 nahm sich Welden der Süd- und Westseite an. 1841 begann er mit dem Bau des „Schweizerhauses". Plötzlich gab es jedoch aus finanziellen und baupolizeilichen Gründen Einwände. Die Stände wollten nicht mehr zahlen. In der ersten Hälfte des Jahre 1842 stand der Rohbau ohne Dach, da die Landesregierung die Ziegel nicht bezahlen wollte. Als Welden 1843 als neuer Tiroler Militärkommandant die Stadt verlassen mußte, suchte man einen Pächter. Der Zahlkellner Matthias Rath vom Kaffee an der Kettenbrücke eröffnete schließlich hier am 15. August 1845 ein Kaffeehaus mit Billardbetrieb.

Ausbau der Südbahn

Im Herbst 1844 gab es in der Steiermark ein Großereignis zu feiern. Die Eisenbahnstrecke von Mürzzuschlag über Bruck/Mur nach Graz war fertiggestellt und wurde von Erzherzog Johann eröffnet. Der Erzherzog gehörte zu den wenigen Männern, die frühzeitig den großen Wert der Eisenbahn erkannt und befürwortet hatten. Bereits 1816 konnte er bei einem Englandaufenthalt Grubenbahnen und Dampfschiffe studieren und trat daher seit 1825 vehement für eine Eisenbahnverbindung zwischen der Donau und der Adria ein. 1836 finanzierte eine Aktiengesellschaft unter Führung Baron Rothschilds die Nordbahn, und ab 1841 baute der Staat an der Strecke Wien—Triest. Den ersten Plänen zufolge sollte die Trasse über Westungarn führen und erst bei Friedau in die Steiermark kommen. Der Semmering galt damals noch als ein unbezwingbares Hindernis. Dies wäre aber für die Ober- und Mittelsteiermark, besonders jedoch für Graz, ein nicht abzuschätzender Nachteil gewesen. Deshalb bewirkte der Erzherzog gemeinsam mit dem Hofkammerpräsidenten Baron Kübeck, daß vorerst die Strecke Mürzzuschlag—Graz gebaut wurde, in der Hoffnung, daß es der modernen Technik einmal gelingen möge, den Semmering zu bezwingen. Die steirischen Stände stellten für diese Projekt 14.000 Gulden bereit und verpflichteten sich, die Grundablösungen durchzuführen. Am 21. Oktober 1844 konnte der „Steirische Prinz" die Südbahnstrecke zwischen Mürzzuschlag und Graz ihrer Bestimmung übergeben. Erzherzog Johann, Landesgouverneur Graf Wickenburg, Landeshauptmann Graf Attems und Militärkommandant Graf Nugent nahmen an der 95 km langen Fahrt teil, die zwei Stunden und 42 Minuten dauerte. Der Grazer Handelsmann

Eröffnung der Bahnverbindung von Mürzzuschlag nach Graz

302

Der neueröffnete Bahnhof. Aquarell, Rudolf von Alt, 1844

Vinzenz Zusner verfaßte aus diesem Anlaß ein Gedicht, und der junge Rudolf von Alt stellte den Grazer Hauptbahnhof in seinem Bilderzyklus für den dazu erschienenen Atlas von Demarteau dar. Als wichtige Hauptverkehrsader vom Bahnhof ins Stadtzentrum entstand damals eine neue Straße, die Annenstraße — benannt nach der Gemahlin des Kaisers, die zusammen mit ihm knappe zwei Monate zuvor die Landeshauptstadt besucht hatte.

Revolution und Reaktion

Der Weg zu 1848

Der Großteil des zentraleuropäischen Kontinents befand sich 1848 im Umbruch. Länder, Völker, Sozialgruppen wurden von Revolutionen erfaßt. Nur die Schweiz blieb davon unberührt, weil sie im Jahr zuvor einen revolutionären Bürgerkrieg durchlebt hatte, als dessen Resultat sie 1848 ihre Verfassung erhielt, die bis heute, wenn auch ergänzt, in Geltung steht. Auch für Österreich und somit auch für die Stadt Graz brachte dieses Jahr entscheidende und einschneidende Veränderungen. In diesem Jahr brach die seit langem aufgestaute Unzufriedenheit des Volkes über Zustände, die nicht mehr länger zu ertragen waren, offen aus. Wie in ganz Österreich wurde die Einwohnerschaft in den vergangenen Jahren schwer belastet und bevormundet. Die Kurse der öffentlichen Papiere waren unaufhaltsam gesunken.

Das Bürgertum wartete seine Stunde ab, um seine aus dem Unbehagen resultierenden Forderungen durchsetzen zu können, die das große innenpolitische Thema der Revolution bilden sollten.

Den im täglichen Überlebenskampf stehenden Menschen ging es vor allem um eine wirtschaftliche Besserung. Besonders das handwerklich-gewerblich strukturierte Bürgertum litt schwer unter der Teuerung und unter der 1829 eingeführten staatlichen Verzehrungssteuer. Zahlungsstockungen häuften sich, Mietzinse explodierten.

Noch schlechter war die Lage der unselbständigen Arbeiter, die sich allmählich zu einer eigenen Kraft entwickelten. Sie waren meist abgewanderte Bauern.

Soziale Lage

Arm waren damals nicht nur einige Außenseiter, sondern nahezu der größte Teil dessen, was man das „gemeine Volk" zu nennen pflegte. Die Obrigkeit stand dieser Entwicklung machtlos gegenüber und hatte keine Abhilfen anzubieten. Im Bereich der Armenpflege wirkten in Graz der seit 1818 bestehende Armen-Versorgungsverein, der etwa für 1.100 Arme sorgte, sowie der Wohltätige Frauenverein und drei Kleinkinder-Bewahranstalten, in denen nicht schulpflichtige Kinder armer Eltern tagsüber beaufsichtigt wurden. Das Armenhaus diente auch gleichzeitig als Siechenhaus. Das Bürgerspital versorgte 91 Pfründner. Ferner existierten ein Gebär- und Findelhaus und mehrere Arbeitshäuser. Auch die Steiermärkische Sparkasse unterstützte, laut Statuten, die Notleidenden durch namhafte Spenden. Ebenso war Erzherzog Johann das Problems der Armut bewußt, wie sein Protektorat über den 1853 in Graz gegründeten Kranken- und Leichen-Unterstützungsverein zeigt. Seine Frau Anna wiederum war Schutzfrau des 1831 gegründeten Frauenvereins für die Kinderbewahr-Anstalten des sogenannten Anna-Kinderspitals, des 1844 gegründeten Spitals für kranke Kinder armer Familien.

Trotz solcher Einrichtungen verschärfte sich die allgemeine Lage durch Mißernten der Jahre 1846 und 1847. Die Kartoffelfäule von 1847 vernichtete dieses Grundnahrungsmittel, dessen Preis astronomische Höhen erreichte, ebenso wie der für Fleisch und Korn. Die Bäcker versuchten auch durch die Beimengung von Rüben, Eicheln, Raps, Stroh und zerlegten Holzfasern den Nährwert oder wenigstens das Gewicht des Brotes zu steigern. Der höchst unsoziale Akt des Bürgermeisters Dr. Andreas Hüttenbrenner, die leere Gemeindekasse durch die Einführung der Zinskreuzersteuer — einer Besteuerung der Mieten — aufzubessern, erregte die Bevölkerung. Die Empörung fand in zahlreichen Schmähschriften und Drohbriefen an den Bürgermeister sowie Gouverneur Wickenburg ihren Ausdruck. *Neue Steuer*

Gleichzeitig regte sich in der Stadt verstärkt eine kirchenfeindliche Strömung. Man vertrat die Meinung, daß sich die allgemeine Lage rasch bessern könnte, wenn der ungenützte kirchliche Besitz — die „Tote Hand" — eingezogen werde. Der aus Schwaben stammende Bischof Zängerle war in der Stadt unbeliebt, da er überaus streng nach Vorschriften vorging. So wurde unter anderem einem Magistratsbeamten die kirchliche Beerdigung versagt, weil dieser die Sakramente abgelehnt hatte. Die Folge war ein zu einer Demonstration angewachsenes Begräbnis, an dem der Magistrat in solidarischer Weise teilnahm.

Der eigentliche Sturm brach aber in Frankreich los. Die Auseinandersetzungen um ein neues demokratisches Wahlrecht arteten im Februar 1848 in Straßenkämpfe aus. Das Militär lief zu den Aufständischen über, und der Bürgerkönig Louis Philippe dankte ab. *Revolution in Frankreich*

Bürgermeister Andreas Hüttenbrenner (1844 — 1850). Lithographie von Empfinger

Die Nachricht von der Pariser Februar-Revolution löste in den österreichischen Ländern eine Reihe schwerer politischer Krisen aus. Anfang März verlangten verschiedene an den Hof adressierte Petitionen Pressefreiheit, Einblick in die Staatsfinanzen, Einführung von Geschworenengerichten sowie die genaue Festlegung der Rechte und Pflichten des Staatsbürgers. Am 12. März forderten die Wiener Studenten die volle akademische Freiheit und die Abschaffung der Zensur. Einen Tag später drang eine große Menschenmenge in das Wiener Landhaus in der Herrengasse ein. Als die Lage zu eskalieren drohte, erhielt ein Pionierbataillon den Befehl, diese Gasse zu säubern. Ein Schießbefehl verwandelte in kürzester Zeit die Hauptstadt der Monarchie in einen Hexenkessel. Der Hof beschloß, nachzugeben. Fürst Metternich, die verhaßte Gallionsfigur des repressiven Systems, wurde entlassen und flüchtete nach England. Die Geheime Staatskonferenz hob im Namen des Kaisers die Zensur auf, versprach die Pressefreiheit und die Einführung einer demokratischen Verfassung. *Tote in der Wiener Herrengasse*

Die revolutionäre Bewegung in Wien hatte Erfolg, doch darf nicht übersehen werden, daß sie in den deutschen Gebieten der Monarchie ziemlich isoliert war — abgesehen von Graz. *Erfolg der Märzrevolution*

Die Forderungen der Wiener Studentenschaft waren am 13. März in Graz bekannt geworden, und am selben Tag richteten verschiedene Gruppen von hier aus gleichfalls Petitionen an den Kaiser. Die Studenten baten um Lehr- und Lernfreiheit, um Öffentlichkeit und Mündlichkeit bei Gericht, um die Nationalbewaffnung sowie um die Errichtung eines Studenten-Freikorps und um eine Vertretung des österreichischen Volkes beim Deutschen Bundestag. Das deutsch-liberal gesinnte Bürgertum entsandte ebenfalls eine Petition, die unter anderem die Erweiterung des Landtages, die Einziehung der Kirchengüter, die ganze oder teilweise Aufhebung bestimmter Steuern, die Ausweisung der wiedergenehmigten Jesuiten und die Nationalbewaffnung zum Inhalt hatte. Führende Mitverfasser dieses Schreibens war der Grazer Advokat Dr. Vinzenz Benedikt Emperger, der zum Sprecher der Bürger und zum Mitbegründer des Komitees zur Organisierung der Nationalgarde aufstieg. Ähnlich gehalten war auch das Schreiben des städtischen Vorstandes. *Bürgersprecher Vinzenz Benedikt Emperger*

Am selben Tag, als Erzherzog Johann die Nachricht von der Entlassung Metternichs in die Stadt brachte, stand am Abend „Don Carlos" auf dem Spielplan des Theaters. Als auf der Bühne Marquis Posa den Ausspruch „Sire, geben sie Gedankenfreiheit" tat, brach ein nicht enden wollender Applaus aus. Das erste Mal zeigten die Grazer offen ihre Einstellung.

Abgesehen von Versammlungen und steirischen Debatten verliefen die Märztage in Graz relativ ruhig. Zu Auseinandersetzungen kam es lediglich im Münzgraben. Eine aufgebrachte Menschenmenge stürmte am 15. das Kloster der Jesuiten, die sich seit

Die Jesuiten verlassen Graz

1832 im ehemaligen Gebäude der Dominikaner befanden, und forderten deren Abzug aus der Stadt. Einige beherzte Männer konnten die Menge beruhigen und das Ärgste verhindern. Einem Ordensbruder waren die Geschehnisse wohl zuviel geworden — er verstarb. Die übrigen Ordensmitglieder verließen am 27. März die Stadt.

Im Landtag, der rasch zusammengetreten war, wurden zugleich die Petitionen der Bürgerschaft sowie der Vorstände der Stadtgemeinde weitergegeben. Die Petitionen überließ man Erzherzog Johann mit der Bitte, sie dem Kaiser vorzutragen. Einstimmigkeit erhielt eine Eingabe an den Kaiser, die eine Umgestaltung des Landtages verlangte. Ihr zufolge sollten im künftigen Landtag, neben den Prälaten, Herren, Rittern und einigen Deputierten der landesfürstlichen Städte und Märkte alle Interessen des ganzen Landes durch gewählte Abgeordnete Vertretung finden. Noch während der Landtagssitzung meldete der Gouverneur die telegraphisch aus Wien eingelangten Zugeständnisse.

Akademische Legion und Nationalgarde

Gouverneur Matthias Constantin Graf Wickenburg verfügte vorerst die Bewaffnung der Studenten. Die Akademische Legion, Deutsche, Slawen und Italiener, stellte sich unter den Oberbefehl des Bürgerobersten Josef Andreas Kienreich und übernahm gemeinsam mit der Nationalgarde und dem Bürgerkorps den Sicherheitsdienst der Stadt.

Am Abend des 15. März verkündete Wickenburg im Schauspielhaus den Grazern nach dem ersten Akt von Bauernfelds „Großjährig", daß die Wiener Regierung die „Konstitution", Pressefreiheit und Bürgerbewaffnung bewilligt habe. Unter ungeheurem Jubel wurden Lieder gesungen, und die Stadt erstrahlte in Festbeleuchtung.

Von der rasch errichteten Nationalgarde, die zur Wahrung des Friedens in der Stadt entstand, konnten jedoch vorerst nur ein geringer Teil der Gardisten sowie knapp über 600 Studenten bewaffnet werden. Am 17. März marschierte die Studentenlegion auf dem Franzens-Platz auf, wo sie Erzherzog Johann inspizierte. Wie in Wien durfte der Nationalgarde kein Arbeiter angehören, denn man fürchtete, daß das Bürgertum die Führung in der Bewegung verlieren könne.

Aufstand in Mailand

Die Stadt verhielt sich ruhig. Der Stadtkommandant war nach Italien abmarschiert, wo es in Mailand einen Aufstand niederzu-

Verkündung der kaiserlichen Zugeständnisse auf dem Hauptplatz. Lithographie

schlagen galt. Graz hatte sich aber dennoch verändert. Das national eingestellte Bürgertum forderte den Anschluß an Deutschland und die Abkehr von Rußland. Deutsche Fahnen flatterten auf dem Schloßberg, von der Burg und der Universität. Überall stieß man auf Aufrufe und Ankündigungen. Alte und neugegründete Zeitungen verbreiteten die Nachrichten. Vor dem März 1848 gab es in Graz zwei Blätter: die „Grazer Zeitung" mit ihrem belletristischem Beiblatt „Stiria", das die Nachfolge des „Aufmerksamen" angetreten hatte, und die „Innerösterreichische Industriezeitung", welche je-

Die Studentenlegion vor der Universität. Lithographie von Weinschenk

doch nicht sehr lange bestand. Viele der neuen Zeitungen waren radikal und kurzlebig. So etwa die „Blätter der Freiheit und des Fortschritts", die „Volkszeitung", die „Katzenmusik" — später „Grazer Schnellpost" genannt, das humoristisch-satirische Blatt „Er mengte sich in alles", welches sich in den „Freisinnigen" umbenannte, ferner der „Herold", das „Abendblatt" und der „Landbote".

Die Universität gliederte sich eigenmächtig eine medizinische und die technische Fakultät des Joanneums ein. Die weltlichen Fakultäten wurden den theologischen gleichgestellt, und Turnvereine sowie Studentenverbindungen gestattet.

Die nächsten Tage waren bestimmt von Beratungen in jedem Lager. Am 25. März sollte Emperger auf Befehl Wickenburgs wegen ungesetzlicher Vorgänge bei seinen Versammlungen verhaftet werden, doch leistete der Gouverneur dessen Nachsichtsgesuch Folge. Innerhalb der Stadt kursierte aber das Gerücht, man habe Emperger in Ketten gelegt. Die Menschen strömten zum Rathaus und protestierten gegen Bürgermeister Hüttenbrenner, den man der Urheberschaft am Arretierungsversuch beschuldigte. Der Druck auf den Bürgermeister wurde derart groß, daß er infolge höheren Befehls „aus Gesundheitsgründen" einen Urlaub antrat.

Bürgermeister Hüttenbrenner geht „auf Urlaub"

Inzwischen war es in Wien zu einem Umbau der Staatsverwaltung gekommen. Die Hofstellen, Hofkanzleien und Hofkammern ersetzte man durch Ministerien, oder sie wurden überhaupt aufgelassen. An die Stelle von Staatsrat und der Staatskonferenz trat der Ministerrat. In Graz wurde unter dem greisen Landeshauptmann Ignaz Graf Attems der Landtag einberufen und beschlossen, daß der neuzuwählende provisorische Landtag aus je 30 von Wahlmännern gewählten Vertretern des landschaftlichen Großgrundbesitzes der Bürgerschaft und der Bauern bestehen sollte.

Die Vorkommnise der Märztage, die einerseits zu Begeisterungsstürmen Anlaß gaben, wirkten sich andererseits negativ auf den Handel und das Gewerbe aus. Die Arbeitslosigkeit und die Preise stiegen. Aus der Steiermärkischen Sparkasse wurde immer mehr Geld abgehoben. Zuletzt mußte das Institut bei der Regierung um ein Darlehen von 15.000 Gulden ansuchen. Am Abend des 3. Aprils zogen die Arbeiter los, um die Bäckerläden zu stürmen — besonders das Geschäft des Zunftmeisters Uitz am Lendplatz. Im Sack, in der Sporgasse und in der Murgasse kam es zu regelrechten Straßenschlachten zwischen den Bäckern und einer aufgeheizten Menge. Die Nationalgarde war machtlos. Auf beiden Seiten gab es Verwundete. Als man das Rathaus stürmen wollte, konnte Dr. Emperger eine Herabsetzung der Brotpreise aushandeln und damit die Lage beruhigen. Aber bereits am nächsten Tag waren die Fleischer Ziel verschiedener Angriffe. Die Fleischerknechte konnten jedoch mit großen Beilen und Messern bewaffnet zusammen mit ihren Hunden Übergriffe verhindern. In der Zwischenzeit gelang es den Beamten der Bahn und den dortigen Arbeitern, einen Vorstoß auf den Bahnhof abzuwehren. Das Mauthaus in der Eggenberger Allee, wo die Verzehrungssteuer eingehoben wurde, ging allerdings in Flammen auf.

Die Ereignisse von 1848

Die deutsch-nationale Bewegung war in der Steiermark und somit auch in Graz verhälnismäßig spät aufgetreten. War vor dem Sturmjahr ihre Aktivität noch relativ gemäßigt, so agierten die Studenten von 1848 in radikaler Weise. Für jeden deutschgesinnten Staatsbürger war damals die europäische Freiheit am wichtigsten. Diese schien aber nun durch Rußland unterbunden zu werden und durch ein Bündnis der künftigen österreichischen Parlamentsmehrheit mit dem Zaren endgültig verloren zu gehen. Daher bekannte man sich in erster Linie als Deutscher, und erst in zweiter Linie als Österreicher, weil nur das große, vereinte, demokratische Deutschland ein Bollwerk gegen Rußland sein konnte.

Auf der anderen Seite war Graz zur Keimzelle der slowenisch-kroatischen nationalen kulturellen Erneuerungs- und Widerstandsbewegung geworden. Es ist bezeichnend, daß der erste offene Gegensatz zwischen den deutschen und slowenischen Studenten gerade jetzt zum Ausbruch kam. So verließen die slowenischen Studenten, durch den Radikalismus einiger weniger getrieben, trotz Vermittlungsversuchen der Grazer Bürgerschaft am 15. Mai die Akademische Legion und traten dem in Graz gegründeten Verein Slovenija bei.

Am selben Tag zogen in Wien bewaffnete Studenten vor die Hofburg und forderten die Rücknahme der oktroyierten — aufgezwungenen — Verfassung. Die sogenannte „Sturmpetition" hatte Erfolg, die Regierung lenkte ein.

Die „Sturmpetition"

Der provisorische steirische Landtag wurde am 13. Juni eröffnet. In seiner aus dem Mittelalter stammenden ständischen Zusammensetzung war er am 29. April das letzte Mal zusammengetroffen. Er erklärte einstimmig die Steiermark als ein eigenes, unteilbares, selbständiges Herzogtum und verbürgte beiden Volksstämmen die Gleichstellung. Die Verhandlungssprache auf den Landtagen und die Geschäftssprache bei den Grazer Zentralbehörden sollte jedoch Deutsch sein.

Die indirekten Wahlen zum konstituierenden Reichstag fanden vom 20. bis zum 23. Juni statt. Die erste Sitzung des aus 383 Deputierten bestehenden neuen Gremiums, in das die Steiermark 21 Abgeordnete entsandt hatte, wurde von Erzherzog Johann am 22. Juli im Namen des Kaisers eröffnet. Nun sollte die neue Verfassung der Monarchie ausgearbeitet werden, aber die Debatte zog sich zusehr in die Länge. Ende Juli stellte der jüngste Abgeordnete, der 24jährige Schlesier Hans Kudlich, einen Antrag auf vollständige Befreiung der Bauern und auf die Aufhebung ihrer Untertanen- und Abgabenpflichten (Robot, Zehent). Am 7. September nahm der Reichstag des Antrag an und erhob ihn zum Gesetz.

Bauernbefreiung

Der erste österreichische Reichstag war noch nicht zu seiner eigentlichen Aufgabe, der Erarbeitung einer neuen Verfassung, gekommen, als sich die politischen Verhältnisse zu ändern begannen. In den Städten gewann die radikale republikanische Richtung immer mehr an Boden. So auch in Graz.

Vereine

Die Slovenija und ihr Gegenpol der Deutsche Verein führten zwar ein ruhiges Leben, doch es entstanden weitere Vereine in der Stadt, die ihren Ideen vehement zum Durchbruch verhelfen wollten. Als zu Pfingsten über 1.000 Wiener die Stadt besuchten, konstituierte sich — auf ihre Aufmunterung hin — der Demokratische Verein, der Ende September einen Arbeiterverein und einen Bürgerverein ins Leben rief. Als Gegensatz bildete sich der Zentralverein für konstitutionelle Freiheit und gesetzliche Ordnung. Er wollte den Absolutismus genauso unterbinden wie die Anarchie und war dem Konstitutionellen Verein sehr ähnlich, der für die Vereinigung Österreichs mit Deutschland eintrat.

Oktoberaufstand in Ungarn und Wien

In Ungarn konnte der Volkstribun Lajos Kossuth die Regierungsgewalt in seine Hand bringen und betrieb sofort eine Politik der nationalen Unabhängigkeit. Österreich geriet mit Ungarn in eine kriegerische Auseinandersetzung. Die ungarische Armee drang

Dr. Vincenz Emperger. Lithographie von Preisegger

langsam gegen die Grenze Österreichs vor. Als am 6. Oktober das Grenadierbataillon Richter von Wien in Marsch gesetzt werden sollte, verhinderte die revolutionär gesinnte und mit den Magyaren sympathisierende Wiener Bevölkerung dessen Abzug. Die Soldaten weigerten sich, abzufahren. Einheiten der bürgerlichen Nationalgarde sowie der Akademischen Legion unterstützten sie. Kaisertreues Militär griff ein, und an mehreren Punkten der Hauptstadt brachen Straßenkämpfe aus. Eine bewaffnete Menge stürmte das Kriegsministerium, tötete mit Hammerschlägen und Bajonettstichen den Kriegsminister Graf Latour und hängte seine Leiche an einer Straßenlaterne auf. Der Hof floh mit dem Kaiser nach Olmütz in Mähren, wenige Tage später nach Kremsier.

Die Berichte der Wiener Ereignisse wurden in Graz mit Spannung und Aufmerksamkeit aufgenommen. Vorerst blieb es ruhig in der Stadt — abgesehen von Desertionen einiger Husaren aus der Reiterkaserne in St. Leonhard. Als jedoch Greueltaten kaiserlicher Truppen in Ungarn bekannt wurden, wuchs auch in Graz die Verbitterung gegen die Obrigkeit. Der Arbeiterverein plädierte sogar am 5. Oktober für die Absetzung des Gouverneurs. Nach Meinung des Demokratischen Vereins unter Emperger sollte der steirische Landsturm aufgeboten und zur Unterstützung der Revolutionäre nach Wien entsandt werden. Am Abend des 7. Oktober fuhren etwa

Unterstützung der Wiener Revolutionäre

60 Bürger, Nationalgardisten und Studenten in die Hauptstadt — am nächsten Tag folgten weitere 30. Doch das war zuwenig, denn Feldmarschalleutnant Fürst Windischgrätz, Oberbefehlshaber der kaiserlichen Truppen, und der kaisertreue Banus von Kroatien, Feldmarschalleutnant Graf Jellačić, schickten sich an, Wien mit Waffengewalt wiederzugewinnen und die Revolution niederzuschlagen. Am 11. Oktober traf in den Morgenstunden in Graz eine Depesche des Ministers Kraus ein, die um Hilfe und Unterstützung der ermüdeten Nationalgardisten ersuchte. Daher verlangten nun die Mitglieder des Demokratischen Vereins, die bewaffnet in die Burg eingedrungen waren, vom Gouverneur Graf Wickenburg mit Kanonenschüssen und Glockengeläute, den Landsturm aufzubieten — andernfalls man ihn hängen würde. Wickenburg mußte teilweise nachgeben, da er von niemandem Unterstützung erwarten konnte. Der größte Teil der Garnison befand sich noch in Italien, die Nationalgarde paktierte mit der demokratischen Partei, und auch auf die Bürgergarde war kein Verlaß. So ließ der Gouverneur die Waffen des Zeughauses an all diejenigen verteilen, die nach Wien ziehen wollten. Noch am selben Nachmittag fuhren etwa 350 Arbeiter und Gardisten, am folgenden Morgen weitere 40 Gardisten sowie gemeinsam mit Dr. Emperger und dem nachmaligen Bürgermeister Wilhelm Kienzl 80 Studenten nach Wien. Die Studenten gehörten großteils der im Mai gegründeten Burschenschaft „Stiria" an. Bis nach Mödling begleitete der Oberkommandant der Nationalgarde, Oberst Pürkher, den Zug, um anschließend nach Graz zurückzukehren. Die Truppe erreichte nach einem achtstündigen Gewaltmarsch um 5 Uhr morgens Wien. Kaum zehn Tage später schlossen die Armeen von Jellačić und Windischgrätz die Haupt- und Residenzstadt ein und begannen mit der Beschießung. Die Revolutionäre leisteten erbitterten Widerstand. Die Grazer Abteilung hatte die drei äußersten Barrikaden der Leopoldstadt zu verteidigen. Jellačić konnte indessen die ungarischen Truppen bei Schwechat zurückwerfen, und am 31. Oktober erstürmte Windischgrätz die innere Stadt. Als Wien kapitulierte, wurden die Grazer — 137 Mann stark — am 1. November gefangengenommen und nach mehreren Verhören am 4. November nach Graz entlassen.

Nach der endgültigen Niederwerfung der Revolution und der Umkehrung der Verhältnisse beruhigte sich die Stadt Graz sehr rasch. Mit dem Sieg der Kaiserlichen verschwanden die schwarz-

Sturm auf Wien

Gouverneur Matthias Constantin Graf Wickenburg in seinem Arbeitszimmer. Lithographie von Ferdinand Steinhauser

rot-goldenen Fahnen der deutschen Revolution, kaiserliche schwarz-gelbe wurden gehißt. Die Reaktion hatte gesiegt. Das in den Sturmtagen des Oktobers gegründete Sicherheitskomitee wurde aufgelöst — ebenso der Demokratische Verein, der Arbeiterverein sowie die Akademische Legion, deren Kommandant bereits Mitte Oktober zurückgetreten war. Am 19. November zog die Legion zum letzten Mal mit ihrer Fahne in die Universität ein. Anschließend erfolgte die Waffenabgabe. Gouverneur Graf Wickenburg mußte sich in Wien verantworten und wurde in den Ruhestand versetzt. Ein noch härteres Schicksal traf den Oberkommandierenden der Nationalgarde, Oberst Pürkher. Er, der mit dem Landsturm den Semmering besetzen hätte sollen, wurde zu Festungshaft verurteilt. Ein ähnliches Schicksal erlitt Dr. Emperger. Er verbüßte seine Haftstrafe am Brünner Spielberg und in Kufstein. 1858 begnadigt und 1867 völlig rehabilitiert, lebte Emperger in bescheidenen Verhältnissen als Rechtsanwalt in Graz. Er starb 1875.

Neuer Absolutistismus

Die Revolution hinterließ tiefe Spuren im gesamten Staatsgefüge. Sie war gescheitert — jedoch nicht vergessen. Jetzt aber begann ein anderer Plan zu reifen. Der Kaiser sollte abdanken. Nach langem Bemühen gelang es, Ferdinand zu diesem Schritt zu bewegen. Noch am selben Tag, es war der 2. Dezember 1848, bestieg der 18jährige Erzherzog Franz, ein Neffe des Kaisers, als Kaiser Franz Joseph I. den Habsburgerthron. Damit sollte nun der letzte Wegabschnitt in der Geschichte der Monarchie eingeleitet sein. Der Reichstag, der nach Kremsier übersiedelt war, arbeitete an einer demokratischen Verfassung. Am 7. Mai 1849 wurde er gewaltsam aufgelöst. Österreich sollte von oben — vom Kaiser — die Verfassung erhalten. Die sogenannte „oktroyierte" Verfassung, die niemals inkraft getreten war, ersetzte der Kaiser am 31. Dezember 1851 durch das „Sylvesterpatent". Nach dem Tode des Ministerpräsidenten Fürst Felix Schwarzenberg (1852) übernahm der Kaiser selbst den Vorsitz des Ministerrats und führte die Staatsgeschäfte selbst. Somit war man wieder zum absolutistischen Regierungssystem zurückgekehrt. Am 30. Dezember 1849 war die absolutistische Landesverfassung in Kraft getreten. Wiederum zogen 20 Abgeordnete der Höchstbesteuerten in den Landtag ein, wiederum konnte allein der Kaiser den Tag einberufen. Aber dieser Neoabsolutismus unterschied sich ganz wesentlich vom Regime des Vormärz. Es wurde viel getan. Bereits ab 1848/49 arbeitete die Regierung an verschiedenen Reformen der inneren Verwaltung.

Das Land Steiermark erhielt einen Statthalter (Landespräsident genannt) und wurde in drei Kreise geteilt — Bruck, Marburg und Graz. Jedem Kreis stand ein Präsident vor, dem 19 Bezirkshauptmannschaften unterstanden. Die Landeshauptstadt wurde unmittelbar dem Statthalter unterstellt. Die Justiz löste sich von der Verwaltung, und der Staat übernahm die gesamte Gerichtsbarkeit. Damit waren die Gerichtsbarkeit des Magistrats und des k. k. Landgericht überflüssig geworden. Auch gab es kein Adelsgericht mehr, da vor dem Richter jeder gleich war. Graz erhielt ein Oberlandesgericht, eine Generalprokuratur, das Landesgericht, das Bezirksgericht und die Staatsanwaltschaft. Die neue Strafprozeßordnung (17. Jänner 1850) beendete das geheime sowie schriftliche Verfahren und führte die Geschworenen-Gerichte ein — nicht bloß für

Kaiser Franz Joseph

Rückkehr zum Absolutismus

Verschiedenste Reformen

Kaiser Franz Joseph in jungen Jahren. Lithographie

Pressevergehen, wie dies schon seit 1848 der Fall war, sondern nun auch für strafrechtliche Delikte. Infolge des Absolutismus wurde jedoch die Rechtsprechung aus Kostengründen mit der Verwaltung der untersten Instanzen wieder vereinigt.

Die meisten Kosten verursachten die Grundablösungen, da das Land — d.h. der Steuerzahler — für ein Drittel der Kosten aufkommen mußte. Unter der Leitung von Franz von Kalchberg war in Graz eine eigene Grundentlastungs-Landeskommission tätig.

Im Zuge der Umgestaltung Österreichs nach den Ereignissen von 1848 wurden auch die Bausteine zu einer grundlegenden Neuordnung der Grazer Stadtverfassung gelegt. Die Keimzelle für die bürgerliche Erneuerung bildeten die „bürgerlichen Ausschüsse", welchen das Recht zugebilligt wurde, sich „Gemeinde-Räte" zu nennen. Die Verstaatlichung der Gerichtsbarkeit (1849) und das provisorische Gemeindegesetz vom 17. März 1849, das insbesondere für Landeshauptstädte eine eigene gesetzliche Verfassung vorsah, bildeten die Grundlagen für das beginnende Reformwerk.

Neue Gemeindeverfassung

Anfang April 1849 gingen die Weisungen an den k. k. Gubernialrat Michael Pichler, einen Entwurf zu einer neuen Gemeindeverfassung auszuarbeiten. Als Anhaltspunkte dienten ihm unter anderem die Entwürfe zum Wiener Gemeinderatsgesetz und die vom provisorischen steiermärkischen Landtag im Juni 1848 entworfene Gemeindeordnung. Die Arbeiten an der neuen Verfassung schritten so zügig voran, daß schon am 11. Juni 1849 der Entwurf dem Ministerium für Inneres vorgelegt werden konnte. Um die Organisation des künftigen Magistrats sicherzustellen, wählte der Gemeinderat Anfang 1850 den jungen Magistratsrat Josef Sölder von Prankenstein — einen gebürtigen Tiroler — zum Amtsvorsteher. Der erste Magistratsdirektor von Graz nahm die Wahl nur unter der Bedingung an, daß ihm ein fixes jährliches Gehalt, eine gesicherte Pension sowie die „Stabilität" seines Postens zugesichert werde. Am 27. April 1850 übersandte Innenminister Freiherr von Bach dem Statthalter Dr. Friedrich Berger das erste Exemplar „der von Seiner Majestät genehmigten provisorischen Gemeinde-Ordnung für die Stadt Graz".

Die Stadtverfassung bestand aus drei Abschnitten: „1. Von dem Gebiete der Gemeinde und den Bewohnern daselben; 2. Von der Gemeinde-Vertretung und den Verwaltungs-Organen (incl. Gemeinderats-Wahlordnung); 3. Von dem Wirkungskreise der Gemeinde überhaupt und der Organe desselben insbesondere." Zusätzlich wurde festgehalten, daß Graz einen eigenen Bezirk unmittelbar unter dem Kreispräsidenten darstellte. Der Bürgermeister agierte zwar als Vorstand des Gemeinderates, war jedoch selbst kein eigenes Organ. Zu seiner Unterstützung stellte man ihm für jeden der 15 Distrikte (Viertel) die „Distrikts-Vorsteher" als Exekutivorgane der Gemeinde zur Seite.

Die Neuwahlen legten die Verantwortlichen für Anfang August 1850 fest. Von den 2.828 Wahlberechtigten gaben 1.467 ihre Stimme ab. Am 9. September konnte schließlich der neugewählte Gemein-

Bürgermeister Johannes Ulm (1850 — 1861). Foto

derat vom Kreispräsidenten Marquet angelobt werden. Zu diesem Anlaß und zur Erhöhung der Feierlichkeiten rückte eine Abteilung des Bürgerkorps gemeinsam mit der Nationalgarde (aufgelöst 1851) aus. Eine Woche später wurde der Bürgermeister gewählt. Schon nach dem ersten Wahlgang stand der Hof- und Gerichtsadvokat Dr. Johann Ulm als neues Stadtoberhaupt (bis 1861) von Graz fest. Den Sessel des Vizebürgermeisters erhielt der Gemeinderat Michael Purgleitner. Diese neue Ordnung gestattete erstmals wieder der Bürgerschaft, auf der Basis eines Zensuswahlrechts — innerhalb bestimmter Kompetenzen — die Selbstverwaltung ihres Gemeinwesens — der „Stadtgemeinde Graz".

Eine der wichtigsten Aufgaben der kommenden Regierungsperiode war der Neuaufbau der Magistratsverwaltung durch Dr. Ulm gemeinsam mit dem Magistratsdirektor Sölder von Prankenstein durchgeführt. Doch durch die einschränkenden Bestimmungen der Wiener Staatsregierung im Neoabsolutismus wurde die Gemeindeordnung in den Augen liberaler, politischer Kreise zu sehr beschnitten. Infolge dieser Maßnahmen legten die Mandatsträger Dr. Karl Rechbauer, der Industrielle Körösi und drei weitere ihr

Amt zurück. Ihre vollinhaltliche Geltung erhielt die Ordnung erst wieder im Jahre 1860 infolge des Februarpatents.

Zu den erfolgreichsten Reformen des neoabsolutistischen Regimes gehörte zweifellos die Ernennung und Umgestaltung des Erziehungswesens durch den Unterrichtsminister Leo Graf Thun-Hohenstein, der an die Bestrebungen seines konstitutionell gesinnten Vorgängers anknüpfen konnte. Die Reorganisation der Gymnasien, Realschulen und Hochschulen konnte sich in der Folgezeit gut bewähren. Man gewährte den Universitäten weitgehende wissenschaftliche sowie administrative Autonomie und stellte die philosophische Fakultät, die bisher noch viel von ihrem vorbereitendem, einführenden Charakter besaß, den anderen Fakultäten gleich. Sie wurde besonders für die Ausbildung der Mittelschullehrer zuständig. Neu geordnet war nun auch die Bestellung der Professoren durch einen eigenen Berufungsvorgang.

An eine Angliederung des medizinischen Studiums in Graz war nicht zu denken, zumal dies die Raumnot nicht zuließ. Die Universität befand sich noch immer in den Räumlichkeiten der alten Jesuitenuniversität gegenüber dem Dom und dem Schauspielhaus.

Der junge Kaiser bemühte sich auch um eine engere Zusammenarbeit mit der katholischen Kirche. Bereits 1850 wurden durch eine kaiserliche Verordnung verschiedene josephinische Maßnahmen beseitigt. Das „placetum regium" fiel, die Bischöfe erlangten ihre Gerichtsbarkeit innerhalb der Kirche zurück, der Amtsverkehr mit Rom wurde nicht mehr kontrolliert und die kirchliche Schulaufsicht eingeführt. Die Verhandlungen zwischen dem Staat, der österreichischen Kirche und dem Heiligen Stuhl dauerten fünf Jahre. 1855, am 18. August, unterzeichneten der Fürsterzbischof von Wien und ehemalige Erzieher des Kaisers, Kardinal Rauscher, sowie der Pronuntius von Papst Pius IX., das Konkordat. Demnach durfte die Kirche u. a. ihr Vermögen wieder selbst verwalten, das Eherecht bestimmen und die Rechtssprechung in Ehefragen wieder uneingeschränkt ausüben. Die Kirche hatte nun die etwa hundert Jahre dauernde staatliche Abhängigkeit abgeschüttelt.

Papst Pius IX. Das Konkordat

Das Konkordat entsprach einem Wunsch des Kaisers, denn er hoffte, mit kirchlicher Hilfe seinen Thron zu festigen. Daher kam es in der Folge zu Neugründungen von Klöstern sowie der Wiedereinsetzung der Jesuiten im Schulbereich.

Zur Wiederbelebung des Ordenswesens war es in der Stadt Graz bereits gegen Ende der Regierung Kaiser Franz I. und besonders unter Kaiser Ferdinand I. gekommen. Die Karmelitinnen am Graben ließen sich 1829, die Jesuiten — wie schon erwähnt — 1832, die Barmherzigen Schwestern vom heiligen Vinzenz und Paul 1841, die Schulschwestern 1843, die Karmeliter am Graben 1844, die Frauen vom heiligen Herzen Jesu 1846, die Lazaristen und Marienbrüder 1853, die Frauen vom guten Hirten 1858 und die Kreuzschwestern 1891 in der Stadt nieder.

Andererseits jedoch verhinderte das Konkordat eine vollkommene Gleichberechtigung der Evangelischen. Zwar hatten die Revolution und die folgenden Verfassungskämpfe ihnen eine gesetzliche Gleichstellung mit den Katholiken gebracht, indem die Kirchenbücher und Martikel dieselbe Rechtskraft wie die der katholischen Pfarrer erlangten, den Kirchen Glocken und Türme sowie Portale und Fenster zu Plätzen und Straßen gestattet wurden, und die Prediger sich Pfarrer nennen konnten. Seit 1853 war das evangelische Bethaus in eine Kirche umgebaut worden. Es entstand ein Glockenturm, und nach einer 180-Grad-Wendung des Kirchenschiffs errichtete man das Portal zum Kaiser-Franz-Josef-Platz.

Jetzt war infolge der Ereignisse der katholische Glaube zwar inoffiziell, aber tatsächlich zur Staatsreligion und die katholische Kirche zur Staatskirche oder zumindest zur staatstragenden Kirche geworden. Damit war nun wiederum dem evangelischen Kirchenwesen die Entfaltungsmöglichkeit genommen. So etwa wurden schon kurz nach dem Abschluß des Konkordats in Graz katholische Kinder von der Polizei mit Gewalt aus der evangelischen Schule geholt. Ebenso war es unmöglich geworden, gläubige Protestanten auf katholischen Friedhöfen zu bestatten. Aus diesem Grund fügte man dem St.-Peter-Friedhof 1856 eine eigene evangelische Abteilung hinzu. Das Recht der staatsgültigen Matrikelführung blieb nur noch dem katholischen Pfarrer vorbehalten. Noch im gleichen Jahr trennte sich die evangelische Gemeinde Graz endgültig von der Mutterpfarre Wald am Schoberpaß und wurde selbständig. Die völlige Gleichberechtigung brachte den Evangelischen der Übergang zur konstitutionellen Monarchie im Jahre 1859. Den Schlußpunkt unter das jahrhundertealte Ringen setzte schließlich das Protestantengesetz vom 8. April 1861.

Benachteiligung der Protestanten

Die evangelische Heilandskirche auf dem Kaiser-Joseph-Platz. Stich von T. Oberbauer, 1889

Kulturelles Leben im Neoabsolutismus

Nach den Ereignissen von 1848 war im kulturellen Leben der Stadt eine gewisse Stagnation eingetreten. Man kann nicht behaupten, daß das literarische Leben durch den Wegfall der Zensur eine wesentliche Wendung oder Erneuerung erfahren hätte.

1854 konnte die Bevölkerung einen eindrucksvollen Abend im Grazer Theater genießen. Am 20. Jänner, dem 72. Geburtstag Erz-

Erzherzog Johann, kurz vor seinem Tod. Foto

herzog Johanns, fand die österreichische Erstaufführung von Richard Wagners „Tannhäuser" statt. Die Aufführung fand großen Anklang beim Publikum und beim „steirischen Prinzen".

Die damalige über die Steiermark hinausgehenden Beziehungen der Stadt manifestierte sich etwa auch beim evangelischen Friedhof in St. Peter, den General Schönhals durch eine namhafte Spende ermöglicht hatte. Der damals hier lebende Schriftsteller Karl von Holtei aus Schlesien — selbst Protestant — gab 1857 eine umfangreiche Anthologie für diesen Friedhof heraus, in welcher der seinerzeitige Theaterdirektor Richard Wagners Beiträge der bedeutendsten kulturschaffenden Persönlichkeiten seiner Zeit vereinigen konnte. So findet sich hier das letzte Gedicht Joseph von Eichendorffs „Ein Auswanderer", das unmittelbar vor dem Tod des Dichters erschien. Selbst Giacomo Meyerbeer, einer der damals bekanntesten Komponisten, steuerte eine Komposition für Holteis Buch bei.

Im Gründungsjahr der langlebigen Grazer Tageszeitung „Tagespost" (1856—1987) erschien ein wichtiges Buch der Graz-Literatur. Der letzte Hauptmann des Schloßberges, Wilhelm von Kalchberg, veröffentlichte seinen Band „Der Grazer Schloßberg" — das erste Buch über den Hausberg. Dem Berg selbst ist allerdings nur ein kleiner Teil der Arbeit gewidmet. Weitaus umfangreicher befaßte sich der Autor mit anderen Stadtvierteln und zeichnete so ein wertvolles Zeitbild. Mit diesem Buch gab Kalchberg den Anstoß zur Errichtung eines Denkmals für den die Jahre zuvor verstorbenen Ludwig von Welden. Zur Errichtung des monumentalen Werks kam es 1859, das gleichzeitig das Sterbejahr Joseph Kuwassegs, Joseph Franz Kaisers und Erzherzog Johanns war. Damit zeichnete sich gewissermaßen das Ende einer Epoche ab. Das Denkmal für Welden, welches sinnigerweise auf dem Schloßberg aufgestellt wurde, stammt von keinem Grazer Künstler. Nahezu alle Denkmäler der Stadt — an repräsentativen Schnittpunkten gelegen — wurden von auswärtigen Künstlern gefertigt. Dies bot den Vorteil, daß sich die geistige Weite der Stadt öffnen konnte. Im Falle Weldens bedeutet dies, daß der Kärntner Bildhauer Hans Gasser die Plastik und kein geringerer als der spätere Erbauer der Wiener Staatsoper, Eduard von der Nüll, den Sockel schuf. Van der Nüll war ein unehelicher Sohn Weldens.

Der letzte Akt

Am Abend der Monarchie

Mit der österreichischen Niederlage bei Magenta und Solferino im Sommer 1859 gegen Frankreich und Sardinien brach der Absolutismus zusammen. Das Wiedererwachen des Grazer Bürgertums verdeutlichen die glanzvoll ausgerichtete Schiller-Feier (9./10. November 1859) und die Gründung des Grazer Schillervereins. Das Fest hatte demonstrativ einen nationalen Charakter angenommen, denn der innenpolitische Kurs der Regierung war slawenfreundlich, was das Mißtrauen der deutschsprachigen Bevölkerung wachrief. Am 20. Oktober 1860 erhielt der österreichische Länderkomplex eine neue Verfassung, das sogenannten „Oktoberdiplom", das kaum ein Jahr später durch den nächsten Verfassungsversuch, das „Februarpatent" (26. Februar 1861), ersetzt wurde. *Das „Oktoberdiplom"*

Am 6. April 1861 trat der steirische Landtag zum ersten Mal seit zwölf Jahren wieder zusammen, und zwar in derselben Form wie 1848. 23 Vertreter der Landgemeinden, 19 der Städte und der Märkte, sechs der Handels- und Gewerbekammern, zwölf der Großgrundbesitzer und drei „Virilisten", nämlich die Bischöfe von Sekkau und Lavant sowie der Rektor der Universität, Graf Karl von Gleispach war vom Kaiser zum Landeshauptmann und Moritz Ritter von Kaiserfeld zu seinem Stellvertreter ernannt worden. Der Bürgermeister von Graz, Moritz Ritter von Frank, gab sich die Ehre, anläßlich des erstmaligen Zusammentretens der Landesregierung nach langer Zeit zu einem großen Bankett zu laden.

Unter dem bereits einmal entlassenen und nun wieder ins Amt berufenen liberalen Politiker Anton Ritter von Schmerling, der als leitender Minister der Wiener Staatsregierung den politischen Kurs bestimmte, entstanden in Graz die ersten farbentragenden studentischen Verbindungen, wie z. B. der „Tartarus" im Sternkeller sowie die „Germania", „Joannea", „Stiria", „Frankonia", Teutonia", ferner „Orion" (Graf Ignaz Attems), der ein intensives wissenschaftliches und literarisches Leben entfaltete und den akademischen Leseverein gründete. Weiters wurden damals der Steiri-

Die Burg vor dem Abbruch des Palas Friedrichs III. und der Nebengebäude (1853/54). Aquarell von Joseph Kuwasseg, 1853

sche Sängerbund und der Akademische Gesang- und Turnverein gegründet. Das Verbot der deutschen Farben hob die Regierung auf.

Schmerling stand bei den Ungarn in nicht sehr hohem Ansehen, und der Kaiser war der Meinung, er bilde das Haupthindernis für eine Aussöhnung. Daher kam es zum Rücktritt Schmerlings. Im September 1865 hob der Kaiser das nicht einmal fünf Jahre alte und niemals verwirklichte „Februarpatent" auf und ließ den neuen Ministerpräsidenten Graf Richard von Belcredi in absolutistischer Form regieren.

Der Ministerpräsident des deutschen Königs und späteren ersten Kaisers von Deutschland, Otto von Bismarck, war entschlossen, die deutsche Frage gewaltsam zu lösen und Österreich aus Deutschland hinauszudrängen. Er ließ in der Folge deutsche Truppen in das von Österreich verwaltete Holstein einrücken. Hierauf trat Österreich aus dem Deutschen Bund aus und mobilisierte sein Heer gegen Preußen, das mit Italien verbündet war.

Niederlage bei Königsgrätz

Obwohl Österreich in Italien bei Custozza und in der Seeschlacht bei Lissa — nicht zuletzt durch das Kommando Admiral Wilhelm von Tegetthoffs siegreich blieb, entschied die Österreichische Niederlage bei Königgrätz in Böhmen den Krieg.

Konteradmiral Wilhelm Freiherr von Tegetthoff während der Seeschlacht bei Lissa. Gemälde von Anton Romako

Das Grazer Infanterieregiment Nr. 27 „König der Belgier", das schon 1864 in Schleswig-Holstein bei Oeversee gekämpft hatte, kam auch vor Königsgrätz zum Einsatz. Es war zwar bei der Hauptschlacht nicht übermäßig stark beteiligt, erlitt jedoch bei Rückzugsgefechten schwere Verluste.

Der Sieg Preußens verdeutlichte, daß die Reichsidee, die schicksalhafte Verbundenheit aller Deutschen, sich als undurchführbar erwies. Königsgrätz führte dazu, daß die Deutschen in Österreich ihren Rückhalt im Deutschen Bund verloren und zu einer Minderheit gegenüber den anderen Nationen innerhalb der Monarchie wurden.

Gehörte die Steiermark zwar zu jenen Gebieten der Monarchie, die am weitesten vom Hauptkriegsschauplatz entfernt waren, so spürte man doch die indirekten Auswirkungen dieses Waffenganges. In Graz fanden Truppendurchzüge statt, welche die Aufrichtung notdürftiger Barackenlager in der Nähe des Bahnhofs sowie

Räumlichkeiten zur Versorgung von Verwundeten, verlangten. Die damalige Situation zeigte Lücken im städtischen Wach-und Sicherheitdienst auf und forderte eine Neuorganisation. Im Juli 1866 übernahm das uniformierte Bürgerkorps unentgeltlich den Wachdienst. Wenig später wurde diesem die alte Einrichtung der „Stadtfahne", einer erweiterte Bürgerwehr, zur Seite gestellt.

Jeder Hausbesitzer und Erwerbssteuerzahler — im eingeschränktem Maß jeder Gemeindewahlberechtigte unter 60 Jahren — hatte die Pflicht zur Wache. Wer diesen Dienst an der Stadt nicht persönlich versehen konnte, mußte sich vertreten lassen oder sich durch eine festgesetzte Gebühr freikaufen. Die kriegerischen Ereignisse nahmen einen so intensiven Verlauf, daß bereits im August der militärische Wachdienst ausrückte. Damit hatte die „Stadtfahne", deren Organe in Zivilkleidung mit weißen Armbinden auf Patrouille gingen, zum letzten Mal ihren Dienst versehen. Mit 1. Jänner 1867 wurde der Stadtgemeinde von der Regierungsstelle die Lokalpolizei zugewiesen. Ein Begehren des Magistrats nach Zuschüssen aus den Staatsfinanzen verhallte ungehört.

Der „Ausgleich"

Nach der Niederlage im „deutschen Bruderkrieg" reifte in Wien und ebenso in Budapest die Bereitschaft zu einer einvernehmlichen Lösung der ungarischen Frage. Der Kaiser ließ sich nun herbei, Ungarn seine Eigenstaatlichkeit, die es nach der Niederschlagung der Revolution verloren hatte, wiederzugeben. Das Kaiserreich Österreich wurde 1867 in eine österreichisch-ungarische Doppelmonarchie umgestaltet, mit zwei unabhängigen Parlamenten und Landesregierungen sowie drei gemeinsamen kaiserlich u. königlichen (k. u. k.) Ministerien (Äußeres, Heerwesen, Finanzen). Nach außen trat die Doppelmonarchie als einheitlicher Staat auf. Offiziell gab es nun die „im Reichsrat vertretenen Königreiche und Länder (d. i. die österreichische Reichshälfte) und die „Länder der ungarischen Krone".

Das Staatsgrundgesetz

Im Dezember desselben Jahres legte die Regierung nach den Neuwahlen in die Landtage dem Reichsrat das „Staatsgrundgesetz über die allgemeinen Rechte der Staatsbürger der im Reichsrate vertretenen Königreiche und Länder" vor, das am 21. d. M. angenommen wurde und als sogenannte „Dezemberverfassung" die demokratische Entwicklung Österreichs einleitete. Kaiser Franz Joseph, der sich nur zögernd längst fällige Zugeständnisse abringen ließ, konnte nach den Ereignissen von 1866 die Umwandlung Österreichs in einen Verfassungsstaat nicht mehr länger verhindern. Die bisherigen Untertanen wurden zu Staatsbürgern.

Die konstitutionellen Rechte des Jahres 1867 boten den legalen Rahmen für eine Vereins- und Versammlungstätigkeit. Obwohl die Ansätze einer Arbeiterbewegung in die Zeit der Märzrevolution zurückreichen, ermöglichte erst die sogenannte liberale Ära dem vierten Stand einen losen Zusammenschluß in Bildungsgemeinschaften oder Fachverbänden. Im März 1868 fand in Graz die erste, von mehr als 100 Personen besuchte Arbeiterversammlung statt, in welcher der Hauptredner — ein Tischlergeselle — von der dringenden Notwendigkeit einer geistigen Bildung zur Erringung der Freiheit und Macht sprach. Die Versammlung bildete ein Komitee, das sich mit der Gründung eines Arbeiterbildungsvereines befaßte. Darunter befand sich auch der damalige Rechtsanwaltsanwärter Dr. Strohal. Kaum ein Monat später genehmigte die Behörde die Statuten, die den Vereinszweck in der Abhaltung von Unterricht und Vorträgen, Beschaffung von Zeitschriften sowie der Einrichtung einer Bibliothek sahen. Schon bald jedoch hatte sich eine radikale Gruppe gebildet, welche die politischen Forderungen der Arbeiterschaft betonte. Sie konstituierte sich im November 1868 zu einem eigenen Verein, dem Arbeiterbildungsverein „Vorwärts", der neben der Bildungsaufgabe die Reduzierung der Arbeitszeit und das allgemeine und direkte Wahlrecht forderte.

Arbeiterversammlung

Der Staatsbürger war zusehends mündiger geworden und begann sich für Politik zu interessieren. Sehr bald zeigte sich, daß die politische Landschaft Österreichs von Lagern dominiert wurde, wenngleich einige Splitterparteien sich wiederholt um politischen Einfluß bemühten. Fand der Großteil der Arbeiterschaft in der sozialdemokratischen Bewegung seine Heimat, so sammelten sich Teile der bürgerlichen sowie bäuerlichen, später auch der klerikalkonservativen Bevölkerung vorwiegend bei den Christlichsozialen. Das Lager der Deutschnationalen, das sich aus dem liberalen Nationalismus entwickelt hatte und sich in Graz aus vorwiegend bürgerlichen Schichten zusammensetzte, behielt hier bis zum Jahre des Zusammenbruchs der alten Monarchie die Dominanz. Die Parteiprogramme waren vorerst von ideologisch-weltanschaulichen Aspekten geprägt, wandten sich jedoch immer stärker den

Bürgermeister Moritz Ritter von Frank (1861 — 1864 und 1867 — 1870). Lithographie

wirtschafts- und sozialpolitischen Grundsätzen und Absichten zu.

Das liberal gesinnte Grazer Bürgertum, das sich seit 1868 im Deutschen Demokratenverein zusammenfand, sowie die akademische Studentenschaft standen der Arbeiterbewegung durchaus freundlich gegenüber. Besonders geschickt verstand es der damalige Bürgermeister Moritz Ritter von Frank, bei Meinungsverschiedenheiten mit Arbeitern und Arbeitgebern zu verhandeln. Bei diesen Verhandlungen ging es weniger um die Entlohnungsfrage, sondern etwa um die Arbeitszeitverkürzung und die Abschaffung des Du-Wortes. Wenn es schließlich doch zum Bruch mit dem Bürgertum kam, so ist dies auf die unmenschlichen Arbeitsbedingungen, die zur Radikalisierung innerhalb der Arbeiterschaft führen mußten, zurückzuführen. Und dies wiederum hatte unweigerlich Verhaftungen und Verurteilungen von Arbeiterführern zufolge.

Damals bestand in Graz bereits die politische Tagespresse. Die Grazer „Tagespost" — als Organ des Liberalismus — hatte die Palette eröffnet, wenn man von der amtlichen „Grätzer Zeitung" (seit 1785) und dem „Grazer Telegraph" (seit 1855), der nur wenige Jahre existierte, absieht. Sie war das einzige täglich erscheinende Blatt, dessen erste Ausgabe (14. Jänner 1856) lediglich aus vier Seiten bestand, sich jedoch schon im folgenden März zu einer achtseitigen Zeitung (gedruckt in der Druckerei Leykam) entfalten konnte. Politische Berichte waren erst ab 1859 möglich. *Zeitungen*

Mit der Gründung des „Grazer Volksblattes", dessen erste Nummer am 1. Jänner 1868 erschien, erhielt die katholische Bewegung in der Steiermark ihr tägliches Organ. Zu Beginn in der Buchdruckerei Kienreich (Sackstraße 13) gedruckt, konnte sich das Blatt nach der Gründung des Katholischen Preßvereins (1869), die in dasselbe Jahr fiel wie der erste steirische Katholikentag, unabhängig machen und in die Vereinsdruckerei im Stainzerhof (heute Sparkassenplatz) übersiedeln (ab 1879 Buchdruckerei und Verlagsbuchhandlung Styria).

Am 8. Dezember 1869 erhielt eine neue Gemeindeordnung für die Landeshauptstadt Graz die „Allerhöchste Bestätigung". Sie trat mit 31. Dezember in Kraft und schloß eine achtjährige Reformarbeit ab. Die schlechte wirtschaftliche Lage in den fünfziger Jahren hatte die Zahl der Wahlberechtigten bedeutend vermindert und eine Revision der Gemeindewahlordnung notwendig gemacht. Das ausschlaggebende Moment eine Reform war das im Jahre 1861 wiedererwachende politische Leben. Die Arbeiten dauerten länger als vermutet. Einige wichtige Gemeinderäte saßen auch im steirischen Landtag oder im Reichsrat und verschleppten somit die Tätigkeit des Reformausschusses. Die Ordnung von 1869 umfaßte vier Abschnitte: 1. „Vom Gebiete der Gemeinde und den Bewohnern derselben"; 2. „Von der Gemeindeverfassung"; 3. „Von der Gemeindeverwaltung" und 4. „Verhältnis der Gemeinde zu Staatsverwaltung und Landesvertretung". Eine getrennte Gemeindewahlordnung war schon seit 1867 Gesetz. Die Gemeinde wurde vom Gemeinderat, dem Stadtrat oder Magistrat und dem Bürgermeister vertreten. Nach dem Satut war der Gemeinderat als wichtigste Körperschaft *Neue Gemeindeordnung* in Gemeindeangelegenheiten das beschließende und überwachende Organ.

Die Stadtverfassung, die eine neue Ära der Selbstverwaltung einleitete und nahezu unverändert bis zum Ende der Monarchie die gesetzliche Grundlage der Grazer Kommunalpolitik bildete, blieb — durch spätere Gemeindeordnungen wenig verändert — bis 1935 in Geltung.

Krawalle und Unruhen

In der Amtszeit des Bürgermeisters Dr. Wilhelm Kienzl versetzte ein Ereignis die Stadt in Aufregung, wenngleich ein Großteil der Bevölkerung nicht daran beteiligt war. Die sogenannten „Don-Alfonso-Krawalle", welche hauptsächlich von Studenten initiiert wurden, verdeutlichen, daß der sogenannte Kulturkampf — die Auseinandersetzung zwischen dem katholisch-konfessionellen, also klerikalen und dem alten liberalen, dem späteren deutschnationalen Lager nicht bloß auf Deutschland oder Österreich-Ungarn beschränkt blieb, sondern einen übernationalen Charakter angenommen hatte.

Kulturkampf

Vor allem in Graz hatten die Gegensätze zwischen dem sich politisch langsam formierenden Katholizismus und dem nationalliberalen Bürgertum recht früh bestimmte Formen angenommen. Die liberale „Tagespost" sammelte für ein Asyl, in dem abtrünnige Priester untergebracht werden sollten, ein Religionsreformverein verlangte die Aufhebung aller Klöster (1868), und der Gemeinderat sprach dem Münchner Universitätsprofessor Döllinger, der nach Verlautbarung des päpstlichen Unfehlbarkeitsdogmas die Altkatholische Kirche begründet hatte, seine Anerkennung aus.

Der Antiklerikalismus des Bürgertums fand in der nationalliberalen Studentenschaft seine stärkste Ausprägung. Die kirchenfeindliche Einstellung der Studenten ist auf verschiedene geistige Strömungen, besonders auf die Ideen des Josephinismus, zurückzuführen.

Der österreichische Liberalismus hatte ab 1867 seinen politischen und kulturellen Einfluß wesentlich ausbauen können. Auch brachte die Aufkündigung des Konkordats — als juristisch gut brauchbarer Anlaß bot sich das Unfehlbarkeitsdogma an — durch

Aufkündigung des Konkordats

die liberale österreichische Regierung 1870 die Kirche in eine schwierige Lage. Papst Pius IX. berichtete man von einer Abfallsbewegung, die ebenso in Graz zu spüren war.

Andererseits sorgten der „schwarze Freitag" (9.Mai 1873) durch den Zusammenbruch vieler Bankunternehmen und die zunehmenden Aktivitäten der Arbeiterschaft in Graz nach dem Neudörfler Parteitag des Jahres 1874, zur Steigerung der Nervosität — auch der Behörde. In der Stadt befehdeten sich die liberale „Tagespost" und das konservative „Grazer Volksblatt", die damit für eine dementsprechende Breitenwirkung des Kulturkampfes sorgte.

Im März 1875 drangen erstmals Nachrichten über die Absicht des spanischen Prinzen Don Alfonso, sich mit seiner Gemahlin hier niederzulassen, an die Öffentlichkeit. Don Alfonso de Bourbon y Austria Este, der Bruder Don Carlos', welcher als Führer der revolutionären Karlisten um den spanischen Königsthron kämpfte, bekleidete den Posten eines Generalkommandanten von Katalonien und Valencia. In diesem Bürgerkrieg sagte man ihm unmenschliche Grausamkeiten gegen seine Widersacher nach, an denen sich auch seine Frau, Donna Maria, beteiligt haben soll. So war etwa ein deutscher Journalist von den Karlisten verurteilt und hingerichtet worden. Auch waren deutsche Kanonenboote und ein Eisenbahnzug mit deutschen sowie österreichischen Gesandten zum Ziel von Karlistenanschlägen geworden.

Demonstration gegen Don Alfonso auf dem Domplatz gegenüber der (alten) Universität. Stich nach einer Zeichnung von J. J. Kirchner, 1875

Demonstrationen gegen Don Alfonso

Nachdem sich Alfonso in Graz niedergelassen hatte, kam es am Vormittag des 27. April zu lautstarken Straßendemonstrationen gegen das spanische Paar. Der traditionsgemäß klerikal eingestellte Don Alfonso hatte an jenem Tag, wie üblich, mit seiner Gemahlin der Messe in der Domkirche beigewohnt. Als sie die Kirche verließen, gaben etwa drei- bis vierhundert Demonstranten, darunter an die 200 Studenten der nahen Universität und sozialdemokratische Arbeiter ihren Unmut über die Anwesenheit Don Alfonsos in Graz zum Ausdruck. Am Abend zogen unzählige Studenten zur Villa des Prinzen, wo sie in heftige Protestrufe ausbrachen. Vor dem Palais kam es zu Tumulten mit der angerückten Polizei und dem aufgebotenen Militär. Einige Studenten wurden verhaftet.

Tags darauf wiederholten sich am Vormittag die Vorfälle vor dem Dom und am Abend der Marsch zur Prinzenvilla in der heutigen Humboldtstraße. Der Statthalter hatte zum Schutz Alfonsos Infanterie- und Kavallerieabteilungen aufgeboten. Als die Demonstranten trotz eines Appells von Bürgermeister Kienzl nicht abziehen wollten, ritt die Kavallerie mit gezogenen Säbeln gegen die Menge vor und verfolgte sie bis in den Stadtpark.

Der Bürgermeister wandte sich am nächsten Tag in einem Aufruf an die Bevölkerung und forderte sie auf, von weiteren Demonstrationen Abstand zu nehmen. Ebenso untersagte die sozialdemokratische Partei ihren Anhängern die Teilnahme. Dr. Kienzl und Fürstbischof Zwerger legten andererseits auch Don Alfonso nahe, seine provozierenden Kirchenbesuche einzustellen. Der Kaiser, der sich damals auf einer Dalmatienreise befand, sandte durch einen Sonderkurier dem Prinzen ein Schreiben, in dem er sein Bedauern über diese „ärgerlichen Exzesse" ausdrückte.

Als unmittelbare Folge löste die Statthalterei am 5. Mai sämtliche (15) Grazer Studentenverbindungen auf. Auch die nichtdeutschen Vereinigungen waren davon betroffen. Auf universitärer Ebene dauerten die Diskussionen — geleitet von einem ständigen Studentenausschuß — bis zum 8. Mai an, bis sich allmählich die größte Erregung erschöpfte.

Ab 1895 leitete in Wien der konservative polnische Aristokrat Kasimir Badeni die Regierungsgeschäfte. Nach dem Erfolg einer dritten Wahlrechtsreform stürzte er im November 1897 über seine Sprachenverordnung. Seinen Vorstellungen nach sollten die Be-

Szenen während einer Sitzung im Abgeordnetenhaus. Zeitungsillustration

amten Böhmens und Mährens zweisprachig amtieren. In der politischen Praxis richtete sich jedoch die Verordnung gegen die deutschen Beamten in diesen Ländern, da bei konsequenter Durchführung auch die in deutschen Sprachgebieten tätigen tschechischen Beamten bessere Chancen als ihre deutschen Kollegen gehabt hätten. Dagegen traten die oppositionellen Abgeordneten auf. Es kam im Parlament zu Tumulten und Handgreiflichkeiten, auf der Straße zu Demonstrationen. Als sich die Unruhen steigerten, verfügte der Kaiser die Schließung des Parlaments und den Rücktritt Badenis.

Der Sprachenstreit führt zu schweren Unruhen

In Graz äußerte sich der Unwille gegen das „polnische Regime" in Menschenansammlungen und Reibereien mit dem Wachaufgebot, das die Menge aus der Herrengasse abzudrängen versuchte. Das Einsetzen von Militär, in dem sich bosnische Soldaten befanden und das überaus harte Vorgehen der Kavallerie verschärfte die Situation.

Am nächsten Tag wiederholten sich die Ansammlungen. Ausschreitungen gegen die städtische Wache rechtfertigten neuerlich militärische Unterstützung. Bei einem Zusammenstoß in der Burggasse wurde Schießbefehl gegeben. Ein Demonstrant wurde getötet und ein weiterer so schwer verletzt, daß er am nächsten Tag seinen Wunden erlag. Eine Entspannung trat erst am 28. November ein, als die ersten Berichte vom Rücktritt Badenis und der Vertagung des Reichstags eintrafen. Das Begräbnis der beiden Todesopfer gestaltete sich zu einer großen, feierlichen Kundgebung.

Der polnische Graf hinterließ eine undankbare Erbschaft. Sein Nachfolger, Baron Gautsch von Frankenthurn, konnte die hochgehenden politischen Wogen nur oberflächlich glätten — Spannungen blieben weiterhin. Im Grazer Gemeinderat brachte man einen Dringlichkeitsantrag ein, der u.a. die Verlegung des in Graz stationierten bosnisch-herzegowinischen Infanterieregiments verlangte. Die Antwort des damaligen Statthalters und späteren Ministerpräsidenten Marquis Bacquehem im Mai 1898 auf die Beschlußfassung war die Auflösung des Grazer Gemeinderates und die Bestellung des Bezirkshauptmannes Heinrich Freiherr von Hammer-Purgstall zum Regierungskommissär. Als Grund wurde die Einmischung des Gemeinderates in Angelegenheiten der Staatsregierung angegeben. Die Führung der Amtsgeschäfte durch Hammer-Purgstall, dessen erste Maßregel die wirklich überflüssige Berufung einiger Hundertschaften Gendamerie nach Graz war, dauerte bis zur Vereidigung des vom neuen Gemeinderat einstimmig wiedergewählten Bürgermeisters Dr. Franz Graf (25. Oktober 1898).

Auflösung des Grazer Gemeinderates

Kultur-und Bauwesen am Ende des 19. Jahrhunderts

Im Jahre 1860 — ein Jahr nach dem Tod Erzherzog Johanns — wurden zwei Bücher — ganz im Geist des verstorbenen Prinzen — veröffentlicht, die nicht übersehen werden dürfen. Matthias Macher legte seine „Medizinisch-statistische Topographie des Herzogtumes Steiermark" der Öffentlichkeit vor, worin zum ersten Mal ein ausführlicher Blick auf die sanitären Verhältnisse in Graz geworfen wurde. Gleichzeitig veröffentlichte der Professor für Landwirtschaft am Joanneum, Franz Xaver Hlubek, „Ein treues Bild des Herzogthumes Steiermark", in dem er ebenso erstmals versucht,

Der Hilmteich im Winter. Gemälde von Johann Nepomuk Passini, 1861

ein umfassendes Bild der Steiermark zu vermitteln. Hlubek konnte seinem Werk die erste abgeschlossene Biographie Erzherzog Johanns aus der Feder Karl Gottfried Leitners hinzufügen.

Es war dies gerade um die Zeit, in der sich das Antlitz der Stadt stark zu verändern begann. Der Denkmalschutz — damals erst in bescheidenen Ansätzen vorhanden — konnte weder den Abbruch weiter Teile der Grazer Burg (1852/53) noch der historisch wertvollen Stadtbefestigung mit ihren Toren verhindern. Gleichzeitig bekam Graz den Ruf als geruhsame Stadt. Einer der früheren Prominenten der „Pensionopolis" war Johann Nestroy, der sich 1860 in der Stadt niederließ und hier, an der Stätte seines künstlerischen Beginns, auch seine letzte Vorstellung nur wenige Wochen vor seinem Tod (1862) gab. *Kein Respekt vor historischen Anlagen*

In unmittelbarer Nähe seines Sterbehauses in der Elisabethstraße befanden sich die Breunerteiche, einst beliebte Ausflugsziele, die der sich nun ausdehnenden Stadt allmählich weichen mußten. Als Ersatz trat jetzt ein neuer Teich an ihre Stelle — der Hilmteich. Dieser ehemalige Ziegelteich wurde Schritt für Schritt zu einer Erholungsstätte für die Grazer Bevölkerung umgestaltet. Wie heute erfreute man sich im Sommer am Kahnfahren und im Winter am Schlittschuhlaufen.

Es entsprach ganz dem frühen gründerzeitlichen Denken, daß nun endlich die Universität zu einer Volluniversität ausgebaut wur- *Volluniversität*

Technische Hochschule. Aquarellierte Bauzeichnung von Josef Wist

de und zwar durch die Einrichtung der medizinischen Fakultät (1863), deren neues Gebäude den ersten Neubau in dem seit 1870 wachsenden Universitätsviertel im Geidorf bildete. 1869 kam der Großunternehmer und Baumeister Anton Hauser nach Graz, der in der Nähe von Triest für den Bruder des Kaisers, Kaiser Maximilian von Mexiko, das Schloß Miramare erbaut hatte. Hauser gehörte zu den frühen gründerzeitlichen Pionieren in Graz und löste mit der Verbauung der sogenannten Mandellgründe die erste großflächige Bauwelle dieser Zeit aus. Auf dem Gelände des ehemaligen Schlößchens des Grafen Mandell entstand der 1888 fertiggestellte Neubau der Technischen Hochschule, die heutige „Alte Technik".

Als auffallend stellt sich die enge Verbindung der Grazer Gründerzeit mit Wien dar. Wichtige Bauten und Denkmäler wurden von Wiener Architekten oder Bildhauern ausgeführt. 1865 kamen bedeutende Kulturträger, deren Namen noch heute unvergessen sind, nach Graz. Robert Hamerling — ebenfalls bereits als Pensionist — ließ sich hier nach dem Erfolg seiner epischen Dichtung „Ahasver in Rom" nieder und verfasste auf der Ries sein Epos „Der König von Sion", dessen dekadente Stimmung später mit dem Aufstieg und Fall seines entfernten Verwandten Adolf Hitler in Verbindung gebracht wurde.

Sacher-Masoch fördert Peter Rosegger

Gleichfalls 1865 — gefördert durch den liberalen Chefredakteur der „Tagespost" Albert Swoboda — kam der junge Peter Rosegger in die Stadt und bezog in der Wickenburggasse, in unmittelbarer Nähe des brühmten Schriftstellers Sacher Masoch, seine erste Wohnung. Rosegger besuchte von 1865 bis 1869 die Handelsakademie —

damals in der Kaiserfeldgasse — und nahm, bedingt durch sein ausgeprägtes Selbstbewußtsein, den Kontakt mit seinem „Nachbarn" Masoch auf, welcher in der von ihm herausgegebenen „Gartenlaube für Österreich" die Werke Roseggers neben denen Adalbert Stifters plazierte.

Noch im selben Jahr besuchte der Dirigent Johann Herbeck den greisen Anselm Hüttenbrenner in Andritz. Dieser übergab dem Dirigenten die bis dahin unbekannte Partitur von Schuberts 8. Symphonie, der „Unvollendeten", die er noch vor Jahresende in Wien zur Uraufführung brachte. Hüttenbrenner, nebenbei einer der ersten renommierten Musikkritiker der Stadt, starb 1868. Ein Jahr später wurde die Leiche Erzherzog Johanns vom Grazer Mausoleum in das für ihn errichtete Mausoleum in Schenna bei Meran überführt, das der Wiener Architekt Moritz Wappler — 1845 als Professor am Grazer Oberrealgymnasium — erbaut hatte. Peter Rosegger gab dem toten Erzherzog ein frühes, ergreifendes Mundartgedicht mit.

Schuberts „Unvollendete" in Graz aufgefunden

Als Zierde und Stolz der Stadt Graz, als grüne Lunge und beliebter Erholungsort entstand auf den Gründen des ehemaligen Festungsglacis der Stadtpark. Die Erwerbung der Glacisgründe durch die Stadtgemeinde ist vor allem dem Einsatz des damaligen Bürgermeisters Moritz Ritter von Frank zu verdanken, der immer wieder als Wortführer bei der Verwirklichung des Stadtparkprojekts

Der vom Franzosen Jules Klagmann gefertigte Stadtparkbrunnen

auftrat und dem Plan der Anlage eines englischen Parks zum Durchbruch verhalf.

Das Reichsgesetz vom 22. Dezember 1868, das die Überlassung der Gründe an die Stadt kundmachte, bestimmte ganz im Sinne der Gemeinde, daß auf dessen Gründen ohne Zustimmung der Stadtverwaltung, mit Ausnahme eines Kursalons, keine anderwärtigen Gebäude errichtet werden dürfen. Ihrem tatkräftigen Bürgermeister stand die Grazer Bürgerschaft, die zu diesem Zweck einen Stadtverschönerungsverein gegründet hatte, hilfreich zur Seite. Im Frühjahr 1871 konnte die Anlage vollendet werden. Die im Jahr 1873 in Wien stattfindende Weltausstellung brachte auch für den Stadtpark einen neuen Impuls. Der in Wien ausgestellte, vom Franzosen Jules Klagmann gefertigte, prächtige Brunnen, wurde von der Stadt Graz für den neuen Park angekauft und im folgendem Jahr hier aufgestellt.

In der kriegerischen Auseinandersetzung zwischen Frankreich und Preußen (1870/71) verhielt sich Österreich-Ungarn neutral. Dieser Umstand veranlaßte Hamerling zu einem Prolog, der diese Neutralität in Frage stellte und für den er von seinem Grazer Publikum bejubelt wurde. Nach Meinung des Dichters hätte das „deutsche Herz" der Österreicher mit den freiwillig eingerückten Österreichern mitschlagen müssen. Unter diesen Voraussetzungen konnte sich Peter Rosegger keinen besseren Begleitautor für sein erstes Buch „Zither und Hackbrett" (1870) vorstellen als Hamerling. Dieser hatte Roseggers Mundartgedichte anerkannt und selbst die Auswahl für dieses Bändchen getroffen.

Die Auseinandersetzung zwischen den konservativen und liberalen Kräften der Stadt verdeutlichte sich in der Absetzung des Galeriedirektors Joseph Tunner. Der damals (1870) bereits 78jährige Tunner leitete seit 1840 die steiermärkische-ständische Zeichnungsund Zeichnungs- und Landesbildergalerie. Er gilt als der bedeutendste Vertreter der Kunst der sogenannten Nazarener in der Steiermark und hatte mit den führenden Vertretern dieser Richtung Kontakt — besonders nach Rom, wo er viele Jahre zugebracht hatte. Diese leitende Position Tunners in Graz war auf Fürsprachen höchster Diplomaten bei Erzherzog Johann zurückzuführen. Jetzt jedoch gaben von ihm ungeschickt ausgeführte Restaurierungen dem führenden steirischen Kulturhistoriker Joseph Wastler Hand-

Kuppelfresko im Prokesch-Osten-Mausoleum auf dem St. Leonhard-Friedhof

habe, gegen Tunner in der Presse zu polemisieren und ihn zu attakkieren, was letztlich zu seinem Abgang führte.

1872 starb in Graz Irene von Prokesch-Osten, die Gattin des Diplomaten, welche in ihrer Jugend von Franz Schubert sowie Franz Liszt als Pianistin bewundert worden war. Ihr zu Ehren ließ Prokesch-Osten auf dem Leonhardfriedhof ein Mausoleum errichten. Den Bauauftrag erhielt kein geringerer als der Wiener Ringstraßenarchitekt Theophil Hansen. Der Bau ist mit religiösen Fresken ausgestattet, die mit hoher Wahrscheinlichkeit auf Joseph Tunner zurückzuführen sind. An der architektonischen Innenausstattung von Prokesch-Ostens Stadtpalais in der Elisabethstraße hatte ebenfalls Theophil Hansen mitgewirkt.

Theophil Hansen errichtet das Prokesch-Osten-Mausoleum

Aber auch aus einer anderen Sicht ist 1872 ein markantes Jahr für Graz. Siegmund von Hausegger — später durch sein Engagement für die Symphonien Bruckners von Bedeutung — wurde hier als Sohn des Friedrich Hausegger geboren, der im gleichen Jahr die Musikwissenschaft in der Stadt begründete. In seinem Buch „Die Musik als Ausdruck" (1885) bezog er eine Gegenposition zu Eduard Hanslicks berühmt gewordener Schrift „Vom musikalisch Schönen". Hausegger gehörte zu den frühen „Wagnerianern" in Graz. Damals gab es verstärkte Bemühungen Richard Wagner persönlich nach Graz zu bringen, wofür auch eine Zusage des Meisters vorlag, die er allerdings 1873 zurückzog.

Der aus Wien stammende Architekt Friedrich August von Starcke erbaute 1873 auf dem Gelände der ehemaligen Breunerteiche in der Elisabethstraße die „Meranhäuser". Dieser frühe gründerzeitliche Baublock trägt seinen Namen nach dem Auftraggeber, dem Grafen von Meran, Sohn Erzherzog Johanns. Starcke, der 1895 in Graz starb, trug intensiv zum städtebaulichen Wandel der Stadt bei. Ebenso war er Mitglied des Denkmalkomitees für Erzherzog Johann. Das 1878 auf dem Hauptplatz errichtete Standbild, umgeben von den vier Flüssen der damaligen Steiermark, stammt vom Wiener Bildhauer Franz Pönninger, der dem Wiener Künstlerhaus unter der Leitung von Starcke angehörte. Daher darf man annehmen, daß Pönninger durch diese Verbindung zum Auftrag in Graz kam. Mit der Aufstellung wurde die Firma des Stadtbaumeisters Andrea Franz betraut, dessen Bruder Johann Franz, k.u.k. Hofsteinmetzmeister, die Natursteinarbeiten dieses Monuments lieferte. Andrea Franz war einer der meistbeschäftigten Baumeister seiner Zeit. Oft führte er bis zu 40 Bauten gleichzeitig aus, für die etwa 4.000 Arbeiter beschäftigt wurden. Unzählige Bauwerke in Graz erinnern noch heute an Andrea Franz. So etwa erwarb er von der Stadtgemeinde die Joanneumgründe vom Bismarckplatz (Am Eisernen Tor) bis zur Neutorgasse und schuf dort einen ganz neuen Stadtteil einschließlich der Kanalisation.

Erzherzog-Johann-Denkmal

Schon um 1880 trat Graz mit der Erreichung des 100.000sten Einwohners in die Reiher der Großstädte ein.

Für den raschen Zuwachs der Bevölkerung (von 1870 bis 1890 ca. 40 %) mußten Wohnbauten geschaffen werden. So erfolgte die Verbauung der Gebiete um die 1873 angelegte Keplerstraße, die Errichtung von Wohnquartieren um den Hauptbahnhof, der selbst 1877/78 erweitert worden war, die Erweiterung des nördlichen Lendviertels und des südlichen Griesviertels am rechten Murufer, der Ausbau der Jakominivorstadt zum 6. Stadtbezirk, des Gebietes bis zum Schillerplatz, die Verbauung des Bezirks St. Leonhard, der in die Villenvororte um den Hilmteich und den Ruckerlberg überging, sowie der Gegend um die 1880 bis 1894 erbauten Universität. Der Ausbau des Geidorfviertels zwischen Schloßberg und Rosenberg und das neue Grabenviertel an der neuangelegten heutigen Theodor-Körner-Straße beschlossen vorerst die intensive Bautätigkeit.

Neue Stadtviertel entstehen

Die sich rasch ausdehnende Stadt verlangte auch nach neuen Kirchen. Der Bau des dem heiligen Herzen Jesu geweihten Gotteshauses wurde durch Fürstbischof Johannes Zwerger sowie den Kunstpublizisten und Theologen Johann Graus vorangetrieben, wobei es starke Spannungen mit dem liberal eingestellten Gemeinderat gab. Als Architekt war ursprünglich August Ortwein vorgesehen, der bereits ganz im Sinne der Regotisierungsbestrebungen Zwergers 1875 die „Rückführung" der Stadtpfarrkirche in den gotischen Stil, geleitet hatte. Nun übertrug man die Aufgabe Georg Hauberisser d. J., dem Sohn des Biedermeierarchitekten gleichen Namens und Erbauer des Münchner Rathauses. Da der Grazer Dom erst seit 1786 als Bischofskirche diente und von vornherein nicht als Kathedrale gedacht war, kam der Herz-Jesu-Kirche der unausgesprochene Anspruch eines „heimlichen Domes" von Graz zu, der dadurch unterstrichen wurde, daß sich Fürstbischof Zwerger 1893 in der Krypta dieser Kirche beisetzen ließ. *Fürstbischof Johannes Zwerger erbaut die Herz-Jesu-Kirche*

Um der Bevölkerung eine günstige Verbindung zwischen den nun schon weit auseinanderliegenden Stadtteilen zu ermöglichen, entschlossen sich die Stadtväter für die Einführung einer Pferdebahn, die am 8. Juni 1878 ihren Betrieb aufnahm. Verschiedene Verhandlungen der Stadtgemeinde mit konzessionierten Unternehmern waren diesem Ereignis vorausgegangen und oft fehlgeschlagen. Erst mit Bernhard Kollmann, dem Generaldirektor der Prager Tramway, gelangte man zu einem endgültigen Vertrag, der zu Pfingsten die Eröffnung der ersten Teilstrecke Hauptbahnhof — Jakominiplatz ermöglichte. Noch im selben Jahr wurde die Linie über die Glacis- und Leonhardstraße bis zur Elisabethstraße verlängert. Gegen Ende des Jahrhunderts verfügte das Unternehmen (ab 1887 „Grazer Tramway Gesellschaft") über ein Pferdebahnnetz von 10,75 km Länge. Nach zwanzigjähriger Dauer des Pferdebahnbetriebes hielt die elektrische Linie in Graz Einzug. Am 23. 7. 1899 fuhr in Graz die letzte Pferdestraßenbahn. *Pferdebahn*

Straßenbahn

Unabhängig vom Grazer Betrieb suchte der Baumeister Andrea Franz um eine Genehmigung für eine Straßenbahn an. Zuerst dachte er sogar an eine Dampftramway von Graz über St. Radegund auf den Schöckel. 1895 wollte die GTG den Projekt einer Elektrischen vom Burgtor bis Mariatrost zuvorkommen. Sieger im Wettlauf um die Betriebsrechte blieb aber Andrea Franz. In nur zehnmonatiger Bauzeit errichtete Franz mit einem Aufwand von

Rote Kleinbahn. Zinzendorfgasse — Maria Trost. Foto

einer halben Million Kronen in Eigenfinanzierung die erste elektrische Straßenbahn im alten Österreich. Die Strecke führte von der Zinzendorfgasse (Glacis) bis nach Mariatrost. Die feierliche Eröffnung dieser „Roten Elektrischen", wie die Bahn auch genannt wurde, nahm am 29. Jänner 1898 der steirische Landeshauptmann Edmund Graf Attems vor. Bis zum Jahre 1941 besorgte die Elektrische ohne Änderung der Streckenführung den Verkehr.

Schiffahrt auf der Mur

Dem Trend anderer Städte folgend wollte man auch in Graz einen Passagierverkehr auf Dampfschiffen einrichten. Am 8. September 1888 schlug die Stunde der Murpassagierschiffahrt. Doch die Probleme und Schwierigkeiten häuften sich, und am 12. Mai des folgenden Jahres kamen bei einem Schiffsunglück sechs Personen ums Leben. Die Betriebsgesellschaft löste sich daher auf und beendete somit dieses Abenteuer in der Grazer Verkehrsgeschichte.

Industriegebiete am Stadtrand

Sehr stark wuchsen die Vororte Algersdorf (heute Eggenberg), Wetzelsdorf, Gösting, Andritz und Liebenau, die sich immer mehr der Stadtanlage näherten. 1860 wurde die Graz-Köflacher Eisenbahn fertiggestellt und zog Betriebe in ihre Nähe, wie bereits 1844 die Südbahn. In der Umgebung des Hauptbahnhofes ließen sich nun eine Kette von Industriebetrieben nieder, da die Waren per Bahn billiger transportiert werden konnten. Besonders wichtig waren die metallverarbeitenden Industrien, von denen einige zu bedeutenden Exportfirmen aufstiegen. 1872 wurde der Betrieb Johann Weitzers (heutiger Nachfolgebetrieb Simmering-Graz-Pauker) auf die Südseite der Eggenberger Straße verlegt, um auf dem neuen Areal eine Waggonfabrik und parallel dazu eine Wagenfabrik führen zu können. Bereits zwei Jahre vorher gründete David Heinrich Pollack 1870 die größte Schuhfabrik Mitteleuropas (heute Humanic). 1875 kamen die Brüder Lapp nach Graz und errichteten drei Jahre darauf einen Betrieb, der sich auf die fabriksmäßige Erzeugung von Baubeschlägen spezialisierte. Unter den Lebensmittelindustrien wuchsen die Brauereien Puntigam und Reininghaus zu beachtlicher Größe heran, nachdem sie andere Brauunternehmungen des Landes an sich ziehen konnten. So exportierte die Brauerei Reininghaus bereits 1871 über die Südbahn via Triest Bier nach Italien bis nach Ägypten, der Türkei und auch Griechenland. Graz wurde damals zum Zentrum des Hauptteiles der steirischen Industrie.

Die rechtliche Grundlage für die Stadterweiterung bildeten der Regulierungsplan von 1879 und die 1881 erlassene Bauordnung. Aber nicht nur äußerlich veränderte sich das Stadtbild, auch im Inneren der Altstadt forderte der wachsende Verkehr so manches Opfer. Bereits 1837 waren beide Murtore gefallen, 1846 das innere Paulustor, 1860 folgte das Eiserne Tor. Die sogenannte „Sackregulierung" und die damit verbundene Niederlegung der bis an die Mur reichenden Häuser des „dritten Sacks" veränderte einen der ältesten Stadtteile von Grund auf.

Stadterweiterung

Fabrikshof der Brauerei Reininghaus

Damit war Mitte der 90er Jahre die Voraussetzung für eine Flußregulierung und eine dem Straßenverkehr Rechnung tragende Kaianlage bis zur Radetzkybrücke geschaffen.

Die große Zahl neuer Amts-, Geschäfts-, Schul- und sonstiger öffentlicher Gebäude verdeutlicht eindrucksvoll den raschen Aufstieg der Stadt als geistiges und administratives Zentrum.

Zwergers Nachfolger im Amt des Fürstbischofs Leopold Schuster war in der Bischofsreihe von Seckau der bisher letzte, der nahezu unmittelbar von der Universität auf den Bischofsstuhl berufen wurde. Schuster gehörte zu einer großen Reihe hervorragender Wissenschafter, die dem Universitätsleben der damaligen Zeit ihren Stempel aufprägten. Als Rektor (1888/89) war er der unmittelbare Nachfolger von Ludwig Boltzmann, der in Graz seine bahnbrechenden Gedanken zur Thermodynamik entwickelte.

Kronprinz Rudolf

Als Rektor hatte der Professor für Experimentalphysik, Boltzmann 1887 die ehrenvolle Aufgabe, Kronprinz Rudolf und seine Gemahlin Stephanie von Belgien zu empfangen. Der Besuch des Kronprinzen, der damals — etwas mehr als ein Jahr vor der Tragödie von Mayerling — großes Aufsehen erregte, scheint in Graz verschiedene Aktivitäten ausgelöst zu haben. So wurde das neue Hauptpostgebäude auf den Gründen des ehemaligen Joanneums fertiggestellt — das Joanneum selbst 1887 zum Landesmuseum „erhoben". Gleichzeitig stand das Gebäude der Landestaubstummenanstalt am Rosenbergürtel vor seiner Vollendung. Kronprinz Rudolf legte den Schlußstein. Nicht mehr rechtzeitig konnte die Aufstellung des Denkmals für Kaiser Joseph II. durch den Wiener Bildhauer Karl Pekary am Opernring erfolgen.

Sowohl dieses Denkmal, als auch das Monument für den Dichter Anastasius Grün — das Pseudonym für den Grafen Anton Alexander Auersperg — bilden einen Zeitspiegel für die liberale Gesinnung der Stadtverwaltung, da ja sowohl Joseph II. als auch Auersperg als liberal galten. Auersperg war durch seine „Spaziergänge eines Wiener Poeten" (1830), in denen er schonungslos gegen die Zensur antrat, berühmt geworden und hatte sich in späterer Zeit auch als Politiker im Reichsrat einen Namen gemacht.

Ebenfalls in das Jahr 1887 fiel der Beginn eines weiteren Großbauvorhabens an zentraler Stelle. Das klassizistische Rathaus entsprach nicht mehr den Vorstellungen der Gründerzeit. So kam es zur Errichtung des heute bestehenden Hauses durch die Architek-

Neubau des Grazer Rathauses. Im rechten Flügel des Gebäudes befindet sich seit 1922 die Steiermärkische Bank (Rufname STEBA)

ten Wilemanns und Reuter. Dem damaligen Zeitgeist folgend verfertigte man monumentale Plastiken großer Gestalten der Vergangenheit, um sich der eigenen Geschichte zu erinnern. Die Statuen der Repräsentanten des Hauses Habsburg wurden erst zur Zeit der Habsburgerkrise (in der sechziger Jahren unseres Jahrunderts) vom Rathaus entfernt. Dem damaligen Gedankengut des ausgehenden 19. Jahrhunderts entsprach es auch, daß vor historisch wertvollen Gebäuden nicht Halt gemacht wurde, um diese zu „vollenden". Ein Beispiel dafür ist das Landhaus in der Herrengasse, wo der Arkadengang zur Landstube erst 1890 errichtet wurde. Der Denkmalbegriff erstreckte sich damals kaum auf Profanbauten, was sich durch die Niederlegung des ganzen „Sack-Esembles" wohl am besten verdeutlicht. Im Bereich der Sakralbauten galten jedoch Idealvorstellungen, wie etwa die Regotisierungswellen beweisen, deren Propagierung der Herausgeber der Zeitschrift „Kirchenschmuck", Johann Graus, vorantrieb.

Kurz vor Fürstbischof Zwergers Tod wurde unter seinem späteren Nachfolger und damaligen Stadtpfarrprobst Leopold Schuster der Zentralfriedhof im Süden der Stadt angelegt. Für die imposante Eingangsfront samt Kirche zeichnet der Wiener Architekt Karl Lauzil verantwortlich. Er war ein Schüler Friedrich Schmids, der in

Zentralfriedhof

seiner Jugend in Graz 1863 die Lazaristenkirche erbaut hatte. Der Zentralfriedhof ist nicht nur zur Begräbnisstätte für eine Reihe bedeutender Persönlichkeiten, sondern ist heute wegen seiner Grabdenkmäler zu einem kulturgeschichtlich wertvollen Ort geworden.

So befinden sich auf dem Zentralfriedhof auch die letzte Ruhestätte von Johann Kleinoscheg († 1896), dem die Stadt die Hilmwarte, aber ebenso die Schloßbergbahn verdankt.

Kleinoscheg war ein sehr fortschrittlicher und dem Neuen aufgeschlossener Grazer Unternehmer. Er zählte zu einem der ersten Exponenten des Grazer Radfahrerklubs. Diesem hatte er sich angeschlossen, als die Hochräder in der Steiermark bekannt geworden waren. Seine Fahrten durch Ägypten und über das Atlasgebirge in die Sahara sorgten genauso für Schlagzeilen wie seine Erstbesteigungen in den Alpen, den Pyrenäen, den Abruzzen und im Kaukasus. 1889 begann Kleinoscheg mit dem Schilauf und zwei Jahre später gründete er mit dem Hotelier Toni Schruf den „Verband Steirischer Skiläufer". Auf seine Initiative geht 1893 die Errichtung der ersten Schischanze Österreichs auf dem Rosenberg zurück.

Schloßbergbahn Vor dem endgültigen Baubeginn der Schloßbergbahn existierten bereits die verschiedensten Projektvorschläge, die jedoch nicht zur Durchführung gelangten. Schließlich einigten sich die Verantwortlichen, die Trasse des ehemaligen „Eselstriebes" aus dem 16. Jahrhundert auszubauen. Der Vertrag zwischen der Stadtgemeinde — der Schloßberg war seit April 1885 im Besitz der Stadt — und der Schloßberggesellschaft wurde am 21. Juli 1893 unterzeichnet. Die Eröffnung, der ursprünglich mit Dampf betriebenen Bahn (Elektrifizierung 1900) fand im November des darauffolgenden Jahres statt.

Im Jahr 1894 wurde Karl Böhm geboren, der als Dirigent Weltruf erlangen sollte. Er war der Sohn des Rechtsanwaltes Dr. Leopold Böhm, der zu einem der wichtigsten Bauherrn in der Stadt wurde. So etwa gehen die Nürnberger-Häuser am Lendkai auf ihn zurück.

1894 können auch für die Grazer Musikgeschichte mehrere bedeutende Ereignisse genannt werden. Martin Plüddemann, einer der ersten Vertreter des Bayreuther Festspielgedankens, Repräsentant einer großen Balladenschule, verließ die steirische Landeshauptstadt. Der junge Franz Schalk, später mit Richard Strauss Dirigent der Wiener Staatsoper, dirigierte in Graz die Uraufführung

Das Opernhaus in seiner ursprünglichen Form. Foto um 1900

der 5. Symphonie von Anton Bruckner. Fast gleichzeitig entstand Wilhelm Kienzls Oper „Der Evangelimann" im Paradeishof. Die kulturelle Gesinnung führte zur Neuerrichtung der Oper, die bis dahin ihr Dasein in einem ehemaligen Zirkusgebäude auf dem Gelände der heutigen Thalia gefristet hatte. Dieses Haus wurde mit einer Abschlußvorstellung Alexander Girardis geschlossen.

Das neue, 1899 fertiggestellte Opernhaus — erbaut durch die Architekten Helmer und Fellner, die als Routiniers zahlreiche Theatergebäude in der Monarchie errichtet hatten — wurde mit Schillers „Wilhelm Tell" und am Tag darauf mit Wagners „Lohengrin" eröffnet. Am Dirigentenpult stand Karl Muck — einer der führenden Bayreuthdirigenten des frühen 20. Jahrhunderts. Das Haus übernahm nun die Aufgabe neben dem alten „Theater am Franzensplatz", dem heutigen Schauspielhaus, das musikalische Genre zu pflegen. Die raschen Bauarbeiten (Fundierung 1898) ging auf den besonderen Einsatz des Bürgermeisters Dr. Franz Graf zurück, in dessen Amtszeit auch der Bau des Amtshauses in der Schmidgasse fällt (1902).

Eigenes Opernhaus

Im gleichen Jahr fand vom 26. bis zum 30. Juli ein Großereignis statt, das scheinbar kulturellen Interessen diente — das sechste

Holzkonstruktion der Festhalle des 6. Deutschen Sängerbundfestes

Sechstes Deutsches Sängerbundfest

Deutsche Sängerbundfest, das mehr als 17.000 Sänger aus allen Teilen des deutschen Sprachraums nach Graz führte. Das musikalische Jahresprogramm kann nicht darüber hinwegtäuschen, daß diese Veranstaltung tatsächlich eine politische Kundgebung mit deutschnationalem Hintergrund war. Auf dem Gelände der heutigen Grazer Messe wurde eigens für diesen Zweck eine riesige Sängerhalle aufgestellt und sofort nach dem Ende des Festes wieder abgetragen.

Im geistigen Umfeld der Veranstaltung ist auch die 1902 erfolgte Aufstellung des Jahndenkmales beim Paulustor zu sehen, da Jahn als eine Leitfigur der Deutsch-Nationalen galt. Als gleich gelagerte politische Kundgebung entpuppte sich die Enthüllung des Hamerlingdenkmals 1904. Aus diesem Anlaß setzte man Hamerlings Tragödie „Danton und Robespiere" auf den Schauspielplan des Opernhauses.

Das weite geistige Spannungsfeld der steirischen Landeshauptstadt um die Jahrhundertwende wird durch Ereignisse auf dem Gebiet der Musik recht gut dokumentiert. 1906 kam es zur österreichischen Erstaufführung der „Salome" von Richard Strauss unter dessen perönlicher Leitung. Gustav Mahler hatte die Aufführung

Erstaufführung der „Salome"

350

als Hofoperndirektor in Wien — aus Zensurgründen — nicht durchsetzen können. Dieser Opernabend erregte größtes Interesse. Giacomo Puccini, Alban Berg, Gustav Mahler, die Witwe nach Johann Strauß, aber auch der 17jährige Adolf Hitler befanden sich im Publikum. Thomas Mann erwähnt den wohl berühmtesten Grazer Opernabend des 20. Jahrhunderts in seinem Roman „Dr. Faustus".

1906 brachte eine weitere gesellschaftliche Erneuerung in der Stadt, die damals noch gar nicht als solche erkannt werden konnte: Oskar Gierke eröffnete in der damaligen Jakominigasse (heute Conrad-von-Hötzendorf-Straße) das erste Grazer Bioskop. Damit hatte das erste Kino der Steiermark seinen Betrieb aufgenommen. Das spätere Tonkino und Cinema bestand bis 1988.

Erstes Kino

Ausschlaggebend für Gierkes Entschluß war die Eröffnung der ersten Grazer Messe in unmittelbarer Nähe. 123 Geschäftsleute, 46 Schausteller, 24 Wirte bemühten sich ab 30. September um die Besucher, die sich um die 25 Verkaufsstände drängten. Auch der Vergnügungspark mit einer Rodelbahn, einem Liliputanerzirkus, einem Hippodrom und mehreren Musikkapellen bot dem Publikum Unterhaltung.

Die Grazer Messe

Nicht weit vom Messeplatz befand sich die Baustelle der Josephskirche, da eine neue Seelsorgestation im Süden der Stadt notwendig geworden war. Von der Seite des Bauherrn, Fürstbischof Leopold Schuster — er wollte sich mit dieser Kirche ein ähnliches Denkmal setzen wie sein Vorgänger Zwerger durch die Herz-Jesu-Kirche — war geplant, den Grundstein bereits im Jahre 1900 zu legen. Der von Papst Leo XIII. geweihte Stein aus den Katakomben von Rom lag schon bereit, doch der Grazer Gemeinderat zog durch Einwände und Einsprüche den Baubeginn bis zum Mai 1903 hinaus. Fünf Jahre später — fast auf den Tag — erfolgte am 9. Mai 1908 die Weihe des neuen Gotteshauses.

Josephskirche

Ebenfalls 1908 trat ein junger Literat an die Öffentlichkeit, dessen Roman ihn schlagartig bekannt machte. Rudolf Hans Bartsch veröffentlichte „Zwölf aus der Steiermark". Die Hauptfigur ist eine Frau Karminell, hinter der die Gattin des Mineralogen Univ. Prof. Hörnes vermutet wurde. Frau Hörnes betätigte sich selbst als Dichterin und stand Peter Rosegger nahe, der Bartschs Buch propagierte. Mit diesem Band konnte der Autor eine Erfolgsserie von Romanen einleiten. So etwa erschien 1912 sein Buch „Schwammerl", in dem der Dichter Franz Schubert verklärt dargestellt und somit mitverantwortlich für das verzeichnete Schubertbild der folgenden Jahrzehnte wurde.

Zur ersten Dichterlesung des jungen Anton Wildgans kam es 1910 in Graz. Schon zu dieser Zeit begann die Freundschaft zu Anna Hansa, die ihrerseits in enger Beziehung zu Joseph Marx stand. Joseph Marx, einer der Hauptvertreter spätromantischer Musik in Österreich, gab zusammen mit Anna Hansa gleichfalls 1910 im Stephaniensaal einen vielbeachteten Liederabend und konnte dadurch die Öffentlichkeit erstmals auf sich aufmerksam machen. Die Beziehung Marx-Hansa wurde später in den Tagebüchern Artur Schnitzlers mit zynischen Kommentaren bedacht. Immerhin hatte Marx sowohl in Graz als auch in Wien ungeheuren Erfolg und war zuletzt Rektor der Wiener Musikhochschule.

Modernstes Krankenhaus Europas

Im Jahre 1912 entstand in Graz ein Gebäudekomplex, der bei seiner Eröffnung ganz Europa aufhorchen ließ. Das neue Landeskrankenhaus mit den Universitätskliniken wurde seiner Bestimmung übergeben. Es galt damals als das modernste Krankenhaus des Kontinents und wurde vielfach sogar als Weltwunder bezeichnet. Zwar kritisierten die Grazer Bürger anfänglich die weite Entfernung vom Stadtzentrum, doch der Unmut legte sich bald. Bewundert wurde vor allem die einmalige zentrale Fernheizanlage

Gesamtansicht des Landeskrankenhauses zur Zeit der Eröffnung. Aquarell

sowie der Umstand, daß für jedes Spezialfach der Medizin ein eigenes Gebäude errichtet worden waren. Alle Häuser sind trotz großer Geländedifferenzen mit stufenlosen unterirdischen Gängen untereinander verbunden. Der Komplex, der ursprünglich für 1.600 Patienten errichtet wurde, besitzt heute eine Kapazität von 2.858 Betten. Das Allgemeine Krankenhaus in der Paulustorgasse konnte nun geschlossen werden. Bereits 38 Jahre vorher war 1874 der „Feldhof" seiner Bestimmung übergeben worden, da das dem Krankenhaus angeschlossene „Nervenhospital" oder „Tollhaus" im ehemaligen Kapuzinerkloster mit seinen Räumlichkeiten nicht mehr ausreiche. Dieses Kloster war seinerzeit von Kaiser Joseph II. als die zweite öffentliche Irrenanstalt in Österreich nach dem Wiener „Narrenturm" eingerichtet worden.

Der „Feldhof"

Bauernsturm

Neben den Auseinandersetzungen zwischen den verschiedenen Nationalitäten an der Grazer Universität charakterisierte vor allem der Kulturkampf die Atmosphäre der Studentenschaft während der letzten Jahrzehnte der Monarchie.

Mit der Gründung der CV-Verbindung Carolina (1888) war nun die erste und konsequente Vertreterin des katholisch konfessionellen Standpunktes gegen die deutschnational-freiheitlich-liberale Studentenschaft angetreten. Der neuen katholischen Korporation wurde aber schon von Anbeginn an jede Gleichberechtigung verweigert.

Im Studienjahr 1907/1908 erreichte der Kulturkampf auf akademischem Boden seinen Höhepunkt. Von den Medien nahmen das „Volksblatt" und die „Tagespost" den stärksten Anteil an den Auseinandersetzungen. Die Ereignisse um die Verleihung des zweiten Doktorgrades an Dozent Dr. Ude — Mitglied der Carolina —, das 20. Stiftungsfest der Carolina, die Gründung der zweiten CV-Korporation Traungau — sowie der im Zuge der Affäre um den Innsbrucker Kirchenrechtler Professor Wahrmut stattfindende Hochschulstreik kulminierten im sogenannten „Bauernsturm" auf die Universität am 16. Mai 1908.

Höhepunkt des Kulturkampfes auf akademischem Boden

Die eigentliche Ursache dürfte in den politischen Hintergründen der damaligen Zeit zu finden sein. Die Christlichsozialen waren durch die Wahlen von 1907 und den Zusammenschluß mit den katholisch Konservativen zur stärksten Partei des Reichsrates aufgestiegen, und der Wiener Bürgermeister Dr. Karl Lueger hatte am österreichischen Katholikentag (Herbst 1907) zur „Eroberung der Universität" aufgerufen.

In Graz wollte der steirische Bauernführer und christlichsoziale Reichsratsabgeordnete Franz Hagenhofer — ähnlich den Tiroler Bauern im Zuge der Wahrmut-Affäre — die Position seiner katholischen Bauern demonstrieren. Die Gelegenheit schien sich ihm bei der Promotion des Carolinen und zugleich christlichsozialen Parteisekretärs, Michael Aldrian, zu bieten, der er mit seinen Leuten beiwohnen wollte.

Handgreiflichkeiten vor den Toren der Universität

Die steirischen Bauern unter Hagenhofer, der sich auch christlichsoziale Arbeiter angeschlossen hatten, wurden bei ihrem Eintreffen auf dem Universitätsgelände mit Pfiffen und mit Schmährufen empfangen. Das mittlere Tor zum Hauptgebäude, das als einziges offenstand, blockierten die freiheitlichen Studenten. Zwischen ihnen und den Bauern kam es sofort zu Handgreiflichkeiten, bis es der Polizei und Rektor Professor Hildebrand gelang, die streitenden Teile zu trennen. Als nun der Zug der Carolinen mit ihrem Promoventen Aldrian erschien, setzte erneut wüstes Geschrei ein. Von beiden Seiten wurden Eier und Sandtüten geworfen und ihrem Promoventen ebenfalls der Zutritt in das Universitätsgebäude verweigert.

Folglich entschloß sich der Rektor, die Promotion abzusagen. Darauf zog die freiheitliche Studentenschaft durch die Innenstadt und löste sich auf dem Bismarckplatz (heute Platz Am Eisernen Tor) in aller Ruhe auf. Die Gegenseite befand sich auf dem Weg zur Burg, und eine Abordnung legte beim steirischen Statthalter Manfred Graf Clary-Aldringen Protest gegen die Vorgänge auf der Universität und das Verhalten der Polizei ein.

Der Bauernsturm in Graz schlug sich in einer breiten Berichterstattung in der Presse der Monarchie nieder. Ebenso mußte sich das Abgeordnetenhaus mit den Ereignissen vom 16. Mai beschäftigen. Die Stadt Graz stand jedoch mit solchen Vorkommnissen nicht allein da. Zu weiteren Vorfällen kam es auch in Wien und Innsbruck.

Die Auseinandersetzungen im Reichsrat über die Unruhen auf akademischem Boden setzten sich bis zum Juli fort, und während der letzten großen Debatte standen die Grazer Ereignisse im Mit-

Bauerndemonstration vor dem Hauptgebäude der Universität. Foto 1908

telpunkt. Sie verdeutlichen die Zweiteilung des bürgerlichen Lagers am Ende der Monarchie und verhinderten die versuchte Zusammenarbeit der Christlichsozialen und Deutschnationalen in innenpolitischen Fragen.

Nach etwas mehr als eineinhalbjähriger Amtsführung durch Dr. Robert Fleischhacker (seit 1912) standen sich im Gemeinderat der deutschfreiheitliche Bürgerklub, der deutschfreiheitliche Wirtschaftsverband und die sozialdemokratische Fraktion gegenüber. Hatte bereits die Wahl eines Sozialdemokraten zum zweiten Bürgermeister-Stellvertreter am 8. Jänner 1914 durch die Stimmen des Wirtschaftsverbandes zwischen den beiden deutschfreiheitlichen Klubs Gegensätze wachgerufen, so steigerte sich die Spannung unter dem Eindruck verschiedener späterer Abstimmungen und führte schließlich so weit, daß 15 dem Bürgerklub angehörende Gemeinderäte ihr Mandat zurücklegten und den Ratssaal verließen. Nun verzichtete auch der Bürgermeister unter gleichzeitiger Zurücklegung seines Mandats auf das höchste Amt der Stadt. Eine Ergänzungswahl wurde von der Landesregierung untersagt, und man trat für Neuwahlen ein. Interimistisch führte der vom Land eingesetzte Regierungskommissar Anton Unterrain von Meysing die Geschäfte. Zur Durchführung der für dem 2. August festgesetzten Neuwahlen kam es nicht mehr, denn an Stelle der Wahlplakate riefen Ende Juli 1914 die Kundmachungen der allgemeinen Mobili-

Gegensätze im Magistrat führen zum Rücktritt des Bürgermeisters

Außenansicht der um 1912 geplanten und nicht verwirklichten Jesuitenkirche, Ecke Heinrichstraße/Liebiggasse. Postkarte

sierung und der Aufbietung des Landsturmes Tausende wehrhafte Männer zum letzten Waffengang der Monarchie.

Kriegszeit

Attentat in Sarajevo

Am 28. Juni 1914 fielen der 1863 in Graz, im Palais Khuenburg (heute Stadtmuseum) geborene österreichisch-ungarische Thronfolger Erzherzog Franz Ferdinand, und seine Gemahlin Herzogin Sophie Hohenberg, in Sarajevo einem Attentat zum Opfer. Während der Fahrt im offenen Wagen wurden sie durch die Schüsse des bosnischen Studenten Gavrilo Princip tödlich verwundet. Der 19jährige Princip sah in seiner Tat einen Racheakt für die Unterdrückung der Serben in der Monarchie.

Einen Monat später erließ der greise Kaiser Franz Joseph I. sein Kriegsmanifest „An meine Völker" und führte somit die österreichisch-ungarische Monarchie in ihren letzten Waffengang. Die Ermordung des Thronfolgerpaares war jedoch nur der unmittelbare Anlaß, die Ursachen des Ersten Weltkrieges lagen viel tiefer und wurzelten in einer diplomatischen Entwicklung der europäischen Mächte.

Der in Graz 1863 geborene Thronfolger Franz Ferdinand. Foto

Die Kriegserklärung wurde in Graz — wie überall — mit Jubel und patriotischer Begeisterung aufgenommen. Wehrfähige Männer eilten zu den Fahnen. Man war sich nicht bewußt, wie furchtbar der Krieg sein werde, und daß er ungeheure Opfer fordern würde. Man war sich vollkommen sicher, bereits vor dem Winter den Sieg erfochten zu haben. Sofort nach Kriegsausbruch waren der Ausnahmezustand und in der Steiermark das Standrecht verhängt worden.

Jubel über Kriegserklärung

Ende des Jahres 1914 zeigte sich die militärische Lage als äußerst ungünstig. Die Armeen der Monarchie und des verbündeten Deutschlands konnten keine durchgreifenden Erfolge verbuchen. Trotz aller Opfer und Anstrengungen war noch kein Ende in Sicht. Diese Situation wirkte sich besonders auf das Hinterland aus. Ein ungeheurer Strom von Flüchtlingen, zumeist Beamte und Bahnangestellte sowie viele ältere jüdische Familien, wälzte sich seit Sep-

Abrücken der 27er vom Grazer Hauptbahnhof an die Front, 1914

tember aus Galizien nach dem Südwesten. Ein beträchtlicher Teil erreichte die Steiermark und Graz. Die erste Sorge galt der Unterbringung dieser Menschen in Schulen, Spitälern, leerstehenden Wohnungen oder Massenquartieren.

Militärflugplatz in Thalerhof

Ein Lager für Kriegsgefangene und Internierte wurde in Thalerhof eingerichtet. Hier erhielt auch die Fliegerkompanie III unter Hauptmann Feldpilot E. v. Steinner-Göltl ihre Ausbildung bevor sie ins Feld geschickt wurde. Der Beginn der Grazer Luftfahrt kann bis 1784 zurückverfolgt werden, als der englische Schausteller Price auf der Burgbastei drei Gasballons aufsteigen ließ. Das erste, frei lenkbare Luftschiff der Monarchie verfertigten die Grazer Brüder Anatol und Alexander Renner. Eine österreichisch-amerikanische Gummifabrik bei Wien lieferte die Hülle, die Firma Puch konstruierte den 24 PS starken Motor. Nachdem der erste Startversuch am 26. September 1909 fehlgeschlagen war, gelang am 29. desselben Monats, der Aufstieg vor geladenem Publikum problemlos, und das Schiff zog zahlreiche Schleifen zwischen Trabrennplatz und Bismarckplatz (Am Eisernen Tor).

Flug der Brüder Renner

Der Betrieb auf dem Grasflugplatz in Thalerhof wurde während des Krieges stark ausgeweitet, der Flughafen schließlich nach dem Friedensschluß unter internationaler Aufsicht demilitarisiert und dem Land Steiermark übergeben. Von den etwa 120 vorhandenen

Das Luftschiff der Brüder Renner über der Stadt, 1909

Flugmaschinen wurde ein Teil von den Siegerstaaten übernommen, die übrigen sowie alle vorhandenen Motoren zerstört. Ebenso mußten die meisten Hangars und einige permanente Bauten niedergelegt werden. Der erste Linienanflug erreichte Graz 1925.

Mit der Kriegserklärung Italiens im Mai 1915 ergoß sich eine zweite Welle von Flüchtlingen und zwangsweise Abbeförderten aus dem südlichen Kriegsgebiet, besonders aus Istrien und Görz, nach Graz. Während ein Großteil der galizischen Flüchtlinge in zurückgewonnene Länderteile heimkehren konnte, stieg die Anzahl der Italienischsprachigen an.

Flüchtlingsprobleme

Die stärkste Belastung der Bevölkerung brachte das Gespenst des Aushungerns mit sich. Die Doppelmonarchie hatte bereits vor dem Krieg ihren Bedarf nicht immer aus eigener Produktion decken können. Die Ernte von 1914 blieb jedoch weit hinter dem Durchschnitt zurück. Als Ostgalizien verlorenging, schnellten die Preise sofort in die Höhe. Schon im Spätherbst des ersten Kriegsjahres setzte in Graz ein Engpaß an Mahlprodukten ein. Um die Versorgung der Stadt zu sichern, tätigte der Magistrat größere Getreideeinkäufe, bis durch die Beschlagnahmung aller Erntevorräte im Inland (Februar 1915) der private Mehlhandel zusammenbrach. Damit war auch der direkte Einkauf von Mehl und Brotfrüchten von seiten der Stadt unterbunden. Ab September 1915 verteilte das

Andrang um Lebensmittel im März 1916

Approvisionierungsamt das von der Kriegs-Getreideverkaufsanstalt zugewiesene Mehl an die Bäckereien und Verkaufsgeschäfte. Die Verteilungstätigkeiten verlangten eine Neuorganisation, die in der Folge zur Errichtung des städtischen Ernährungsamtes führte.

Als im September 1916 der radikale Sozialist Dr. Friedrich Adler — Sohn des Parteigründers Victor Adler — aus politischem Protest den Ministerpräsidenten des Kriegskabinetts, Graf Stürgkh, erschoß, soll sich der Kaiser ernstlich mit der Möglichkeit einer Beendigung des Krieges im Frühjahr 1917 auseinandergesetzt haben.

Tod Kaiser Franz Josephs Kaiser Karl I.

Dazu kam es jedoch nicht mehr. Der 86jährige Monarch starb am 21. November 1916 im Schloß Schönbrunn. Erzherzog Karl Franz Joseph trat als Karl I. die Nachfolge seines Großonkels an. Karl war überraschend in die Stellung eines Thronfolgers aufgerückt, war aber wie seine Vorgänger vom Kaiser nicht zu den Regierungsgeschäften herangezogen worden.

Noch während die Kämpfe an allen Fronten — besonders am Isonzo — mit unermüdlichem Einsatz geführt wurden, entschloß man sich im November 1917, Neuwahlen für den Grazer Gemeinderat durchzuführen, da nach Ansicht aller politischen Gruppierungen das Hinausschieben des Wahlganges in einer Zeit, wo alle politischen Kräfte zusammenwirken sollten, nicht mehr vertretbar war. Bei seinem Amtsantritt erklärte der neue Bürgermeister, Mag. pharm. Adolf Fizia, daß er das Amt des Stadtoberhauptes nur für die Dauer des Krieges übernehmen werde.

Die 18monatige Amtszeit des Bürgermeisters fiel in eine der schwierigsten Perioden der Stadtgeschichte. Mittels ungeheurer Anstrengungen gelang es, die Bevölkerung vor dem psychischen und physischen Zusammenbruch zu bewahren und die Versorgung der Stadt aufrechtzuhalten. Eine nur begrenzte Entlastung brachte der damals forcierte und eifrig betriebene Kleingartenbau (Schrebergärten), der oft mit Ziegen- und Hühnerhaltung verbunden war und heute noch an den Rändern der Stadt existiert.

Der Tod Kaiser Franz Josephs, die beginnende Erschöpfung aller Reserven, Kriegsverluste, Hunger und Feindpropaganda ließen die Zeichen einer allmählichen Auflösung der Monarchie nun überall sichtbar werden. In gewissermaßen allerletzter Stunde, am 16. Oktober 1918, erließ Kaiser Karl das Manifest „An meine Völker", das die Umwandlung der Monarchie in einen Bundesstaat vorsah, um den drohenden Zerfall des alten Habsburger-Reiches zu vereiteln. Das Manifest blieb wirkungslos. Die Völker der Monarchie ließen sich nicht daran hindern, nach und nach ihre Gebiete zu Nationalstaaten zu proklamieren.

Zerfall der Monarchie

Am 21. Oktober traten in Wien die deutschsprachigen Abgeordneten des Reichsrates im Sitzungssaal des niederösterreichischen Landhauses zu Beratungen zusammen, während im Parlamentsgebäude noch die kaiserliche Regierung tagte. Mit dem Beschluß der Abgeordneten, eine provisorische Nationalversammlung für einen selbständigen deutsch-österreichischen Staat zu konstituieren, war die Grundlage für das neue Deutschösterreich geschaffen. Der 30. Oktober kann bereits als Geburtsstunde der Ersten Republik bezeichnet werden, da damals von seiten der provisorischen Nationalversammlung die Weisungen über die grundlegenden Einrichtungen der Staatsgewalt ergingen. Die Regierungsgewalt wurde einem Vollzugsausschuß überantwortet, der den Titel „Deutschösterreichischer Staatsrat" führte.

In der Nähe von Padua wurde am 3. November zwischen Österreich-Ungarn und den Mächten der Entente unter Annahme drückendster Bedingungen der Waffenstillstand geschlossen, der den Ersten Weltkrieg beendete.

Ende des Ersten Weltkrieges

Republik Deutsch-Österreich

Die ersten Novembertage brachten die endgültige Entscheidung über die Staatsform. Kaiser Karl verzichtete nicht auf den Thron, auch blieb er vorerst im Land. Immerhin gab er am 11. November eine Erklärung ab, auf die Teilnahme an den Staatsgeschäften zu verzichten und jede Entscheidung über die Staatsform anzuerkennen. Am nächsten Tag verkündete der Präsident der provisorischen Nationalversammlung von der Rampe des Wiener Parlamentsgebäudes die Gründung der Republik Deutschösterreich. Damit war das Kapitel der jahrhundertelangen Herrschaft des Hauses Habsburg (-Lothringen) beendet.

Aus dem Gefühl, inmitten allen nationalstaatlichen Bewußtseins der deutschen Nation anzugehören und aus Zweifel über die Lebensfähigkeit des neuen Staates proklamierte man die Zugehörigkeit zur Deutschen Republik. Diese Frage des Anschlusses sollte für mehr als zwei Jahrzehnte die zentrale Frage der österreichischen Außenpolitik bleiben.

Zwei Jahrzehnte Republik

Sonderfall Steiermark

Schon vor diesen geschilderten Ereignissen ließ sich in weiten Kreisen der Bevölkerung eine allgemeine Staatsverdrossenheit, ein rapides Anwachsen der wirtschaftlichen Not sowie der sozialen und nationalen Spannungen und ein empfindlicher Autoritätsverlust der Behörden feststellen. Innerhalb der organisierten Arbeiterschaft gärte es, und eine immer stärker werdenden Friedenssehnsucht stellte sich ein. Zur Unzufriedenheit der Arbeiter kam die Verstimmung deutschbürgerlicher Kreise über die allgemeine Lage.

Die Furcht vor einer drohenden Hungersnot und vor Verwüstungen durch zurückflutende Truppen bewirkte, daß im Oktober 1918 Vertreter steirischer Industrieller und der Arbeiterschaft zu Verhandlungen zusammentraten, um die nahezu ausweglose Situation im Ernährungswesen in den Griff zu bekommen. Am 20. Oktober konstituierte sich im Hotel „Erzherzog Johann" unter Beteiligung aller Parteien der steirische Wohlfahrtsausschuß, dem der deutschnationale Dr. Kranz und der Sozialdemokrat Dr. Eisler vorstanden. Unmittelbar danach ersuchte man den Statthalter der Steiermark, Manfred Graf Clary-Aldringen — angesichts des Zusammenbruchs der zentralen Reichsversorgung —, die Verwaltung des Landes sowie die Ernährungsagenden auf zwei Bevollmächtigte des Wohlfahrtsausschusses zu übertragen. Graf Clary-Aldringen sah nach dem Scheitern eines Arrangementsversuches und der von den Wiener Zentralstellen übermittelten Demissionierung keinen Grund mehr in seinem Amt zu bleiben. Im Einvernehmen mit dem Ministerpräsidenten übernahmen Dr. Wutte und als dessen Stellvertreter Dr. Eisler als Wirtschaftskommissär die Landesverwaltung, worin sie dem Beamtenkörper der Statthalterei übergeordnet waren. Bürgermeister Fizia sah in diesem Schritt — wie er sich auf dem zweiten Grazer Volkstag ausdrückte — die ersten Ansätze einer Volksregierung.

Steirischer Wohlfahrtsausschuß

Statthalter Graf Clary-Aldringen tritt zurück

Proklamation der Republik

Die Militärverwaltung übernahmen die Militärbevollmächtigten des Ausschusses Hans Resel, August Einspinner und Franz Huber. Anfang November verfügten sie die Verhaftung des steirischen Militärkommandanten, General der Infanterie Freiherrn von Lukas, da er die Aufrechterhaltung der Sicherheit nicht mehr garantieren könne. Für die Überwachung von Ruhe und Ordnung wurden Soldatenräte eingesetzt, die in der weiteren Folge bei der Einrichtung des demokratischen Bundeslandes Steiermark eine maßgebliche Rolle spielten. Zur Aufrechterhaltung der Ordnung und zum Schutz des jungen Staates trat anstelle des aufgelösten Heeres ab 1. November die vom Staatsrat gebilligte Volkswehr. Die Agenden der Offiziere führten nun Soldatenräte. In der Steiermark unterstand die Wehr dem sozialdemokratischen Rechnungsunteroffizier, Ludwig Oberzaucher, der auch am 12. November vom Balkon des Schauspielhauses den Grazern die Proklamation der Republik verkündete. Wenige Tage später, am 15., gab das Militärkommando in Graz in Einverständnis mit dem Staatssekretär für Heereswesen die Organisation des Wehr- und Sicherheitswesens in der deutschen Steiermark bekannt. Demnach hatten die Gemeinden für den Aufbau der Heimwehren, das Land für die Sicherheitswehren (Arbeiterhilfskorps, Bürgerwehren und andere Freiwilligenverbände) zu sorgen. Die Volkswehr trat als das österreichische Bun-

Blick über den Freiheitsplatz während der Proklamation der Republik vom Balkon des Schauspielhauses

desheer auf. In der Landeshauptstadt Graz lag die Errichtung der Heimatschutzformation in der Hand der ehemaligen k. u. k. Offiziere Franz Huber und Franz Ircher. Von der Bevölkerung allgemein als Heimatschutz oder „Hahnenschwanzler" — nach der Birkhahnfeder am Hut — bezeichnet, nannte sich die Bewegung kurz „Heimwehr".

Unter Berufung auf einen Auftrag des Vollzugsausschusses der provisorischen Nationalversammlung hatte sich schon am 6. November eine provisorische Landesversammlung für die Steiermark gebildet. Sie sprach gleichzeitig — im Sinne der Pragmatischen Sanktion — die freiwillige Beitrittserklärung zum Staat Deutschösterreich aus. Der Landesausschuß wählte trotz eines vorausgegangenen christlichsozialen Einspruchs den deutschnationalen Dr. Wilhelm Edlen von Kaan zum Landeshauptmann, Dr. Anton Rintelen (christlichsozial) und Josef Pongratz (sozialdemokratisch) zu seinen Stellvertretern.

Landeshauptmann Wilhelm Edler von Kaan

Neue Aufgaben — neue Sorgen

Während der Übergang des Herzogtums Steiermark zu einem — vorerst provisorisch geleiteten — Bundesland ohne ernstliche Schwierigkeiten vor sich ging, gestaltete sich die Zeit bis zur ersten demokratischen Wahl des Landtages im Mai 1919 weitaus konfliktreicher.

Hunger- und Bekleidungsnot — die Fettration wurde von vier auf zwei Dekagramm pro Kopf und Woche eingeschränkt —, Rohstoffmangel sowie der strenge Winter 1918/19 ließen die Zukunft hoffnungslos erscheinen. Im Oktober 1918 hatte die spanische Grippe in Graz zahlreiche Todesopfer gefordert, die aus Mangel an Arbeitskräften für lange Zeit unbestattet bleiben mußten. Kriegswucherpreise und eine nicht immer funktionierende, ungerechte Lebensmittelverteilung ließen schon zu Jahresbeginn die kommunistische Bewegung in der Steiermark und Graz an Boden gewinnen. Den stärksten Auftrieb erhielten die Kommunisten in Graz, als der Partei der aus russischer Kriegsgefangenschaft heimgekehrten Heinrich Brodnig sowie Leopold Maresch — beide fanatische Redner — zur Verfügung standen und die Werbetätigkeit somit nicht mehr auf einige wenige, von Wien geleitete Versammlungen

Hunger und Bekleidungsnot

1919 kam es zur Gründung und Protokollierung der Spedition Lafer, einer der ältesten Grazer Speditionen. Der Gründer, Alois Lafer, ließ sich nach etlichen Triestiner Berufsjahren in Graz nieder

beschränkt bleiben mußte. Zu einem Umsturzversuch kam es Ende Februar 1919.

Kommunistische Agitationen

Einen ersten Höhepunkt erreichte die kommunistische Agitation am 20. Februar, als sie die verzweifelte Situation auf einer Heimkehrer- und Volkswehrversammlung geschickt für sich ausnutzen konnte. Es kam zu Aktionen gegen anwesende Offiziere, die degradiert und mißhandelt wurden. Am 21. und 22. Februar spitzten sich die Ereignisse in der Stadt aufs äußerste zu. Am 21. fand eine Massenveranstaltung von Heimkehrern auf dem Freiheitsplatz statt. Starke Teilnehmergruppen versammelten sich an verschiedenen Punkten der Stadt und marschierten geschlossen auf. Transportautos brachten Soldaten der Volkswehr heran, die bewaffnet an der Versammlung teilnahmen. Eine unüberschaubare Menschenmenge füllte den Platz, und die Teilnehmer standen Kopf an Kopf bis tief in die Seitengassen hinein. Es wurde die Genehmigung eines Abfertigungsbetrages für jeden abgerüsteten Soldaten gefordert. Während eine Abordnung sich zum Militärbevollmächtigten begab, konnte Brodnik die Massen für seine neuen, unerfüllbaren Forderungen begeistern. Brodnik hatte die Menge vollkommen in der Hand und stellte der Landesregierung eine 24stündige Frist für die Erfüllung seiner Forderungen. Wenn nicht, so werde Graz etwas noch nie Dagewesenes erleben. Für den nächsten Tag wurde neuerlich eine Versammlung auf dem Freiheitsplatz einberufen.

Die Ankündigung der Kommunistenführer veranlaßte die Behörden zur Mobilmachung aller Ordnungskräfte. Dr. Rintelen reiste noch am selben Abend nach Wien und erwirkte dort die Entsendung einer Abteilung niederösterreichischer Gendarmerie nach Graz. Dazu kam die Mobilisierung der Grazer Polizei, der kurz vorher gebildeten Studentenwehr und die Bereitschaft der Volkswehr. Trotz eines Appells von Bürgermeister Fizia und anderer Beschwichtigungsversuche ließ sich die Situation in der Stadt nicht beruhigen. Die ultimative Antwort der Regierung war ein Versammlungsverbot für Samstag, den 22. Der Freiheitsplatz wurde besetzt, die Nebengassen wurden gesperrt. Trotzdem drängten sich an den wichtigsten Punkten der Stadt neugierige Menschenmassen. Aus einem verhängnisvollen Mißverständnis heraus fielen schließlich Schüsse, die Tote und Verwundete forderten. Die Zusammenhänge, die dazu geführt hatten, sind heute nur mehr schwer zu rekonstruieren. Von Gösting her, wo die Kommunisten eine improvisierte Versammlung abgehalten hatten, zog die Hauptmasse der Demonstranten in die Stadt. Die Gendarmerie und die Studentenwehr hatten die Annenstraße sowie den Murplatz besetzt und hielten die Neugierigen zurück. Bald drängte die Menge, die über die Hauptbrücke zur inneren Stadt wollte, gegen die Sperrketten der Gendarmerie, Polizei und Studentenwehr. Nun rückte auch das Arbeiterhilfskorps zur Stützung der Ordnung an. Ein Kommandant soll angesichts dieser Lage die Nerven verloren und Feuerbefehl gegeben haben. Blitzartig steigerte sich die Entrüstung. Nur mit viel Mühe gelang es schließlich, die Situation in den Griff zu bekommen und auch den Hauptplatz zu räumen, wo die Demonstranten ein Maschinengewehr in Stellung gebracht hatten.

Mobilmachung aller Ordnungskräfte

Verwundete und Tote

Die kommunistische Partei versuchte später, die Schuld an den Zusammenstößen dem populären Sozialdemokraten Hans Resel, dem Landeshauptmann, sowie dem Grazer Bürgermeister zuzuweisen.

Die folgenden Verhaftungen der Kommunistenführer war zu überstürzt, denn man konnte ihnen zwar eine moralische Schuld, jedoch keine strafrechtliche Verantwortung für die Ereignisse des 22. Februar anlasten. Aus ihren Kreisen wurde — sozusagen als Gegenzug — die Absetzung des Gendarmeriekommandanten Peinlich und des Gendarmerieoberinspektors Lichem, allerdings vergeblich, gefordert.

Unmittelbar nach der Einstellung des Verfahrens und der Freilassung der Kommunisten beschloß die Partei, in der Steiermark eine weitverzweigte Organisation aufzubauen. Eine besondere Gefahr bildete die verstärkte Durchsetzung der steirischen Volkswehr und des Grazer Arbeiterhilfskorps mit Kommunisten. All diese Vorstöße in Österreich scheiterten jedoch, und nach dem Zusammenbruch der kommunistischen Herrschaften in Ungarn und Bayern war Österreich in dieser Hinsicht gesichert. Die steirischen Kommunisten traten im August 1922 als „eine Art Opposition" in die sozialdemokratische Partei ein, als deren linker Flügel sie fungieren wollten. In Graz erlangte die kommunistische Partei, selbst nach der neuerlichen Gründung eines eigenen kommunistischen Ausschusses, keine maßgebliche Bedeutung mehr.

Not und Hoffnung

Im Mai 1919 schritt man zu Neuwahlen der Gemeindevertretung, die nach den Grundsätzen des allgemeinen, geheimen und gleichen Wahlrechts (erstmals auch für Frauen) stattfanden. Die Abstimmung brachte mit 20 Mandaten der sozialdemokratischen Partei den Sieg und setzte damit den Anfang für die 15 Jahre dauernde Kommunalpolitik des ersten sozialdemokratischen Bürgermeisters von Graz — Vinzenz Muchitsch. Auf seine Initiativen gehen die Modernisierungen des städtischen Verwaltungskörpers, die Errichtung von Brücken und Wohnanlagen, Schulen, Kindergärten, das Obdachlosenasyl sowie vor allem der Ausbau der Kanalisation zurück.

Im selben Monat, als man in Graz zur Urne ging, fuhr die deutschösterreichische Delegation nach St. Germain-en-Laye (bei Paris), wo sie bis zur Unterfertigung des Friedesvertrages in einer Art Internierung gehalten und zu Verhandlungen nicht herangezogen wurde. Der Ausspruch des französischen Ministerpräsidenten Georges Clemencau kennzeichnete treffend die Haltung der Siegermächte gegenüber dem einstigen Habsburger Reich: „Der Rest ist Österreich." Angesichts der Machtverhältnisse blieb der Nationalversammlung nichts anderes übrig, als den als „Staatsvertrag"

„Der Rest ist Österreich"

Bürgermeister Vinzenz Muchitsch (1919—1934)

bezeichneten Friedensvertrag am 10. September 1919 zu unterzeichnen. Die junge Republik konnte ihre Ansprüche auf alle deutschsprachigen Gebiete nicht durchsetzen. Im Juli war die endgültige Abtrennung der Untersteiermark vollzogen worden. Die ebenfalls von Jugoslawien beanspruchte Soboth sowie Radkersburg verblieben bei der Steiermark.

Die Siegermächte sprachen sich weiters gegen eine Vereinigung Österreichs mit Deutschland aus und legten im Vertragstext die Unabhängigkeit Österreichs fest. In diesem Sinne wandelte die Nationalversammlung den Namen „Deutschösterreich" in „Republik Österreich" um. Österreich war nun ein Bundesstaat, der aus neun weitgehend autonomen Bundesländern bestand. Den Verfassungstext, der am 10. Oktober 1920 in Kraft trat, erarbeitete der Rechtsgelehrte und Universitätsprofessor Dr. Hans Kelsen. Zum Staatswappen wurde ein einköpfiger Adler. Als Staatsfarben galten schon seit 1918 die alten Babenbergerfarben Rot, Weiß, Rot.

Notgeld

Der Mangel an Hartgeld, vor allem der kleinen Münzen, der bereits 1915 beklagt wurde, hatte zur Ausgabe von Notgeldscheinen über Beträge zu 10 und 20 Heller geführt. Zu diesem Zweck wurde eine eigene Deckungsrücklage bestellt, mit der sich die Grazer Gemeinde zur Rückzahlung in gesetzlichem Bargeld in der Zeit von 1. November bis 1. Dezember 1919 verpflichtet hatte. Die Einlösung ging ohne größere Schwierigkeiten vor sich. Zugleich hatte der Bund durch die Ausgabe von eisernen 2-Heller-Stücken die größte Hartgeldnot beseitigt.

Neben den negativen Spätauswirkungen des Krieges trug die äußerst triste wirtschaftliche Lage zu einer erschreckenden Eskalation der Gewalt bei. Die Auftragslage der Industrie näherte sich einem bis dahin nie gekannten Tiefpunkt. Die Lebensmittelnot des Jahres 1920 machte auch vor Graz nicht halt und führte am 7. Juli zu blutigen Exzessen — dem sogenannten „Kirschenrummel":

„Krirschenrummel"

Am Vormittag protestierten Gruppen von Hausfrauen am Kaiser-Joseph-Platz gegen den hohen Preis der Kirschen, der infolge der rapiden Geldentwertung stark gestiegen war. Die Erregung breitete sich bis zum Jakominiplatz aus, wo es zu ersten Tätlichkeiten kam. Ein Wagen mit Kirschen wurde umgerissen, ein Standplatz demoliert, die Ware auf den Boden geworfen und zertreten. Hier und am Hauptplatz verlangte man eine Preissenkung für die Kirschen, die bei einigen Händlern durchgesetzt werden konnte. Auf dem Jakominiplatz war die Anzahl der Menschen auf nahezu 1.000 Köpfe angewachsen, deren Aggressionen sich nun gegen die angerückte Exekutive richtete. Als dann Steine gegen die Mannschaften geworfen wurden, räumten diese mit gezogenem Säbel und gefälltem Bajonett den Platz. In der Annenstraße war es zu Geschäftsplünderungen gekommen. Die Gendarmerie, die sich mit einem Maschinengewehr zur Entlastung der Sicherheitswache am Jakominiplatz befand, mußte die Hauptbrücke sperren. Die Menschenmenge — darunter viele Frauen und Arbeiter — verhöhnte und bedrohte die Beamten, gegen die Schüsse gefallen sein sollen. Die Arbeiterschaft geriet nahezu in Revolutionsstimmung. Da man diese nicht unter Kontrolle bringen konnte, und die Demonstranten immer heftiger gegen die Gendarmerie vordrangen, ließ der Gendarmeriekommandant eine scharfe Salve abgeben. Die Wirkung war furchtbar. Als die Menge auseinandergeflüchtet war, blieben auf dem Pflaster Tote und Schwerstverletzte zurück. Die

Verwundeten wurden in das nahe Barmherzigenspital gebracht. Am Abend desselben Tages zählte man neun Tote. In den nächsten Tagen stieg die Zahl weiter an. In einer öffentlichen Sitzung des Gemeinderates sprach der Bürgermeister den „Opfern einer unverantwortlichen und wüsten Hetze" sein tiefstes Beileid aus. Die Begräbniskosten trug die Gemeinde.

Das allmähliche Einsetzen normaler Verhältnisse auf den Warenmarkt in Verbindung mit dem Abbau der Zwangsbewirtschaftung und der staatlichen Lebensmittelzuschüsse ermöglichte es, ab 1922 an den Abbau des städtischen Ernährungsamtes zu denken. Daß sich aber die Situation auf dem Lebensmittelsektor nur sehr langsam verbesserte, verdeutlicht die Tatsache, daß die aus dem Ernährungsamt hervorgegangenen städtischen Betriebe zum weiteren Lebensmittelankauf beim Landtag einen Kredit in der Höhe von einer Milliarde Kronen aufnehmen mußten.

Die Sanierungspolitik des christlichsozialen Bundeskanzlers Prälat Ignaz Seipel beendete zwar nach Gewährung einer Völkerbundanleihe (Oktober 1922) die Inflation, aber sie brachte lediglich eine Währungssanierung und führte nicht zur Gesundung der Gesamtwirtschaft. Ende Dezember war in Graz eine große Programmrede Seipels über die Durchführung der Sanierungsaktionen vorgesehen. Vor dem Haupteingang zum Stephaniensaal mußte die Polizei die Demonstranten — vor allem Arbeitslose und Jugendliche — abdrängen. Berittene Polizei wurde eingesetzt, damit der Kanzler und Landeshauptmann Rintelen zum Versammlungsort gelangen konnten. Ein weiterer Schritt zur Währungsstabilität war die Einführung des Schillings im März 1925. Ein Schilling entsprach dem Wert von 10.000 Papierkronen.

Sanierungspolitik Seipels

Schillingwährung

Aktives Kulturleben

Obwohl die Erste Republik nur 20 Jahre bestand, ergab sich trotzdem ein reiches Spektrum an kulturellen und geistigen Aktivitäten. Der Erste Weltkrieg, dessen kulturelle Auswirkungen für Graz noch gänzlich unerforscht sind, brachte für die Stadt bemerkenswerte Aktivitäten.

Das Volkskundemuseum, gegründet vom jungen Viktor von Geramb, stand in seinen hoffnungsvollen Anfängen. Peter Rosegger veröffentlichte seine Bücher, worunter besonders der 1916 erschienen „Steirische Waffensegen" gemeinsam mit dem Vorauer Chorherrn Ottokar Kernstock hervorzuheben ist. Obwohl Rosegger den Krieg nicht befürwortete, nahm er gegen den Pazifisten und Theologen DDDDr. Johannes Ude Stellung, der 1917 in der Mariahilfer Kirche Predigten gegen den Krieg hielt. Rosegger vertrat die Meinung, daß die im Kriegsdienst stehenden Soldaten nicht demoralisiert werden sollten. Der Dichter hatte schon vor Kriegsausbruch die Redaktion des „Heimgarten" seinem Sohn Hans Ludwig übergeben, der sich selbst glücklos als Schriftsteller zahlreicher Romane versucht hatte und die Zeitschrift ins deutschnationale Fahrwasser führte.

Sezession

Die zwanziger Jahre waren durch eine starke Polarisierung traditionsbewußter, reaktionärer und fortschrittlicher Kräfte gekennzeichnet. So kam es 1923 zur Errichtung der Sezession, der Künstler wie die Maler Wilhelm Thöny und Fritz Silberbauer sowie Alfred Wickenburg angehörten. Noch im gleichen Jahr kam es zur Errichtung des steirischen Werkbundes, hervorgegangen aus dem Kunstverein, welcher der zeitgenössischen Architektur neue Impulse verlieh und auch Einrichtungen des Alltags wie z. B. Kinos, Kaffees oder Trafiken künstlerische Anstriche geben sollte. Der Kassenraum im Annenhofkino, der Kaffeepavillon im Stadtpark sowie der Tabakkiosk am Eisernen Tor sind Zeugen dieser Gesinnung.

Inmitten dieser geistigen Aktivitäten regte sich eine technische Neuerung. Am 30. März 1925 nahm der erste 0,5 kW-Sender der Stadt mit einem ihm angeschlossenen Studio im Gebäude der Polizeidirektion (Parkring Nr. 10) den Betrieb auf. Der Weg dazu war weit. Bereits 1904 gelang Professor Otto Nußbaumer an der Technischen Hochschule die erste drahtlose Musikübertragung — allerdings über kurze Distanz. Geld für weitere Forschungen gab es keines, da das zuständige Ministerium Nußbaumers Forschungsarbeiten als „Spielereien" abtat.

Radio-Verkehrs-AG (RAVAG)

Der Österreichische Rundfunk in der heutigen Form begann im Herbst 1924. Damals wurde in Wien der Stubenringsender eröffnet. Vor der Übergabe des Grazer Senders auf dem Schloßberg ließ der neubestellte Sendeleiter mit Wissen des Bürgermeisters Bäume fällen, um bessere Empfangsbedingungen für den Sender, der als Relaisstation der Radio-Verkehrs-AG (RAVAG) gedacht war, zu

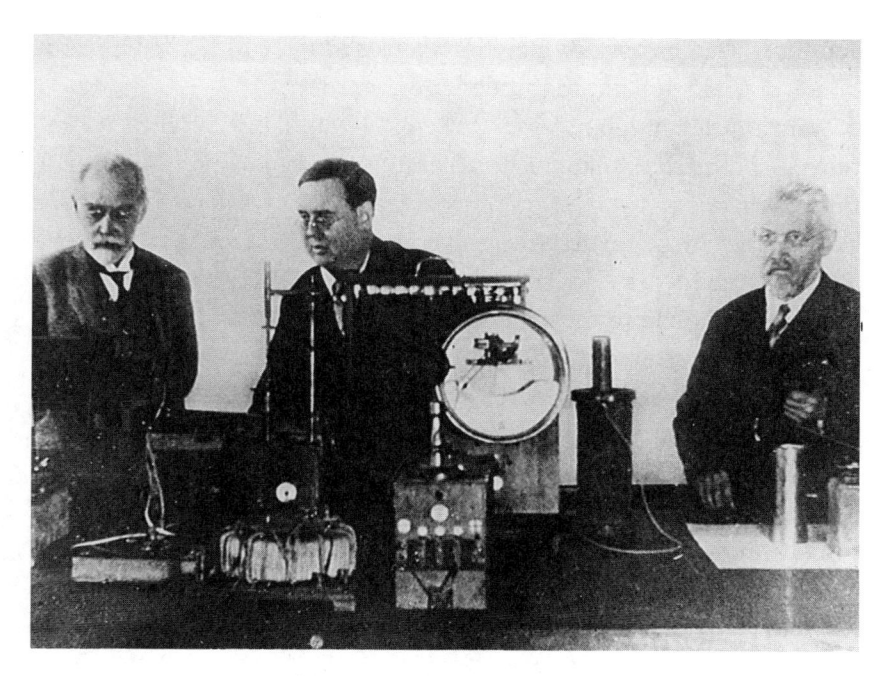

Erste drahtlose Musikübertragung an der Technischen Hochschule in Graz. Prof. Otto Nußbaumer (Mitte) erklärt seine Apparaturen. Links Prof. Dr. Andreas von Ettinghausen

Erste Sendeanlage der RAVAG auf dem Schloßberg

schaffen. Im Herbst des gleichen Jahres konnte Mozarts Oper die „Zauberflöte" vollständig übertragen werden.

Institut für Volkskunde

Ein Jahr davor gelang es Viktor von Geramb, die von ihm vertretene Disziplin der Volkskunde als erster in Europa an der Universität in Graz als Institut einzurichten. Das Hauptwerk Gerambs, das seiner langjährigen Forschungsarbeit entwuchs, ist das „Steirische Trachtenbuch", das in der Zeit von 1932 bis 1939 in einem Grazer Verlag erscheinen konnte. In dieser Arbeit hatte Geramb einen Überblick über die steirischen Trachten von ihren Anfängen bis zur Gegenwart gegeben. Es war dies jene Zeit, die trotz ihrer politischen Unruhen und wirtschaftlichen Instabilität eine Fülle geistigen Lebens brachte.

Fritz Popelka veröffentlichte die „Geschichte der Stadt Graz" (zwei Bände, 1928—1935), Hans Pirchegger publizierte die „Geschichte der Steiermark" (drei Bände, 1931—1936), Richard Baron Bachofen-Echt und Wilhelm Hoffer brachten die vierbändige „Jagdgeschichte der Steiermark" (1927—1931) heraus, Anton Mell seinen „Grundriß zur Verfassungs- und Verwaltungsgeschichte" (1929). All diese Werke erschienen in Grazer Verlagen.

Pressewesen und Tageszeitungen

Im Bereich des Pressewesens gab es eine erstaunliche Vielfalt. Zu Roseggers „Heimgarten" hatten sich die „Alpenländischen Monatshefte" des Grazer Mittelschulprofessors Joseph Papesch gesellt, die neben Beiträgen zur steirischen Kulturgeschichte zahlreiche Erstveröffentlichungen von damaligen tonangebenden Dichtern wie z. B. Hans Kloepfer, Franz Nabl, Max Mell und anderen brachten. Sowohl der „Heimgarten" als auch die „Alpenländischen Monatshefte" stellten ihr Erscheinen 1935 ein — ein Zeichen der großen Krise.

Auch auf dem Gebiet der Tageszeitungen konnte sich Graz damals sehen lassen. Dort, wo heute das Hauptgebäude der Landeshypothekenanstalt in der Radetzkystraße steht, war seinerzeit das Haus des „Neuen Grazer Tagblattes" — der führenden deutschnationalen Tageszeitung (seit 1891). Zusätzlich gab der katholische Preßverein das „Grazer Volksblatt" heraus (gegr. 1869). Festschriften, die 1927 und 1937 erschienen, belegen in eindrucksvoller Weise die tragischen Verstrickungen ihrer Redakteure in die großen Auseinandersetzungen dieser Zeit.

Führendes Blatt auf dem Zeitungssektor war die „Tagespost", die neben aktueller Information — sie führte eine eigene Beilage — eine

Reihe von Artikeln führender Forscher zur steirischen Lokalgeschichte brachte. Daneben fristete die „Kleine Zeitung" (gegr. 1904) eher ein Schattendasein. Sie stillte damals vor allem das Informationsbedürfnis des kleinen Mannes. Die Sozialdemokratie führte ihre Zeitung seit 1890 unter dem Titel „Arbeiterwille".

Zu den Kulturredakteuren des „Neuen Grazer Tagblattes" zählte der junge Schriftsteller Bruno Ertler, der in den zwanziger Jahren mit einer Reihe von Dramen und Gedichten an die Öffentlichkeit trat, die teilweise mit Einbandzeichnungen von Fritz Silberbauer geziert waren. Silberbauer gehörte wie Wilhelm Thöny dem Kreis um den Professor für Pharmakologie, Otto Loewi an. Loewi hatte in seinem Haus unweit des Grazer Mozarttempels eine Stätte privater Kulturpflege eingerichtet. Er war wie Erwin Schrödinger und Viktor Franz Hess einer der drei Nobelpreisträger, die in den dreißiger Jahren an der Universität wirkten. Die zeitgeschichtliche Dimension ist hier in tragischer Weise ablesbar — alle drei Nobelpreisträger mußten die Universität 1938 verlassen.

Nobelpreisträger Otto Loewi, Erwin Schrödinger, Viktor Franz Hess

Anfang der dreißiger Jahre verstarb in Graz eine alte Garde führender kultureller Persönlichkeiten, die der deutschnationalen Gesinnung den Weg bereiteten. Heinrich Wastian, Präsident des steiermärkischen Kunstvereins — ein einflußreicher Publizist, Friedrich Hoffmann, von Beruf Architekt, tat sich um die Wagner-Verehrung in Graz hervor und errichtete sein eigenes Haus (Körblergasse 28) nach dem Muster von „Wahnfried" in Bayreuth. Er war mit Bürgermeister Franz Graf verschwägert — beide hatten in die Familie Hold (Brauerei Puntigam) eingeheiratet. Franz Grafs Sohn Robert betätigte sich als Kulturmäzen, der zahlreiche zeitgenössische Künstler durch Veröffentlichungen und Ausstellungsmöglichkeiten förderte. Die Graf-Villa befindet sich direkt neben Hoffmanns Haus.

Gleichzeitig mit Friedrich Hoffmann verstarb Heinrich Potpeschnigg — ein Enkel des Dichters Karl von Holtei. Potpeschnigg ist in die Musikgeschichte als intimer Freund von Hugo Wolf eingegangen. Diese Künstlerfreundschaft hat letztlich Romain Roland in sein Buch „Jean Christoph" eingebunden.

Ebenfalls stark mit der kulturgeschichtlichen Tradition der Steiermark verwurzelt ist der 1932 verstorbene Grazer Stadtpoet Wilhelm Fischer, der Graz in vielen Büchern („Grazer Novellen", „Murnovellen" u. a.) ein literarisches Denkmal setzte.

Musikleben

Musikgeschichte von überregionaler Bedeutung bietet sich durch Richard Strauss an, dessen „Intermezzo" 1924 in Graz seine erste österreichische Aufführung erfuhr. In diesem Werk brachte der Komponist sein Familienleben in verschlüsselter Weise auf die Bühne. Dieser Aufführung kommt auch aus dem Grund Interesse zu, daß Strauss-Premieren in der Wiener Staatsoper — wahrscheinlich durch die Spannungen mit seinem Kodirektor Franz Schalk — unterblieben. Graz erwies sich 1936 zum wiederholten Mal als „Richard-Strauss-Stadt", als es unter der Leitung von Karl Rankl — einem der Pioniere für moderne Musik in der Steiermark — zur Erstaufführung von „Die schweigsame Frau" kam. Wenige Tage zuvor, im November 1935, hatte Rankl in Graz drei Bruchstücke von Wozzeck zur Aufführung gebracht. Dies war das erste Mal, daß eine Komposition von Alban Berg in der Steiermark gespielt wurde. Bei den Vorstellungen von „Die schweigsame Frau" war Robert Haueisen für die Bühnenbilder verantwortlich. Haueisen, der hauptberuflich Architekt war, errichtete in Graz monumentale Baublöcke, wie etwa die städtische Bestattungsanstalt. Fast gleichzeitig entstand ein Bauwerk, das von einem Graz-Führer damals als Sehenswürdigkeit deklariert wurde: die Feuerhalle — gebaut vom Wiener Architekten Erich Boltenstein, der in den fünfziger Jahren die Staatsoper wieder aufbauen sollte.

Im Jahr 1936 wurde gleich gegenüber der Oper eine der wenigen Großplastiken in Graz während der Ersten Republik, das Rosegger-Denkmal von Wilhelm Gösser enthüllt. Von Gösser, einem unehelichen Sohn des Bildhauers Hans Brandstetter, stammte auch die Plastik des heiligen Engelbert in der Kirche St. Peter. Sie wurde von Zeitgenossen als zu enge Verbindung zum damaligen Bundeskanzler Dollfuß gewertet und 1938 von den Nationalsozialisten entfernt.

1938 fand abermals eine bedeutende Aufführung in der Grazer Oper statt. Am 25. Oktober leitete der renomierte Dirigent Rudolf Moralt — ein entfernter Verwandter des Komponisten — die „Ostmärkischen Erstaufführungen von Richard Strauss'", „Daphne", die Karl Böhm gewidmet ist, und paradoxerweise „Ein Friedenstag".

Der Grazer Schriftsteller Heinz Nonveiler, der in der Zeit zahlreiche Gedichtbände zum Thema Natur und Tier veröffentlichte und 1923 den Briefwechsel zwischen Hugo Wolf und Heinrich Potpeschnigg herausgebracht hatte, trat mit seinem Drama „Andreas Baumkirchner" — einer bezeichnenden Verbindung zu einer „Führergestalt" — an die Öffentlichkeit.

Bürgerkrieg

Die innenpolitische Unsicherheit, die ungelösten Wirtschaftsfragen, die verlorene Ordnung, antiparlamentarische sowie antidemokratische Denkungsweisen führten in der jungen Republik zu Spannungsverhältnissen zwischen den Parteien — besonders als die Christlichsozialen nach der Auflösung der Koalition mit den Sozialdemokraten (1920) die alleinige Regierungsverantwortlichkeit übernahmen.

Spannungen zwischen den Parteien

Doch nicht nur mit großen Worten wurde der Kampf gegen das andere politische Lager geführt — zum Schauplatz der Auseinandersetzungen wurde immer häufiger die Straße. Waren Aufmärsche, Demonstrationen und Marschkolonnen zunächst nur als Warnung gedacht, kam es bald zu Provokationen, die Anlaß für Ausschreitungen und Schlägereien gaben. Der politische Alltag

Sperren anläßlich eines Heimwehraufmarsches 1928

Wehrverbände

war beinahe in ganz Europa von Unduldsamkeit und Gewalt gekennzeichnet.

Nach Kriegsende hatten sich politisch scharf profilierte Wehrverbände gebildet, die militärisch organisiert waren und über umfangreiche Waffenbestände verfügten. Aus den Arbeiter- und Fabrikswehren kristallisierte sich der sozialdemokratische Schutzbund heraus. Unter den Selbstschutzverbänden der Rechten war zunächst die Frontkämpfervereinigung führend, die allmählich von den Heimwehren überflügelt wurde. Die extrem nationalen Formationen wie der Heimatschutz und der Republikanische Schutzbund sowie die Großdeutsche Wehr waren damals noch relativ unbedeutend.

Unter der Ägide des langjährigen steirischen Landeshauptmannes Univ.-Prof. Dr. Anton Rintelen (1919—1926 und 1928—1933), der zunächst dem faschistisch angehauchten Heimwehrkurs nahestand, aber bald in das Lager der Nationalsozialisten abwanderte (er war 1934 Kanzlerkandidat der NS-Putschisten), entwickelte sich Graz zu einem Zentrum rechtsradikaler Kreise.

1924 gelang der österreichischen, vorfaschistischen Deutschen Nationalsozialistischen Arbeiterpartei (DNSDAP — ab 1926 NSDAP) mit einem Stimmenanteil von 3,8 % der Gewinn eines Mandates und somit der Einzug in den Grazer Gemeinderat. Als Mandatar wurde Walther Oberhaidacher ins Rathaus entsandt.

Bereits Ende des 19. Jahrhunderts waren in Wien und in Graz die ersten deutschnationalen „Schutzvereine" entstanden. Durch den Verkauf von Schnitten und Zündhölzern erhoffte sich der 1889 in Graz gegründete „Schutzverein", die „Südmark", eine finanzielle Aufbesserung seiner Vereinskasse.

Proteststreiks

In der Nacht zum 16. Juli 1927 riefen die Sozialdemokraten anläßlich der Urteile im sogenannten „Schattendorfer Prozeß" zu einem vollständigen Proteststreik auf. In Graz fanden 15 Massenveranstaltungen statt. In der Steiermark mobilisierte die Heimwehr 20.000 Mann und ihr Kommandant, der Judenburger Rechtsanwalt Dr. Pfrimer, forderte ultimativ von Landeshauptmann Ing. Hans Paul für den sofortigen Abbruch des Streiks zu sorgen, sonst würde ein Marsch auf Graz stattfinden. Durch die Androhung von seiten Pfrimers, alle Machtmittel des Heimatschutzes rücksichtslos einzusetzen, brach die Streikbewegung in Graz und in der Steiermark zusammen.

In der zweiten Amtsperiode Rintelens — wie weit er selbst von den Hintergründen der Vorkommnisse informiert war ist bis heute nicht restlos geklärt — putschte in der Nacht zum 13. September 1931 die steirische Heimwehr unter ihrem Landeskommandanten und Bundesführer Dr. Walter Pfrimer. Heimwehrmänner blockierten wichtige Verkehrsverbindungen, und Pfrimer selbst rief sich zum „Staatsführer" aus. Er hoffte, durch einen Marsch auf Wien (als Vorbild diente ihn Mussolinis Marsch auf Rom sowie Hitlers Marsch nach München) die Bundesregierung zu stürzen. Im Raum Graz besetzten seine Männer u.a. Andritz, die Platte sowie den Plabutsch und ließen bei Abtissendorf eine starke Einheit zurück. Pfrimers Plan basierte jedoch auf falschen Voraussetzungen und wurde so durchsichtig vorbereitet, daß die Aussicht auf Erfolg minimal war und das ganze Unternehmen innerhalb von 24 Stunden zusammenbrach. Der Widerstand sozialdemokratischer und kommunistischer Arbeiter zwang die Heimwehr zum Rückzug. Der etwa um zwei Uhr morgens von einem ländlichen Gendarmerieposten über die Vorgänge in Kenntnis gesetzte Landeshauptmann Rintelen nahm umgehend Kontakt mit Bundeskanzler Dr. Buresch auf, wobei Rintelen sofort um Amnestie für die Putschisten angesucht haben soll. Der langsame Anmarsch des Bundesheeres ermöglichte es den Aufständischen, ihre Waffen sowie die Uniformen zu verstek-

Heimwehrführer Walter Pfrimer putscht

Hochverratsprozeß gegen Dr. Walter Pfrimer (2. v. re.) am 13. 9. 1931

ken und sich selbst in Sicherheit zu bringen. Das verzögerte Vorgehen hatten Heeresminister Vaugoin und der oberösterreichische Heimwehrführer Starhemberg abgesprochen. Pfrimer konnte sich mit Hilfe des Grafen Barthold Stürgkh nach Jugoslawien und anschließend nach Deutschland absetzen. Von dort stellte er sich freiwillig gemeinsam mit den anderen inhaftierten Putschisten am 14. Dezember dem Richter. Nach vier Tagen fällte das Geschworenengericht in Graz das Urteil: Freispruch von der Anklage des Hochverrats. Die Freigesprochenen verabschiedeten sich hierauf mit dem „Deutschen Gruß" vom hohen Gericht und zogen triumphierend durch die Stadt. Walter Pfriemer wurde anschließend zum Ehrenlandesleiter des Steirischen Heimatschutzes gewählt.

Bundeskanzler Engelbert Dollfuß

Nach dem Scheitern der zweiten Regierung Buresch bildete der bisherige Landwirtschaftsminister Engelbert Dollfuß (christlichsozial) eine Koalitionsregierung aus Christlichsozialen, Landbund und Heimatblock (Mai 1932). Durch die verstärkte Einbindung der Heimwehr (Heimatblock), die eine militärisch und politisch einflußreiche Position innehatte, verfügte die Regierung über eine Mehrheit von einer Stimme im Nationalrat bei einer Minderheit im Bundesrat.

In diesem Zusammenhang erregte ein Schritt des damaligen Grazer Vizebürgermeisters Hans Schmid allgemeines Aufsehen. Schmid hatte gemeinsam mit dem Stadtrat Rudolf Frank und dem Leiter der Grazer Messe, Regierungsrat Jentl, dem Bundeskanzler ein Schreiben übermittelt, in dem die Unterzeichner offen und mit eingehendem Nachdruck auf die unhaltbaren Zustände der Politik Dollfuß' hinwiesen und vor ihrer Fortsetzung dringend warnten.

Der Obmann der Wiener christlichsozialen Parteileitung, Minister a.D. Dr. Czermak, reiste nach Graz um sich an Ort und Stelle zu informieren. Während der Besprechung, an der die steirischen Parteispitzen teilnahmen, kam es zu lebhaften Auseinandersetzungen, die das „Grazer Volksblatt" summarisch mit der Feststellung vermerkte: „Es fiel mancher Ausdruck freimütiger Kritik . . ." Die Regierung ließ die Angelegenheit auf sich beruhen und ging nicht weiter gegen die Verfasser vor. Sie beschränkte sich lediglich darauf die Warnung zu unterdrücken.

Adolf Hitler in Deutschland

Die Übernahme der Macht in Deutschland durch Adolf Hitler am 30. Jänner 1933 leitete einen neuen Zeitabschnitt ein, der auch Österreich immer nachhaltiger in seinen Bannkreis ziehen sollte.

Im Jänner 1933 kam es infolge der Hirtenberger Waffenschmuggelaffäre zu einer Verschärfung in der österreichischen Innenpolitik. Von sozialdemokratischer Seite wurden illegale Waffentransporte über Österreich nach Ungarn der Öffentlichkeit bekanntgegeben. Im März standen diese Geschehnisse auf der Tagesordnung des Nationalrates. Infolge einer heftig geführten Debatte wegen der Gültigkeit eines Stimmzettels kam es am 4. März zum Rücktritt der drei Nationalratspräsidenten und damit zur Selbstausschaltung des Parlaments. Die österreichische Regierung, die außenpolitisch ihre Stellung durch die Annäherung an das faschistische Italien zu stärken glaubte, war der Ansicht, nun einen autoritären Kurs einschlagen und gleichfalls mit diktatorischen Mitteln regieren zu müssen. Das Recht dazu leitete Kanzler Dollfuß vom „Kriegswirtschaftlichen Ermächtigungsgesetz" aus dem Jahre 1917 ab.

Selbstausschaltung des Parlaments

Mit der Bildung der Vaterländischen Front (Mai 1933) als überparteilicher Zusammenfassung aller „regierungstreuen Österreicher" hatte der Bundeskanzler die Auflösung der politischen Parteien eingeleitet, die teilweise verboten wurden (KPÖ im Mai 1933, NSDAP im Juni 1933) oder die Selbstauflösung wählten.

Als die sozialdemokratische „Parteiarmee", der Republikanische Schutzbund, ab März 1933 verboten war, rechnete man allgemein mit einer sozialdemokratischen Gegenaktion, die aber vorerst ausblieb. Die Bemühungen des Kanzlers, mit der sozialdemokratischen Opposition in ein besseres Verhältnis zu kommen, scheiterten an der radikalen Haltung des Bundesführers Starhemberg und führten zu einem verstärkten Einfluß des Heimatschutzes auf die Regierung. In Graz zeigte sich recht deutlich, daß die Führung der Sozialdemokratischen Partei durchaus bemüht war, die Krise auf dem Verhandlungsweg zu lösen. Diese Linie verdeutlichte zum Beispiel Landeshauptmann-Stellvertreter Reinhard Machold in seiner Rede anläßlich der Wahl von Dr. Dienstleder zum neuen Landeshauptmann im November 1933. Die Politik der Parteiführung stieß auf parteiinternen Widerstand — besonders beim radikalen Flügel.

Neben der inneren Konfliktsituation waren es vor allem die systematischen behördlichen Versuche, der sozialdemokratischen Opposition die Machtgrundlage zu entziehen und ihren Handlungsspielraum einzudämmen, was schließlich zum offenen Widerstand führen mußte.

Die in den frühen Morgenstunden des 12. Februar von der Polizei beim Republikanischen Schutzbund in Linz veranlaßte Waffensuchaktion führte in Wien zur Proklamation der Generalstreikparole durch den Parteivorstand der Sozialdemokratischen Partei und den Bundesvorstand der freien Gewerkschaften, gefolgt von Kämpfen des Bundesheeres, der Heimwehr sowie der Polizei gegen die sozialdemokratische österreichische Arbeiterschaft.

Bürgerkrieg 1934

Bereits 1931/1932 hatte der Stabschef des Schutzbundes für den Fall eines Bürgerkrieges genaue Pläne zur Besetzung von Graz, der zweitgrößten Stadt Österreichs, ausgearbeitet. Ein Plan, der aber — ähnlich wie in Wien — gänzlich versagte, als die Kämpfe ausbrachen. Vorgesehen war der Anmarsch sozialdemokratischer Verbände aus den industriellen Vororten in die Stadt. Die damit ausgelöste Unruhe sollte das dort stationierte Militär solange binden, bis das obersteirische Industriegebiet — besonders Bruck an der Mur und Kapfenberg — eingenommen war. Dazu kam es jedoch nicht. Es entflammten im obersteirischen Industrierevier sowie in den Industrievororten von Graz, Eggenberg und Gösting schwere Auseinandersetzungen zwischen Mitgliedern des Republikanischen Schutzbundes und Formationen der Exekutivorgane. Es waren aber keine zentral gelenkten Aktionen, sondern im Grunde verschiedenste Einzelaktionen. In Graz selbst wurde zwar versucht, mehrere Polizeiwachstuben zu stürmen, aber den Schutzbündlern war es versagt, sich nirgendwo richtig festzusetzen, sodaß ihr Widerstand letzten Endes leicht zu brechen war. Zu schwereren und folglich verlustreicheren Kämpfen kam es u. a. in Eggenberg, Gösting sowie Puntigam. In der Hochburg der Grazer Sozialdemokratie, dem Vorort Eggenberg, traten am 12. Februar nach 13 Uhr die Arbeiter der Glasfabrik in den Streik. Im Keller des Gebäudes der sozialdemokratischen steirischen Konsumgenossenschaft trafen sich etwa 60 Schutzbündler und faßten Waffen aus. Eine Abteilung des Eggenberger Postenkommandos der Gendarmerie, Rev.-Insp. Franz Grasser, die das Gebäude des Konsumvereines umstellen wollte, wurde jedoch schon vorher von einer Schutzbundgruppe in das erste heftige Feuergefecht verwickelt. Zwar gelang es einem Gendarmen in das Haus einzudringen, doch die Lage der Exekutivorgane verschlechterte sich rapide, als der zahlenmäßig überlegene Schutzbund aus den umliegenden Häusern Unterstützung erhielt. Die Vorgänge in Eggenberg führten zur Alarmierung der

Schwere Kämpfe in Eggenberg

Gendarmerie-Zentralschule und der Entsendung von zwei Verstärkungszügen. Die 30 Gendarmen des ersten Zuges wurden noch vor Erreichen des Postens durch MG- und Gewehrfeuer aus dem Konsumvereinsgebäude und anderen Häusern gestoppt. Erst gegen Abend gelang es der Gendarmerie, sich in ein Haus zurückzuziehen. Der Schutzbund hatte inzwischen den Gendarmerieposten gestürmt, zwei zur Bewachung zurückgebliebenen Beamten gefangen genommen und sie ins Konsumvereinsgebäude gebracht. Nach diesem Vorfall kam es zum Einsatz des Bundesheeres. Die Schutzbündler hatten sich vor allem im Konsumvereinsgebäude, der Arbeiterbäckerei im Eggenberger Gemeindehaus, dem besetzten Gendarmerieposten, der Schuhfabrik Humanic, im Gelände von Waagner-Biro sowie dem Schienenwalzwerk verschanzt. Der Sturm auf diese Widerstandszentren setzte in der Nacht vom 12. auf den 13. Februar ein und richtete sich in erster Linie gegen das Konsumgebäude. Erst nach Einsetzen von Artillerie sahen die Schutzbündler keinen Ausweg mehr — sie kapitulierten.

In Gösting kam es erst am 13. Februar zu Zusammenstößen. Am frühen Morgen nahm die Gendarmerie den sozialdemokratischen Bürgermeister fest. Diese Aktion aktivierte den Schutzbund, dem es gelang, den Rev.-Inspektor der Gendarmerie gefangen zu nehmen. Im Anschluß daran versuchten die Schutzbündler den Gen-

Kämpfe in Gösting

Das schwer beschädigte Konsumgebäude in Eggenberg, Februar 1934

darmerieposten einzunehmen. Der Posten wurde von 30 bis 40 Männern belagert und von beiden Seiten beschossen. Erst der Anmarsch des Bundesheeres konnte deren Rückzug erwirken. Die Gendarmerie bemächtigte sich auch der Person des sozialdemokratischen Gemeinderats Otto Schmidt als Gegengeisel zu Rev.-Insp. Franz Tremer.

Am Vormittag rückten weitere Bundesheereinheiten sowie der Heimatschutz an. Beim Anmarsch mußten vorerst vom Schutzbund in der Nähe der Mautamthäuser in der Innenstraße und Augasse errichtete Barrikaden überwunden werden. Dabei wurden die Einheiten aus den umliegenden Heimgärten beschossen. Die Angriffe der Gendarmerie, der Heimwehr und des Bundesheeres konzentrierten sich in Gösting auf die Personalhäuser der Glasfabrik, da sich hier die wichtigsten Stellungen des Schutzbundes befanden, und auch der Revierinspektor dort festgehalten wurde. Nach einem Sturm auf die Häuser konnte der Gefangene befreit werden. Aber der Widerstand formierte sich aufs neue, sodaß das bereits abziehende Militär nochmals stürmen mußte, um den Aufstand endgültig niederzuschlagen.

Mit den Ereignissen in Gösting endeten — bis auf kleinere Feuergefechte am 14. Februar — die Kampfhandlungen. Bereits unmittelbar nach dem Bekanntwerden der Linzer Vorgänge hatten in Graz die Verhaftungen von sozialdemokratischen Politikern und Funktionären sowie von Führungspersönlichkeiten des Republikanischen Schutzbundes begonnen. Die Verhaftungswelle erfaßte einige hunderte Personen, die entweder in das Landesgericht Graz oder seit 18. Februar in das Anhaltelager Messendorf sowie seit 1. März in das Lager Waltendorf bei Graz eingeliefert wurden.

Anhaltelager

Dazu kam die Regierungsverordnung, die bereits am 12. Februar 1934 allen Organisationen der Sozialdemokratischen Partei, ebenso deren Kinder-, Jugend-, Kultur- und Freizeitvereinen jede weitere Betätigung untersagte. Schon am selben Tag, um 14 Uhr, forderte in Graz der bisherige zweite Bürgermeisterstellvertreter Hans Schmid von Vinzenz Muchitsch, der seit 1919 Bürgermeister gewesen war, die Übergabe der Geschäfte. Nahezu gleichzeitig verloren auch die anderen 24 sozialdemokratischen Gemeinderäte ihren Sitz im Grazer Gemeinderat. Als die Polizei am 12. Februar das Parteihaus der Sozialdemokratie in der Hans-Resel-Gasse besetzte, erfolgten auch die Betriebseinstellung des Verlages „Arbeiter-

Verbot der Sozialdemokratischen Partei

wille" sowie der Druck- und Verlagsanstalt „Typographia" (gegründet 1906 als „Vorwärts").

Im Rahmen der großen „Säuberung" wurde der langjährige Sekretär der Metallarbeitergewerkschaft, Josef Stanek, verhaftet und von einem Standgericht zum Tode verurteilt. Sein Gnadengesuch fand wie jenes für Koloman Wallisch kein Gehör. *Todesurteile*

Nach der Ausschaltung aller Parteien — die Christlichsozialen hatten sich selbst aufgelöst — glaubte Bundeskanzler Dollfuß, Ruhe und Ordnung gesichert zu haben. In Anlehnung an die päpstliche Enzyklika „Quadragesimo anno" von Papst Pius XI. sollte durch eine neue Verfassung der „christliche Ständestaat" erstehen. Die Verfassung trat am 1. Mai an die Stelle der demokratischen Bundesverfassung. *Papst Pius XI. Ständestaat*

Die ersten Opfer des neuen „austrofaschistischen" Kurses waren die Medien — die Zeitungen. In Graz betraf es in erster Linie das nationale „Grazer Tagblatt". Am Abend des 28. Juni wurde die herstellende Druckerei informiert, daß sie mit einem Konzessionsentzug zu rechnen habe, wenn die Zeitung fortbestände. Nach deren Einstellung ließ die Regierung durch die „Amtliche Nachrichtenstelle" verbreiten, daß die Auflassung des Tagblattes durch die Weigerung der Druckerei, sie weiterhin herzustellen, unumgänglich gewesen sei.

Aber auch die „Grazer Tagespost", damals eine der auflagenstärksten Regionalzeitungen, wurde wegen ihrer nationalen Haltung angegriffen. Dem Chefredakteur Dr. Zawersky wurde ein ihm früher unterstelltes Redaktionsmitglied als Kontrollorgan aufgezwungen.

In den folgenden Wochen nahm der Druck der in die Illegalität gedrängten nationalsozialistischen Bewegung von Tag zu Tag merklich zu. Schon vor den Auseinandersetzungen im Februar hatten sich nationalsozialistische Aktivitäten im Grazer Bereich verstärkt. Anfang des Jahres war es zu Bomben- und Böllerexplosionen gekommen. Während der Februarunruhen verhielt man sich zurückhaltend. Die in den Untergrund gedrängte Partei benützte allerdings die Folge dieser Vorfälle konsequent zur Propaganda unter den Arbeitern, sowohl gegen die Regierung als auch gegen die Sozialdemokratie. In Graz tauchten noch während der Februarunruhen Flugblätter mit dementsprechenden Verhaltensrichtlinien auf. Ende Mai wurde ein Polizist durch eine Handgranate schwer verletzt und im Juli, legten NS-Terroristen in mehreren Briefkästen Spengsätze.

Juliputsch 1934, Mord am Bundeskanzler

Im selben Monat, am 25., gelang es NS-Putschisten einer illegalen SS-Standarte, in das Wiener Bundeskanzleramt einzudringen. Bundeskanzler Engelbert Dollfuß wurde angeschossen und erlag seinen Verletzungen. Als nach Besetzung der Radio-Verkehrs-AG über den Rundfunk die Nachricht vom Rücktritt der Regierung Dollfuß' und die Ernennung Dr. Rintelens zum neuen Regierungschef verlautbart wurde, war dies das Zeichen für die Nationalsozialisten, im übrigen Österreich aktiv zu werden. In Wirklichkeit konnte die Polizei und die Regierungsheimwehr den Putsch in kurzer Zeit niederschlagen. Der im Hotel Imperial abgestiegene Dr. Rintelen wurde von Franz Huber — Sendeleiter der Grazer RAVAG — vom Scheitern des Putsches benachrichtigt. Nach einem Selbstmordversuch wurde Rintelen verhaftet.

Das Bundesheer im Grazer Raum verfügte zunächst nur über geringe Kräfte, da zu dieser Zeit gerade Manöver stattfanden, an denen Teile der Grazer Garnison teilnahmen. Angeblich war jedoch geplant, den Aufstand in Graz erst nach der Eroberung des gesamten umliegenden Landes zu beginnen, da die SA-Führung die direkte Konfrontation mit den Schutzkorps und den Wehrverbänden scheute.

Versuchter Sturm auf das Lager Messendorf

In der folgenden Nacht versuchten etwa 100 bis 150 Putschisten einen Sturm auf das Anhaltelager in Messendorf. Sie wollten die nationalsozialistischen Häftlinge befreien und anschließend mit ihnen gemeinsam gegen Graz marschieren. In den Abendstunden war aber die Bewachung des Lagers vom Bundesheer übernommen worden, das den Ansturm zurückschlagen konnte. Nach einem kurzen Feuergefecht, bei dem zwei Aufständische den Tod fanden, zogen sich die Angreifer zurück. Die Ursachen für den raschen Zusammenbruch des Putschversuchs in Wien und im restlichen Österreich waren vielfältig und spannten sich von falschen Lagebeurteilungen bis zu Rivalitäten zwischen der SS und der SA.

Zum Nachfolger Dollfuß' im Bundeskanzleramt berief Bundespräsident Miklas den bisherigen Unterrichtsminister Dr. Kurt Schuschnigg. Dessen Regierungsstil war kultivierter als der seines Vorgängers, und so konnte er den instabilen und sensiblen Zustand im Inneren des Landes ein wenig beruhigen. Die außenpolitische

Lage Österreichs war jedoch schwierig. Italiens Diktator Benito Mussolini, mit dem Schuschnigg zahlreiche Vereinbarungen getroffen hatte, geriet immer stärker in das Fahrwasser Adolf Hitlers. Österreich war nun völlig isoliert und auf sich allein gestellt. Dem strukturell nicht einmal richtig durchdachten Ständestaat war das Ende anzumerken.

Am 12. Februar 1938 lud Hitler Bundeskanzler Schuschnigg zu einer Besprechung in seine „Residenz" Berghof auf dem Obersalzberg bei Berchtesgaden ein. Hier wurde der österreichische Kanzler unter massivsten Drohungen zu einem Abkommen gezwungen, das unter anderem die Umbildung der Regierung und eine weitgehende Amnestie und Anerkennung der Nationalsozialisten zum Inhalt hatte. *Bundeskanzler Schuschnigg bei Hitler*

„Stadt der Volkserhebung"

Das Bekanntwerden des Berchtesgadner Abkommens am 19. und die Rede Adolf Hitlers vor dem Deutschen Reichstag am Sonntag, dem 20. Februar, wurde in Graz, wie auch anderenorts von einer großen Menschenmenge mit Begeisterung aufgenommen.

Schon am Freitag, dem 18., setzten in vielen Grazer Gaststätten lebhafte Diskussionen über die politische Situation ein, und am

Mitglieder der NSDAP demonstrieren während ihrer Illegalität mit Papiermützen

nächsten Morgen konnte die Nachfrage nach Fackeln, Fahnen, rotem und schwarzem Stoff von den Geschäften nur noch schwer befriedigt werden. Gegen Abend begann ein reger Zuzug in die Innenstadt. Hakenkreuzfahnen und -armbinden trug man offen. Das Kreuz wurde sogar, in Ermangelung von Armbinden, mit Kreide auf den Rockärmel gezeichnet. Die Menge, unter der sich auch Militär in Uniform und Offiziere in Zivil befanden, grüßten die Polizisten, die sich blicken ließen, mit dem „Deutschen Gruß" und erhobenem Arm. Einzelne Polizisten erwiderten die Grüße. Während der Kundgebung am Hauptplatz war es einem jungen Nationalsozialisten gelungen, erstmals am Grazer Rathaus die Hakenkreuzfahne zu hissen. Die aufgestachelte Menschenmenge strömte in die Lokale der Innenstadt. Erst nach zehn Uhr abends begannen sich die Straßen allmählich zu leeren. Immer wieder wurden das Horst-Wessel-Lied und das Deutschlandlied angestimmt und mit erhobenem Arm abgesungen. Ab diesem Tag beherrschten Aufmärsche, Versammlungen, Fackelzüge sowie Kundgebungen die politische Szene die Stadt Graz. Am Sonntag, dem 20. Februar, kam es zu weiteren, noch größeren Kundgebungen. In der Grazer Innenstadt wehten rot-weiß-rote, grün-weiße sowie Kruckenkreuz- und Hakenkreuzfahnen von den Masten.

Hakenkreuz- fahne am Rathaus

Graz und die Steiermark waren durch die Grenzlage für den Nationalsozialismus besonders offen. Der mißlungene Putschversuch des Judenburger Rechtsanwalts Pfrimer — Hauptvertreter des großdeutschen Flügels innerhalb der Heimwehr — war ein erstes Zeichen der nationalen Gesinnung im Lande. 1933 vereinigten sich Reste seines Heimatschutzes mit der illegalen NSDAP. Aber auch dem Juli-Putsch von 1934 war so mancher Grazer sympathisierend gegenübergestanden. Sowohl 1931 als auch 1934 konnte ein Teil der Putschisten über Jugoslawien nach Deutschland fliehen. Hier wurden sie in einem eigenen Lager zusammengefaßt und erhielten bald die Sammelbezeichnung „Österreichische Legion".

Wichtig für den weiteren Verlauf der nationalsozialistischen Bewegung in der Steiermark wurden vor allem die Vorgänge in Graz. Seit den letzten Februartagen näherte sich auch die Vaterländische Front immer mehr dem Nationalsozialismus. Während der Rede Schuschniggs vor der Bundesversammlung am 24. Februar, die mittels Lautsprecher auf den Hauptplatz übertragen wurde, veranstalteten tausende Nationalsozialisten Kundgebungen und übertönten mit Parolen oder dem Horst-Wessel-Lied Schuschniggs Rede. Die dem Bürgermeister Hans Schmid abgerungene Erlaubnis, die Hakenkreuzfahne am Eckturm des Rathauses zu entrollen, führte letztlich zur Beurlaubung Schmids durch Landeshauptmann Dr. Karl Maria Stepan — einem entschiedenen Gegner des Nationalsozialismus. Das vom Innen- und Sicherheitsminister Seyss-Inquart erlassene allgemeine Versammlungsverbot auf vier Wochen wurde einfach ignoriert. Da für das Wochenende neue Kundgebungen zu erwarten waren, entschloß sich Bundeskanzler Schuschnigg, Truppen und Polizei aus dem Wiener Raum nach Graz zu verlegen. Einheiten des Bundesheeres riegelten in der Folge die Stadt ab und kontrollierte alle Einfahrtsstraßen sowie Eisenbahnlinien. Flugzeuge der österreichischen Luftwaffe demonstrierten die ernste Absicht der Bundesregierung, einen etwaigen Putsch niederzuschlagen. Die Lage schien zu kulminieren, doch sie wurde durch die Absage von Kundgebungen von seiten der SA nicht auf die Spitze getrieben. Als Gegenleistung berief Generalsekretär Zernatto den bei den Nationalsozialisten unbeliebte Landesleiter der Vaterländischen Front, Dr. Alfons Gorbach, ab.

Ein weiterer Schritt in Richtung Machtergreifung durch die NSDAP war die Absetzung des unbequem gewordenen Landeshauptmanns Dr. Stepan am 3. März 1938. Indirekt könnte dieser Schachzug in Zusammenhang mit dem Besuch von Minister Seyss-Inquart — einem Hitler treu ergebenen Wiener Rechtsanwalt — in Graz gebracht werden. Zum Nachfolger Stepans wurde Schuschniggs CV-Bundesbruder Dr. Rudolf (Rolph) Trummer (bis 11. März) bestellt. Die gesamte Landesregierung war jedoch von der nahezu revolutionären Entwicklung überrollt worden und konnte die Lage nicht mehr in den Griff bekommen. Auch der Wechsel an der Landesspitze, der als weitere Konzession an die nationale Opposition gedacht war, führte nicht zum gewünschten Erfolg.

Rolph Trummer neuer Landeshauptmann

Als letzten verzweifelten Versuch, die Unabhängigkeit Österreichs zu bewahren, setzte Schuschnigg für den 13. März eine Volksbefragung gegen den Anschlußgedanken und somit gegen Adolf Hitler an. Der Kanzler konnte auf die Unterstützung der Linksoppositionellen rechnen, die im Nationalsozialismus schon immer die größte Gefahr für den Bestand Österreichs sahen und bereit waren, den österreichischen Unabhängigkeitskampf zu unterstützen. Um jedoch der Gefahr eines positiven Ergebnisses zu begegnen, erzwang Hitler die Absage und forderte vehement die Ernennung Seyss-Inquarts zum Bundeskanzler.

Eine Befragung hätte in Graz wahrscheinlich nur geringe Chancen auf Erfolg gehabt. Die Nationalsozialisten, die bereits mit ihren SS- und SA-Einheiten die Stadt kontrollierten, hätten diese sicherlich gar nicht zugelassen. Auch hätten sich Exekutive und Militär vermutlich eher passiv verhalten, da so mancher Exekutivbeamter bereits dem „NS-Soldatenring" angehörte.

In Graz, wie in der ganzen Steiermark, war die „Volkserhebung", seit etwa drei Wochen in vollem Gange. Am Abend des 10. März wurden jene Gaststätten von der SA gestürmt, in denen die „Frontbereitschaft" ihre Zusammenkünfte hatte. Einrichtungsgegenstände wurden zertrümmert und es gab mehrere Verletzte. Im Laufe des nächsten Tages verschärfte sich die Lage. Am Vormittag kam es zu großen Schülerdemonstrationen, und am Nachmittag mußten drei Kompanien gegen die Demonstranten eingesetzt werden, da die Polizei bereits erschöpft war.

Unter dem inneren Widerstand in Österreich und dem außenpolitischen Druck entschied sich Kanzler Schuschnigg, die Volksbefragung fallenzulassen und sein Amt zur Verfügung zu stellen. Knapp vor acht Uhr abends verabschiedete er sich in einer Rundfunkansprache, die er mit den seither oft zitierten Worten „Gott schütze Österreich" schloß.

„Gott schütze Österreich"

Kaum waren die letzten Worte verhallt, jubelten die auf dem Grazer Hauptplatz versammelten Nationalsozialisten und deren Mitläufer und feierten bis in den frühen Morgen — einem Zeitpunkt, da bereits deutsche Truppen die österreichische Grenze überschritten hatten. Die Ereignisse der letzten Februar- und ersten Märztage brachten Graz nach dem Anschluß den von Hitler verliehenen Ehrentitel „Stadt der Volkserhebung" ein.

Zweifellos hätte die österreichische Armee einen Befehl, sich zum Kampf zu stellen, Folge geleistet. Der Generalstabschef des Bundesheeres, Feldmarschalleutnant Alfred Janser, hatte einen Verteidigungsplan ausgearbeitet, war aber unter dem Druck Hitlerdeutschlands wenige Wochen vor der Besetzung Österreichs entlassen worden. Der Befehl zum Kampf blieb aus.

Gleichzeitig mit dem Einmarsch übernahmen die Nationalsozialisten auch die Leitung und Regierung des Landes. Dipl.-Ing. Sepp Helfrich — seit 1936 illegaler Gauleiter der NSDAP Steiermark —

Der Morgen des 12. März 1938. Die SA übernimmt die Macht

beanspruchte das Amt Dr. Trummers. Hochschulprofessor Dr. Armin Dadieu, bisher Volkspolitischer Referent, wurde Landesstatthalter. Umgehend setzte auch Helfrich seinen ehemaligen Lehrer, Dr. Josef Papesch, auf die Regierungsliste und betraute ihn mit dem Referat für Kunst und Kultur. *Landeshauptmann Sepp Helfrich*

Von allen öffentlichen Gebäuden wehte nun die Hakenkreuzfahne. So auch vom Landesgendarmeriekommando, wo es eine Zehn-Meter-Fahne war, die vom Bund Deutscher Mädel (BDM) noch in der „Verbotszeit" angefertigt worden war. Oberstleutnant Julius Ringel hatte mit einigen Männern in der Kommandantur des österreichischen Bundesheeres eine Fahne am Balkon befestigt. Generalmajor Schaffarz blieb zwar nominell weiterhin Divisionskommandant, doch mit geringer Befehlsgewalt. Er wurde formell mit 15. März pensioniert und durch den bisherigen Infanteriebrigadier, Generalmajor Zaisser, ersetzt.

Schritt für Schritt vollzogen sich nun Machtübernahme und Gleichschaltung. Funktionäre in Politik, Wirtschaft, Industrie und Kultur wurden ausgetauscht. Die erste Weisung Helfrichs betraf den Wechsel der Bürgermeister sowie der Bezirkshauptleute. Der

Bürgermeister Julius Kaspar

Deutscher Einmarsch

neue Grazer Bürgermeister Dr. Julius Kaspar betrat um die Mittagsstunden des 12. März sein Büro. Zwei Tage später besetzte man die Staatspolizeileitstelle Graz mit SS-Leuten, und am 16. leisteten Polizei und Gendarmerie den Eid auf Führer und Reichskanzler.

Der deutsche Einmarsch in die steirische Landeshauptstadt gestaltete sich überaus triumphal und nahm fallweise nahezu Volksfestcharakter an. Am Sonntag, dem 13. März, landete das II. Fallschirmjägerregiment auf dem Thalerhof, wo es vom steirischen Militärkommandanten, Generalmajor Schaffarz, und seinem NS-Nachfolger, Oberstleutnant Ringel, sowie dem neuen Polizeidirektor Dr. Sigfried Uiberreither und einer großen Menschenmenge empfangen wurde. Im Grazer Opernhaus ging eine Galavorstellung über die Bühne. Es wurde die „Grenzlandkandate" — ein volksmusikalisches Singspiel — von Hans Holenia (Musik) und Hermann Pferschy (Text) aufgeführt. Am nächsten Tag trafen die motorisierte Aufklärungsabteilung 7 der Deutschen Wehrmacht und etwa eine Woche später das Gebirgsjägerregiment 99 unter Oberst Dietl in Graz ein. Dieses Regiment und das 1. Artillerieregiment 79 erhielten Graz als Standort. Landesstatthalter Dadieu flog nach Wien, wo Adolf Hitler am 15. März auf dem Heldenplatz den Eintritt seiner Heimat in das Großdeutsche Reich verkündete, um ihn persönlich nach Graz einzuladen.

In ganz Österreich jubelten die Nationalsozialisten, und auch andere Kreise sowie eine erhebliche Menge von Mitläufern und „national" Gesinnten, denen nach einer langen Zeitspanne der Unsicherheit die endgültige Entscheidung gefallen schien, gaben sich optimistisch. Um jeden Widerstand zu brechen, organisierte die Gestapo sofort Massenverhaftungen. Sie schaltete Regimegegner und führende Persönlichkeiten des Ständestaates wie Dr. Stepan und Dr. Gorbach aus. Schon in den frühen Morgenstunden des 12. März wurde der Fürstbischof von Graz-Seckau, Dr. Ferdinand Pawlikowski, unter Hausarrest gestellt und wenig später von der SA ins Grazer Gefangenenhaus abgeführt und für 24 Stunden inhaftiert. Er war und blieb damit der einzige inhaftierte Bischof des „Dritten Reiches".

Fürstbischof Pawlikowski verhaftet

Österreich kehrte heim ins Reich, hieß die damals gängigste Parole. Und diese Heimkehr sollte durch einen möglichst hundertprozentigen Zustimmung der Bevölkerung sanktioniert werden. In einem großzügig angelegten Werbefeldzug wurde für den bereits

Adolf Hitler mit seinem Stab in der Weizer Waggonfabrik, 3. April 1938

vollzogenen Anschluß an Groß-Deutschland Stimmung gemacht. Eine diesbezügliche Abstimmung war gemeinsam mit der Wahl zum Großdeutschen Reichstag für den 10. April 1938 festgesetzt worden. Zur Unterstützung des dreiwöchigen Intensivwahlkampfes reisten NS-Größen aus dem „Altreich" mit Göring und Hitler an der Spitze, durch Österreich.

Der Besuch Adolf Hitlers in Graz am 3. April war die Einlösung seines Versprechens, im Rahmen seiner Wahlreisen als erste Stadt Graz zu besuchen. Während der Ansprache des Reichskanzlers in der Montagehalle der Weizer Waggonfabrik, die vom Rundfunk übertragen wurde, konnte die Begeisterung der etwa 30.000 dicht-

Adolf Hitler in Graz

*Volks-
abstimmung*

gedrängten Menschen kein Ende finden. Die Fahrt im offenen Wagen durch Graz bildete den Höhepunkt des Wahlkampfes und der Propagandaschlacht für die Volksabstimmung.

Das Referendum am 10. April brachte das in straff autoritär geführten Staaten vorhersehbare — nahezu einstimmige — Ergebnis. In Graz waren 110.613 Männer und Frauen stimmberechtigt. Von den 109.898 gültigen Stimmen waren 109.520 für den Anschluß, also 99,65 Prozent.

Als zuverlässiger Ausdruck der Volksmeinung darf dieses Ergebnis nicht angesehen werden, war doch der „überwältigende" Ausgang größtenteils der Angst der Bevölkerung vor der Gestapo zuzuschreiben. Die Propaganda der nationalsozialistischen Machthaber hörte selbst vor den Wahllokalen nicht auf. Die Wähler wurden angesprochen und davon „überzeugt", daß es nicht notwendig sei, wegen eines „Ja"-Kreuzes eigens in die Wahlzelle zu gehen. Über 2.000 deutsche Staatsbürger aus Jugoslawien wurden mittels vier Sonderzügen am Wahlsonntag nach Graz gebracht. Die 99,65 Prozent der Landeshauptstadt stellten im Vergleich zu den übrigen Orten der Steiermark das relativ schlechteste Ergebnis und eine der geringsten Wahlbeteiligungen dar.

In Großdeutschland

Wie überall in Österreich brach nun der nationalsozialistische Alltag an. Die Organisationen der NSDAP wurden auf- bzw. ausgebaut. Feiern sowie Kundgebungen sollten die Euphorie der ersten Tage aufrecht halten. Gleichzeitig schloß das Regime die „Gleichschaltung" von Spitzenpositionen ab und kontrollierte somit das gesamte öffentliche und private Leben. Jetzt hielt sich die Partei auch bei der Besetzung weiterer Schlüsselpositionen nicht mehr länger zurück. Nach der Übernahme der Printmedien erfolgte der Zugriff auf den Rundfunksender Graz-St. Peter. Zur räumlichen Erweiterung wurde nun das „Ferri"-Schloß in der Zusertalgasse angekauft.

*Gauleiter
Sigfried
Uiberreither*

Als im Mai feststand, daß die Steiermark mit Wien, „Niederdonau", „Oberdonau", Tirol-Vorarlberg, Salzburg und Kärnten einen der sieben Ostmark-Gaue bildete, ernannte Hitler den SA-Gruppenführer Dr. Sigfried Uiberreither zum Gauleiter und somit zum

Bürgermeister Julius Kaspar mit seinen Stellvertretern Erich Seiz und August Verdino (v. li.)

Landeshauptmann der Steiermark. Dr. Tobias Portschy — er stammte aus dem aufgelösten und teilweise der Steiermark angegliederten Burgenland — wurde dessen Stellvertreter. Die Umstrukturierung und Neuerung des Nationalsozialismus betraf auch die steirische Landeshauptstadt. Nach der Eingliederung der Vorstadtgemeinden in „Groß-Graz" im Oktober 1938 war die Stadt bevölkerungsmäßig sowie in ihrem Umfang stark angewachsen. Der Stadtkreis bestand jetzt aus dem früheren Stadtbezirk und den eingemeindeten Gemeinden Andritz, Eggenberg, Egelsdorf, Gösting, Hart b. St. Peter, Liebenau, Messendorf, Murfeld, St. Peter, Straßgang, Waltendorf, Wetzelsdorf, den Katastralgemeinden

„Groß Graz"

Rudersdorf und Wagnitz, der Gemeinde Feldkirchen, den Katastralgemeinden Ragnitz und Stifting, der Gemeinde Kainbach sowie der Katastralgemeinden Fölling und Wenisbuch der Gemeinde Mariatrost.

Sofort nach der Machtübernahme setzte in Graz die Judenverfolgung ein. „Der Jude" galt in der NS-Ideologie als das politische „Ur-Übel" und als Wegbereiter des Bolschewismus in der damaligen Sozialdemokratie.

Nach der Volkszählung von 1910 bildete die jüdische Gemeinde in der Landeshauptstadt einen Bevölkerungsanteil von 1,3 %. Der Wirkungsbereich der Israelischen Kultusgemeinde Graz (IKG), die am Grieskai eine eigene vierklassige Volksschule, ein Amtsgebäude sowie eine große Synagoge besaß, umfaßte auch Kärnten und Krain. Einer der prominentesten Mitglieder war wohl der Ordinarius für Pharmakologie an der Universität und Nobelpreisträger Prof. Dr. Otto Loewi.

Schon relativ früh hatte sich der Grazer Professor für Haut- und Geschlechtskrankheiten, Dr. Rudolf Polland, als Vorkämpfer für den akademisch genährten Rassismus einen Namen gemacht. 1924 gründete er die Grazer Gesellschaft für Eugenik (= Rassenhygiene), und 1929 veröffentlichte er in der Zeitschrift „Volk und Rasse" seine „Rassentheoretischen" Überlegungen über die Rolle der Steiermark in der Entwicklung zur „Wiedererstarkung des deutschen Volkes".

Ausschreitungen gegen Jüdische Bürger

Ausschreitungen, Schikanen und Schlägereien gegen Juden und bekannte NS-Gegner standen in Graz bereits seit Anfang der 30er Jahre nicht selten an der Tagesordnung. Mit gezielten Maßnahmen wollte man Angehörige dieses Volkes zur Auswanderung zwingen. PKW's, Motor- und Fahrräder wurden ebenso beschlagnahmt wie Vermögen und Realitäten. Diese Aktionen gingen Hand in Hand mit Verhaftungen unter der IKG-Führung und der Festnahme von Funktionären jüdischer Vereinigungen. Um den Emigranten im Ausland — vor allem in Palästina und in Übersee — bessere Startmöglichkeiten zu bieten, organisierten Reste der IKG Umschulungskurse auf handwerkliche Berufe. Eine der Bedingungen für eine offizielle Ausreise war eine Unbedenklichkeitsbescheinigung des Finanzamtes, die jedoch erst nach vollzogener „Arisierung" (Liquidierung) des Besitzes in den Paß eingetragen wurde. Nobel-

Die Synagoge der Israelitischen Kultusgemeinschaft vor ihrer Zerstörung

preisträger Loewi mußte vor seiner Ausreisegenehmigung den mit dem Nobelpreis (1936) verbundenen Geldbetrag der NS-Regierung überweisen.

Am Morgen des 10. November brannte die Synagoge am Grieskai. Es war dies der sichtbare Kulminationspunkt der sogenannten „Reichskristallnacht", die im gesamten Reich durch gezielte Ausschreitungen gegen das jüdische Volk begonnen hatte. Die Repressalien der SS- und SA-Männer in Zivil gegen jüdische Einrichtungen sowie religiöse Stätten wurden von der NS-Propaganda als „spontane Vergeltungsaktion des Volkes" auf die Ermordung des deutschen Legationsrates in Paris, Ernst vom Rath, durch den polnischen Juden Grynszpan hingestellt.

„*Reichskristallnacht*"

Das Zentrum der israelischen Kultusgemeinde wurde vollkommen ein Raub der Flammen. Gegen Abend stürzte ihre große Metallkuppel ein. Fast gleichzeitig mit ihr brannte die Aufbahrungs- und Zeremonienhalle auf dem jüdischen Friedhof in Wetzelsdorf nieder.

In der besagten Nacht und am folgenden Tag wurden in Graz an die 300 Juden festgenommen. Der Landesrabbiner, Univ.-Prof. Dr. David Herzog, war von seiner Wohnung aus zur brennenden Synagoge geschleppt und mit dem Ertränken in der nahen Mur bedroht worden.

Tags darauf trafen die Machthaber verschiedenste Anordnungen zur Ausschaltung der Juden aus dem Deutschen Wirtschaftsleben. Ihr Ausscheiden aus der steirischen Wirtschaft war schon ab Juni 1938 vorangetrieben worden. Man hatte sich zum Ziel gesetzt, die Steiermark als ersten Gau „judenrein" zu machen. Juden durften u.a. keine Einzelhandelsverkaufsstellen und Geschäfte betreiben, es galt für sie ein allgemeines Kraftfahrverbot, ebenso war es für sie unmöglich, Versicherungsansprüche geltend zu machen. Als „Sühne" für die „Reichskristallnacht" erlegte Hermann Göring den Juden eine Geldstrafe von einer Milliarde Reichsmark auf und verlangte, daß sie alle Schäden aus eigener Kasse beseitigten.

Gegen diese unmenschlichen Vorgänge erhoben sich vereinzelte Proteststimmen. Vor allem die Protestnote des Grazer Theologen, Univ.-Prof. DDDDr. Johannes Ude — im Grunde ein Sympathisant des Nationalsozialismus — an den Reichsstatthalter Seyss-Inquart sowie Gauleiter Uiberreither kam unerwartet. Ebenso unerwartet war die Reaktion des Gauleiters Uiberreiter, der Ude das Recht auf jegliche Kritik absprach. Durch seine Aktion wurde Ude zur „unbequemen Person" und mußte laut „Gauverweis" mit 1. Mai 1939 die Steiermark verlassen.

Gauverweis für Johannes Ude

Zusammenbruch

Der Zweite Weltkrieg

Siebzehn Monate nach der Annexion Österreichs begann am 1. September 1939 mit dem Angriff der Deutschen Wehrmacht auf Polen der Zweite Weltkrieg. Während in anderen besetzten Gebieten die Männer in der Heimat verblieben und damit eine Reserve für einen etwaigen Widerstand bildeten, wurde die österreichische Jugend zur Wehrmacht eingezogen und meist deutschen Verbänden zugeteilt. Sie kämpften an allen Fronten (Polen, Frankreich, Norwegen, Jugoslawien, Griechenland, Italien, Nordafrika, Rußland).

Im Jahre 1943, als auf Grund der Kapitulation deutscher Truppen am 2. Februar in Stalingrad die große Wende des Krieges gekommen war, waren nahezu alle Schlüsselstellungen in der Ostmark durch Reichsdeutsche besetzt. Diese Taktik erwies sich allerdings als verfehlt. So mancher gebürtige Österreicher und jetzige Ostmärker, der anfangs Deutschland freundlich gesinnt war, wurde enttäuscht und verärgert. Man hatte sich eine bessere Zukunft in einem großdeutschen Reich erwartet, gewiß aber nicht ein Leben in einer zweitrangigen Kolonie. Langsam aber sicher entwickelte sich ein Gefühl starker Zusammengehörigkeit, ein Hoffen auf Freiheit und Selbständigkeit. Ein neuer österreichischer Patriotismus begann zu erwachen. Doch vor der Erreichung eines neuen Österreich sollten die Schrecken des Krieges auch in unser Land getragen werden.

Österreichischer Patriotismus

Schon im August 1943 hatte die amerikanische Luftwaffe begonnen, ostmärkisches Gebiet zu bombardieren. Die Angriffe erfolgten zunächst von Tunis aus, doch bereits im Herbst verfügten die Alliierten über bedeutende Luftwaffenstützpunkte in Süditalien — in der Ebene von Foggia. Damit kam eine großangelegte Luftoffensive gegen das großdeutsche Reich ins Rollen. Die Stadt Graz blieb bis Anfang 1944 von den Bombenangriffen verschont, wenn von den Einzelangriffen jugoslawischer Flugzeuge im April 1941 (Schanzelgasse, Hauptbahnhof) abgesehen wird.

Erste Bombenangriffe

Das tägliche Leben in der steirischen Landeshauptstadt, ohnehin durch die Bedrohung aus der Luft stark beschnitten, erfuhr noch weitere Einschränkungen. Nach der Proklamation des „Totalen Kriegseinsatzes durch Reichspropagandaminister Dr. Joseph Goebbels war es zu den ersten wirklich einschneidenden Maßnahmen gekommen. In Graz mußten die Oper und das Schauspielhaus sowie auch sämtliche Unterhaltungsstätten geschlossen werden, die KdF-(Kraft durch Freude) Truppenbetreuung wurde eingestellt. Bühnenpersonal, Schauspieler und Musiker hatten sich in Fabriken oder bei der Wehrmacht zu melden. Den Studien- und Forschungsbetrieb an den Hochschulen stellte man fast zur Gänze ein. Überhaupt geschlossen wurden die Handels-und Hauptschulen. An den höheren Schulen und den obersten Klassen der Gymnasien fiel der Unterricht aus, da die Schüler ohnehin ständig für verschiedenste Vorkehrungen benötigt wurden, wenn sie nicht bereits im Kriegseinsatz standen. Eine weitere Verordnung Ende September brachte schließlich die Sperre ganzer Geschäftszweige und die Zusammenlegung mehrerer Firmen gleicher Art in ein Verkaufslokal. Im Sinne der Parole: „Mehr Soldaten an die Front, mehr Waffen an die Front" wurden immer mehr Frauen und Mädchen in Fabriken,

Werkstätten und Büros des öffentlichen Dienstes verpflichtet. Eine allgemeine Urlaubssperre und das Verbot für Erholungsreisen brachte den privaten Reiseverkehr fast vollständig zum Erliegen. Die Tageszeitungen waren zunächst auf durchschnittlich einen Bogen, im Laufe der letzten Kriegswochen auf nur ein Blatt beschränkt worden.

Die Bildung des „Volkssturms" im September 1944 war Hitlers letzter Verteidigungsversuch. Das „letzte Aufgebot" erfaßte Buben und Greise (Angehörige der Jahrgänge 1884 — 1928) sowie nicht mehr waffentaugliche Männer, die nun den Gegner aufhalten oder sogar zurückschlagen sollten. Ihre militärische Ausbildung erfolgte in einem Schnellverfahren; für Kleidung, Schuhwerk und andere Ausrüstung war selbst zu sorgen. Die Volkssturmmänner galten als Soldaten im Sinne des Wehrgesetzes und trugen in Ermangelung von Uniformen zur völkerrechtlichen Kennzeichnung eine Armbinde.

Kriegsschauplatz Österreich

Im Frühjahr 1945 wurde die Ostmark selbst zum Kriegsschauplatz. Von Italien stießen die Briten nach Kärnten vor, amerikanische Truppen drangen in Tirol, Salzburg und Oberösterreich ein, die Franzosen in Vorarlberg und die russische Rote Armee griff in der Karwoche mehrere Stellen des „Südostwalls" an. Ende März betrat der erste russische Soldat steirischen Boden.

Zur Vorbereitung und Unterstützung der russischen Karwochenoffensive flogen sowjetische Kampfflieger die deutschen Rückzugsstraßen und -kolonnen an, während amerikanische Bomberverbände ihre heftigsten Angriffe gegen strategische Ziele in der Steiermark flogen — darunter auch gegen Graz. Ab Karfreitag, dem 30. März, bis zum Ostersonntag, dem 1. April, wurde Welle um Welle gegen die Landeshauptstadt geflogen. Täglich heulten die Sirenen ihre Warnungen und Entwarnungen. Durch den „Kukkucksruf", der Kennung der Drahtfunkmeldungen, wurden die Bewohner aufgeschreckt. Bis zum Ostersonntag 1945 hatten anglo-amerikanische Bomber 56 große Luftangriffe auf Graz unternommen und dabei rund 29.000 Brand- und Sprengbomben abgeworfen — wesentlich mehr als auf die übrige Steiermark. Jedes dritte Gebäude der Stadt wurde zerstört oder beschädigt, etwa 20.000 Wohnungen gingen verloren, das waren 1/3 des städtischen Wohnraumes. Besonders schwer getroffen wurde das Industriegebiet rund um den Hauptbahnhof. Die Stadt glich in weiten Teilen einem

Schwere Bombenangriffe

Der durch Bomben total zerstörte Hauptbahnhof

Das schwer getroffene Opernhaus. Der Portikus mußte anschließend abgetragen werden

Luftschutz-
anlagen

Trümmerfeld. Sowohl das Stadttheater, die Oper oder die Fahrradwerke bei Puch hatten Treffer erhalten.

Mit den Luftschutzanlagen im Kalvarienberg, im Plabutsch, im Buchkogel unter dem Schloß St. Martin sowie in den Stollen im Grazer Schloßberg verfügte die Stadt über eine der größten Anlagen der damaligen Ostmark, die über 100.000 Menschen aufnehmen konnten. Allein der Schloßbergstollen (über 6 km), der ab 1943 ausgebaut worden war, bot an die 50.000 Menschen sicheren Schutz. In den Gängen befanden sich Luftwarn-und Fliegerabwehrzentralen, Sanitätsstationen sowie Wehrmachtsleitstellen und zum Schluß auch die Befehlsstände des Gauleiters Uibereither. Trotzdem fielen dem Bombardement allein in Graz etwa 2.000 Menschenleben zum Opfer; die gleiche Anzahl wurde verwundet.

Ein Ende März in Graz zusammengesuchtes Bataillon von fünf Kompanien konnte am Karsamstag nach Gleisdorf gebracht werden. Diesem gelang es unter Führung des Grazer Majors Hans Kunz, die von Gleichenberg und durch das Raabtal über Feldbach vorgedrungenen feindlichen Panzerkräfte durch Brückensprengungen und Abschuß einiger Panzer mittels Panzerfaust schließlich bei Kirchberg an der Raab aufzuhalten. Dadurch war für Graz vorläufig die Gefahr gebannt, nach den Bombenschäden auch noch die Verwüstung unmittelbarer Kampfhandlungen zu erleiden.

Die Flakgeschütze konnten die pausenlosen Luftangriffe nicht verhindern

Auf die alarmierende Nachricht von der Verschlechterung der Lage hatte sich der Befehlshaber im Wehrkreis XVIII, General der Gebirgstruppen Ringel, von Salzburg nach Graz begeben und richtete hier eine Befehlsstelle zur Koordination einer einheitlichen und raschen Verteidigung der Steiermark ein.

Von den Rüstungsbetrieben wurden die letzten Lagerbestände an die Front geworfen. Um die von General Ringel schnellstens zusammengestellten Einheiten an ihre Einsatzorte bringen zu können, stellten die Puchwerke in Graz-Thondorf Fahrräder zur Verfügung. Größere Gruppen von Soldaten fuhren in Omnibussen.

Doch der Krieg ging seinem Ende zu; trotz immer schneidiger werdender Schlagzeilen in den Zeitungen. Hitler hatte die Gauleiter während des Krieges mit zusätzlichen Vollmachten ausgestattet. Sie wurden zu Reichsverteidigungskommissaren ernannt. Damit war die gesamte Befehlsgewalt im Gau auf sie übergegangen. Sigfried Uiberreither war somit zum nahezu unumschränkten Herrn über Leben und Tod in der Steiermark geworden. Er befahl — ungeachtet des Zusammenbruchs aller Fronten — Graz bis zum letzten Atemzug zu verteidigen. Zu diesem Zweck hatte er etwa 500 Mann und fünf rumänische Panzerabwehrgeschütze bereit. Seinen eisernen Willen zu diesem Unterfangen unterstrich der Gauleiter mit Massenverhaftungen vermeintlicher Widerstandskämpfer, Todesurteilen und sogar Erschießungen ohne jedes Urteil. Sie fanden auf dem Gelände des Feliferhofs im Westen von Graz statt. Noch in den letzten Kriegstagen wurden hier über 140 Menschen ermordet. Unter den Erschossenen des 4. April 1945 befindet sich auch die Sekretärin der Reichsstatthalterei Dr. Julia Pongracic, die der Konspiration mit Partisaneneinheiten beschuldigt worden war. Nach Kriegsende entdeckte man eine Anzahl von Massengräbern. Eines barg 93 Leichen, die vom deutschen NSDAP-Chef aus Marburg hierher zum „Einscharren" gesandt worden waren. In einem anderen Grab fand man 143 Leichen, die Kopfschüsse aufwiesen.

Massenerschießungen auf dem Feliferhof

Graz war in den letzten Kriegstagen zur Drehscheibe und Schaltstelle für die letzten militärischen Operationen „Hitler-Deutschlands" geworden. Am 7. Mai wurde während einer militärischen Besprechung unter Generalfeldmarschall Albert Kesselring — ihm war ab dem 4. Mai von Großadmiral Dönitz die Führung der Heeresgruppen Mitte, „Ostmark" und E, übertragen worden — in

Anwesenheit der Gauleiter von Kärnten, „Oberdonau" und der Steiermark die Lage zum letzten Mal beurteilt. Die Besprechungsteilnehmer, unter ihnen Generaloberst Löhr, die Generäle de Angelis und Ringel sowie der nach Göring neu ernannte Oberbefehlshaber der Deutschen Luftwaffe, Generaloberst von Greim und Oberst Stephanus von der Heeresgruppe Mitte, konnten sich erst jetzt — angesichts der ausweglosen militärischen Situation — über die Wunschvorstellungen der politischen Führung hinwegsetzen. Uiberreither und Eigruber („Oberdonau") zeigten sich überrascht. Hatte doch Uiberreither immer wieder neue Durchhalteparolen veröffentlichen lassen und immer wieder zum Kampf bis zur bitteren Neige aufgerufen. In allen wichtigsten Straßenzügen von Graz waren Barrikaden errichtet worden. An den wichtigsten Punkten der Stadt befanden sich Sandsackbarrikaden — gedacht für einen etwaigen Straßenkampf.

Kapitulation an allen Fronten

Als Großadmiral Dönitz, Hitlers Nachfolger nach dessen Selbstmord (30. April), am 7. Mai über den Sender Flensburg die Kapitulation an allen Fronten verkündete, erklärte Uiberreither den Sender zum „Feindsender" und bezeichnete die Aussagen von Dönitz als „Lügenmeldungen". Der Gauleiter war der Meinung, daß der Kampf an der Ostfront mit unvermindertem Einsatz weiterzugehen habe, und daß es für ihn keine bedingungslose Kapitulation gegen die Sowjetunion gäbe. Während dieser Zeit waren die meisten Stäbe der Wehrmacht bereits aufgelöst und die Grazer Brücken — von General Ringel befohlen — entladen. Man befürchtete jedoch, daß der Gauleiter mit dem ihm unterstellten Volkssturm, Graz bis

Uiberreither will Graz verteidigen

zum letzten Mann verteidigen wolle. Uiberreither beabsichtigte, den Bereich um den Schloßberg, ähnlich wie Alcazar (die Festung von Toledo während des spanischen Bürgerkriegs) bis zuletzt zu halten . Dieser Plan kam zum Lagevortrag bei General Ringel und dieser erteilte dem nachmaligen General des österreichischen Bundesheeres, Dr. Rudolf Forenbacher, den Auftrag, den Gauleiter zu verhaften, falls dieser es tatsächlich zu seiner „Durchhalte-Endsieg"-Vorstellung kommen lassen wollte.

Zur Verhaftung kam es jedoch nicht. Uiberreither demissionierte am 8. Mai und übergab die Amtsgeschäfte, wie Rainer in Kärnten, seinem höchsten Beamten. In der Steiermark war dies der Gauhauptmann Armin Dadieu. Die von Dönitz angeordnete Gesamtkapitulation galt nun auch für die Steiermark.

Uiberreither floh aus Graz in die Obersteiermark und stellte sich etwa zwei Wochen später in Murau den Engländern. Er wurde sodann an die Amerikaner in Nürnberg ausgeliefert, die ihn als Zeugen angefordert hatten. Im Anschluß daran sollte der ehemalige Gauleiter zur Aburteilung nach Jugoslawien gebracht und ausgeliefert werden. Noch vor seiner Überstellung konnte Uiberreither aus dem Lager Dachau fliehen. Nach einem kurzen Argentinienaufenthalt lebte er bis zu seinem Tode mit seiner Familie in München. Uiberreither litt in seinen letzten Lebensjahren an der Alzheimerschen Krankheit und starb 1984, durch Gehirnschwund auf das geistige Niveau eines Kleinkindes reduziert. Er liegt unter falschem Namen in der Nähe von München begraben.

Der 8. Mai 1945 war der Tag der endgültigen Kapitulation. Schon am Vormittag fand eine Besprechung von Vertretern aller demokratischen Parteien im Sanatorium Eggenberg statt. An die Spitze der versammelten Politiker stellte sich der Sozialdemokrat Reinhard Machold. Gemeinsam begab man sich ins Grazer Rathaus und forderte den noch amtierenden NS-Bürgermeister Dr. Julius Kaspar auf, die Macht in der Stadt abzugeben. Alois Rosenwirth, ebenfalls ein Sozialdemokrat, war in der Uniform eines k.u.k. Hauptmanns erschienen und stellte sich als Polizeibeamter zur Verfügung. Julius Kaspar trat widerstandslos zurück und versuchte unterzutauchen. Nach seiner Flucht aus Graz wurde er am nächsten Tag in einem Wald bei St. Veit von Unbekannten ermordet.

Das Amt des Bürgermeisters übernahm Prof. Dr. Engelbert Rückl (ab Mai Prof. Dr. Eduard Speck), der der SPÖ angehörte, Vizebürgermeister wurden DDDr. Udo Illig (ÖVP) und der Kommunist Johann Janeschitz. *Engelbert Rückl wird Bürgermeister*

Alois Rosenwirth erhielt den Posten eines Polizeipräsidenten von Graz und eines Sicherheitsdirektors für Steiermark.

Ebenfalls so reibungslos wie die Amtsübergabe des Bürgermeisters erfolgte die Übergabe der Agenden des Landeshauptmannes. Am Mittag des 8. Mai teilte Gauhauptmann Dr. Armin Dadieu über den Rundfunk den Rücktritt des Gauleiters mit und forderte die österreichische Freiheitsbewegung zur Bildung einer Landesregierung auf. Dadieu überließ seine Geschäfte Reinhard Machold. Eine der ersten Fragen des neuen Landeshauptmannes an Dadieu war: „Welche Lebensmittelvorräte gibt es?" Seine Antwort: „Keine!"

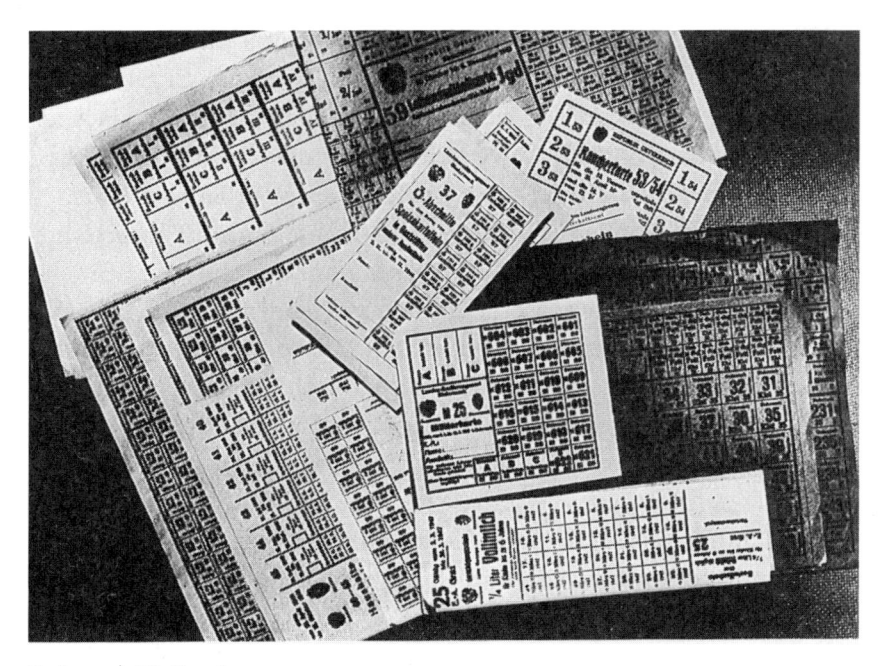

Lebensmittelkarten

Reinhard Machold bildet die erste provisorische Landesregierung

Machold, bei den letzten freien Wahlen 1934 zum Landeshauptmann-Stellvertreter gewählt, sandte nun nach dem früheren christlichsozialen Landeshauptmann Alois Dienstleder, der jedoch aufgrund einer Krankheit zunächst zögerte, schließlich aber doch in die erste provisorische Landesregierung eintrat. Am Nachmittag des ereignisreichen 8. Mai befand sich Graz in demokratischer Hand. Etwa zwölf Stunden lang hatte die Steiermark damals eine freie Landesregierung, ehe noch die deutsche Kapitulation in Kraft getreten war.

Wieder zehn Jahre Besatzung

In den Tagen des Zusammenbruchs erfolgte die Trennung von Deutschland. Sie entsprach durchaus dem Willen der österreichischen Bevölkerung, die in diesen furchtbaren Jahren ein österreichisches Staatsbewußtsein entwickeln konnte. Man hoffte auf die Verwirklichung der „Moskauer Deklaration" vom 1. November 1943, in der die Außenminister der Alliierten, Eden, Hull und Molotow, die Wiederherstellung des österreichischen Staates in Aussicht gestellt hatten.

Dr. Karl Renner hatte noch vor Ende des Krieges von seinem damaligen Wohnort Gloggnitz aus Verbindungen mit den russischen Kommandostellen aufgenommen, was die Bildung einer provisorischen Staatsregierung ermöglichte. Sie hatte am 27. April 1945 die Proklamation über die Unabhängigkeit Österreichs erlassen.

Am Abend des 8. Mai ertönte der erste Aufruf von Landeshauptmann Machold über den Rundfunk. Während die Worte Macholds noch nicht verklungen waren, näherte sich die Rote Armee bereits der Ries. Ein sowjetisches Vorkommando traf noch am selben Tag am Hilmteich vor Graz ein. Ein Offizier und drei Soldaten erreichten als Parlamentäre das Polizeipräsidium, wo sie vom neuernannten Polizeipräsidenten Alois Rosenwirth und anschließend auch von Landesauptmann Machold sowie den Mitgliedern der Landesregierung empfangen wurden.

In einer fast einstündigen Besprechung legte man gemeinsam die genauen Routen für den Einmarsch fest. Zwischen 1 Uhr und 2 Uhr früh trafen die ersten Truppen der Roten Armee auf dem Grazer Hauptplatz ein. Der russische Kommandant bezog die Bürgermeisterzimmer im Rathaus und veröffentlichte seinen Befehl Nummer 1. Er verwendete dazu einen Vordruck, den die sowjetischen Truppen mitführten und der es ihnen erlaubte, in jedem Ort den gleichen Befehl anzuschlagen. Da sich der Stadtkommandant nicht die Mühe gemacht hatte, „das Nichtzutreffende" zu streichen, hieß es auf dem Befehl: „Kommandant der Stadt, des Bezirks, der Ortschaft, des Marktfleckens, des Dorfes — Graz. Am 9. Mai 1945." Dann folgte der Befehl: „Alle Gewalt ist in meiner Person konzentriert, meine Verfügungen haben Gesetzeskraft." Der ersten provisorischen Landesregierung wurde mitgeteilt, daß sie momentan überflüssig sei, da die gesamte Macht ab nun bei der russischen Militärregierung liege.

Einmarsch der Roten Armee

Der Generalsekretär der Kommunistischen Partei Österreichs, Friedl Fürnberg, fuhr, ausgestattet mit allen Vollmachten seiner Partei und den sowjetischen Zentralstellen in Wien, nach Graz, um über die Einsetzung einer neuen steirischen Landesregierung zu verhandeln. Nach dem Beispiel der Wiener Regierung sollte eine zweite provisorische Landesregierung aus drei Revolutionären Sozialisten bzw. Sozialdemokraten, drei Kommunisten und drei Christlichsozialen bestehen. Nachdem der Proporz hergestellt worden war, wurde Machold von den Sowjets als Landeshauptmann anerkannt. Seine Stellvertreter waren der Kommunist Viktor Elsner und der Christlichsoziale Dr. Dienstleder.

Die ausgegebenen Befehle an die Bevölkerung der Stadt waren nahezu dieselben, die etwa ein Monat zuvor in Wien angeschlagen worden waren: Alle mögen sofort an ihre Arbeitsplätze zurückkehren. Alle öffentlichen Unternehmungen und Krankenhäuser waren in Betrieb zu setzen. Die NSDAP und alle ihre Gliederungen waren als aufgelöst erklärt. Die einfachen Mitglieder wurden nicht verfolgt, falls sie sich gegenüber der Roten Armee loyal verhielten. Alle Waffen waren abzugeben. Von 20 bis 7 Uhr herrschte Ausgangssperre. Zum Schluß hieß es: „Die Nichtdurchführung auch nur eines Punktes dieses Befehls wird als eine gegen die Rote Armee gerichtete Handlung angesehen. Die schuldigen Personen sowie diejenigen, die sie beherbergen, werden nach dem Kriegsrecht bestraft."

Zwar hatte das Sowjetkommando am Tage des Einmarsches Machold und Rosenwirth die volle Disziplin der Truppe zugesichert, doch kam es im ganzen Land zu Übergriffen, Verschleppungen oder Vergewaltigungen. Russische Offiziere bemühten sich, Ordnung zu halten, doch manchmal war dies unmöglich. Wichtig war vor allem, daß die provisorische Landesregierung weiterarbeiten konnte, um besonders die Ernährung der ausgehungerten Bevölkerung zu sichern. Der Alltag war äußerst entbehrungsvoll. Daran konnte auch eine Einladung — bereits vier Tage nach dem Einmarsch an die Grazer zu einer Unterhaltungsveranstaltung eines Gesangs- und Tanzensembles der Roten Armee im Stephaniensaal nichts ändern. Die Sowjets belieferten auch die Kinos mit Spielfilmen. Am 14. Mai öffneten bereits vier Kinos; drei davon spielten russische Filme.

Probleme bei der Nahrungsbeschaffung

Das größte Problem blieb aber die Ernährung. Auch der provisorische Staatskanzler Dr. Karl Renner nannte am 23. Mai 1945 bei einer Regierungssitzung in Graz „die Sicherung unserer Ernährung durch Erhaltung unserer Industrie" als vorrangigste Aufgabe.

Über die erste Versorgungsnot half die Rote Armee hinweg. Die unbedingt notwendigen Fettrationen wurden aus ihren Beständen bereitgestellt. Zucker war überhaupt nicht aufzutreiben. Bürgermeister Dr. Eduard Speck, der dieses Amt von Engelbert Rückl im Mai übernommen hatte, erklärte, daß es unmöglich sei, auch nur die kleinste Menge Zucker an Spitäler und Kinder abzugeben.

Die Proklamation der Siegermächte, daß alle persönlichen Rechte und Eigentumsrechte der österreichischen Staatsbürger unangetastet bleiben sollten, erwies sich als unrichtig. Es begann ein verzweifeltes Ringen um jede Drehbank, jede Zugsgarnitur, jedes Fahrzeug, da die Russen mit der Demontage von Fabriksanlagen begannen. Bald gab es in den Städten kein einziges Rettungs- oder Feuerwehrauto mehr. Der Grazer Rettung standen im Mai und Juni 1945 nur drei fahrbare Tragbahren zur Verfügung.

Gemäß dem alliierten Zonenabkommen vom 4. Mai 1945 wurden in der Steiermark gegen Ende Juli die provisorischen Besetzungen aufgelöst und das Land, zusammen mit Kärnten, als britische Zone in Österreich festgelegt. In der Nacht vom 22. auf den 23. Juli verließen die Russen Graz. In den Morgenstunden des 24. Juli zogen die Briten unter Generalmajor Weir und Generalleutnant (Sir Richard L.M.) McCreery, dem späteren Hochkommissar in Österreich und Befehlshaber der 8. britischen Armee, von Kärnten kommend in die Steiermark ein und rückten bis zur burgenländischen Grenze vor. Im südlichen Teil der Steiermark wurden Titos Partisaneneinheiten über die Mur zurückgedrängt und dieses Gebiet als besondere Militärsperrzone erklärt.

Die britische Armee besetzt die Steiermark

Chef der englischen Militärregierung für die Steiermark in Graz wurde Oberst A.C. Wilkinson. An diesem Tag war die Brotversorgung in der Stadt nur mehr für fünf weitere Tage gesichert. Mit den Briten kamen aber nun Mehl und Weizen nach Graz. Ein weiteres Problem stellte die Milch- und Fleischversorgung dar. Die für die Milchversorgung wichtige Molkerei am Bahnhofsgürtel war zerbombt und der Milchhof hatte in der Strauchergasse einen kaum leistungsfähigen Notbetrieb eingerichtet. Die Briten, die überall als eigentliche Befreier begrüßt wurden, halfen mit LKWs aus auf die sie Milchtanks montierten. Auch die Fleisch- und Fettversorgung wurde durch erzwungene Viehschlachtungen gesichert. Diese Aktivitäten gehörten zum festen Programm der Briten, indem sie Hilfe bei der Rückkehr zum normalen Wirtschaftsleben, Aufrechterhaltung von Gesetz, Ordnung und Sicherheit sowie Ausrottung des „Nazismus" versprachen.

Hilfsprogramm der Briten

Die von den Sowjets anerkannte Landesregierung wurde von den Engländern als Überbewertung der KPÖ aufgefaßt, und am 8. August 1945 konstituierte sich die dritte provisorische Landesre-

Oberst Wilkinson (li.) mit Landeshauptmann Machold

gierung unter Reinhard Machold. Statt eines Kommunisten war jetzt ein Sozialist in die Regierung gekommen.

Ende Oktober anerkannte der Alliierte Rat in Wien die Autorität der provisorischen Regierung Renner für ganz Österreich. Als Bedingung verlangte man die Durchführung freier Wahlen bis Jahresende.

Erste Landtagswahlen

Die ersten Landtagswahlen nach dem Krieg am 25. November, die sogenannten „Kathrein-Wahlen", brachten der ÖVP 26 (53,02 %), der SPÖ 20 (41,59 %) und der KPÖ 2 Mandate (5,39 %). Bei den gleichzeitig abgehaltenen Grazer Gemeinderatswahlen erhielt die SPÖ 51,5, die ÖVP 41,8 und die KPÖ 6,7 Prozent. Professor Dr. Eduard Speck wurde damit der erste freigewählte Bürgermeister nach dem Zweiten Weltkrieg. Auf Landesebene ging die ÖVP eine Koalition mit der SPÖ ein. Kandidat für den Posten des Landeshauptmannes wurde nicht der bisherige Listenführer Dienstleder, sondern nach einer Kampfabstimmung innerhalb der Volkspartei der Landwirt Anton Pirchegger aus Allerheiligen im Mürztal, der schließlich am 28. Dezember 1945 das Amt des Landeshauptmannes übernahm.

In kleinsten Schritten ging es aufwärts. Das Leben in Graz hatte sich etwas normalisiert, die Wirtschaft begann wieder zu arbeiten,

Der Union Jack vor dem Grazer Rathaus

aber die Lebensverhältnisse waren für heutige Begriffe unvorstellbar. Die „Weihnachtssonderzuteilung 1945" galt als erste Hoffnung für eine bessere Lebensmittelversorgung. Die Ansprache von Bundeskanzler Leopold Figl verdeutlicht eindrucksvoll die damaligen Zustände: „Ich kann Euch zu Weihnachten nichts geben, ich kann Euch für den Christbaum, wenn Ihr überhaupt einen habt, keine Kerzen geben. Kein Stück Brot, keine Kohle zum Heizen, kein Glas zum Einschneiden. Wir haben nichts(...) Ich kann Euch nur bitten — glaubt an Österreich!"

Aufbruch ins 20. Jahrhundert

Es kann nur aufwärts gehen

Trotz Entkräftung und ungenügender Ernährung leistete die Bevölkerung von ganz Österreich nach der Stunde Null Enormes. Bürgermeister Eduard Speck war es, der begann, das Leben in der Stadt wieder in geordnete Bahnen zu bringen. In einer Zeit, in der Seuchen (Fleckfieber, Typhus, Paratyphus) in Graz grassierten, die öffentlichen Kassen leer waren, überall Not herrschte und Schleich- sowie Schwarzhandel blühten. So etwa fehlten in den Haushalten im Winter 1946/47 die nötigen Brennstoffe zum Heizen der Wohnungen und zum Kochen. Der Mangel an Kohle war im Jänner 1947 so groß, daß der Eisenbahnverkehr fallweise eingestellt werden mußte. Die Menschen suchten im Bombenschutt nach Holz und anderen brauchbaren Dingen.

Brennstoff- und Kohlemangel

Die Hauptsorge des Magistrats war es, Wohnungen und Unterkünfte zur Verfügung zu stellen und die Versorgung der Bevölkerung für den harten Winter zu sichern. Oberst Wikinson wurde nicht müde, den Steirern bei allen Radioansprachen Arbeitsmoral beim Wegräumen des Schuttes als auch bei der rechtzeitigen Besorgung von Holzvorräten zu raten.

Die Arbeit von Bürgermeister Speck wurde bei den Gemeinderatswahlen am 6. Oktober 1949 honoriert, die gleichzeitig mit Nationalrats- und Landtagswahlen durchgeführt wurden. Bis zu diesem Zeitpunkt hatte ein 36-köpfiger Gemeinderat amtiert, der aufgrund des Landesgesetzes von 1946 von der Landesregierung nach den Ergebnissen der „Kathrein-Wahlen" 1945 einberufen worden war.

Im Juli 1949 war die Anzahl der zu vergebenden Gemeinderatsmandaten von 36 auf 46 erhöht worden. Davon entfielen auf die SPÖ 20, die ÖVP 16 und auf die zum ersten Mal kandidierende „Wahlpartei der Unabhängigen (WdU)" 10 sowie auf die KPÖ 2 Mandate. Am 18. November wurde Dr. Eduard Speck wieder in das Bürgermeisteramt gewählt. Die Aufgaben, die auf ihn warteten, waren nicht viel anders geworden. Als Vorsitzender einer Arbeitsgemeinschaft der beiden Großparteien betrieb er weiterhin die Beseitigung der Kriegsfolgen. Die Bombenabwürfe im Verlauf des Zweiten Weltkrieges hatten vor allem den Industriegebieten entlang der Bahntrasse und dem Bahnhof selbst starke substantielle Schäden zugefügt. Die zum Teil sehr schweren Zerstörungen betrafen auch die in dieser Gegend befindlichen Wohnquartiere, wie die westlichen Teile der Annen- und Keplerstraße. Das erste Jahrzehnt nach Kriegsende war daher vorrangig dem Wiederaufbau gewidmet.

Durch öffentliche finanzielle Hilfeleistung, wie etwa dem Wiederaufbaufonds, konnte die Aufbautätigkeit rasch vorangetrieben werden. Viele reich fassadierte Gebäude aus der Gründerzeit wurden in stark vereinfachter Form wiederhergestellt. Der Nachholbedarf an Wohnungen und die in Aufschwung geratene Bauwirtschaft führten bald zu Neuerrichtungen von Wohnhäusern.

Wiederaufbau

Am 26. November 1952 wurde der Grazer Gemeinderat von der Landesregierung aufgehoben. Der Grund lag in der Neuwahl des Landtages und des Nationalrats, die gemeinsam mit den Gemeinderatswahlen stattfinden sollten. Bei der Wahl am 22. Februar 1953 gewann die SPÖ ein Mandat dazu, stand also damals bei 21 Mandaten. Die ÖVP blieb bei 16 Mandaten. Die WdU verlor ein Mandat und die „Wahlgemeinschaft Österreichischer Volksopposition" (früher KPÖ) erreichte zwei. Das Bürgermeisteramt wurde erneut an Dr. Speck übertragen.

Das Ringen um die Wiederherstellung der Souveränität Österreichs und um den österreichischen Staatsvertrag hatte nahezu ein Jahrzehnt gedauert. Die ersten Versuche zu einem positiven Abschluß zu gelangen, waren bereits in die Jahre 1946/47 gefallen. Im Frühjahr und Dezember 1946 war auf einer New Yorker Außenministerkonferenz der Großmächte über den Staatsvertrag beraten und seine Ausarbeitung in Aussicht gestellt worden. Doch wegen gravierender Gegensätze zwischen den Westmächten und der Sowjetunion war weder Anfang 1947 in London, noch im März 1947 in Moskau eine Einigung über den Vertragsinhalt gelungen. Einem brasilianischen Antrag folgend, hatte im Dezember 1952 die Vollversammlung der Vereinten Nationen an die Großmächte appelliert, die Besetzung Österreichs zu beenden. Im Jänner 1954 war zwar auf einer Berliner Konferenz vom sowjetischen Außenmini-

Ringen um den Staatsvertrag

Außenminister Figl zeigt den unterzeichneten Staatsvertrag: v. l. Foster Dulles, Pinay, Figl, Vizekanzler Schärf, Molotow und Bundeskanzler Raab

ster Molotow der Abschluß eines Staatsvertrages in Aussicht gestellt, doch durch gewisse Bedingungen entwertet worden.

Im April 1955 reiste eine österreichische Regierungsdelegation mit Bundeskanzler Raab und Vizekanzler Schärf an der Spitze nach Moskau. Die Verhandlungsergebnisse wurden im „Moskauer Memorandum" festgehalten.

Unter größter Spannung der österreichischen Bevölkerung fand in Wien vom 2. bis zum 12. Mai eine Botschaftskonferenz statt, auf der endlich die langersehnte Einigung über alle Vertragsartikel gelang.

Am 15. Mai 1955 wurde im Wiener Belvedere der Staatsvertrag durch die Außenminister Wjatscheslaw Michailowitsch Molotow (Sowjetunion), Harold McMillan (Großbritannien), John Foster Dulles (USA) und Antoine Pinay (Frankreich) sowie dem österreichischen Außenminister Leopold Figl unterfertigt. Österreich war nach 17 Jahren endlich wieder frei.

In ganz Österreich nahm man dieses Ereignis mit Freude und Jubel zur Kenntnis. Die steirische Landeshauptstadt war festlich beflaggt, die Brunnen vor der Oper und im Stadtpark beleuchtet.

Ende der Besatzung

Am 20. September 1955 erklärte der Oberbefehlshaber der britischen Besatzungstruppen in Österreich, General Urquhard, gegenüber Landeshauptmann Josef Krainer, der ab 6. 7. 1948 im Amt war, daß der letzte britische Soldat die Steiermark verlassen habe.

Normalisierung und Aufschwung

Die errungene Unabhängigkeit und die erfolgreiche Stabilisierung sowie Konsolidierung eines zunächst bescheidenen Wohlstandes wirkten sich zugunsten der Regierungspolitik von Dr. Eduard Speck und die von ihm geführte Partei aus. Am 31. Jänner 1960 legte Dr. Speck seine Funktion als Bürgermeister und gleichzeitig sein Gemeinderatsmandat zurück. Aufgrund der Statuten mußte der damalige Vizebürgermeister Dipl.-Ing. Gustav Scherbaum die Geschäfte des Stadtoberhauptes übernehmen und binnen zwei Wochen eine Nachwahl für den Rest der Wahlperiode des Gemeinderates anordnen. Am 9. Februar kam es im Rahmen einer außerordentlichen Sitzung zur Wahl des neuen Bürgermeisters. Von den anwesenden 45 Gemeinderäten stimmten alle für Gustav Scherbaum. *Bürgermeister Speck tritt zurück*

Mit Dr. Speck war der „Bürgermeister des Wiederaufbaues", aus altersbedingten Gründen, aus dem politischen Leben der Stadt Graz ausgeschieden. Bürgermeister Speck hatte nahezu 15 Jahre, von 1945 bis 1960, die Geschicke der zweitgrößten Stadt Österreichs in seinen Händen gehalten. Neben der Errichtung von Wohnungen sowie der Erledigung der Ernährungsproblematik galt sein Augenmerk vor allem dem Neubau von Schulen sowie der Förderung körperlicher Ertüchtigung. Sofort nach dem Krieg hatte der Grazer Gemeinderat ein umfangreiches Schulbauprogramm beschlossen, das Zug um Zug verwirklicht wurde. Vier neue Schulen waren bis 1958 ihrer Bestimmung übergeben worden. Unter der Ägide Eduard Specks — übrigens von 1924 bis 1934 Grazer Stadtschulrat — entstanden Schulen in Andritz, Wetzelsdorf oder der Triestersiedlung. Es wurden damals mehr Schulen errichtet als in der Zeit von 1918 bis 1945. In diesem Zeitraum war lediglich die Fröbel-Haupt- und -Volksschule entstanden.

Eine der ersten Aufgaben von Bürgermeister Scherbaum war es, den Ehrenring der Stadt Graz an den Historiker Univ.-Prof. Dr. Fritz Popelka zu überreichen. Professor Popelka hatte im Jahre 1920 von Bürgermeister Muchitsch den Auftrag erhalten, die Ge- *Bürgermeister Scherbaum*

Popelkas Geschichte der Stadt Graz

schichte der Landeshauptstadt niederzuschreiben. Der erste Band des dreiteilig angelegten Werkes erschien rechtzeitig zur 800-Jahr-Feier der Stadt 1928. 1935 lag der zweite Band vor. Die beiden Werke waren im Buchhandel relativ rasch vergriffen, sodaß im Erzherzog-Johann-Gedenkjahr 1959 der erste und zweite Band — unter Bereitstellung einer großzügigen Subvention seitens der Stadt — neu aufgelegt werden konnten. Der in Arbeit befindliche dritte Band konnte vom Autor jedoch nicht mehr fertiggestellt werden, sodaß bis zum Erscheinen der gegenständlichen Arbeit keine Stadtgeschichte von den Anfängen bis zur Gegenwart existiert.

In seiner Festansprache wies Prof. Popelka darauf hin, daß es äußerst schwierig sei, die Geschichte der Stadt zu verfassen, da das Stadtarchiv seinerzeit durch Unachtsamkeit gänzlich vernichtet worden war. Dies wäre auch der Grund, so Popelka, daß sich vor ihm bisher niemand an diese Arbeit herangewagt hätte. Der Verlust des Archivs war dadurch entstanden, daß man während des ersten Umbaues des Rathauses zwischen 1803 und 1806 das Stadtarchiv in den Kellern der Färberkaserne aufbewahrt hatte. Infolge der Franzosenkriege vergaß man gänzlich darauf. Als man sich 1816 wieder darauf besonnen hatte, war der größte Teil im Keller verfault. Die Achtlosigkeit, welche ganz dem Geist der damaligen Zeit entsprechend den historischen Dingen entgegengebracht wurde, war es schließlich, die dazu führte, daß die Papiermassen kurzerhand in die Mur geworfen wurden und somit für alle Zeit unwiederbringlich verloren waren.

Stadtarchiv und Stadtmuseum

Heute befindet sich das Stadtarchiv unter der Leitung von Dr. Marauschek in der Hans-Sachs-Gasse und das Stadtmuseum unter der Führung von Dr. Wilhelm Steinböck im Palais Khuenburg in der Sackstraße 18.

„Forum Stadtpark"

Im November 1960 hatte eine Gruppe junger Künstler ihr Ziel erreicht. In das nach Plänen des Wiener Architekten Werner Hollomey umgestaltete Stadtparkcafé zog der Verein „Forum Stadtpark".

Schon bald nach Kriegsende hatte sich nämlich gezeigt, daß Graz über zuwenig Räume für Kunstausstellungen verfügte. Zwar hatte die Stadtgemeinde gemeinsam mit dem Land Steiermark das Künstlerhaus am Opernring geschaffen, doch bald reichten auch diese Räume nicht mehr aus, den vielen jungen Künstlern die Möglichkeit für Ausstellungen zu geben. 1958 hatte daher der Maler

Günter Waldorf für seine Malervereinigung „Junge Gruppe" versucht, im alten, 1954 geschlossenen Stadtpark-Café, Ausstellungen zu organisieren. Die dazu notwendige Bewilligung war vom Magistrat abgelehnt worden. Die negative Antwort motivierte die Gruppe, und man erklärte sich bereit, das Geld für den Bau des Kunstpavillons selbst aufzubringen, was in weiterer Folge einen Pachtvertrag erwirkte. Ihre Intentionen hielt die Gruppe, unter ihnen der spätere ORF Landesintendant Emil Breisach oder die Schriftsteller Alois Hergouth und Alfred Kolleritsch, auf einer Urkunde fest, die zu Baubeginn eingemauert worden war. Auf ihr heißt es: „Das Forum Stadtpark soll ein Sammelpunkt der jungen geistigen Kräfte in Kunst und Wissenschaft sein und ihnen eine gemeinsame Wirkstatt bieten."

Die Dreiländer-Kunstausstellung Trigon öffnete im September 1963 zum ersten Mal ihre Pforten. Damit konnte eine der vielen Ideen des damaligen Kulturreferenten der Steiermärkischen Landesregierung, Univ.-Prof. Dr. Hanns Koren, in die Tat umgesetzt werden. Diese „Steirische Biennale" entwickelte sich zu einer zweijährig wiederkehrenden Konfrontation des zeitgenössischen Kulturschaffens Österreichs mit seinen Nachbarländern Italien und Jugoslawien. Gezeigt wurde im Künstlerhaus, im „Forum Stadtpark" sowie im Burggarten (Palmenhaus) ein repräsentativer Querschnitt zeitgenössischer Malerei und Plastik, die von Dr. Armgard Ekhart zusammengestellt wurde. *Trigon*

Knapp ein halbes Jahr später konnte das 1952 aus baupolizeilichen Gründen geschlossene Schauspielhaus mit Max Mells dramatischer Phantasie „Paracelsus und der Lorbeer" wiedereröffnet werden.

Als die Bau- und Feuerpolizei die Fortbenützung untersagt hatten, dachte man vorerst an einen Neubau. Bevor es noch zu Verhandlungen mit dem Land Steiermark gekommen war, hatte sich unter der Führung von Dr. Peter Reininghaus der „Verein zur Rettung des Grazer Schauspielhauses" konstituiert. Der Verein, und vor allem Landeshauptmann-Stellvertreter Dipl.-Ing. Tobias Udier sowie der damalige Bürgermeister Speck, hatten die nötigen Voraussetzungen für eine Wiederherstellung geschaffen. Bei einem Ideenwettbewerb für steirische Künstler herrschte zuerst die Meinung vor, man sollte das alte Haus gänzlich abreißen und wieder neu aufbauen; dieser Weg wäre der billigere. Die Jury, unter ih- *Wiederherstellung des Schauspielhauses* nen auch Theaterfachleute aus Deuschland, sprach sich aber für die Erhaltung des schönen Logentheaters aus. Bis zum endgültigen Baubeginn vergingen aber noch sieben Jahre. Nach einem Architektenwettbewerb, den der Judenburger Franz Klammer gewonnen hatte, wurde unter der Leitung des damaligen Landesbaudirektors Hofrat Dipl.-Ing. Paul Hazmuka der Bau begonnen. Nicht nur am Schauspielhaus, auch an den Brücken über die Mur waren die Jahrzehnte nicht spurlos vorübergegangen. Im November 1963 konnte Bürgermeister Scherbaum — am 23. März in seinem Amt bestätigt — die neue Keplerstraße ihrer Bestimmung übergeben.

Der Generalverkehrsplan

Dies war der erste Schritt zur Verwirklichung des Generalverkehrsplanes. Dieser sah neben dem Ausbau der Muruferstraße samt Neubau und Unterführung der wichtigsten Brücken die Schaffung von Einbahnstraßen und den Ausbau der Gürtelstraßen vor.

Am 10. November 1964 vollzog Bürgermeister Scherbaum den Spatenstich für den Baubeginn der neuen Hauptbrücke und bereits ein Jahr später floß der Verkehr über die neue Brücke und die neue Muruferstraße.

Am 24. März 1968 standen erneut Gemeinderatswahlen bevor. Dipl.-Ing. Scherbaum stellte sich ein zweites Mal als Spitzenkandidat der SPÖ den Wählern. Die Sozialistische Partei konnte drei Mandate dazugewinnen und verfügte folglich über die absolute Mehrheit im Gemeinderat. Sie hatte somit das beste Wahlergebnis seit 1932 erzielt, als Bürgermeister Muchitsch 24 von 48 möglichen Sitzen für seine Fraktion erreicht hatte.

Die absolute Mehrheit Scherbaums hielt bis zum 25. Februar 1973. An diesem Tag verlor die SPÖ gegenüber der letzten Wahl 16,7 Prozent. Auslösendes Moment für diese schwere Niederlage war zweifelsohne die Diskussion um die durch Graz geplante Trassenführung der Pyhrnautobahn. Im Bezirk Eggenberg, der unmittelbar betroffen war, bildete sich der „Schutzverband der Pyhrnautobahn", der im Dezember 1973 etwa 73.000 Unterschriften für ein Volksbegehren gesammelt hatte. Bürgermeister Scherbaum ordnete in der Folge eine behördliche Überprüfung dieser Unterschriften an, da der Verdacht bestand, daß viele Unterzeichner gar nicht wahlberechtigt gewesen wären. Als den Unterzeichnern Ende Jänner 1973 die persönliche Vorladung zwecks Unterschriftenüberprüfung zugestellt wurde, fand man dieses Vorhaben schikanös.

Diskussion um die Pyhrnautobahn

Bauarbeiten an der neuen Hauptbrücke

Die Aktion Pyhrn hatte sich also als politischer Sprengstoff erwiesen. Schon bald nach der Wahl zeigte sich, daß die beiden bürgerlichen Parteien ÖVP und FPÖ jede Möglichkeit nützen wollten, um einen Kandidaten aus ihren Reihen zum Bürgermeister zu wählen. Der Spitzenkandidat der Freiheitlichen Partei Dipl.Ing. DDr. Alexander Götz kam der Umstand zugute, daß er bereits seit 15 Jahren dem Stadtsenat angehörte und somit über mehr kommunalpolitische Erfahrung verfügte als der Gegenkandidat der ÖVP Dipl.-Ing. Franz Hasiba. Die Sozialistische Partei, obwohl mit der relativen Mehrheit ausgestattet, mußte in die Opposition, da sich ÖVP und FPÖ auf eine Koalition einigten (11. April) und Alexander Götz zum Bürgermeister von Graz wählten.

Alexander Götz als Bürgermeister

Als Konsequenz zur Wahlniederlage schied Dipl.-Ing. Gustav Scherbaum sowohl aus dem Stadtsenat als auch aus dem Gemeinderat aus.

Die „bürgerliche Koalition" konnte am 29. Jänner 1978 ihr Bündnis erneuern. Eindeutiger Sieger der Wahl war diesmal Bürgermeister Götz, der seine Mandatsanzahl von neun auf nunmehr 14 erhöhen konnte. Die SPÖ fiel auf 23 (bisher 26) und die ÖVP auf 18 (bisher 20) Mandate zurück. Der Erfolg von Alexander Götz fand auch auf Bundesebene seinen Niederschlag. So wurde der Grazer Bür-

Die Bürgermeister der Zweiten Republik

1) Engelbert Rückl
2) Eduard Speck

3) Gustav Scherbaum
4) Alexander Götz

5) Franz Hasiba
6) Alfred Stingl

germeister noch im selben Jahr, am 30. September, zum neuen Bundesparteiobmann der FPÖ bestellt (bis 1. 12. 1979).

Fast genau fünf Jahre später ging die „Ära Götz" zu Ende. Bei den Wahlen am 23. Jänner 1983 kam es zur Pattstellung im Grazer Gemeinderat, die zu einer „Teilzeitlösung" führte. Die erste Hälfte der Legislaturperiode amtierte Dipl.-Ing. Franz Hasiba (ÖVP) als Bürgermeister, die zweite Hälfte der Spitzenkandidat der SPÖ Alfred Stingl. Franz Hasiba wechselte als Landesrat in die Steiermärkische Landesregierung und machte Platz für Erich Edegger. Alfred Stingl wußte den Bürgermeisterbonus zu nutzen und ging bei den bisher letzten Gemeinderatswahlen am 25. Jänner 1988 mit 25 Mandaten als Sieger hervor.

„Teilzeitlösung" für Bürgermeister Hasiba und Bürgermeister Stingl

Während die Schilderung der politischen Geschichte der letzten Jahre liefen Entwicklungen und Ereignisse in verschiedensten Richtungen ab. So etwa gingen u. a. Landesausstellungen oder der „steirische herbst" über die kulturelle Bühne der Stadt, Amtsgebäude, großräumige Sport- sowie Freibad- und Hallenbadanlagen, Fest- und Tagungssäle — auch die Oper — wurden zum Teil neu errichtet oder umgestaltet. Neue Brückenbauten erleichterten den Verkehr über die Mur. Ab dem 15. November 1972 gibt es die Fußgängerzone. Ein dementsprechendes Testprogramm war bereits ab

Fußgängerzone

Josip Broz Tito und seine Gemahlin mit Landeshauptmann Krainer

Königin Elisabeth II. in Graz (Mai 1969)

Staatsbesuche

Dezember 1971 gestartet worden. Auch durch den Besuch ausländischer Staatsmänner oder gekrönter Häupter erhielt die Stadt Graz eine Aufwertung ihrer Bedeutung im grenznahen Raum. So besuchten u. a. der Schah von Persien, Reza Pahlewi (Mai 1960), Nikita Cruschtschow (Juni 1960), Willi Brand als Berliner Bürgermeister (März 1963), Josip-Broz Tito (Februar 1967) oder die englische Königin Elisabeth II gemeinsam mit ihrem Prinzgemahl (Mai 1969) die steirische Landeshauptstadt.

Die Aktion „Rettet die Altstadt" (1972/73) unter der Leitung ihres Generalsekretärs Prof. Max Mayr, konnte ursprünglich, historisch gewachsene Bauten wieder die verdiente Bedeutung zurückgeben und Fehlentwicklungen sowie störende Eingriffe unterbinden und führte letztlich zum Altstadterhaltungsgesetz von 1973.

850-Jahr-Feier

Bereits am 15. September 1977 begann mit einer Festsitzung des Grazer Gemeinderates die 850-Jahr-Feier der Stadt Graz, die sich über das gesamte Jahr 1978 hinzog. Als letzten Höhepunkt erhielt Graz am 24. November 1979 den Europapreis für vielfältige Kulturleistungen verliehen.

Der Dom erhielt eine neue Orgel sowie ein neues Geläute und Ende Juni 1981 wurde die Stadt anläßlich des österreichischen Katholikentages zum Begegnungsort tausender Gläubiger.

Am 12. September desselben Jahres konnte das neuerbaute ORF-Zentrum Graz-St. Peter, geplant vom Wiener Architekten

Gustav Peichl, offiziell eröffnet werden. Seit 1984 besitzt die Stadt ein Casino und immer mehr internationale Kongresse setzen die Tradition von Graz als Kongreßstadt bis in die Gegenwart fort. Am 27. Juni konnte unter ein jahrelanges Ringen ein endgültiger Schlußpunkt gesetzt werden: Der 9.919 Meter lange Plabutschtunnel war fertig und wurde übergeben.

Plabutschtunnel

All diese Ereignisse, von denen noch so manche aufzuzählen wären, ließen und lassen die steirische Landeshauptstadt Graz zu einer modernen, schönen, lebenswerten, aber auch selbstbewußten Stadt werden, in der einander Tradition und Fortschritt begegnen. Es ist bezeichnend, daß sich die Bürgerschaft zur Wiederherstellung für die anläßlich des Türkensieges 1664 errichtete und 1988 durch einen neonazistischen Brandanschlag schwer beschädigte Votivsäule (sie war im Rahmen des „steirischen herbst" 1988 zum Mahnmal für Opfer des Nationalsozialismus umfunktioniert worden) entschied. Sie wurde im Dezember 1992 neu geweiht.

Eine ruhige Kontinuität entwickelte sich im Gemeinderat. Die letzten Wahlen am 24. 1. 1993 brachten keine entscheidende Wende. Alfred Stingl als Bürgermeister setzt gemeinsam mit Ruth Feldgrill (ÖVP) — sie übernahm nach dem plötzlichen Ableben des Vizebürgermeisters Erich Edegger im Oktober 1992 dessen Agenden — und Peter Weinmeister (FPÖ) den in den letzten Jahren gegangenen Weg fort.

Somit führt die Erkenntnis aus der Vergangenheit, knapp vor der Jahrtausendwende, begleitet durch mutige Zukunftsvisionen der nahezu 900jährigen Stadt, in eine gesicherte und glückliche Zeit.

Lichtschwert, bis Mai 94 vor der Oper (li.) u. der neue Mursteg.

Manfred Blumauer

Das Musikleben seit 1945

Konzertwesen

Im Rückblick könnte es zunächst scheinen, als wäre das Konzertwesen aus den letzten Wochen des Zweiten Weltkriegs fast bruchlos übergegangen in die Jahre des Wiederaufbaus in der Zweiten Republik: Am 5. März 1945 hatte das Grazer Städtische Orchester (oder das, was von ihm im „totalen Krieg" geblieben war, in Gemeinschaft mit anderen noch verfügbaren Musikern) unter der Leitung Hermann v. Schmeidels, des künstlerischen Leiters des Musikvereins seit 1939, sein letztes Sinfoniekonzert während des Krieges gegeben; am 13. Juni spielte es bereits wieder, diesmal unter der Leitung von Romanus Hubertus, der von 1942 bis zur Schließung der Bühnen im Juni 1944 in Graz Opernchef gewesen war. Das Tschaikowski-Programm dieses Konzerts war kein Zufall: Seit Anfang Sommer 1941, dem Beginn des Rußlandfeldzugs, war kein Werk der russischen Musik erklungen, und Graz stand nun unter russischer Besatzung. Sie wurde in der zweiten Julihälfte von der britischen abgelöst, die dem Musikleben sogleich kräftige Förderung angedeihen ließ.

Britische Ägide   Dies führte auch zu mancher neuen Bekanntschaft mit englischer Musik (bereits 1946 wurde vom Grazer Domchor das Oratorium „Der Traum des Gerontius" von Edward Elgar aufgeführt, in Orchesterkonzerten waren Werke von Delius, Vaughan Williams, Bax und Randall Thompson zu hören) und mit englischen Künstlern: Unter Malcolm Sargent gastierten 1946, erstmals seit dem Krieg, die Wiener Philharmoniker, unter Adrian Boult zwei Jahre später erstmals die Wiener Symphoniker, und 1948 kam auch John Barbirolli mit seinem Hallé-Orchester aus Manchester nach Graz. Die Förderung der britischen Besatzungsmacht schloß auch die Veranstaltung der ersten Grazer Festwoche schon im September 1945 ein. Aus ihr entwickelten sich die Grazer Festspiele, die später (nachdem sich die euphorisch angemaßte Konkurrenz zu Salzburg als zu großspurig erwiesen hatte) in „Sommerspiele" umbenannt wurden und schließlich Ende der sechziger Jahre dem „steirischen herbst" Platz machten.

Ebenfalls bereits 1945 wurde der Musikverein reorganisiert: Die *Musikverein* unter dem kulturpolitischen Diktat des NS-Staates vollzogene Abtrennung des Konservatoriums vom Steiermärkischen Musikverein (er war 1815 aus joanneisch-aufklärerischem Geist in erster Linie als Lehranstalt gegründet worden) wurde formaliter beibehalten, der Musikverein auf neuer vereinsrechtlicher Basis als Konzertbüro weitergeführt, das Konservatorium dank der Initiative Günther Eisels, seines ersten Direktors, vom Land Steiermark übernommen. Es war das Verdienst des ersten Generalsekretärs des Musikvereins, Albert Moser (des derzeitigen Präsidenten der Salzburger Festspiele), die Chance der Zeit genützt und die Einladung musikalischer Prominenz mit der Einbeziehung heimischer Künstler und neu formierter Gruppen zu einem sehr effektivem Konzertangebot verbunden zu haben.

In diesen ersten Jahren dirigierten Hermann Scherchen (bereits im Juni 1946), Otto Klemperer, Clemens Krauss und Hans Knappertsbusch das Grazer Orchester. Herbert von Karajan kam im September 1950 mit den Wiener Symphonikern. Auf zwei Säulen konnte sich die Programmierung der großen Chorwerke mit Orchester stützen: auf den Grazer Domchor Anton Lippes, der erstmals im September 1945 öffentlich hervortrat (mit dem Requiem Verdis)

Hans Knappertsbusch bei einer Probe mit dem Städtischen Orchester, Februar 1949

und mit den ersten Nachkriegsaufführungen des Oratoriums „Das Buch mit sieben Siegeln" von Franz Schmidt ein bald auch im Ausland wahrgenommenes Zeichen setzte, sowie auf den von Ernst Märzendorfer gegründeten Grazer A-cappella-Chor, dem seit 1949 vor allem die Abdeckung eines Nachholbedarfs an bedeutender Musik dieses Jahrhunderts zu danken ist, einer Musik, die heute als „klassische Moderne" etikettiert wird.

Philharmonisches Orchester

Der Musikverein hatte aber bald mit finanziellen Schwierigkeiten zu kämpfen. Vor allem wäre die Durchführung von Orchesterkonzerten nicht mehr möglich gewesen, hätte nicht die Vereinbarung mit den Vereinigten Bühnen als den Erhaltern des Grazer Philharmonischen Orchesters (es war Anfang der fünfziger Jahre aus der Zusammenlegung des Städtischen Orchester und des Rundfunkorchesters der damaligen „Sendergruppe Alpenland" entstanden) die unentgeltliche Verfügung über das Orchester in einem fixierten Ausmaß von „Diensten" für Proben und Aufführungen geregelt. Dieser Vertrag ist mit Modifikationen auch heute noch in Geltung; er stellt eine indirekte Subvention des Musikvereins durch die Gebietskörperschaften Land Steiermark und Stadt Graz dar.

Steirische Komponisten

Der Musikverein beantwortet diese Subvention mit der Bereitschaft, alljährlich in einem Konzert des Grazer Philharmonischen Orchesters ein Werk aus dem zeitgenössischen steirischen Musikschaffen aufzuführen. In diesem Sinn wurden seit Anfang der sechziger Jahre Werke folgender lebender Komponisten vorgestellt (in chronologischer Folge nach dem ersten Erscheinen, einige kamen zwei- bis dreimal zum Zug): Günther Eisel, Karl Haidmayer, Max Haager, Erich Marckhl, Albert Nagele, Franz Koringer, Walter Skolaude, Reinhold Portisch, Otto Siegl, Walter Kainz, Walter Bergmann, Hannes Kuegerl, Ivan Eröd, Ernst Ludwig Uray, Waldemar Bloch (er war zum Zeitpunkt der Aufführung bereits verstorben), Zbigniew Bargielski und Hermann Markus Preßl. Ein eigener Kompositionsabend wurde Maximilian Kojetinsky, dem langjährigen Kapellmeister der Grazer Oper, zur Nachfeier seines 65. Geburtstages gewidmet. Es versteht sich von selbst, daß hier unter „steirischen" Komponisten nicht nur solche zu verstehen sind, die im Lande geboren wurden, sondern auch etliche, die ihm durch ihre jahrelange Tätigkeit verbunden sind.

Der Musikverein für Steiermark ist bis heute der Hauptträger eines großstädtischen Musiklebens in Graz geblieben. Er erfüllt diese Aufgabe fast ausschließlich auf der Basis von Abonnementkonzerten. Der seit Jahren gehaltene Standard hält bei zehn Orchesterkonzerten in zwei Serien (jedes Programm wird also zweimal gespielt), acht Kammerkonzerten, sechs Liederabenden und drei Solistenkonzerten pro Saison, fallweise auch einem Konzert außer Abonnement. Es ist hier nicht der Ort, die vielen großen Namen und besonderen Ereignisse aufzuzählen, an denen das Grazer Publikum im Lauf der Jahrzehnte teilhaben konnte. Hier sei nur der persönlichen Einkehr zweier hervorragender Komponisten gedacht: Benjamin Britten gab gemeinsam mit Peter Pears einen Liederabend, Frank Martin (Ehrenmitglied des Vereins) dirigierte sein Oratorium „Golgatha". Zur Aufsummierung wird das kommende Jubiläum Gelegenheit geben: Im Juni 1990 wird der Musikverein 175 Jahre alt; und mit dem Ende dieses Jahres wird auch Dr. Erika Kaufmann, die durch zwei Jahrzehnte die Geschicke des Vereins gelenkt hat, ihre Tätigkeit beschließen.

Neben dem Musikverein gab und gibt es jedoch eine Reihe anderer größerer und kleinerer Veranstalter mit zum Teil spezifischer Programmtendenz. Der Verbreitung neuer Musik und zugleich der Förderung heimischen Schaffens diente das von Landesmusikdirektor Dr. Erich Marckhl 1953 eingerichtete „Studio für Probleme zeitlich naher Musik", das in den ersten Jahren auch mit dem Musikverein zusammenarbeitete. Mit der Gründung des Forum Stadtpark wurde 1960 auch ein Musikreferat geschaffen, das unter der Leitung des Verfassers dieser Zeilen um Vermittlung des Erbes der Zweiten Wiener Schule bemüht war — es hatte im seriellen Denken die Nachkriegsavantgarde weitgehend bestimmt — und damit auch dem heimischen Schaffen neue Impulse geben wollte. Diese Funktion ist ab 1968 auf das „Musikprotokoll" im „steirischen herbst" übergegangen, wogegen der zweite Pfeiler der Musikarbeit im Forum, der Jazz, bis heute tragend geblieben ist. Graz ist in der Folge mit seiner in Europa an einer Musikhochschule erstmaligen Jazzausbildung und -forschung, nachgerade zu einer Hochburg dieser zwischen alter Volkskultur und Hochkultur eingebetteten Musikart geworden.

Neue Musik

Das vom ORF finanzierte „Musikprotokoll" hat sich vom Anfang an als Ur- und Erstaufführungsfestival verstanden, das den jüng-

„Musikprotokoll"

sten Stand des Komponierens, mit besonderer Berücksichtigung auch der Situation in den Nachbarländern, repräsentieren will. Zugleich wurde von Beginn an versucht, verschüttete Quellen der Gegenwartsmusik in Retrospektiven freizulegen. Sie galten: Josef Matthias Hauer (1969), Edgar Varèse (1970), Hanns Eisler (1971), dem „Furutismus" der zwanziger Jahre (1973), Alexander v. Zemlinsky (1974), Franz Schreker (1976), Alexander Skrjabin (1978), Ernst Krenek (1980), Egon Wellesz (1982) und György Ligeti (1984); im Fall von Krenek und Ligeti wurde die Rückschau zur Hommage an lebende Komponisten, zu denen die hiesige Musikszene seit Jahren engere Bande geknüpft hatte. Vor allem diese Retrospektiven hatten weithin Aufmerksamkeit erregt, nicht zuletzt auch durch die parallelen Symposien (und nachfolgenden Publikationen) des von Dr. Harald Kaufmann gegründeten Instituts für Wertungsforschung an der Musikhochschule. In den zwei Jahrzehnten seines Bestehens, einschließlich 1988, verzeichnen die Programme des „Musikprokolls" 275 Uraufführungen von sicherlich sehr unterschiedlicher Gewichtung. Im Jahr 1972 wurde im Rahmen dieser Veranstaltungen das Musikfest der Internationalen Gesellschaft für neue Musik (IGNM) ausgetragen.

„Styriarte"

In den letzten Jahren ist Graz ein neues Musikfestival zugewachsen, die „Styriarte", die gleichsam in Gegenposition zum „Musikprotokoll" der alten Musik gewidmet ist. Personaler und zugleich ideeller Mittelpunkt ist Nikolaus Harnoncourt, der aus Grazer Familie stammende, weltweit angesehene Leiter des Ensembles „Concentus musicus", mit seiner Auffassung von „Musik als Klangrede", d. h. von kritischer Interpretation alter und traditioneller Musik. Dieses Vorhaben wird exemplifiziert in Schwerpunkten, die von Jahr zu Jahr wechseln; bisher waren es Bach, Monteverdi, Haydn und Schubert, heuer und im nächsten Jahr werden Mozart und Beethoven folgen. Hier sei auch auf ein anderes periodisches Festival mit wechselndem Austragungsort hingewiesen: Das 58. Bachfest der Neuen Bachgesellschaft wurde im Mai 1983 in Graz durchgeführt, wobei von der Thematik eine Ellipse auch um das Werk des Steirers Johann J. Fux als dem zweiten Brennpunkt gezogen wurde.

Nach dem Krieg veranstaltete der steirische Rundfunk, bis zur Auflassung des eigenen Orchesters, auch selbst Konzerte. Vom damaligen Leiter der Musikabteilung, Ernst Ludwig Uray, wurden

Ende der vierziger Jahre die Grazer Jugendkonzerte ins Leben gerufen. Sie werden seit 1971 von Roland Geister als dem Leiter der Grazer Geschäftsstelle des Vereins „Musikalische Jugend Österreichs" betreut, der wiederum eingebunden ist in die internationale Förderation der „Jeunesse musicales". Derzeit sind etwa zwei Drittel der Grazer Konzerte „Jeunesse"-Eigenveranstaltungen, ein Drittel wird von der Grazer Geschäftsstelle in Zusammenarbeit mit anderen Institutionen (Musikverein, „steirischer herbst") durch die Übernahme von Generalproben (Orchesterkonzerte) oder von Kartenkontingenten angeboten. Seit 1971 sind auf diese Weise über vierhundert Konzerte in einer wechselnden Zahl von Abonnementreihen durchgeführt worden. *Jugendkonzerte*

Auch im schulischen Bereich wurden regelmäßig öffentliche Konzerte veranstaltet, schon vom alten Konservatorium in der Griesgasse, aber auch von privaten Musik- und Gesangschulen. Das Landeskonservatorium wurde dank der Tatkraft Erich Marckhls 1963 in den Rang einer Akademie für Musik und darstellende Kunst erhoben, also in die Kompetenz des Bundes übergeführt, mit Sitz im Palais Meran, dem ehemaligen Stadtpalais Erzherzog Johanns. Durch Gesetz wurde 1970 allen drei österreichischen Musikakademien Hochschulstatus verliehen und damit auch das Präsidialprinzip ersetzt durch die Selbstverwaltung unter periodisch zu wählenden Rektoren und Abteilungsleitern. Die vom alten Konservatorium abgetrennte Landesmusikschule erhielt inzwischen den Status eines neuerlichen Konservatoriums mit Öffentlichkeitsrecht. Mit dem Beginn des Jahrzehnts hat die Hochschule für Musik und darstellende Kunst auf Initiative des Rektors Prof. Dr. Otto Kolleritsch ein eigenes Abonnement aufgelegt; diese Veranstaltungen zielen durch Mitwirkung namhafter Künstler auf Animation des Nachwuchses und erbringen zugleich einen Nachweis seiner Leistungen vor der Öffentlichkeit. *Konzerte im schulischen Bereich*

Unter weiteren Veranstaltern sind zu nennen: der „Grazer Concertchor" und die „Gesellschaft der Musikfreunde" unter der künstlerischen Leitung des früheren Domkapellmeisters Alois J. Hochstrasser (der vokale Klangkörper, der einige Jahre hindurch vom Musikverein zur Mitwirkung herangezogen wurde, ist durch Abspaltung vom alten Domchor entstanden), die in den letzten Jahren wieder rühriger gewordene Grazer Mozartgemeinde und die neuen Kulturzentren an der Peripherie, in Graz-Andritz und in *Andere Veranstalter*

Graz-Liebenau, sowie das Kulturzentrum bei den Minoriten, das sich auch reisender Gruppen eines kreativen Folklore-Verständnisses und eines außereuropäischen Einflußbereichs annimmt. Freien Gruppen jeglicher Art stellt die Stadt Graz seit jüngstem die wiederhergestellte und mit Regendach versehene Schloßbergbühne zur Verfügung.

Musiktheater

Anfänge nach dem Krieg

Die Fliegerbombe, die am 1. November 1944 den Eingangstrakt des Opernhauses arg beschädigte, traf ein bereits geschlossenes Haus: Joseph Goebbels hatte die Schließung sämtlicher Bühnen mit 1. September 1944 verfügt. Weniger als sieben Wochen nach Kriegsende, noch in der Zeit der russischen Besatzung, wurde wieder gespielt: Unter der Leitung Ernst Märzendorfers wurde Glucks „Maienkönigin" gegeben, an einem Abend zusammen mit konzertanten Opernfragmenten, die Günther Eisel dirigierte. Schon eine Woche zuvor war im Schauspielhaus die Operette „Der fidele Bauer" von Leo Fall aufgeführt worden, einem der durch sieben Jahre verfemt gewesenen jüdischen Operettenkomponisten; bereits im Juli wurde auch eine Offenbach-Operette hervorgeholt, „Hochzeit beim Laternenschein", und Offenbachs Opernvermächtnis „Hoffmanns Erzählungen" kam im August als Neuinszenierung heraus: Das Werk war in der Saison 1937/38, vor dem „Anschluß", zum letzten Mal auf dem Spielplan gestanden. Auch des Grazers Robert Stolz erinnerte man sich rasch wieder: Zwar keineswegs jüdischer Abstammung, war er aus freien Stücken in die Emigration gegangen; er war noch nicht nach Österreich zurückgekehrt, als man — ebenfalls in diesem August — seine Operette „Das Sperrsechserl" wieder spielte. (Gegen Ende des Jahres 1946 konnten die Grazer den Meister der leichten Muse erstmals wieder persönlich begrüßen, in zwei Konzerten, an denen er selbst als Dirigent und als Klavierbegleiter mitwirkte.)

Eine Sternstunde

Nach diesen bescheideneren Anfängen dann, vier Monate nach Kriegsende, das erste große Opernereignis: In jener ersten Festwoche wurde Mitte September 1945 Mozarts „Entführung aus dem Serail" mit einer „luxuriösen" Besetzung herausgebracht, wie sie heute für eine mittlere Bühne kaum noch erreichbar sein dürfte: Unter der Leitung Rudolf Moralts sangen Elisabeth Schwarzkopf (Konstanze), Julius Patzak (Belmonte), Ludwig Weber (Osmin) und die junge Grazerin Herma Handl (Blondchen). Wie damals „aus dem Vollen" geschöpft werden konnte, als es noch kaum andere Ablenkungen für das Freizeitverhalten einer unter vielerlei Entbehrungen leidenden Bevölkerung gab (und auch noch keinen internationalen Verkehr für Künstler solchen Ranges), wird daraus ersichtlich, daß Frau Schwarzkopf für Maria Cebotari eingesprungen war, die krankheitshalber hatte absagen müssen, einen Monat später aber in einer „Fledermaus"-Aufführung gastieren konnte, bei den Festspielen des Frühsommers 1946 die Gräfin in „Figaros Hochzeit" sang und um diese Zeit auch in etlichen Konzerten mitwirkte. Als ein weiteres Ereignis der ersten Nachkriegsjahre ist die österreichische Erstaufführung von Brittens „Peter Grimes" im Sommer 1947 zu nennen. Damit war, unter britischer Ägide, erstmals nach dem Krieg die Moderne in der Grazer Oper angetreten.

Es war eine große, aber auch wechselvolle Zeit des Theaters in Graz. Die sich häufenden finanziellen Sorgen und betriebstechnischen Probleme konnten erst mit der Gründung der Vereinigten Bühnen 1950 stabilisiert werden, eine Organisationsform, die auch heute noch Bestand hat. Bis dahin waren der Betrieb des Opernhauses und teilweise auch des Schauspielhauses (nach sukzessiver Freigabe durch die Besatzungsmacht, die es requiriert hatte) der Stadt Graz zur Last gefallen, wogegen das Land Steiermark nur das Landestheater im Rittersaal („Kammerspiele") unterhalten hatte. Ab nun aber teilten sich beide Gebietskörperschaften paritätisch die Erhaltung der Grazer Bühnen (deren drei bis zur baupolizeilich angeordneten Schließung des Schauspielhauses im Sommer 1952). Gegenwärtig ist die ursprüngliche Anteilsgleichheit zugunsten der finanzschwächeren Stadt etwas verschoben (im Verhältnis von 54 zu 46 Prozent). *Gründung der Vereinigten Bühnen*

Die Entwicklungen und Höhepunkte des Musiktheaters in Graz durch mehr als vier Jahrzehnte sind hier im einzelnen nicht nachzuzeichnen. Es verdient aber Aufmerksamkeit, wie sich in größeren Zeiträumen einige grundsätzliche Einstellungen verändert haben. Als das Opernhaus 1899 als „Stadttheater" eröffnet wurde, galt Graz vor allem als Wagner-Stadt. In den ersten Jahrzehnten des Jahrhunderts wuchs ihr dann der Ruf einer besonderen Aufgeschlossenheit für Richard Strauss zu. Das bedeutete zunächst Aufgeschlossenheit für das damals Neue. In der Zwischenkriegszeit (in der der Opernbetrieb infolge der Wirtschaftskrise für zwei Jahre — *Die Wagner-Stadt*

1926 bis 1928 — eingestellt werden mußte) breitete sich gegenüber neuer Produktion ein Sinn für biedere Hausmannskost aus, der dann allzu leicht in die nationalsozialistische Kunstdoktrin übergeführt werden konnte. Blieb also Wagner in der ersten Hälfte des Jahrhunderts für die hiesige Opernrezeption sozusagen das Maß aller Dinge, so gewann in der zweiten Mozart zusehends wieder an Terrain. Die erwähnten Aufführungen bald nach Kriegsende stehen dafür als ein deutliches Signal.

Mozart-Pflege   Ein Jahrzehnt später, im Frühjahr 1956, wurde von den Vereinigten Bühnen gemeinsam mit dem Musikverein ein Mozart-Fest anläßlich der 200. Wiederkehr des Geburtstages veranstaltet, bei dem vier mit Gästen besetzte Opern, darunter eine Neuinszenierung der „Zauberflöte", sowie der „Schauspieldirektor" in einer Festmatinee dargeboten wurde. Über die regelmäßige Mozart-Pflege hinaus gab es in den siebziger Jahren eine neuerliche Verdichtung von Aufführungen, bei denen einerseits die musikalische Texttreue auf der Grundlage der Neuen Mozart-Ausgabe maßgebend wurde, andrerseits das moderne Regietheater mit seinen Mitteln szenischer Neuproduktion hineinspielte. „Le nozze di Figaro" wurden sogar in zweifacher Besetzung als Doppelpremiere im italienischen Original und in neuer deutscher Übersetzung herausgebracht.

Das geschah am Anfang der bis in die Gegenwart reichenden Ära Carl Nemeths, der mit dem Grundsatz angetreten war, Opern in der jeweiligen Originalsprache aufzuführen. Nicht zuletzt galt dies auch für die Wiederbelebung der italienischen Belcanto-Oper, ein anderes Anliegen dieses Langzeit-Intendanten (mit seinem Ausscheiden im Herbst 1990 wird er mehr als achtzehn Jahre im Amt gewesen sein); die Wiederaufführung der „Puritani" Bellinis — die Grazer Erstaufführung hatte 1836 stattgefunden! — war gleichsam sein Einstandsgeschenk. Der Einsatz für diese von den Wagnerianern geringgeschätzte Art der Oper hat sicherlich ebenso viel zur partiellen Verdrängung Wagners beigetragen wie die relative Bevorzugung Mozarts. Keineswegs aber war Wagners Werk seit dem Krieg vernachlässigt worden. Schon Anfang 1946 gab es die erste Wiederaufführung von „Tristan und Isolde" unter der Leitung Maximilian Kojetinskys, der erst wenige Wochen zuvor nach Graz gekommen war. Er wirkte hier über ein Vierteljahrhundert, nicht zuletzt als der Getreue Eckart des Bayreuther Meisters. Bereits Anfang der sechziger Jahre kam unter der Intendanz André Diehls,

Wiederbelebte italienische Belcanto-Oper: Bellinis „Puritaner" zur Saisoneröffnung im Herbst 1972

der ersten stabilen Periode des Grazer Theaters im Zeitraum dieses Berichts, und unter seiner Regie der gesamte „Ring" heraus. Bedeutungsvoll in der Wagner-Pflege dieses Jahres war die „Entrümpelung" der Szene, die Absage an ein realistisches Ambiente, mit deutlicher Anlehnung an den Neu-Bayreuther Stil Wieland Wagners. Unter der Intendanz Dr. Nemeths wurden die Wagner-Premieren zwar seltener, doch fiel in sie das Gedenkjahr 1983: Der Anlaß förderte eine Rarität ans Rampenlicht, Wagners Frühwerk „Das Liebesverbot" als österreichische Erstaufführung in der Inszenierung Christian Pöppelreiters; er ist auch der Regisseur des neuen „Ringes", der am Ende dieses Jahres abgeschlossen sein wird.

In den letzten zwei Jahrzehnten sorgte auch das bereits erwähnte Regietheater, dessen Selbstverständnis über neue Sichtweisen hinaus einen eigenschöpferischen Anteil am Produkt der jeweiligen Theaterarbeit behauptet, für manche Aufregung. Mit der „Elektra" vom Herbst 1973 und drei weiteren Operninszenierungen wirkte hier Harry Kupfer bahnbrechend, ehe er mit seinen Arbeiten in Bayreuth und in Wien weithin Beachtung fand. Geändert hat sich auch die Betriebsform des Musiktheaters darin, daß das Ensembletheater mit seinen festen Engagements durchkreuzt wurde von Ad-Hoc-Verpflichtungen mit Stückverträgen. Am anderen Ende dieser Mischform steht das Produktionsensemble eines Stagione-Betriebes: In reinster Form wurde es hier 1976 mit der in New York aus Farbigen zusammengestellten Besetzung für Gershwins „Porgy and Bess" praktiziert. Vom designierten Intendanten ab

Regietheater

Uraufführung der Goldoni-Oper „Der Diener zweier Herren" von Waldemar Bloch, Grazer Sommerspiele 1969

1990, Dr. Gerhard Brunner, liegt bereits eine Absichtserklärung vor, gemeinsam mit der künftigen Operndirektorin Gundula Janowitz zum Ensembletheater älteren Stils zurückkehren zu wollen.

Heimisches Schaffen

Geändert hat sich im hochsubventionierten Theater, gegenüber dem mehr unter kommerziellem Zwang stehenden Betrieb bis in die dreißiger Jahre hinein, auch das Verhältnis zum heimischen Schaffen. Nach dem Zweiten Weltkrieg ermöglichte die Zusammenarbeit des Theaters mit den Grazer Sommerspielen, später mit dem „steirischen herbst", manche Förderung heimischer Komponisten. Auf diese Weise konnten drei Opern von Waldemar Bloch, „Stella", „Das Käthchen von Heilbronn" und „Der Diener zweier Herren", Franz Mixas „Der Traum ein Leben", Rudolf Weishappels „Die Lederköpfe" und Ivan Eröds „Orpheus ex machina" uraufgeführt werden.

Diese Art der Zusammenarbeit führte aber auch zur Einbindung neuer Formen des Musiktheaters mit den Uraufführungen von Otto M. Zykans „Symphonie aus der heilen Welt" und „Auszählreim" sowie der Gemeinschaftsarbeit der „Wölfli-Szenen", an der sich neben Wolfgang Rihm drei in Graz tätige Komponisten, Georg Haas, Gösta Neuwirth und Anton Prestele, beteiligten. Die zusätzliche Kooperation mit der Staatsoper ermöglichte zudem die Uraufführung eines so anspruchsvollen Werkes wie der Oper „Der Rattenfänger" von Friedrich Cerha.

Auf die Frage, ob es in den letzten Jahrzehnten eine eindeutige Präferenz für das Opernschaffen eines lebenden Komponisten ge-

Applaus für Ernst Krenek, der im Oktober 1969 ein Konzert eigener Werke dirigierte

geben hat, ist vor allem auf die Krenek-Premieren hinzuweisen: „Das Leben des Orest", „Karl V.", „Orpheus und Eurydike" und „Jonny spielt auf". Keine andere österreichische Bühne hat Vergleichbares für die Opern des österreichischen Altmeisters getan. Rund um „Karl V.", der in Graz anderthalb Jahrzehnte vor der Premiere in der Wiener Staatsoper (der das Werk zunächst zugedacht war) herausgebracht wurde, veranstaltete der Musikverein ein kleines Krenek-Festival unter persönlicher Teilnahme des Komponisten; „Jonny" wiederum stand im Mittelpunkt der Krenek-Retrospektive des „Musikprotokolls" 1980. Diese Produktion wurde von den Wiener Festwochen mitveranstaltet, die sie bereits im Frühjahr 1980 herausbrachten: Es war das erstemal, daß eine Premiere der Grazer Oper in Wien stattfand.

Einsatz für Ernst Krenek

Auffallend ist es, daß von Hans Werner Henze in Graz bisher nur der „Prinz von Homburg" gegeben wurde, obwohl dieser Komponist einige Jahre hindurch mit seinen Animationsprojekten dem „steirischen herbst" verbunden war. Eine persönliche Beziehung Luigi Dallapiccolas zu Graz hatte sich dagegen noch zu seinen Lebzeiten in den Inszenierungen von „Nachtflug" und „Der Gefangene" niedergeschlagen. Vom Anglo-Österreicher Francis Burt, der einen Landsitz in der Oststeiermark hat, wurden hier erstmals in Österreich zwei Opern und ein Ballett gegeben. Besonders zu wür-

Andere persönliche Bindungen

Weitere Erstaufführungen

digen ist auch, daß die beiden Opern Alban Bergs in Graz bereits je zwei Inszenierungen erfahren haben, desgleichen, daß von Ligeti außer einer Eigenproduktion von „Aventures & Nouvelles Aventures" der „Grand Macabre" wenigstens als Gastspiel zu erleben war.

Auch in einer so kursorischen Übersicht nicht vergessen sein sollen die Wiedergabe des „Boris Godunow" in der Originalfassung unter dem so verdienten Opernchef Berislav Klobučar, der zwei Jahrzehnte später dieselbe Oper Mussorgskis in der Instrumentierung von Schostakowitsch unter dem derzeitigen Orchesterchef Nikša Bareza folgte. Dieser leitete u. a. auch in einer eigenen Einrichtung die erste Wiederaufführung der „Angelica" von Johann J. Fux als Festa teatrale anläßlich der Wiedereröffnung des Hauses im Jänner 1985 nach anderthalbjähriger Schließung wegen des großen Bühnenumbaus und der Generalrenovierung.

Außer den bereits genannten Werken fanden u. a. Opern von Bartók („Herzog Blaubarts Burg"), Menotti, Sutermeister, Kodály, Busoni („Doktor Faust"), Verdi („Attila"), Fortner, Milhaud („Christoph Kolumbus"), Penderecki („Die Teufel von Loudon") und Rihm („Jakob Lenz") sowie Ballette von Strawinsky („Apollon musagéte"), Einem, Menotti, Bernstein („Fancy free", sogar als europäische Erstaufführung), aber auch einige Operetten und Musicals

Festa teatrale zur Wiedereröffnung des Opernhauses im Jänner 1985 mit „Angelica" von Johann J. Fux: Huldigung an den neuen Glanz des Hauses anstelle der barocken Licenza

ihre österreichische Erstaufführung in Graz. Der Anteil des Balletts an den Erstaufführungen war vor allem unter dem Ballettmeister Fred Marteny beachtlich. Seit anderthalb Jahrzehnten wird unter der Leitung von Wazlaw Orlikowsky neuerlich eine bedeutende Aufbauarbeit geleistet, wobei die Pflege des großen klassischen Ballettrepertoires im Vordergrund steht.

Wer zählt — darüber hinaus — die Werke, nennt die Namen? Der vorgegebene Platz nötigt uns zur abrundenden Bemerkung, daß auch im Bereich des Musiktheaters das Geschehen nicht auf die eine große Institution beschränkt blieb. So produzierte der „steirische herbst" Einschlägiges gelegentlich unabhängig von den Vereinigten Bühnen, z. B. mit der Uraufführung der multimedialen „Apocalyptica" von Milko Kelemen. Einmal wagte sich auch die „Styriarte" mit einer vortrefflichen szenischen Produktion (Monteverdi, Purcell) selbständig hervor. Einer privat geführten Grazer Kammeroper war in den sechziger Jahren freilich nur ein kurzes Leben beschieden. Und auch hier trugen schulische Darbietungen ihr Scherflein bei, von der tüchtigen Opernschule des alten Konservatoriums bis in die Gegenwart der Musikhochschule, die Sommerakademie der amerikanischen Musikstudenten (AIMS) nicht zu vergessen, die einige Jahre hindurch ebenfalls mit szenischen Darbietungen hervortrat.

Neben der großen Institutionen

Eva Schäffer

Sprechtheater in Graz   1945 bis heute

„Spectacle müssen sein" — diese Bemerkung der Kaiserin und Königin Maria Theresia hat nach wie vor Gültigkeit wie jene tiefgründigere des französischen Schriftstellers Jules Renard (1864—1910): „Das Theater ist der Ort, wo ich mich am meisten langweile, wo ich mich aber auch am liebsten langweile."

Das Theater, das Sprechtheater, immer wieder totgesagt, von neuen Medien, vom Moloch Fernsehen vor allem arg bedrängt, lebt noch immer. Der uralte Drang des Menschen, sich darzustellen oder nur jenen zuzuschauen, die das tun, blühte und blüht. Höhen wechseln mit Tiefen, Leerläufe mit Sternstunden; unerschöpflich scheinbar das Reservoir an Künstlerinnen und Künstlern, die zunehmend mörderische Schwierigkeiten auf sich nehmen, um den mühsamen Weg ihres Berufes zu wählen und erfolgreich zu beschreiten.

Aufbauarbeit des Schauspielhauses

Wie alle anderen Theater des deutschen und des österreichischen Raumes hatte das Grazer Schauspielhaus nach dem Zweiten Weltkrieg immense Aufbauarbeit zu leisten. Das Opernhaus, damals „Stadttheater" genannt, nach dem Bombenangriff vom 1. November 1944 stark lädiert, das Schauspielhaus am Freiheitsplatz ein altes, renovierungsbedürftiges Gebäude. Erst 1946 wurde letzteres wieder bespielt, unter der Leitung des couragierten und intelligenten Intendanten Helmuth Ebbs: selbst ein hervorragender Schauspieler und Regisseur hatte er den Mut, brisante Werke auf die Bühne zu bringen. Die Aufführung von Helmut Qualtingers sozialkritischem Stück „Jugend vor den Schranken" 1949 im Rittersaal des Grazer Landhauses saß dem im September 1986 gestorbenen Autor lange in den Knochen: „Ein Trauma, ein echtes Trauma" erinnerte sich Qualtinger noch wörtlich Ende der siebziger Jahre im ORF-Studio Steiermark, als er zu dieser Sache befragt wurde. Die Inszenierung ertrank in einem Theaterskandal, Leute aus dem Publikum forderten lautstark die Todesstrafe für den Verfasser. Auch Franz Werfels berühmtes, inzwischen bravourös verfilmtes Anti-Kriegsstück „Jakobowsky und der Oberst", sowie Carl Zuckmayers „Des Teufels General" erregten manche Gemüter.

Am 26. Juli 1952 mußte das baufällige Schauspielhaus geschlossen werden, die letzte Vorstellung war eine Inszenierung von Franz Grillparzers Trauerspiel „Des Meeres und der Liebe Wellen": die bekannte Rundfunksprecherin und Schauspielerin Margit Jautz sprach damals als Darstellerin der Janthe die letzten Sätze im alten Haus: „Du gehst und schweigst/sei Strafe dir dies Schweigen/Ihr sorgt für sie, die sonst ich selbst getan/Mich duldets länger nicht in eurem Hause/Hier diesen Kranz tragt mit der Leiche fort."

Der Rittersaal als Interimslösung

Das Schauspiel übersiedelte in den Rittersaal des Landhauses, wo es — wie viele heute sagen — eine bemerkenswerte Epoche erlebte. Ludwig Andersen (Direktor von 1953 bis 1957) und André Diehl (Intendant von 1957 bis 1965) waren für diese wahrhaft aufregende Theaterzeit verantwortlich. Neben Klassikern und guten Salonstücken wurden eifrig wie künstlerisch niveauvoll zeitgenössische Dramatiker aus dem In- und Ausland gespielt: Jean Giraudoux, Jean Anouilh, Thorton Wilder, Christopher Fry, Arthur Miller (unvergeßlich „Der Tod des Handlungsreisenden" mit Anton

Lehmann und Emmy Bergmann), Fritz Hochwälder, Karl Wittlinger, William Saroyan, John Priestley, Samuel Beckett, Federico Garcia Lorca, Bertolt Brecht („Mutter Courage und ihre Kinder" mit Rosa Dybal-Kadlé), auch Werke der Grazer Walter Zitzenbacher („Jeder lügt in Baratario") und Ulrich Baumgartner, sowie zwei Stücke des als Schauspieler und Regisseur engagierten Ernst Therwal.

Zu einem Theaterskandal kam es auch 1961 bei der Premiere der österreichischen Erstaufführung von „Die Geisel" des irischen Dramatikers Brendan Behan. Allein am Schauplatz des Stückes — ein Bordell — nahmen zahlreiche Zuschauer Anstoß. Damit war der Erfolg dieser ausgezeichneten Inszenierung Fritz Zechas mit Hermann Treusch und Hannelore Kiesbauer in den Hauptrollen gesichert. Hohe Aufführungszahlen erreichten Gerhart Hauptmanns „Der Biberpelz" (mit Ruth Birk als Frau John), Oscar Wildes „Der ideale Gatte" mit Hertha Heger und Curt Eilers, „Ein besserer Herr" von Walter Hasenclever mit Fernand Mergen, „Die zwölf Geschworenen" von Reginald Rose und Horst Budjuhn, „Spitzenhäubchen und Arsenik" von Joseph Kesselring mit Rosa Dybal-Kadl, Helli Lichten und Rudolf Buczolich, „Die Nashörner" von Eugéne Ionesco mit Fritz Zecha in der Rolle des Behringer, „Der widerspenstige Heilige" von Lewis Carrol, Fritz Zechas Inszenierung von Ödon von Horvaths „Geschichten aus dem Wienerwald". Personenreiche, aufwendigere Sprechstücke waren im Opernhaus zu sehen, hier sind „Trauer muß Elektra tragen" von Eugene O'Neill mit Marianne Kopatz und Ruth Birk, Anouilhs Erfolgsstück „Bekket oder Die Ehre Gottes" (mit Burgschauspieler Heinrich Schweiger als Gast), Schillers „Maria Stuart" (mit Hertha Heger in der Titelrolle) und Friedrich Dürrenmatts zeitloses, prophetisches Stück „Die Physiker" (inszeniert von Fritz Zecha, mit Rosa Dybal-Kadlé als Fräulein Dr. von Zahnd und Robert Casapiccola als Moebius) zu nennen. Eine große Klassikerinszenierung Fritz Zechas freilich, Goethes Freiheitstragödie „Egmont" rief bei den Rezensenten besonders böse Verrisse hervor. Richard Ahne, einer der sarkastischsten Kritiker, die die Grazer Theatergeschichte kennt, verdammte die Produktion in Grund und Boden, schrieb über die junge, in Graz debütierende Darstellerin des Klärchen: „Wer hat Dietlindt Haugs Klassiker-Eignung geprüft, als er sie engagierte? Heiraten, Fräulein, gut heiraten, nicht immer ledig auf der Bühne sterben."

Inszenierungen Fritz Zechas

Links: Libgart Schwarz und Rudolf Buczolich in Horst Foresters Inszenierung von Goethes „Urfaust" (10. 2. 1966). Rechts: Helmut Lohner in der Titelrolle von Fritz Zechas Inszenierung von Shakespeares „Hamlet". Eröffnungspremiere des renovierten Schauspielhauses

Erneuertes Schauspielhaus

„Das erneuerte Schauspielhaus in Graz — daß es wiedererstanden ist, bevor es verfiel; daß der alte Kern in ihm mit sinnvoll erweitertem Raum eine wohlangemessene Fassade erhielt: keine alte Maske, sondern ein junges Antlitz mit unaufdringlichen Zeichen der Zeit; daß es geschehen konnte, wie es geschah: ohne Widerspruch werden Mittel aufgewendet, nicht für gewinnbringende Institutionen, nicht mit dem Blick auf Rentabilität, nur um der laetitiae publicae — der allgemeinen Freude — einen Tempel zu errichten — das alles gilt es zu bedenken, in seinem Sinn zu erfassen und zu würdigen" schrieb der damalige Kulturreferent der Steiermärkischen Landesregierung, der große Politiker und Schriftsteller, der Vater des „steirischen herbstes", Hanns Koren 1964 zur Wiedereröffnung des Schauspielhauses. Ein „Komitee zur Förderung der Wiederherstellung des Grazer Schauspielhauses" war 1957 ins Leben gerufen worden, Persönlichkeiten aus den Bereichen des kulturellen, politischen und gesellschaftlichen Lebens gehörten ihm an, der damalige Grazer Bürgermeister Eduard Speck, ein Theaterfreak wie man heute sagen würde, setzte sich geradezu leidenschaftlich ein. Ein Architektenwettbewerb war bereits 1954 ausgeschrieben worden, ihn gewann der Judenburger Franz Klammer. Mit 52 Millionen Schilling wurden die Gesamtkosten für die Renovierung des traditionsreichen Hauses veranschlagt.

Am 1. Dezember 1959 wurde mit den Arbeiten begonnen, am 14. März 1964 fand die erste Vorstellung im neuen Haus statt (Detail am

Rande: in den Wirren war auf den Einbau des Souffleurkastens vergessen worden, aber das Problem wurde natürlich rasch gelöst): „Paracelsus und der Lorbeer" des steirischen Dramatikers Max Mell. Es folgte die großartige Inszenierung des „Hamlet" durch Fritz Zecha mit Helmut Lohner in der Titelrolle, Robert Casapiccola inszenierte Harald Zusaneks „Die dritte Front", Helmuth Ebbs Nestroys „Der Unbedeutende" mit Rudolf Buczolich in der Titelrolle. Die Inszenierungen von Schnitzlers „Professor Bernhardi" (mit Hanns Krassnitzer) und „Die Physiker" übersiedelten ins Schauspielhaus.

Der deutsche Regisseur Karlheinz Haberland löste den pensionsreifen André Diehl als Intendant der Vereinigten Bühnen ab. Als Oberspielleiter holte er sich ins Schauspielhaus den Schauspieler und Regisseur Rudolf Kautek, der bemerkenswerte Inszenierungen lieferte und ein beachtliches Niveau zu halten vermochte. *Intendantenwechsel*

Aber: so alt wie das Theater selbst ist die Krise des Theaters. „Dürfen wir" schrieb Dr. Harald Kaufmann am 1. Mai 1970 auf der Kulturseite der Grazer Tageszeitung „Neue Zeit", „angesichts einer heillos chaotisch gewordenen Situation an den und um die Grazer Bühnen noch hoffen?" Die Sterne standen für das Schauspielhaus wahrhaft nicht günstig: Kautek war von Haberland -Nachfolger Reinhold Schubert nicht gerade mit offenen Armen empfangen worden, hatte die Konsequenzen gezogen und seinen Vertrag mit Ende der Spielzeit 1967/68 gekündigt. Schubert kam mit einem neuen Team, das die Erwartungen nicht erfüllen konnte, ein gewaltiger Krach zwischen Regisseur Fischerauer und dem Autor Harald Sommer vor der Uraufführung von Sommers „A unhamlich schtorka Obgaung" im Oktober 1970 wurde von der Theaterleitung nicht verkraftet. Die unsensible Behandlung der Angelegenheit fügte der Intendanz schwere Schäden zu.

Mit 1. September 1972 wurde Dr. Carl Nemeth, Jahrgang 1926, Leiter des künstlerischen Betriebsbüros der Wiener Volksoper, als Intendant der Vereinigten Bühnen engagiert, im Schauspielhaus installierte man ein Dreierdirektorium, zusammengesetzt aus jungen Leuten: Dr. Heinz Hartwig, Grazer (heute Leiter der Abteilung Literatur und Hörspiel im ORF-Studio Steiermark), Gert Hagen Seebach, deutscher Regisseur (heute am Schillertheater Berlin) und Dr. Alfred Schleppnik, Wiener, (heute Leiter einer Kleinbühne in Wien). Alle drei, Hartwig und Seebach als exzellente Regisseure

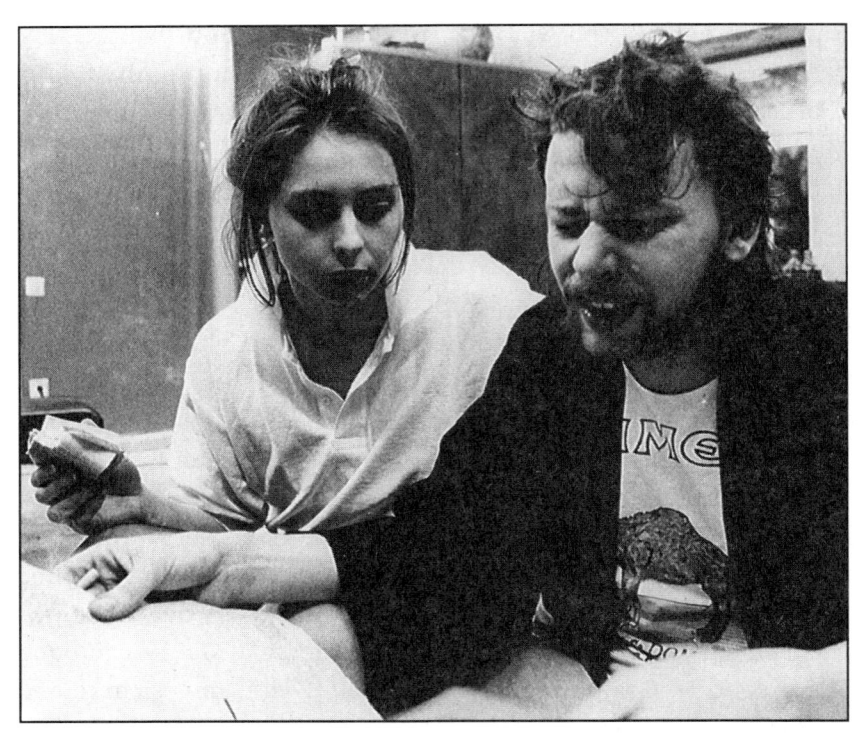

W. Bauers „Magic Afternoon" (21. 4. 1987). C. Pölzl (re.) u. M. Legenstein

Theater auf anderen Bühnen

vor allem, unternahmen den mutigen Versuch, das verschlafene Schauspiel aufzumöbeln, auf den Spuren der aufregenden Entwicklung der bundesdeutschen Theaterlandschaft zeitgemäßes Theater zu machen — und überforderten damit einen Teil des Publikums. Das Grazer Schauspielhaus war damals im Gespräch, es wurde geschimpft und wild diskutiert. Nichts Besseres kann einem Theater passieren als Lärm in der Bürgerschaft. Am 1. September 1976 trat der gegenwärtige künstlerische Leiter des Grazer Schauspielhauses, der gebürtige Grazer Dr. Rainer Hauer, sein Engagement an, brachte sich ein gutes Team mit, das in den folgenden Jahren die Szene belebte. Der anfängliche Elan bröckelte ab, der Schwung des Beginns wurde nicht durchgehalten. Die guten Leute im Ensemble zogen die Konsequenzen, wanderten ab oder versuchten, ihre künstlerischen Wünsche außerhalb der ausgetretenen Pfade des Theaterbetriebes zu verwirklichen. Nicht zu unterschätzen war und ist auch die starke Konkurrenz, die dem hochsubventionierten Sprechtheater am Freiheitsplatz durch freie Gruppen, durch das Theater im Forum Stadtpark, das Kulturzentrum bei den Minoriten oder das Theater im Keller in der Grazer

„Publikumsbeschimpfung" von Peter Handke (13. 1. 1988)

Münzgrabenstraße erwachsen ist. Letzteres vor allem hat die vom Schauspielhaus vernachlässigte Aufgabe übernommen, zeitgenössische Stücke zu spielen, lebende Autoren zu pflegen, was angesichts des zunehmend oberflächlichen Zuschauergeschmacks ein gewaltiges finanzielles Risiko bedeutet. Es wird unter Aufbietung aller Kräfte eingegangen. Rund vierzig Jahre werden 1991 seit der Gründung des das Theater im Keller, das „TiK" tragenden Vereines vergangen sein, einige Spielerinnen und Spieler des Beginns sind heute noch immer dabei...

So bunt und blühend wie kaum jemals ist heute die Theaterszene außerhalb des etablierten Stadttheaters. Dieses aber bekommt mit Beginn der Saison 1990/91 einen neuen Leiter, den achtunddreißigjährigen bundesdeutschen Regisseur und Dramaturg Marc Günther, einen, wie man aus ersten Gesprächen weiß, vielversprechenden Künstler. Ihm ist wohl zuzutrauen, daß er die üppig wuchernde Monotonie, die sich in miserablem Besuch auswirkt, aufbricht. Er tritt, aber wer hat das nicht getan, am Grazer Theater, ein schweres Erbe an.

Ausblick

Christoph H. Binder

Das literarische Geschehen in der Zweiten Republik

So schwerwiegende, unauslöschliche und irreparable Folgen auch die siebenjährige Herrschaft des Nationalsozialismus in Österreich nach sich zog, so lange die Menschen dieser Zeit die „tausend Jahre" auch empfunden haben mögen, so erstaunlich gering ist der Niederschlag jener Ideologie im Bereich der Kunst und Kultur. Die Zeit war zu kurz, als daß sich eine eigene, neue, nationalsozialistische Dichtung hätte entwickeln können. Wohl fehlte es nicht an den üblichen Verbeugungen vor den Machthabern des Dritten Reichs, an einer Flut propagandistischer Machwerke, doch in der spärlichen literarisch relevanten Produktion lassen sich kaum entsprechende Erscheinungen beobachten. Dies mag unter anderem ein Grund dafür sein, daß die steirische Literatur nach dem Krieg — dies durchaus in paralleler Entwicklung zur übrigen österreichischen Dichtung — zunächst ohne erkennbaren Bruch an vorgegebene Traditionslinien anknüpfte. Aus diesem Grund und wohl auch aus einer gehörigen Portion an Verdrängungsmechanismen setzten die meisten Schriftsteller dort fort, wo sie vor 1938 aufgehört hatten, betonten die österreichische Eigenart und bewegten sich in formaler Hinsicht in durchaus konservativ-konventionellen Bahnen. Von diesem Ansatzpunkt aus muß die Entwicklung betrachtet werden, müssen Abläufe, die mitunter extremen Pendelbewegungen gleichen, und die sich daran entzündenden heftigen Diskussionen bewertet werden. Zugleich aber kam es — vor allem durch die junge Generation — zu einer zaghaft beginnenden Rezeption der modernen europäischen und amerikanischen Literatur, zu zögernden Versuchen, avantgardistische Schreibweisen zu erproben.

Anknüpfung an vorgegebene Traditionen

In der Steiermark bestimmten zunächst die bedeutendsten Vertreter der Zwischenkriegsliteratur das Geschehen: Franz Nabl, Max Mell, Paula Grogger; daneben noch Karl Adolf Mayer, Margarete Weinhandl, Paul Anton Keller, Franz Taucher, Kurt Hildebrand Matzak, Rudolf List, Grete Scheuer u. a. — Während die Produktivität Nabls nach dem Krieg, als er sich sehr bald „Dichter i. R." nannte, merklich nachließ (Johannes Krantz, Der erloschene Stern, Spiel mit Blättern), vollendete Mell in den ersten Nach-

Vertreter der Zwischenkriegsliteratur

Franz Nabl (li.) und Alois Hergouth

kriegsjahren seine Nibelungen-Dichtung, schrieb sein wohl bestes Drama — „Jeanne d'Arc" — und arbeitete bis zu seinem Tode am „Paracelsus", mit dem 1964 das von Grunde auf erneuerte Grazer Schauspielhaus wiedereröffnet wurde. Paula Grogger veröffentlichte noch eine Reihe von Büchern (Späte Matura, Räuberlegende, Paradeisgarten), konnte jedoch mit keinem mehr an den Erfolg des in mehrere Sprachen übersetzten Romans „Das Grimmingtor" anschließen. Margarete Weinhandl, die Gattin des bekannten Philosophen Ferdinand Weinhandl, kehrte nach dem Krieg nach Graz zurück und legte eine reiche lyrische Ernte vor. Die Schriftsteller Matzak, List und Taucher setzten ihren Weg, der zwischen Literatur und Tagesjournalistik pendelte, in stiller Weise fort.

Wie sehr in den ersten zwei Jahrzehnten der offizielle Literaturbetrieb von den Autoren bestimmt worden ist, die sich konventionellen Schreibmustern verhaftet fühlten, zeigt ein Blick auf die Träger des 1951 zum ersten Mal verliehenen „Peter-Rosegger-Preises des Landes Steiermark": Bartsch, Mell, Grogger, Weinhandl, Nabl, Schütz, K. A. Mayer, Eduard Hoffer, P. A. Keller, Zerzer, Taucher, Matzak, Knobloch, Haluschka, Brehm, Papesch. Greift man Namen wie zum Beispiel Brehm und Papesch heraus, kann man nur mit Verwunderung feststellen, daß hier eine sehr merkwürdige Form der Vergangenheit betrieben worden ist, die verständlicherweise heftige Diskussionen ausgelöst hat.

„Peter-Rosegger-Preis"

Erst 1965 wurde zum ersten Mal ein Vertreter der jüngeren Generation mit dem Rosegger-Preis ausgezeichnet, Alois Hergouth, der bedeutendste Lyriker der Steiermark in unserer Zeit. In diesem

Zusammenhang stellt sich die Frage nach dem Eintreten der unmittelbar vom Krieg betroffenen jungen Menschen in den Literaturbetrieb und nach deren Publikationsmöglichkeiten. Noch im Jahr 1945 erschien die erste Nummer der Zeitschrift „Der Lichtblick", in der Hergouth erstmals publizierte; diese Zeitschrift wurde bereits 1947 wieder eingestellt. Nicht viel besser erging es der „Austria" (1946-48), in der als einer der wenigen jungen Autoren der hochbegabte Lyriker Rudolf Stibil vorgestellt wurde. Damit sind die zwei angesehensten steirischen Lyriker genannt: Hergouth (Neon und Psyche, Schwarzer Tribut, Sladka gora, Stationen im Wind, Flucht zu Odysseus), den Alfred Holzinger, der verstorbene Literaturchef des Studio Steiermark, als den Naturlyriker schlechthin bezeichnete, während er dem Wesen vor allem des jungen Stibill (Vox humana, Die köstliche Flamme, Markierungen des Lebens) mit dem Begriff „poeta doctus" (wegen seiner großen formalen Meisterschaft) und dem Vergleich mit Loris gerecht zu werden versuchte; Stibill lebt seit Jahren in Norddeutschland als Lehrer an einer Waldorf-Schule.

Hochschulstudio   Im Herbst 1946 wurde das Grazer Hochschulstudio gegründet, zu dessen geistigen Vätern der spätere Germanistik-Ordinarius Hellmuth Himmel, der lange Zeit als Gymnasialdirektor wirkende Rudolf Kellermayr, der als Intendant der Wiener Festwochen bekannt gewordene Ulrich Baumgartner und Heinz Gerstinger, Dramaturg am Wiener Volkstheater, zählten. Das Hochschulstudio war der Ort, an dem versucht wurde, systematisch die europäische Gegenwartsliteratur nachzuholen, experimentelles Theater zu erproben und so nach den Jahren der Isolation den Anschluß an die Moderne zu finden. Im Grunde kann man eine direkte Linie vom Hochschulstudio zum „Forum Stadtpark" ziehen.

Bevor auf die Entstehung und Wirkung des Forums eingegangen werden soll, muß noch einiger Vertreter der ersten Nachkriegsgeneration gedacht werden, die, vom Krieg zum Teil schwer gezeichnet, Ende der vierziger Jahre und vor allem in den fünfziger Jahren bekannt wurden. Mit Romanen und Erzählungen trat Ernst Hammer (Petelka kommt heim, Staub unter der Sonne, Ramint, Ein Augenblick der Schwäche) hervor, der jahrzehntelang in der Literaturabteilung des Studio Steiermark tätig war. Einer der begabtesten, Herbert Zand, starb 1970 an den Spätfolgen schwerer Kriegsverletzungen; seine Werke, am bekanntesten „Letzte Ausfahrt" und „Erben des Feuers", wurden nach seinem Tod von Wolfgang Kraus in einer sechsbändigen Ausgabe vorgelegt. Durch Selbstmord endete der Mürzzuschlager Walter Buchebner, der sich in den letzten Jahren neben der Lyrik auch mit der Malerei beschäftigte und in Wien bei den Städtischen Büchereien Gerhard Fritsch, Christine Busta, Willi Meissel und andere Autoren zu seinen Kollegen zählte. Der Jurist Max Hölzer, der seit langen Jahren in Frankreich lebt, bemühte sich bereits sehr früh (Surrealistische Publikationen, 1950!), den französischen Surrealsimus für unsere Literatur zum Tragen zu bringen. Ebenfalls in jungen Jahren verließen Doris Mühringer und Heinz Pototschnig die Steiermark; die Lyrikerin Mühringer lebt in Wien, während der Erzähler Pototschnig seit seiner Promotion als Arzt in Villach wirkt. 1954 traten vier junge Autoren unter dem Titel „Vier junge Kapfenberger" erstmals hervor: Neben Otto Eggenreich, Willi Kandlbauer und Herbert Zinkl erreichte Hannelore Valencak den größten Bekanntheitsgrad. In konventionellen Bahnen bewegten sich der Kulturkritiker Wolfgang Arnold, der zuletzt mit seinem Roman „...der hebe den ersten Stein auf" einen überzeugenden Beitrag zur Aufarbeitung der NS-Zeit geliefert hat, und Walter Zitzenbacher, der Verfasser mehrerer historischer Romane.

Im Jahre 1959 bildeten die Malervereinigung „Junge Gruppe", der „Künstler-Club Graz" und der „steirische Schriftsteller-Bund" ein gemeinsames Aktionskomitee, an dessen Spitze Hergouth und Waldorf, Scheuer, Haysen und Breisach standen, um das vom Abbruch bedrohte alte Café Stadtpark als Heimstätte für junge Künstler (Malerei, Musik, Architektur, Literatur, Photografie usw.) zu gewinnen. So kam es zur Gründung des „Forum Stadtpark", *„Forum* dessen Gebäude im November 1960 eröffnet wurde. Anläßlich der *Stadtpark"* Eröffnungsfeier erschien auch auf hektographierten Blättern die erste Nummer der „manuskripte". Sehr bald errang die Literatur- *„manuskripte"* gruppe unter der Führung von Alfred Kolleritsch einen besonderen Bekanntheitsgrad, so daß heute das „Forum Stadtpark" im allgemeinen mit der jungen steirischen Literatur assoziiert wird. Im Jahre 1967 stellte Alfred Kolleritsch in einer Nummer der „manuskripte" die „Grazer Gruppe" vor, zu deren wichtigsten Vertretern *„Grazer Gruppe"* er zunächst den Kärntner Peter Handke, die als Romanautorin äußerst erfolgreiche Ausseerin Barbara Frischmuth, die Grazer Klaus Hoffer und Wolfgang Bauer, die größte dramatische Begabung der

Wolfgang Bauer (li.) und Alfred Kolleritsch

Gruppe, den früh verstorbenen Gunter Falk und sich selbst zählte. Um diese Autoren, die kein gemeinsames Programm, keine einheitliche Stilrichtung, sondern nur der freundschaftliche Umgang im „Forum Stadtpark" und der Umstand vereinigten, daß sie ihre ersten Texte in den „manuskripten" publizierten, gesellten sich im Laufe der Zeit weitere Schriftsteller, die heute zu den erfolgreichsten österreichischen Gegenwartsautoren zählen, wie etwa der Wiener Alfred Paul Schmidt, der Grazer Gerhard Roth, der Kärntner Gert F. Jonke, Harald Sommer, Michael Scharang, Helmut Eisendle und Franz Buchrieser. Gemeinsam ist all diesen Autoren der Ausgangspunkt, so verschieden auch ihre sprachlich-stilistische, künstlerische, weltanschauliche Entwicklung und ihr weiterer Werdegang verlaufen sein mögen. Viele verlegen ihre Werke bei renommierten deutschen Verlagen, manche zählen zu den Stammautoren des österreichischen Residenz-Verlags, manche blieben in Graz oder in der Steiermark, andere gingen ins Ausland.

„Grazer Autorenversammlung"

Eine weitere Verdichtung und zahlenmäßige Verstärkung erfuhr diese lose Vereinigung im Jahre 1973 durch die Gründung der „Grazer Autorenversammlung", die aus Protest gegen die avantgardefeindliche Haltung des Österreichischen PEN-Clubs und gegen den spektakulären Rücktritt des Vorsitzenden, Alexander Lernet-Holenia, anläßlich der Nobel-Preis-Verleihung an Heinrich Böll erfolgte. Prominente Schriftsteller der Wiener Szene, wie H. C. Artmann, Ernst Jandl und Friederike Mayröcker, und ein großer Teil der jungen österreichischen Literaten traten dieser Vereinigung bei, so daß man heute davon ausgehen kann, daß die „Grazer Autorenversammlung" die zahlenmäßig stärkste und auch von der publizistischen Effizienz her bedeutendste Literaturgruppe Österreichs ist, die den Literaturbetrieb der siebziger und achtziger Jahre entscheidend geprägt hat. Durch die Aufnahme zahlreicher am literarischen Geschehen nur peripher beteiligter Personen, wie Germanisten und Kritiker, ist auch eine entsprechende Absicherung von der Seite der Kritik her gegeben. Wie weit eine solche Etablierung und Verfilzung von Autoren und Kritikern nicht einer fruchtbringenden Weiterentwicklung hemmend in den Weg treten, läßt sich jetzt noch nicht beantworten. Fest steht jedenfalls, daß die Literaturgeschichtsschreibung künftiger Jahre die Bedeutung der Gruppe insgesamt sehr hoch wird ansetzen müssen, während die Bewertung einzelner Autoren und deren Werke noch zu klären ist. War die Verleihung des Rosegger-Preises 1970 an Wolfgang Bauer noch Anlaß zu heftigen und zum Teil auch spießbürgerlich-bornierten Verbalaggressionen, in deren Folge der Preis in „Literaturpreis des Landes Steiermark" umbenannt wurde (seit 1972), so findet heute niemand mehr den Umstand auffallend, daß etwa sechs der letzten acht Preisträger direkt dem „Forum Stadtpark" zuzurechnen sind (Bernhard Hüttenegger, Helmut Eisendle, Reinhard P. Gruber, Gunter Falk, Klaus Hoffer, Elfriede Jelinek).

Völlig außerhalb aller gewohnten sprachlichen und erzählerischen Normen steht das von einem ungeheuren Totalitätsanspruch getragene Werk der in Wien lebenden steirischen Autorin Marianne Fritz (Das Kind der Gewalt und die Sterne der Romani, Dessen Sprache du nicht verstehst).

Daneben gibt es immer noch und immer wieder Schriftsteller, die den schwierigen Weg auf sich nehmen, ihre Publikationstätigkeit ohne das Sicherheitsnetz eines befreundeten Kollegenkreises zu betreiben. An dieser Stelle wären etwa der gegenwärtige Intendant des „steirischen herbstes", Peter Vujica, der sich als Schriftsteller Peter Daniel Wolfkind nennt (Mondnacht, Der grüne Zuzumbest, Die Boten des Frühlings, Sentimentale Geographie), der Romancier Wilhelm Muster (Der Tod kommt ohne Trommel, Die Hochzeit der Eichhörner, Pulverland), Spanisch-Lektor an der Grazer Universität, der bei Klett-Cotta verlegt und dessen große Fähigkeiten noch immer zuwenig beachtet werden, und der in Wien lebende Grazer Gerald Szyszkowitz, dessen Roman-Trilogie um die Familie

Weitere Schriftsteller

Thaya (Der Thaya, Seitenwechsel, Osterschnee) und zuletzt der Roman „Puntigam oder die Kunst des Vergessens", der ein interessantes Panorama der NS-Zeit in Österreich bietet, eine überzeugende erzählerische Talentprobe und den Beweis dafür darstellen, daß man auch in der heutigen Zeit literarisch anspruchsvoll und zugleich unterhaltsam zu erzählen vermag. Ohne Rückendeckung durch das „Forum Stadtpark" versucht auch der Lyriker Markus Jaroschka (Wortzelte, Sprachwechsel, Zeitstille), Leiter der Grazer Urania und Herausgeber der Literaturzeitschrift „Lichtungen", seinen Weg zu gehen. Neben den „Lichtungen" ist in diesem Zusammenhang eine weitere Literaturzeitschrift zu nennen, „Sterz", die seit 1977 junge Autoren zu Wort kommen läßt und längst über den ursprünglichen Wirkungskreis der Weststeiermark hinausgewachsen ist. Ebenfalls außerhalb der Grazer Szene stehen der stilistisch sehr eigenwillige, wortgewaltige Matthias Mander (Der Kasuar, Wüstungen) und die junge Andrea Wolfmayr (Spielräume, Die Farbe der Jahreszeiten).

„Sterz"

Im Gegensatz zu der von der „Wiener Gruppe", besonders von H. C. Artmann, salonfähig gemachten Verwendung des Großstadt-Slangs, der von einigen Autoren der „Grazer Gruppe" (Bauer, Sommer) eifrig und mit Erfolg übernommen wurde, muß auf die Mundartdichtung im konventionellen Sinn verwiesen werden. Es sind Schriftsteller, die durchaus nicht in steriler oder verkitschter Weise tradiertes Formengut übernommen haben, sondern sich im Medium der ländlichen steirischen Dialekte mit den Sorgen und Nöten des Alltagsmenschen auseinandersetzen. Eduard Walcher, Ferdinand Fauland, Erwin Klauber, Martha Wölger und Berta Liebmann sind wohl die bekanntesten Vertreter dieses Genres.

Dialekt

Zusammenfassend muß hervorgehoben werden, daß sich die Literatur in der Steiermark zunächst nach dem Krieg nicht anders als im übrigen Österreich entwickelt hat. Anfang der sechziger Jahre schloß sich eine Gruppe junger, experimentfreudiger und avantgardistischer Autoren im „Forum Stadtpark" zusammen. Diese Gruppe ist in keiner Weise von einem gemeinsamen Programm geprägt. Die erbitterte und dadurch belebend wirkende Gegnerschaft des konservativen Grazer Bürgertums, der starke Widerhall beim großen studentischen Publikum, die beginnende Internationalisierung des Kulturbetriebes durch den „steirischen herbst" und der „Trigon"-Gedanke mögen Ursache dafür gewesen sein, daß die

Stadt Graz sich gerade in bundesdeutschen Gazetten des Epitheton ornans einer „heimlichen Hauptstadt der deutschen Literatur" erwerben konnte.

Richard Rubinig

Farben-Denker, Strich-Artisten, Abenteurer, Idealisten
Die bildende Kunst in Graz seit 1945
Nicht alle Namen sind aufzählbar,
Es geht um den Standort statt Inventar.

Das Ende des Krieges im Jahre 1945 brachte in der Steiermark nicht über Nacht einen vollen Wandel der künstlerischen Begriffe und Lebensverhältnisse. Das wäre auch nicht mit rechten Dingen zugegangen. Die Entstehung und Ausprägung eines künstlerischen Weltbildes bedarf des inneren Wachstums, das nicht mit dem radikalen Umsturz der politischen und ökonomischen Bedingungen in einer solchen Zeit vergleichbar ist. Man wird bei der Betrachtung der Lage im Hinblick auf Künstler und Kunst von den gesellschaftlichen Grundlagen der Gegenwart, aber auch von der bis dahin gültigen Tradition auszugehen haben. Da sich die folgenreichen Ereignisse in der Kunst eines Landes fast immer in den Städten abspielen, darf man auch in der Steiermark die letzte Phase unserer Kunstgeschichte mit dem Ablauf einer Entwicklung gleichsetzen, für die die Landeshauptstadt beispielhaft dasteht. Manche Künstler leben zwar außerhalb ihres Bereichs, in Graz aber treten sie einzeln oder in Gruppen mit ihrem Werk in Erscheinung.

Nach dem Krieg

In diesem Zusammenhang ist es bedeutsam, auf welche Weise sich die Künstler innerhalb des sozialen Gefüges präsentieren. In Paris, Mailand, New York und anderen Zentren des internationalen Kunstlebens übernehmen kommerzielle Galerien die Vermittlung zwischen Künstler und Publikum. Sie binden den Künstler durch Vertrag an sich, sorgen für die Verbreitung seines Namens und sichern seinen Unterhalt. In Österreich ist dieses System der sozialen Verkettung fast unbekannt. Hier dienen die alten Kunstvereine als Plattform. Sie bieten kollegialen Anschluß, Diskussion und Möglichkeit, mit individuellen oder kollektiven Ausstellungen an die öffentlichkeit zu treten. In Graz gab es vor dem Krieg den Steiermär-

Vor dem Krieg

kischen Kunstverein, der schon 1865 gegründet wurde, die „Vereinigung bildender Künstler Steiermarks" die „Sezession" und den „Künstlerbund". Nach dem Anschluß Österreichs an das Deutsche Reich wurden diese Vereine im Zuge der zentralistischen Tendenzen des damaligen Regimes aufgelöst und in staatliche Organisationen übergeführt. Im öffentlichen Leben erhielt die bildende Kunst den Stellenwert, der durch den Geschmack der politischen Führer bestimmt war. Klassizismus, Naturalismua und Romantik kreuzten sich völlig richtungslos und huldigten dem Biedersinn einer Gesellschaft, die den Auftrag der Kunst als geistiges Phänomen nie verstanden hatte. „Solides Handwerk" war die Bastion, auf die man sich zurückzog. Natürlich gab es verständige Leute, die die Kunst in anderen Ländern schon früher kannten und auch die modernen Bewegungen in Deutschland und Österreich miterlebt hatten. Sie kamen aus dem Ambiente der zwanziger und frühen dreißiger Jahre und quälten sich nun mühsam durch die Verödung mit den von oben oktroierten Kunstanschauungen. Im allgemeinen war man sich aber des Verfalls nicht bewußt und fand sein Genügen in Heimatkunst und Folklore.

So blieb es vorerst auch nach dem Zusammenbruch der deutschen Wehrmacht. Die alten Grazer Kunstvereine konstituierten sich wieder. Der „Steiermärkische Kunstverein" wurde durch den Maler Peter Richard Oberhuber in einen Verein mit dem Namen „Werkbund" umgewandelt. Das Vokabular im Programm dieser Gruppen war verschieden, im Grunde kam es fast immer auf dasselbe heraus. Die „Vereinigung" wurde nicht zu Unrecht konservativer Haltung bezichtigt, die nicht allzu weit vom Stil, der bis dahin im Haus der Kunst zu München herrschte, abzurücken schien. Auch die Altmeister waren wieder da, die schon vor dem Krieg die Führung hatten, so zum Beispiel Wilhelm Gösser, der Schöpfer des Rosegger-Denkmals, und Karl Voglar, der viele Jahre als Präsident dieser Gruppe wirkte. Der beliebte Landschafter Constantin Damianos, der Neuromantiker Karl Sraib und Julius Wegerer, der das obersteirische Bergland gefällig porträtierte, fanden sich wieder ein. Die Damen Assunta Arbesser, Konstanze Frohm und Emmy Singer-Hiessleitner malten noch im Geiste des 19. Jahrhunderts auf guter akademischer Basis. Franz Köck brillierte im impressionistischen Genre-Bild und im Porträt. Auch einige jüngere Maler, die das Landschaftsbild und Stilleben pflegten, fanden Beachtung:

„Werkbund"

René Gerstenberger, Peter Stübinger, Willibald Karl und Fritz Rigler. Franz Leitl schuf in der Nachfolge Frans Masereels Holzschnitte gesellschaftlichen Inhalts, in denen echte Erregung spürbar war.

Aus der Reihe tanzte hier Dorothea Weißensteiner mit Materialbildern von starker Farbigkeit, die von vegetativen Andeutungen ins Abstrakte überleiten.

Auch im „Künstlerbund" tat man vorerst, als ob sich die Welt nicht verändert hätte. Drei bedeutende Meister bildeten hier die Brücke, die aus der „guten alten Zeit" herüberleitete in die ungewisse Gegenwart mit ihren vielen existentiellen Problemen. Norbertine Bresslern-Roth, die als Tiermalerin großen Ruf erlangt hatte, verteidigte ihre Position, die sie schon zur Zeit des Jugendstils mit Erfolg bezogen hatte. Leo Fellinger malte in seinem weichen Kolorismus, der von der Münchner Schule abgeleitet war, viele Porträts, Landschaften und Blumenstücke, die in der schönen atmosphärischen Durchführung ihren Reiz entfalteten. Ferdinand Pamberger, der lange an der Kunstschule am Ortweinplatz tätig war, ist ein Klassiker des Aquarells, der in der Nachfolge der alten deutschen Meister eine feine Harmonie zwischen Linie und gemalter Fläche erzielte. Schließlich ist Reno Ernst Jungel zu erwähnen, der in den fünfziger Jahren eine glückliche Schaffenszeit hatte. Zur älteren Generation gehörte auch Paula Maly, deren ornamentales Talent zuletzt schon in der Abstraktion aufging. Der aus Berlin zugewanderte Albert Birkle, der Graz wieder verließ, ist der Schöpfer der Glasfenster der Stadtpfarrkirche „Zum hl. Blut", die noch vom Stilgefühl, das mit der zweiten Welle des Expressionismus aufkam, geprägt sind. Alle diese Künstler sind schon dahingegangen. Im Asphodelenreich der Toten weilt auch Fred Hartig, ein Sudetenländer, der sich nach dem Krieg in Graz niedergelassen hatte. Er wirkte jahrelang als Präsident des „Künstlerbundes", hat aber vor allem mit seinem eigenen Werk große Veränderungen bewirkt.

Der von P. R. Oberhuber im Jahre 1951 reaktivierte „Werkbund" ist eine Gruppierung von weit reichendem Einfluß. Oberhuber selbst war Absolvent der Akademie der bildenden Künste in Wien. Er malte mit dem sinnlichen Farbensinn, der den österreichischen Expressionismus charakterisierte. Anton Faistauer, Josef Dobrovsky und die Nötscher Maler Franz Wiegele, Anton Kolig und Anton Mahringer galten als Leitbilder. Rudolf Szyszkowitz, der Oberhuber in der Führung des „Werkbundes" nachfolgte, ist in die-

„Künstlerbund"

Leo Fellinger

Fred Hartig

P. R. Oberhuber

Rudolf Szyszkowitz

sem kulturellen Klima zu verstehen, obwohl er über eine große Spannweite gebietet, sodaß wir ihm später in unserer Betrachtung noch einmal begegnen werden. Unter seiner Leitung erlebte der „Werkbund" einige Höhepunkte, besonders durch die wichtigen Ausstellungen „Religio 1961" und „Religio 1966", die sich internationaler Ausstrahlung erfreuten. Die eindrucksvolle Sonderschau des Bildhauers Giacomo Manzú im Rahmen dieser Ereignisse ist unvergeßlich. Szyszkowitz hat auch durch seine Religiosität manche Künstler beeinflußt und an sich gebunden. Der aus der Bukowina stammende Wladimir Zagorodnikow, der der byzantinischen Kunst und den frommen Ikonen-Malern zugetan war, fand nun im „Werkbund" einen ihm gebührenden Platz. Auch Pipo Peteln, ein Marburger, der sich in Graz niedergelassen hatte, schloß sich an. Er verdankte seine Beliebtheit seinen atmosphärischen Aquarellen. Da die Präsidenten Oberhuber und Szyszkowitz in der Kunstgewerbeschule am Ortweinplatz in leitender Stellung residierten, kamen natürlich auch andere Lehrer dieser Schule unter die Fittiche des „Werkbundes", so der vielseitige Maler, Musiker und Schriftsteller Franz Felfer, dem die Glasfenster in der Franziskanerkirche zu danken sind, der romantische Otto Brunner mit seinen Epheben und Liebespaaren, die er entrückt und träumerisch darstellt, und Adolf Osterider-Stibor, in jenen Nachkriegsjahren einer der jüngsten, der später selbst eine führende Stellung an dieser Kunstschule einnahm. Seine Frau Heide Osterider-Stibor schuf Landschaften von liebenswerter Natürlichkeit, während August Ploček, ein sicherer und gewandter Graphiker, sich als aktivster Mitarbeiter in dieser Gemeinschaft erwies. Im „Werkbund" nahmen auch die Bildhauer ein besonderes Recht auf Mitsprache für sich in Anspruch. Alexander Silveri, der auch von religiösen Impulsen getragen war, ist der Schöpfer des Ehrenmals auf dem Karmeliterplatz. Ebenso haben Alexander Wahl, Ulf Mayer und Erich Unterweger, die einer stilisierenden Manier in der Art Ewald Matarés zuneigten, manche Werke ausgeführt, denen man im öffentlichen Raum begegnet.

Rudolf Szyszkowitz wirkte als Lehrer suggestiv und zwingend. Seine bekanntesten Schüler sind Werner Augustiner, der sich dann in Paris einen leichten fauvistischen Stil aneignete, Hubert Tuttner und Franz Weiß, der seiner Frömmigkeit aus der Gesittung alten bäuerlichen Brauchtums Ausdruck verlieh. In den heilsamen, manchmal lustigen, manchmal ärgerlichen Streitgesprächen wa-

Höhepunkte des „Werkbunds"

Kunstgewerbeschule Ortweinplatz

Franz Felfer

Alexander Silveri

ren die Künstler, die so ganz dem Beispiel ihres Meisters folgten, überall vernehmbar. Man zankte um ein altes und um ein neues Weltbild, vor allem aber um das Menschenbild an sich. Und auf der Gegenseite alarmierte man die „Progressiven", die zuerst nur aus den Reihen der „Sezession" und dann auch aus dem Forum Stadtpark kamen, wo sich die Maler unter der Bezeichnung „Junge Gruppe" eingefunden hatten. Was sich als progressiv verstand, tendierte damals zur Abstraktion, zum Informel, zur Gestik oder zum Taschismus.

Der Streit, der auch in anderen Ländern tobte, setzte sich oft in der Presse fort und verwirrte das Publikum. Die restriktiven Kunstanschauungen des Dritten Reiches waren weggefallen. Damit war noch keineswegs Raum geschaffen für neue Zielsetzungen freier Geister. Das Spiel der Mächtigen diesseits und jenseits der Fronten beeinflußte wohl die Ordnungen der Gesellschaft, den seelischen Wandel und die formalen Visionen aus einem verjüngten Lebensgefühl konnte man nicht über Nacht erwarten. So setzten die älteren steirischen Künstler, die schon vor dem Krieg festen Boden gefunden hatten, ihre gesicherte Linie fort, ohne auf die Trümmer der Umbruchszeit zu achten. Erst mit der Öffnung der Grenzen und einer Flut überregionaler Publizistik kam die Kunde von Literatur und Kunst aus fremden Ländern zu uns. Der Name Picasso, den viele zum ersten Mal hörten, klang auf wie eine Beschwörung. Klee, Kandinsky, Dalí und De Chirico fanden Bewunderung. Die jungen Leute waren von diesen Perspektiven fasziniert. Die künstlerische Kultur des eigenen Landes, die mit Namen wie Klimt, Schiele, Kokoschka und Faistauer verbunden war, schien seltsamerweise vergessen. So fühlten sich auch bedeutende Meister in der Steiermark wie Silberbauer, Szyszkowitz, Spohn, Mauracher und Silveri von dieser Entwicklung überfahren. Und wieder war es Szyszkowitz, der sich am lautesten zur Wehr setzte. Er war ein begabter Redner und trug seine Theorie vom Menschenbild effektvoll vor. *Neue Perspektiven*

Seine Gegner waren in den Kreisen der „Sezession Graz" zu suchen, die seit ihrer Gründung im Jahre 1924 durch Wilhelm Thöny die führende avantgardistische Gruppe war. Thöny selbst hatte den Krieg in New York überstanden und starb dort am ersten Mai 1949, ohne die alte Heimat wiedergesehen zu haben. Die Kontakte zu „seiner" Sezession hatte er aber bald wieder aufgenommen. Heute *„Sezession" Wilhelm Thöny* gilt er als der berühmteste steirische Künstler des Jahrhunderts. Thöny hatte das Interesse unserer Künstler nach Frankreich gelenkt, das nach dem historischen Abgesang Italiens im Reich der bildenden Künste tonangebend war. In Frankreich kam zu Anfang dieses Jahrhunderts der Kubismus auf, der die ästhetischen Grundlagen für die moderne Entwicklung schuf. Picasso und Braque hatten mit dieser Wendung das neue Zeitalter eingeleitet. Während nun die Künstler in anderen Bundesländern eher zum Expressionismus und ähnlichen Strömungen in Deutschland, Belgien und der Schweiz tendierten, formierten die Maler der Grazer Sezession eine Variante der „École de Paris" und nahmen damit eine Sonderstellung in unserer Kunstgeschichte ein. Dem magischen Realismus, der unter dem Schlagwort „Neue Sachlichkeit" im Deutschland der zwanziger Jahre erfolgreich war, kam in Österreich nur geringe Bedeutung bei. Die Bilder dieser Richtung fielen durch exakte Zeichnung und frische Farben auf und waren oft im Widerspruch zum Begriff der „Sachlichkeit" von sehr empfindsamer Lyrik. In Graz war Reno Ernst Jungel zumindest in den zwanziger Jahren ein typischer Vertreter dieser Richtung. Auch Fritz Silberbauer malte zur gleichen Zeit kleine Bilder anekdotischen Inhalts in dieser Manier, die zum Schönsten gehören, was ihm je gelang. Schließlich war selbst Rudolf Szyszkowitz als Kind seiner Zeit der „Neuen Sachlichkeit" zugetan, was bisher wenig beachtet wurde, da man ihn nur als Expressionisten in der Nachbarschaft zu Kolig und Faistauer verstehen wollte. In seiner Druckgraphik und in den Bleistiftzeichnungen kommt es deutlich zum Ausdruck.

Kehren wir aber zur „Sezession" zurück! Nach dem Abgang Thönys kam Alfred Wickenburg die Rolle des Prinzeps zu. Er war es als Mensch und als Künstler. Alle zollten seiner Meisterschaft Respekt. Ganz im Sinne der Éducation sentimentale„, die ihm Paris zu bieten hatte, zeichneten sich seine Werke durch geistreiche Erfindung, harmonische Komposition und edle Farbe aus. In seinem Bild „Rinaldo und Armida", das heute in der Galerie des Oberen Belvedere zu Wien hängt, fand die kubistische Ästhetik ihren reinsten Ausdruck in Österreich. Das Bild zählt zu den unvergänglichen Meisterwerken in der Geschichte unseres Landes. Hans Wagula, der sich als Graphiker und Kulturfilmer hervortat, liebte die Landschaften um das Mittelmeer, die im afrikanischen Raum mit kubischer Architektur den Aufbau bestimmen. Seine Malerei zeichnet sich durch feine Tonigkeit aus. Dann war es Wagulas Freund Kurt Weber, der vor dem Krieg einige Jahre in Paris verbracht hatte und die erregende Atmosphäre dieser Stadt den jungen Künstlern vermittelte. Weber war auch ein langjähriger Freund des großen Otto Freundlich und gehörte zum Kreis des Malers Robert Delaunay, der die orphische Richtung des Kubismus vertrat. Weber war ein Finder, aber auch ein Sucher. Als er im Jahre 1950 die Werke des amerikanischen Taschisten Jackson Pollock sah, die die bekannte Sammlerin Peggy Guggenheim anläßlich der Biennale in Venedig zum ersten Mal in Europa zeigte, fühlte er zwanghaft in sich eine innere Wendung, sodaß er sich bei voller persönlicher Freiheit mit den aufgetauchten Problemen herumschlug. Die Werke aus dem letzten Jahrzehnt seines Schaffens sind wohl die schönsten Beispiele taschistischer Malerei in Österreich, auch wenn man das im ehrgeizigen Wien nicht gerne hört. Kurt Weber war in dieser Zeit und bis zu seinem Tod im Jahre 1964 die Integrationsfigur des Grazer Kulturlebens. Die jungen Maler und Architekten scharten sich um ihn. Fast alle Künstler und Dichter, die Graz besuchten, gingen in seinem Haus aus und ein wie beispielsweise der ihm eng verbundene Herbert Böckl und der zu jungem Ruhm gelangte Dichter Paul Celan. Die Malerin Vevean Oviette, aus Graz gebürtig und in Paris und Amerika zu Ansehen gelangt, baute sich mit Hilfe Webers eine Brücke zur alten Heimat. Sie war eine unvergleichliche Zeichnerin und gab in der Farbe ihr Bestes, wenn sie Naturerlebnisse in informelle Seelenbilder verwandelte. Sie schloß sich der Sezession an, die 1953 den Maler Rudolf Pointner zum Präsidenten gewählt hatte, der es immerhin 14 Jahre lang auf diesem Posten aushielt. Mit Pointner nahm die „Sezession" eine energische Wendung zur aktuellen Kunst. Er selbst war Surrealist mit ornamentaler Magie, indes Franz Rogler, der auch ein großes Wort führte, durch Arrangement figuraler Elemente von übergenauer Dinghaftigkeit in psychische Tiefen eindrang. Ein Altersgenosse Pointners, Friedrich Aduatz, eine proteische Natur und gewiß einer der stärksten Koloristen, wird wegen seiner farbigen Éclats heute auch als Vorreiter der sogenannten „Jungen Wilden" bezeichnet. Aufsehen erregte Gottfried Fabian, der aus Dresden stammte und in der Grazer Sezession gelandet war. Er war ein glänzender Zeichner, der zur Verwunderung des französischen Kritikers François Matthey spielerisch zwischen Abstraktion und

Rudolf Pointner

Die „Jungen Wilden"

Hans Hartung

Gegenständlichkeit schwebte. Fabian hat dem informellen Bild, dem sein Freund und Studiengefährte Hans Hartung zum internationalen Durchbruch verholfen hatte, neue Dimensionen zugesetzt, sodaß ein neues Raumgefühl entstand. Willem Sandberg, weltbedeutend als Museums-Fachmann und kritischer Geist, hat Fabians Lob gesungen. Nicht zu vergessen ist der früh verstorbene Mario Decleva, der jahrelang neben Weber und Pointner den Geist der Sezession belebte. Sein eigenes malerisches Werk, das der stolze junge Mann mit auffallender Bescheidenheit ansah, ist im Lauf der Jahre zu höchster Wertschätzung gelangt. Wichtige Beiträge brachten der „Sezession" der Maler Herbert Felice und dessen Frau, die Keramikerin Edith Felice, die heute die ältere Generation vertreten, wie auch der prächtige Bohemien und Abenteurer Ferdinand Bilger, der schon gestorben ist. In hohem Ansehen stand auch die Keramikerin Helene Fischer, die auch schon von uns gegangen ist. So entfaltete man eine folgenreiche Betriebsamkeit, in der sich sehr gegensätzliche Talente bewährten: Die Maler Hans Bauer, Hans Nagelmüller, Gerhard Lojen, Hans Bischoffshausen, Friedrich Ehrbar, Franz Roupec, die Graphiker Fritz Krainz, Herbert Türk, Heinz Reichenfelser, Hans Knopper, der Keramiker Emmanuel Kolowratnik, der Gartenarchitekt Hans Grubbauer, die Bildhauer Heinz Hiebl, Gerhard Moswitzer und Karl-Jürgen Trinkl. Die Bildhauerin Linda Leeb kennzeichnet die jüngste Phase der „Sezession" mit ihrer Aktivität als Präsidentin des Vereins, der sich mit neuem Profil präsentiert. Die Sezession hat auch viele Ausstellungen von nachhaltender Wirkung veranstaltet.

Das Künstlerhaus

Das Grazer Künstlerhaus, das nach endlosen Diskussionen im Jahre 1952 entstand und nicht als Meisterwerk der Architektur zu gelten hat, bot sich als Schauplatz solcher Demonstrationen an. So zeigte man 1954 internationale Graphik von Matisse bis Miró, im Jahre 1955 eine Schau berühmter Werke Paul Klees, die Felix Klee, der Sohn des Künstlers, noch vor kurzem lobend in Erinnerung brachte, und im Jahre 1964 Werke des Koreaners Ung No Lee, des neben Zao Wou-Ki und Kumi Sugai bekanntesten Repräsentanten des fernen Ostens in der „Schule von Paris", diesmal in der Galerie 16 in der Schörgelgasse, die der Sezession gehörte.

Im Jahre 1977 kam es zu einer Krise in der nunmehr von Erfolgen verwöhnten Sezession; man war sich über die Linie nicht mehr einig. Viele Künstler traten unter der Führung Fabians aus und grün-

1) Kurt Weber, Gouache/Papier, 61 x 85 cm, 1950/55. Privatbesitz. 2) Rudolf Pointner. Feuerwerk in Forio d'Ischia, Wasserfarben auf Papier, 57 x76 cm, 1973. Privatbesitz.

3) Gottfried Fabian. Ohne Titel, Öl/Lwd., 35 x 50 cm, 1960. Privatbesitz.
4) Fred Hartig. Die Gedrängten, Acryl/Lwd., 135 x 180 cm, 1972, Graz, Stadtmuseum.

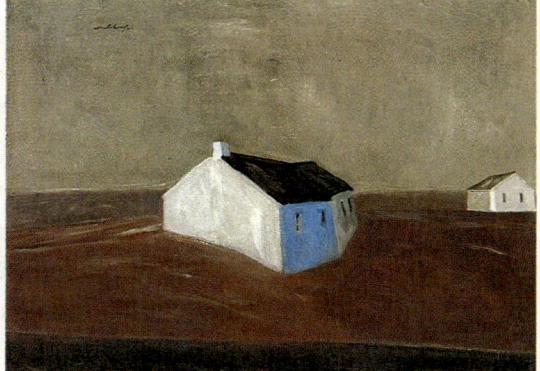

5) Hans Bischoffshausen. Composition submarine Landschaft, Öl/Lwd., 96 x 140 cm, 1954. Privatbesitz. 6) Günter Waldorf. Waldorf IX, Öl/Lwd., 37 x 50 cm, 1988. Privatbesitz.

„Gruppe 77"

deten die „Gruppe 77", die sich nach ihrem Geburtsjahr so benannte. Es ging um eine strengere Auffassung der modernen Kunst, die man seit Pointners Abdankung vermißte. Die Anhänger der „77er" waren Puristen. Neben Fabian sind hier Franz Roupec, Friedrich Panzer, Ferdinand Penker, Hans Kuhneß, Wolfgang Rahs, Hans Bischoffshausen, Johann Fruhmann, Gerhard Lojen, Edith Temmel, Klaus Reisinger, Hans Giegerl, Jochen Baur, Stefan Maitz, Erwin Lackner, Doris Jauk-Hinz und Siegfried Amtmann als Aktivisten zu nennen. — Aber schon im Jahre 1953 hatte eine erste Sezession aus der Sezession stattgefunden. Damals waren es die jüngsten Mitglieder, die um die Mitsprache kämpften und unter Führung Günther Waldorfs als „Junge Gruppe" auftraten, die dann im „Forum Stadtpark" aufging, das 1962 erstand als Plattform einer weit ausholenden Künstlergemeinschaft. Hannes Schwarz, Siegfried Neuburg, Elga Maly, Gustav Zankl, Jorrit Tornquist, Erich Wonder, Drago Prelog, Heinrich Pölzl, Hartmut Urban, Franz Felfer, Godwin Ekhart und Erich Unterweger folgten Waldorf auf diesem Weg, auf dem man im Ideellen nicht allzu weit von der „Sezession" abwich.

Waldorfs „Junge Gruppe"

Günter Waldorf, ein Maler mit Phantasie und Stilgefühl, war — ähnlich wie Kurt Weber vor ihm — als Integrationsfigur zu sehen, eine Rolle, die ihm auch noch heute zugewiesen ist. „Das ist doch der Mann, der immer etwas gründet", hat der berühmte Monsignore Otto Mauer einmal von ihm gesagt.

Doch auch die „Junge Gruppe" erlebte einen Exodus und eine Gegengründung. Karl Hans Haysen, Kulturjournalist, Dichter und Bohemien, gründete den „Odysseus in Domino", dem etliche Talente zuliefen, so die Maler Ludwig Freidinger, Max Hendler, Renata Schwarzbauer, Günther Schimunek und die Bildhauer Max Milo, Gottfried Höfler und Josef Pickl. Sie alle sind auf eine moderne Linie eingeschworen.

Im übrigen meiden viele Künstler auch bei uns Gemeinschaften mit fester Bindung. Einige von ihnen mit ausgeprägter Persönlichkeit wie Günther Brus, Joseph Pillhofer, Luis Sammer, Friedrich Panzer, Ferdinand Penker, Gustav Troger, Erwin Talker, Gerald Brettschuh, Wolf Gössler, Josef Kern, Franz Dampfhofer und Franz Motschnig halten Distanz, auch wenn vorübergehend ein Nahverhältnis zum Forum Stadtpark oder zu den „77ern" bestand. In ähnlicher Weise verhalten sich Ewald Wolf-Schönach, Helga

Wolf-Schönach, Norbert Nestler und Friederike Nestler Rebeau, die neben ihrer kreativen Tätigkeit als Maler, Plastiker, Ambientegestalter und Konzeptualisten auch mit ihrem pädagogischen Programm das Kunstleben beeinflussen. Die Bildhauer Lia Rigler und Eduard Hänggi haben ihre Domäne in der Eisenskulptur gefunden, die sie mit aphoristischem Witz und stiller Denkarbeit betreiben. Die Maler Gregor Traversa und Bernd Liebl stehen den Surrealisten nahe.

Die Maler der „Wirklichkeiten", eine Gruppe, die Otto Breicha, ein Wortkünstler mit Esprit, zusammengeführt hat, sind streng genommen in Wien etabliert. Fünf von ihnen, Peter Pongratz, Wolfgang Herzig, Robert Zeppel-Sperl, Franz Ringel und Peter Sengl sind Steirer, die dank ihrem Mentor Breicha, der seit Jahren das Grazer Kulturhaus in der Elisabethstraße leitet, auch in Graz immer wieder ihren Auftritt feiern.   *Maler der „Wirklichkeiten"*

Ebenso ist die Konzeptkunst in Graz vertreten, deren Anhänger in loser Tuchfühlung zu einander stehen. Sie sind gegen das Bild an der Wand und gegen die Skulptur auf dem Sockel. Sie suchen Denkbarkeiten statt Sichtbarkeiten. Ihre Ahnherren sind der Japaner Shusuko Arakawa und der Amerikaner Sol Lewitt, die Anfang der sechziger Jahre mit solchen Ideen auftauchten. Der Anspruch der „Konzeptler" hat also schon Patina angesetzt. In Graz bekennen sich zur Realisierung solcher Denkübung Richard Kriesche, Peter Gerwin Hofmann, Michael Schuster, Hannes Priesch, Michael Kienzer, Othmar Krenn, Herbert Flois, Brigitte Haubenhofer, Eduard Winkelhofer, Irmgard Schaumberger, Fedo Ertl, Klaus Schuster, Hartmut Skerbisch, Heribert Nothnagel und Georg Held.

Im Sinne einer wahrnehmbaren Entwicklung ist wohl das Phänomen der sogenannten „Jungen Wilden" einzuschätzen. Mit dem historischen Expressionismus verbindet sie der erregte Kolorismus, während ihre Figuration gespenstisch und merkwürdig knochenlos wirkt. Diese wellenartig angeschwemmte Kunst hat Ursprung und Erfolg in den Vereinigten Staaten, in Deutschland und in Italien, um diese Länder ihrer Verbreitung hervorzuheben. Hier ist Österreich stark beteiligt. In der Steiermark sind Hubert Schmalix, Alois Mosbacher, Alfred Klinkan, Erwin Bohatsch und Erwin Wurm als echte Talente anerkannt. Sie werden von Wilfried Skreiner, dem Leiter der Neuen Galerie mit Interesse gefördert.   *Neue Galerie*
Die Aufgaben der Neuen Galerie sind in den letzten Jahrzehnten

beträchtlich gewachsen. Die Dreiländer-Biennale „Trigon", die seit 1963 in Graz abgehalten wird und Beispiele zeitgenössischer Kunst aus Österreich, Italien und Jugoslawien vorstellt, ist der Verantwortung der Galerie übertragen. Dasselbe gilt für die „Internationalen Malerwochen", die jährlich stattfinden und unsere Künstler mit Künstlern aus unseren Nachbarländern zu einer Art Symposion mit praktischer Tätigkeit in gemeinsamer Werkstatt vereinigen. Auffallend ist die Aktivität des Stadtmuseums, das unter Wilhelm Steinböck neben seinen historischen Aufgaben immer stärker in das aktuelle Kunstleben der Stadt eingreift. Auch die Förderung der bildenden Kunst im Kulturzentrum bei den Minoriten unter Rektor Josef Fink und Harald Seuter ist zu betonen.

„Internationale Malerwochen"

Zieht man noch die Ausstellungstätigkeit verschiedener privater Galerien und Banken in Betracht, so ergibt sich ein lebhaftes Angebot, mit dem der Kunstfreund konfrontiert wird. Wer sich bei einiger Erfahrung durch europäische Städte gleicher Rangordnung mit gezieltem Späherblick durchgewunden hat, darf ohne Anmaßung feststellen, daß Graz, die Hauptstadt der Steiermark, zu den lebendigsten und anspruchsvollsten Orten zählt, wo bildende Kunst gewogen und gemessen wird.

Die Bürgermeister der Stadt Graz

1446 Wolfgang Steyrer
1452 bis 1453 Ulreich Einpacher
1456 Christoph der Epyshauser
1461 Niclas Strobel
1462 Ulreich Goldsmid
1464 Andre Pölzewler
1466 Caspar Pretl
1468 Hanns Payr mit dem Pern
1470 bis 1473 Hans Wurssner (Bursner)
1475 Thoman der Pehaim
1478 Jörg Schlaudersbach
1482 Heinrich Ernst
1483 Leonhard Kirchhaymer
1493 bis 1494, 1497 Tibold Brunner
1498 bis 1499 Hanns Frölich
1505 bis 1506 Tibold Brunner
1513 Peter Puchler
1514 bis 1516, 1519 bis 1520, 1522 Matthias Harrer
1524 bis 1525 Simon Arbeiter
1526 Matthias Harrer
1527 bis 1531 Simon Arbeiter
1532 Georg Stürgkh
1537 Andre Frölich
1538 bis 1539 Simon Arbeiter
1540 bis 1541 Simon Arbeiter
1542 Michael Einpacher
1543 bis 1544 Hanns Marchart
1545 bis 1546 Marx Stempfer
1547 bis 1551 Hanns Marchart
1553 Michael Einpacher
1554 Rueprecht Püchler
1555 bis 1557 Hanns Marchart
1560 Wolfgang Hofer; Michael Einpacher
1561 Wolfgang Hofer
1563 Rueprecht Püchler
1565, 1568 bis 1569 Christof Unger
1570 Oswalt Kherscher
1570 bis 1751 Michael Straßberger
1572 Wolf Khlaindienst
1573 bis 1574 Michael Straßperger
1575 bis 1576 Hans Nürnberger
1577 Michael Straßperger
1578 Andreas Wolf; Hanns Paurnfeindt
1579 Hanns Paurnfeindt
1582 bis 1583 Michael Straßperger
1584 bis 1586 Hanns Paurnfeindt
1587 Julius von Sara, Stadtanwalt
1588 Michael Straßperger
1589 bis 1592 Wolf Mittenperger
1592 Hieronymus Hausner
1594 Hieronymus Hausner
1595 bis 1596 Andre Kistal
1598, 1600 bis 1601 Sigmund Prielmaier
1602 bis 1604 Stefan Posch
1605 Sigmund Prielmaier
1606, 1607, 1609 Paul Zehetner
1607 Lukas Sitzinger
1611 Stefan Posch
1614 bis 1616 Paul Zehentner
1617 bis 1619 Wolf Steinwentner
1622, 1624 Hans Töllerer
1626 Peter Haimer
1628 bis 1629 Georg Khlingendrath
1630 Hans Töller
1632 bis 1636 Georg Khlingendrath
1637 Hanns Tallerer
1639 bis 1640 Georg Khlingendrath von Klingenau
1642 Christoph Khnor von Rosenrodt
1644 bis 1646 Simon Cordin
1649 bis 1652 Simon Cordin von Rosegg
1653 bis 1656 Wolf Sartori von Ehrenpichel
1657 Simon Cordin von Rosegg
1658 Simon Cordin von Rosegg; Hans Heinrich Hueber von Hubegg
1659 Ferdinand Widmannstetter
1660 bis 1661 Simon Cordin von Rosegg
1664 Michael Zieglmüller
1665 bis 1668 Ferdinand Widmannstetter
1671 bis 1672 Melchior Gelb
1673 bis 1674 Georg Christoph Paumann
1676 bis 1677 Peter Georg Volckh
1679 bis 1681 Georg Christoph Paumann
1683 bis 1685 Peter Georg Volckh
1687 Johann Pindter
1688 Georg von Dornau
1689 bis 1691 Johann Jakob Sartori von Ehrenpichel
1692 Jaco(b) Pinter
1693 bis 1694 Georg Peter Volckh
1695 bis 1698 Johann Adam Fröhlich
1700 Johann Pinter
1704 Simon Hetinger
1706 bis 1707 Sebastian Haubt
1712, 1714 bis 1716, 1718 bis 1720 Georg Ernst Gunzinger
1724 Leopold Friedrich Kopp
1726 bis 1728 Franz S. Pesenkemer

1732 Mathias Franz Posaukho
1733 bis 1740 Leopold Friedrich Kopp
1740 J. M. Eeyß
1746 Johann Andreas Geyer
1747 bis 1753 Johann Michael Strenner
1753 Ludwig Piccardi, Johann Georg Mayerhofer
1754 Johann Modest Weicklmayr
1759 Ludwig Piccardi
1759 bis 1761 Johann Modest Weicklmayr
1762 bis 1784 Johann Georg von Anthauer
1784 bis 1788 Ambros Knabl
1788 bis 1791 Johann Edler von Berscheny
1791 bis 1795 Franz Caspar Edler von Heilinger
1795 bis 1799 Michael Steffn
1799 bis 1810 Franz de Paula Edler von Dirnpöck
1810 bis 1827 Franz Wiesenauer
1827 bis 1829 Franz Xaver Nippel
1830 bis 1836 Constantin Villefort
1836 bis 1837 Anton Pfalzer
1837 bis 1843 Josef Valentin Maurer
1844 bis 1850 Andreas Hüttenbrenner
1850 bis 1861 Johann von Ulm
1861 bis 1864 Moriz Ritter von Frank
1864 bis 1867 Albin Alber
1867 bis 1870 Moriz Ritter von Frank
1870 bis 1873 Moriz Ritter von Schreiner
1873 bis 1885 Wilhelm Kienzl
1885 bis 1897 Ferdinand Portugall
1897 bis 1898 Franz Graf
1898 Heinrich Freiherr von Hammer-Purgstall, Statthaltereirat, Regierungskommissär
1898 bis 1912 Franz Graf
1912 Anton Underrain von Meysing, Statthaltereirat, Regierungskommissär
1912 bis 1914 Robert von Fleischhacker
1914 bis 1917 Anton Underrain von Meysing, Regierungskommissär
1917 bis 1919 Adolf Fizia
1919 bis 1934 Vinzenz Muchitsch
1934 bis 1938 Hans Schmid
1938 bis 1945 Julius Kaspar
1945 Engelbert Rückl
1945 bis 1960 Eduard Speck
1960 bis 1973 Gustav Scherbaum
1973 bis 1983 Alexander Götz
1983 bis 1985 Franz Hasiba
1985 bis heute Alfred Stingl

Quellen und Literatur
(Auswahl)

ALBUM des Grazer Schloßberges und seiner neuen Anlagen, Nachdruck, Graz 1977.
AMON, K., Die Bischöfe von Graz-Seckau 1218 — 1968, Graz 1969.
AMON, K., Die Grazer Stadtpfarren, Graz 1980.
BAEDEKER, K., Graz, Freiburg 1974.
BALDAUF, P., Geschichte des Grazer Bürgerkorps, Graz 1843.
BLEIER-BISSINGER, H., Bundeskanzler Dr. Alfons Gorbach und seine Zeit, Graz 1988.
BRUCHER, G., Die barocke Deckenmalerei in der Steiermark, Graz 1973. BURG, die Grazer, Graz o.J.
BRUNNER, W., Bomben auf Graz, Graz 1989.
COELLN, E. v., Das Buch vom Schöckel, Graz 1911.
DEHIO-Handbuch, Bd. Graz, Wien 1979.
DIENES, G., Die Bürger von Graz (Masch.Diss.), Graz 1978.
DEUER, W., Der romanische Kirchenbau in der Steiermark (Masch. Diss.), Wien 1982.
DEYERLSPERG, G.J., Erbhuldigung der steirischen Landstände aus dem Jahre 1728, Nachdr.,Graz 1980.
EBNER, H. Burgen und Schlösser in der Steiermark, Bd. 2, Wien 1963.
FREIDINGER, L. — EBERHART,H., Die Garnisonsstadt Graz, Graz 1978.
FREISITZER,K. — HÖFLECHNER, W., 400 Jahre Universität Graz, Graz 1985.
GEBLER, W.v., Geschichte des Herzogthums Steiermark, Graz 1862.
GERAMB, V.v., Steirisches Trachtenbuch, Graz 1938/39.
GRAFF, T. — KARNER S., Leykam, 400 Jahre Druck und Papier, Graz 1985.
GRAZ, die Stadt, 1128 — 1928, Graz 1928.
GRAZ, 850 Jahre, Graz-Wien-Köln 1978.
GRÖGER,H., 100 Jahre Grazer Bürgermeister, Graz 1968.
GUBO, Andreas, Aus Steiermarks Vergangenheit, Graz 1913.
HAFNER, O., Wissenswertes über Graz von A — Z, Graz 1984.
HAFNER, O., Peter Rosegger im Spiegel der Kunst, Graz 1984.
HAFNER, O., Peter Rosegger und seine Zeit, Graz 1988.
HEGENBARTH, H. Furchtlos und Treu, Graz 1982.
HLUBEK, F. X., Ein treues Bild des Herzogthuma Steiermark ..., Graz 1860.
HINTEREGGER — MÜLLER — STAUDINGER, Auf dem Weg in die Freiheit, Graz 1984.
HUEBER,L., Rudolf von Habsburg und seine Nachfolger, Lugano 1984.
IBLER, H., Steiermärkische Sparkasse in Graz 1825 — 1975, Graz 1975.
ILWOLF, F., Abwandlungen, Graz 1882.
JANISCH, A.A., Topographisch-statistisches Lexikon von Steiermark, Graz 1878.
JAUKER, K. Das Herzogthum Steiermark, Wien 1881.

KAISER, J.F., Lithographierte Ansichten der steyermärkischen Städte, Märkte und Schlösser, Neuauflage, Graz 1982.
KALCHBERG, W.v., Der Grazer Schloßberg und seine Umgebung, Graz 1856.
KARNER, S., SteierDie Steiermark im Dritten Reich 1938—1945, Graz 1986.
KLEINDEL, W. Österreich — Daten zur Geschichte und Kultur, Wien 1987.
KOHLBACH, R., Der Dom zu Graz, Graz 1948.
KOHLBACH, R., Die barocken Kirchen von Graz, Graz 1951.
KOHLBACH, R., Die Stifte Steiermarks, Graz 1953.
KOHLBACH, R., Steirische Bildhauer, Graz 1956.
KOHLBACH, R., Steirische Baumeister, Graz 1961.
KOBEL,L. — PIRCHEGGER,H., Steirische Ortswappen, Graz 1954.
KUBINSKY, K.A., Graz aus der Vogelperspektive, Graz 1984.
KUBINSKY, K.A., Graz im Wandel, Graz 1987.
KUMAR, J.A., Historisch malerische Streifzüge in den Umgebungen der Stadt Grätz, Graz 1816.
LAUKHARDT, P., Der Grazer Schloßberg, Graz 1983.
LECHNER, K., Die Babenberger, Wien-Köln-Graz, 1985.
LEITNER, K.F.v., Vaterländische Reise von Grätz über Eisenerz nach Steyer, Neuauflage, Wien 1983.
LESKY, G., Schloß Eggenberg, Graz 1970.
MAYER, F.M., Geschichte der Steiermark, Graz 1898.
MAYR, M. — PHILIPP, P., Graz Lob der Altstadt, Graz 1974.
METZGER, C., Graz und die Steiermark, Köln 1987.
MÜHLFEITH, H., Unsere Vaterstadt Graz, Graz 1922.
MÜNZER, E., Alt-Grazer Spaziergänge, Graz 1974.
MÜNZER, E., Als die Stadt noch am Land war, Graz 1978.
MÜNZER, E., Was die Murvorstadt erzählt, Graz 1979.
MÜNZER, E.,Das Buch vom Schöckel, Graz 1981.
PASTOR, L., Geschichte der Päpste seit dem Ausgang des Mittelalters, Bd. 9, Freiburg 1918.
PIRCHEGGER, H., Das steirische Eisenwesenwesen von 1564 — 1625, Graz 1939.
PIRCHEGGER, H., Geschichte der Steiermark, Graz 1949.
POPELKA, F., Geschichte der Stadt Graz, Bd. 1,2, Nachdruck, Graz 1984.
POPELKA, F., Schriftdenkmäler des steirischen Gewerbes, Graz 1950.
POSCH, F., FLammende Grenze, Graz 1968.
PUSCHNIG, R. Burg Gösting bei Graz, Graz 1971.
PUSCHNIG, R. Kapfenberg, Kapfenberg 1974.
RINTELEN, A., Erinnerungen an Österreichs Weg, München 1941.
RUCK, B., Hans Adam Weissenkircher, Graz 1985.
RUCK, B. — GRYZA-GERSCH, F., Schloß Eggenberg, Graz 1984.

SALLINGER, R., Graz im Jahre 1809, Graz 1909.
SCHABL, G., Ordens- u. Klosterniederlassungen in Graz, Graz-Wien 1917.
SCHERBAUM, G., Erinnerungen eines Grazer Bürgermeisters, Graz 1985.
SCHMUTZ, C., Historisch topographisches Lexicon von Steyermark, Graz 1822/23.
SCHLOSSAR, A. Vier Jahrhunderte deutschen Kulturlebens in Steiermark, Graz 1908.
SCHUBERT, P., Schauplatz Österreich, Bundesländerorte A-K, Bd.2, Wien 1976.
SCHREINER, G. Grätz, Nachdruck, Graz 1977.
SEEBACHER — MESARITSCH, A., Weinitzen, Graz 1988.
SKITZE VON GRÄTZ, Graz 1792.
SKREINER, W., Steiermark in alten Ansichten, Salzburg 1978.
SPREITZHOFER, K., Georgenberger Handfeste, Graz 1986.
STEINBÖCK, W. — HIEBL, H., Die Graz-Ansichten des Vinzenz Reim, Graz 1977.
STEINER, K. Vom alten Graz, Graz 1951.
STOLBERG, L., Die steirischen Uhrmacher, Graz 1979.
STEIERMARK, Land, Leute, Leistung, Graz 1971.
STRAHALM, W., Bruck/Mur, Von den Anfängen bis zur Gegenwart, Graz 1985.
STRAHALM, W., — HAFNER, O., Graz im Biedermeier, Graz 1983.
SUPPAN, W., Steirisches Musiklexikon, Graz 1962 — 1966.

TEPPERBERG, C., Die Kämpfe um den Grazer Schloßberg, Wien 1987.
TREMEL,F., Frühkapitalismus in Innerösterreich, Graz 1954.
TREMEL, F., Land an der Grenze, Graz 1966.

URKUNDENBUCH des Herzogthumes Steiermark, Bd 1 — 3, Wien 1975.

VISCHER, G. M., Topographia ducatus Stiriae, Neuauflage, Graz 1975.

WASTLER, J., Das Kunstleben am Hofe zu Graz, Graz 1897.
WEBER, E., Die römerzeitlichen Innschriften der Steiermark, Graz 1969.
WIESFLECKER, H., Kaiser Maximilian I., Wien 1975.
WINKLERN, J.B.v., Chronologische Geschichte des Herzogthums Steyermark, Graz 1820.
WOISETSCHLÄGER, K., Der innerösterreichische Hofkünstler Giovanni Pietro de Pomis, 1569 bis 1633, Graz 1974.
WOISETSCHLÄGER, K. — KRENN, P., Alte steirische Herrlichkeiten, Graz 1968.
WONISCH, O. Baugeschichte des Bischofhofes in Graz, Graz 1953.

ZAHN, J.v., Styriaca, Neue Folge, Graz 1896.
ZITZENBACHER, W., Das große Steiermarkbuch, Wien 1980.
ZITZENBACHER, W., Ein Schauspielhaus für Graz, Graz 1976.
ZÖLLNER, E., Geschichte Österreichs, Wien 1984.

Ausstellungskataloge, Publikationsreihen

BABENBERGER, 1000 Jahre, Katalog, Wien 1976.
DAS STEIRISCHE HANDWERK, Ausstellungskat., Graz 1970.
DIE KUNSTDENKMÄLER der Stadt Graz, Profanbauten des IV. u. V. Bezirkes, Österreichische Kunsttopographie, Bd. LVI, Wien 1984.
ERZHERZOG JOHANN Gedächtnisausstellung, Katalog, Graz 1959.
ERZHERZOG JOHANN v. Österreich, Katalog, Graz 1982.
GOTIK in der Steiermark, Katalog, Graz 1978.
GRAZER, bedeutende im Portrait, Ausstellungskat., Graz-Wien 1977.
GRAZER Biedermeier u. Nachbiedermeier, Ausstellungskat. Graz 1958.
GRAZER Industrie hat Tradition, Ausstellungskat., Graz 1981.
HEXEN und Zauberer, Ausstellungskat., Graz 1987.
MUSIK in der Steiermark, Ausstellungskat., Graz 19890.
REGIMENT, Nr. 27, Katalog, Graz 1982.
REVOLUTION, die vergessene, Graz 1848, Ausstellungsbroschüre, Graz 1988.
STADTBILD — Ausstellung, Führer, Graz 1928.
STADTMUSEUM Graz, Ein Teil des Joanneums, Ausstellungskat., Graz 1952.
STADTMUSEUM, Publikationsreihe hrsg. v. W. STEINBÖCK, Bd I. Grazer Landschafts und Vedutenmaler der Biedermeierzeit. Conrad Kreuzer — Vinzenz Kreuzer. Graz 1976. Bd II. Stadterweiterung von Graz 1850 — 1914, Graz 1979. Bd III. Graz als Garnison, Graz 1982. Bd IV. Grazer Gastlichkeit, Graz 1985.
LITERATUR in der Steiermark, Ausstellungskat., Graz 1976.
STEIERMARK, Brücke und Bollwerk, Ausstellungskatalog, Graz 1986.
STEIERMARK, Evangelisch in der, Ausstellungsführer, Graz 1981.
BEZIRKSAUSSTELLUNGEN, gleichnamige Broschüren, hrsg. v. Kulurreferat der Landeshauptstadt Graz.
  Der Lend und seine Geschichte, Graz 1983.
  Andritz und seine Geschichte, Graz 1984.
  Geidorf und seine Geschichte, Graz 1985.
  Straßgang und seine Geschichte, Graz 1986.
  St. Leonhard und seine Geschichte, Graz 1987.
  Der Gries und seine Geschichte, Graz 1988.

Periodika:

Blätter für Heimatkunde, Jg. 1, 1923 — Jg. 62, 1988.
  Historisches Jahrbuch der Stadt Graz, Bd. 1 — Bd. 18/19.
  Kleine Zeitung, Graz.
Neue Zeit , Graz.
Tagespost, Graz.

Personenregister

Aachen, Hans v. 169
Acland, Thomas 294
Adautz, Friedrich 457
Adler, Friedrich 360
Admont, Heinrich v. 55, 65
Ahmed, Großwesir 130
Aigentler, Johann 24f
Albert, Minoritenpater 38
Albertus, Richter 68
Albrecht I. Hg., Kg. 53, 55
Albrecht II. Hg. 57f, 93
Albrecht III. Hg. 60ff
Albrecht IV. Hg. 62
Albrecht V.(II.), Hg., Kg., 62f, 70, 72
Albrecht VI. Hg. 64 73, 76f
Albrecht V. v. Bayern 147
Albrecht v. Sachsen 86
Alexander VI., Papst 82, 100, 121
Alexander, Ehg. 262
Alfonso de Bourbon 333f
Allio, Domenico dell' 97, 134, 136ff, 161, 186
Alt, Rudolf v. 303
Amput, Burggrf. 42
Amtmann, Siegfried 460
Andersen, Ludwig 438
Ahne, Richard 439
Angelis, Maximilian 404
Anna, Tochter Hg. Albrechts I. 55
Anna v. Ungarn 109
Anouilh, Jean 438
Arco, Joseph Adam 254
Arbeiter (Arbaiter), Simon 124
Arbesser, Assunta 452
Aribo, Pfalzgraf 23, 25
Arnold, Wolfgang 447
Arnulf v. Kärnten, K. 20
Artmann, H. C. 448
Attems, Edmund v. 302, 344
Attems, Ferdinand Maria v. 287
Attems, Ignaz Maria v. 233, 278, 310, 325
Attems, Maria Viktoria 231
Auersberg, Andreas v. 174
Auersperg, Anton Alexander (Pseud. Anastasius Grün) 346
Augustiner, Werner 454

Bach, Alexander 318
Bach, Johann Sebastian 428
Bachofen-Echt, Richard 374
Bacquehem, Olivier 336
Baden, Bernhard v. 75
Baden, Friedrich v. 47
Baden, Hermann v. 40
Badeni, Kasimir 334ff
Bamberg, Eckbert v. 38
Bartok, Bela 436
Barbirolli, Sir John 424
Bargielski, Zbigniew 426
Bartsch, Rudolf Hans 351
Bauer, Hans 458
Bauer, T. 173
Bauer, Wolfgang 442, 447ff, 450
Baumgartner, Ulrich 439, 446
Baumkircher, Andreas 74, 76ff, 79
Baur, Jochen 460
Bax, Sir Arnold 424
Beauharnais, Eugéne de 273, 277
Beamont, Gen. 266
Bechsen (Gechsen), Organist 93
Beckett, Samuel 439
Beethoven, Ludwig v. 428
Behan, Brendan 439
Bela IV., Kg.v. Ungarn 35, 39f, 44
Belcredi, Richard v. 326
Bellini, Vincenzo 432
Bellomo, Joseph 292
Berg, Alban 351, 376, 436
Berger, Friedrich 318
Berghofer, Armand 291
Bergmann, Emmy 439
Bergmann, Walter 426
Berlichingen, Götz v. 106
Bernstein, Leonhard 436
Beuttner, Nikolaus 116
Beys, G. 253
Bilger, Ferdinand 458

Birk, Ruth 439
Birkle, Albert 453
Bismarck, Otto v. 326
Bischoffshausen, Hans 458ff
Biwald, Leopold 288, 246
Bleich, Harald 186
Bloch, Waldemar 426, 434
Blyssem, Pater 157
Böckl, Herbert 457
Bocskay, Stephan 175
Bohatsch, Erwin 461
Böheim, Kaspar 133
Böhm, Karl 348, 376
Böhm, Leopold 348
Böll, Heinrich 448
Boltenstein, Erich 376
Boltzmann, Ludwig 346
Bossler, Christian 297
Boult, Sir Adam 424
Brahe, Tycho de 173
Brand, Willibald 422
Brandenburg, Hermann v. 55
Brandstetter, Hans 376
Brassart, Johannes 92
Brecht, Berthold 439
Brehm, Bruno 445
Breicha, Otto 461
Breisach, Emil 417, 447
Brenner, Martin 169, 172, 174
Bressler-Roth, Norbertine 453
Brettschuh, Gerald 460
Breza, Nisá 436
Britten, Benjamin 427, 431
Brodnig, Heinrich 365f
Broussier, Gen. 275f
Bruckner, Anton 341 349
Brunner, Andreas 232
Brunner, Gerhard 434
Brunner, Otto 454
Brus, Günther 460
Buchebner, Walter 447
Buchrieser, Franz 448
Buczolich, Rudolf 439f
Budjuhm, Horst 439
Buresch, Karl 379
Burt, Francis 435
Busta, Christine 447
Buttlar, Johann Christoph 218
Butzel, Alexius 121

Caligari, Giovanni 155f
Carmin, Mattia 194
Cantia, Bonia 15
Cantia, Boniata 15
Cantius, Lucius Secundus 15f
Caroll, Lewis 439
Carlon, Sebastian 186
Carlone, Archangelo 159, 197
Carlos III. Kg. v. Spanien 218
Carlos de Bourbon 333
Casapiccola, Robert 439, 441
Cebotari, Maria 431
Celan, Paul 457
Cerha, Friedrich 434
Cerrini, Hptm. 276
Chasteler, Gen. 271, 273
Chirico, de 455
Chunlius, Schneider 113
Chunradus, Spitalmeister 35
Chytraeus, David 146
Cilli, Ulrich v. 73, 75
Clary-Aldringen, Manfred 354, 363
Claudia Felicitas v. Tirol 212f
Claudius, K. 13
Clemencau, Georges 368
Clemens VIII., Papst 169
Coletti, Bernhard 183
Cranach, Lucas d.Ä. 122
Crenzin, Anton Adolf v. 251
Chruschtschow, Nikita 422
Cuspinian, Johann 109

Dadieu, Armin 392, 404
Dalí Salvadore 455
Dallapiccola, Luici 435

Domianos, Constantin 452
Dampfhofer, Franz 460
Decleva, Mario 458
Delaunay, Robert 457
Delius, Frederick 424
Delrio, Martin Antonio 174
Deyerlsberg (Deyersperg), Joh.Jakob 226ff
Diehl, André , 438, 441,432
Diemer, Joseph 299
Dienstleder, Alois 381,406, 408, 410
Dietl, Eduard 392
Dietmar v. Graz 28f
Dietrichstein, Franz v. 171
Dietrichstein, Maximilian v. 202
Dietrichstein, Siegmund Ludwig v. 106, 122ff, 126, 202
Diocletian, K. 15
Dobler, Franz Caspar 247f, 263, 266, 268
Dobrowsky, Josef 453
Dollfuß, Engelbert 376, 380f, 386
Döllinger, Univ.Prof. 332
Domaratius, Karl Friedrich 292
Dönitz, Karl 403f
Donizetti Gaetano 292
Dornsperger, Johann Kaspar 182
Dulles, John Foster 414
Dumreich, Joseph v. 282
Dürrenmatt, Friedrich 439
Dybal-Kadlé, Rosa 439

Ebbs, Helmut 438, 441
Eberstein, Eberhard v. 38
Eberstein, Otto v. 40
Edegger, Erich 421
Eggenberg, Balthasar v. 76, 78, 86, 88f
Eggenberg, Hans v. 88, 124
Eggenberg, Hans Ulrich v. 178f, 183, 192, 196f, 199
Eggenberg, Ruprecht (Rupprecht) v. 168, 174, 193
Eggenberg, Seyfried v. 145, 192
Eggenberg, Ulrich 88
Eggenreich, Otto 447
Eggenwald, Egger v. 267
Ehrbar, Friedrich 458
Ekhard, Godwin 460
Eichendorff, Joseph v. 324
Eigruber, August 404
Eilers, Curt 439
Einbacher, Hans 78
Einem Gottfried 436
Einspinner, August 364
Eisel, Günther 426, 430
Eisler, Wirtsch.Komm. 363
Eisler, Hanns 428
Eisendle, Helmut 448f
Ekhart, Armgard 417
Eleonora v. Portugal 74, 93
Eleonore v. Gonzaga 179, 203
Elgar, Sir Edward 424
Elisabeth I., Kgin. v. England 147
Elisabeth II., Kgin. v. England 422
Elsner, Viktor 408
Emberg, Berthold v. 49
Emperger, Vinzenz Benedikt 307, 313ff
Empfinger, Lithograph 306
Ennstal, Hadmar v. 25
Erlach, Berhard Fischer v. 194, 196, 234
Ernst Hg. 61ff
Ernst Ehg. 160, 168
Ernst, Heinrich 78, 91
Ernst, Johann 91
Eröd, Ivan 426, 434
Ertl, Fedo 461
Ertler, Bruno 375
Ettinghausen, Andreas v. 373
Eugen v. Savoyen 218, 221, 223

Fabian, Gottfried 457ff, 460
Faistauer, Anton 453, 455ff, 458
Falk, Gunter 448f
Falkenstein, Thomas Vogel v. 206
Fall, Leo 430
Fauland, Ferdinand 450
Feistritz, Konrad v. 29
Felfer, Franz 454, 460

467

Felice, Edith 458
Felice, Herbert 458
Fellinger, Leo 453
Felner, Ferdinand 349
Ferdinand I., K. 101, 107ff, 112, 124, 127, 132f, 135, 138f, 141, 143, 164, 191, 295f, 316, 321
Ferdinand II., K. 111, 157, 168, 170, 175ff, 178, 183ff, 186ff, 189f, 192ff, 195ff,199, 203, 232
Ferdinand III.,K. 200f
Ferdinand IV., Kg. 203
Ferdinand, Ehg. (Tirol) 187
Ferdinand IV., Kg. v. Neapel 262
Fernberger, Hans Auer v. 166
Ferrara, Gabriel 196
Ferrabosco, Pietro 163
Fibich, Johann Caspar 233
Figl, Leopold 411, 414
Fink, Josef 462
Fischer, Helene 458
Fischer, Wilhelm 375
Fizia, Adolf 361, 363, 367
Fleischacker, Robert 355
Flois, Herbert 461
Flurer, Ignaz, Joseph 226f, 233
Forenbacher, Rudolf 404
Formentini, Johann Heinrich v. 258
Fortner, Wolfgang 436
Frangepani, Franz 209f
Frank, Alexander 116
Frank, Jeremias 166f
Frank (Franck), Moritz Ritter v. 325, 330, 339
Frank, Rudolf 380
Frankenthurn, Gautsch Baron v. 336
Franz II.(I. v.Ö.), K. 265, 269, 271ff, 291, 293, 296, 321
Franz I. (Franz Stephan v. Lothringen), K. 226, 237, 251, 262
Franz, Ehg. 261
Franz Ferdinand, Ehg. 356f
Franz Joseph I., K.(v.Ö.) 293, 316f, 324, 328, 356, 360f
Franz, Andrea 342f
Franz, Johann 342
Freidinger, Ludwig 460
Friedrich I. , K. 31
Friedrich II., K. 36
Friedrich III.,Hg. 34f, 38ff, 103
Friedrich (d. Schöne), Kg. 55ff
Friedrich IV. ,Hg.(Tirol) 61, 70
Friedrich III. K. (Kg. IV., Ehg. V.) 64, 70ff, 73ff, 76f, 80, 82f,86ff, 89, 91ff, 94ff, 97, 100, 104, 137, 164
Freundlich, Otto 457
Frickenberg, Frank Frick v. 244f
Friedrich August v. Sachsen 261
Frischmuth, Barbara
Fritsch, Gerhard 447
Fritz, Marianne 449
Frohm, Konstanze 452
Fruhmann, Johann 460
Fry, Christopher 438
Fürnberg, Friedl 407
Fux, Johann Joseph 428, 436

Gabor, Bethlen 177
Gadolla, Ignaz v. 278
Gasser, Hans 324
Geister, Roland 429
Geistinger, Marie 296
Geramb, Karl v. 250
Geramb, Viktor v. 374
Gerhab, Ratsherr 124
Gershwin, George 433
Gerstenberger, Renè 453
Gerstinger, Heinz 446
Gertrud, Nichte Hg Friedrichs II. 40, 47
Giegerl, Hans 460
Gierke, Oskar 351
Gigler, Andreas 116, 149
Girandoux, Jean 438
Girardi, Alexander 349
Gleispach, Karl v. 325
Gluck, Christoph Willibald 430
Gnauth, Adolf 162
Goebbels, Joseph 399, 430
Goethe, Johann Wolfgang v. 292, 439
Gorbach, Alfons 389, 392

Göring, Hermann 393, 398
Gösser, Wilhelm 376, 452
Gössler, Wolf 460
Gossenbrot, Jörg 88
Gottfried v. Wels-Lambach 24
Götz, Alexander jun. 419f, 421
Gradner, Jörg 92
Graf, Franz 336, 349, 375
Graf, Robert 375
Grasser, Franz 382
Graus, Johann 343, 347
Green, John 189ff
Gregor XIII.,Papst 152, 154
Gregor IX, Papst 39
Greim, Robert v. 404
Greinitz, Karl 282
Greisenegg, Andreas 78
Gerwitschitscher, H. 197
Grillparzer, Franz 292, 438
Grineo, Balthasar 168
Grogger, Paula 444f
Gronsfeld, Graf v. 223
Grouchy, Gen. 274
Grubbauer, Hans 458
Gruber, Reinhard P. 449
Grynszpan, Herschel 397
Guggenheim, Peggy 457
Gunter, Ministeriale 23
Gutl, Niclas 93
Gyulai, Franz v. 276ff

Haager, Max 426
Haas, Franz 270
Haas, Hans 125
Haas, Georg 343
Haberland, Karlheinz 441
Hacker zu Hart, Franz 274, 278
Haidmayer, Karl 426
Hagenhofer, Franz 354
Hammer, Ernst 446
Hammer-Purgstall, Heinrich v. 336
Hammer-Purgstall, Joseph v. 285, 299f
Hamerling, Robert 338, 340, 350
Handke, Peter 443, 447
Handl, Hema 431
Hans am Eck 119
Hansa, Anna 352
Hansen, Theophil 341
Harnoncourt, Nicolaus 428
Harrer, Matthias 107, 124
Hartberg, Ulrich v. 34
Hartig, Fred 453, 459
Hartmut, Urban 460
Hartwig (Aribone) 23
Hartwig, Heinz 441
Hartung, Hans 458
Hasenclever, Walter 439
Hasenhüttl, Johann 286
Hasiba, Franz 419f, 421
Hassan, Pascha 174
Haubenhofer, Brigitte 461
Hauberisser, Georg d. Ä. 295
Hauberisser, Georg d. J. 343
Hauck, Johann Veit 233
Haueisen, Robert 376
Hauer, Joseph Matthias 428
Hauer, Rainer 442
Haugwitz, Wilhelm v. 241
Hauptmann, Gerhard 439
Hauser, Anton 338
Hausegger, Siegmund v. 341
Haydn, Joseph 428
Haysn, Karl Hans 447
Hazmuka, Paul 418
Heger, Hertha 439
Heinrich II. , K. 35
Heinrich III., K. 23
Heinrich II., Hg.v. Ö. 34
Heinrich (VII.),Kg. 36
Heinrich, Hg. 57
Heinrich v. Niederbayern 40
Heinrich, Bürger 49
Held, Georg 461
Helfrich, Joseph 390
Helmer, Hermann 349
Hendler, Max 460
Henze, Hans Werner 435
Herbeck, Johann 339
Herbersdorf, Andreas v. 168

Herberstein, Georg v. 73, 106
Herberstein, Karl Joseph v. 253
Herberstein, Johann v. 232
Herbst, Wolfgang 144
Hergouth, Alois 417, 455ff
Herzig, Wolfgang 461
Herzog, David 397
Hess, Viktor 375
Hilger, Martin 112, 118, 166f
Hitler, Adolf 338,351, 380, 387, 389, 390, 393f, 403f
Hlubek, Franz Xaver 300, 336
Hochstrasser, Alois J. 429
Hochwälder, Fritz 439
Hödl, Bonaventura Konstantin 301
Hofer, Ignaz 299
Hoffer, Eduard 445
Hoffer, Klaus 447, 449
Hoffer, Wilhelm 374
Hoffmann, Friedrich 375
Höfler, Gottfried 460
Hofmann, Peter Gerwin 461
Hold, Franz 282
Hohenberg, Sophie 356
Holenia, Hans 392
Hollar, Wenzel 180
Hollomey, Wermer 416
Holtei, Karl v. 323
Holzer, Melchior 155
Hölzer, Max 447
Holzinger, Alfred 446
Homberger, Jeremias 146, 156
Hörnigk, Philipp Wilhelm v. 246
Honorius III., Papst 34
Hörnes, Univ.Prof. 351
Horvath, Ödon v. 439
Himmel, Helmut 446
Huber, Franz 364f, 386
Hueber, Franz 248
Hueber, Joseph 230, 233, 250
Hummel, Ludwig v. 277
Hunyadi, Johann 73
Huschimhey, Prokop 124
Hüttenbrenner, Anselm 289, 305f, 310, 339
Hüttenegger, Bernhard 449
Hysel, Franz Eduard 293

Irahim, Großwesir 174
Illig, Udo 405
Innozenz IV., Papst 41
Ionesco, Eugén 439
Ircher, Franz 365

Jahn, Turnvater 350
Jakomini, Andreas Kaspar 259
Jandl, Ernst 448
Janowitz, Gundula 434
Janser, Alfred 390
Jaroschka, Markus 450
Jaul-Hinz, Doris 460
Jautz, Margit 438
Jelinek, Elfriede 449
Jelačić, Joseph v. 273, 314
Jenger, Johann Baptist 289
Jonke, Gert f. 448
Johann , Ehg. 265, 268, 270f 273ff, 277, 286ff, 289, 291f, 295f 299f, 302, 305, 307f, 312,323f, 336f, 339f, 342
Johannes Markus 196, 203
Johanna v. Spanien 107
Johannes, Minoritenpater 39
Jona, Jude 104
Joseph I.,K. 221f, 224
Joseph II., K. 251ff, 255, 258, 260f, 289, 346, 353
Jungl, Reno Ernst 453, 456

Kaan, Wilhelm Edler v. 365
Kandlbauer, Willi 442
Kainz, Walter 462
Kaiser, Joseph Franz 294
Kaiserfeld, Moritz v. 325
Kahn, Eustachius 211
Kalchberg, Franz v. 317
Kalchberg, Johann v. 288f
Kalchberg, Wilhelm v. 324
Karajan, Herbert v. 425
Karl d. Große, K. 18ff
Karl V., K. 101, 107ff, 125, 132
Karl VI., K. 222, 224, 226, 229, 246, 249, 251

Karl VII. (Albert Kg. v. Bayern) ,K. 74, 222
Karl I., K.v.Ö. 360ff
Karl II., Ehg. 111, 116, 120, 139, 141, 143ff,
 147ff, 150, 152 154f, 157, 159ff, 162ff, 165f,
 168, 186, 193, 201, 265, 269, 271, 273, 277,
 296
Karl v. Lothringen 216
Karl, Wilibald 453
Kaspar, Julius 392, 395, 405
Katzianer, LH v. Krain 132
Kaufmann, Erika 427
Kaufmann, Harald 428, 441
Kautek, Rudolf 441
Klemen, Milko 437
Keller, Paul Anton 444f
Kellermayr, Rudolf 446
Kelsen, Hans 369
Kepler, Johannes 172f
Kerciku, Dina 84
Kern, Josef 460
Kesselring, Albert 403
Kesselring, Joseph 439
Khevenhüller, Franz Anton v. 255
Khevenhüller, Johann Christoph 164
Kuen, Georg 115
Kienreich, Josef Andreas 368
Kienzl, Wilhelm 314, 332, 334, 349
Kienzer, Michael 461
Kiesbauer, Hannelore 439
Kindberg, Konrad v. 31
Kirchner, J. J. 333
Klagmann, Jules 339f
Klammer, Franz 418, 440
Klauber, Erwin 450
Klee, Felix 458
Klee, Paul 455, 458
Klein, Wilhelm 279
Kleinoscheg, Johann 348
Kleist, Heinrich v. 292
Klemperer, Otto 425
Klimt, Gustav 455
Klinkan, Alfred 461
Kloepfer, Hans 374
Knabel, Ferdinand 282
Knappertsbusch, Hans 425
Knobloch, Hilde 445
Knopper, Hans 458
Köck, Franz 452
Kodály, Zoltán 436
Kojetinsky, Maximilian 426, 432
Kokoschka, Oskar 455
Kolig, Anton 453, 456
Kolleritsch, Alfred 417, 447f
Kolleritsch, Otto 429
Kollmann, Bernhard 343
Kollmann, Ignaz 289, 293
Kollowrat-Krakowsky, Leopold Joh.v. 256
Kolowratnik, Emmanuel 458
König, Johann Andreas 257
König, Karl 276
Königer, Veit 234
Konrad v. Graz 66
Kopatz, Marianne 439
Köprülü, Ahmed 206f, 209
Konradin 47
Konrad, Legat 31
Konrath, Anton 208
Koren, Hanns 44o
Koringer, Franz 426
Körösi, Joseph 282, 319
Kotzebue, August v. 290
Krauss, Clemens 425
Krainer, Josef sen. 415
Krainz, Fritz 458
Král, Lorenz 91
Krantz, Johannes 444
Krassnitzer, Hanns 441
Kraus, Wolfgang 447
Krenek, Ernst 428, 439
Krenn, Othmar 461
Kreuzer, Conrad 16, 295
Kreuzer, Vinzenz 295
Kriesche, Richard 461
Kriste, Johann 286
Kübeck, Baron 302
Kudler, Joseph Ritter v. 295
Kudlich, Hans 312
Kuegerl, Hanns 426
Kugelmayr, Gotthard 288
Kuhneß, Hans 460

Kupfer, Harry 433
Kuwasegg, Joseph 295, 324, 326
Kuwasegg, Leopold 295

Lackner, Erwin 460
Ladislaus Postumus 72ff, 75, 88
Lafer, Alois 366
Lamberg, Hans Albrecht v. 177
Lapp, Brüder 345
Latour, Minister 313
Laubmann, Philipp Carl 233
Lauzil, Karl 347
Lebenwald, Adam v. 214
Lederwasch, Johann v. 294
Leeb, Linda 458
Legenstein, Monika 442
Lehmann, Anton 439
Leibnitz, Adalbert v. 39
Leitl, Franz 453
Leitner, Carl Gottfried 292, 337
Leitner, Matthias 234
Lengheimb, Max Adam v. 223
Leo X., Papst 100, 121
Leo XIII., Papst 351
Leone, Daniel 214
Leonhard v. Salzburg 91
Leopold I., K. 172, 194, 202f, 206, 210, 212f,
 221, 232, 234
Leopold II., K. 261ff, 264ff
Leopold d. Starke , Mgf 25, 27
Leopold V. (Babenberg),Hg. 31, 34
Leopols VI. (Babenberg) Hg. 34f
Leopold III. (Habsburg) Hg. 60f
Leopold IV., Hg. 61ff
Leopold Wilhelm, Ehg. 177, 202, 232
Lernet Holenia, Alexander 448
Lessing, Gotthold Ephraim 292
Leykam, Andreas 116, 249
Lichem, Gend.Insp. 368
Lichten, Helli 439
Licinio, Giulio 165
Liechtenstein, Heinrich v. 44
Liechtenstein, Otto v. 48
Liechtenstein, Ulrich v. 40
Liebig, Justus 300
Liebl, Bernd 461
Liebmann, Berta 450
Ligeti, Gyorgy 428, 436
Lippe, Anton 425
List Rudolf, 444f
Liszt, Franz 341
Ljudewit v. Posavien 20
Loewi, Otto 375, 396f
Lohner, Helmut 440f
Löhr, Alexander 404
Lojen, Gerhard 458, 460
Lorca, Federico Garcia 439
Lorenz, Leonhard 137
Löschenkohl, Hieronymus 261
Louis, Philippe, Kg.v. Frankreich 305
Ludwig d. Deutsche, K. 20
Ludwig d. Fromme, K. 20
Ludwig das Kind, Kg 20
Ludwig IV., der Bayer, Kg. 56f
Ludwig XIV., Kg. v. Frankreich 218
Ludwig XVI., Kg. v. Frankreich 265
Ludwig, Kg. v. Ungarn 101
Luther, Martin 116, 121f, 124ff, 132, 135
Ludwig, Ehg. 296
Lueger, Karl 354
Lukas, Freiherr v. 364
Luxemburg, Elisabeth v. 72
Luxemburg, Heinrich v. 57

MacDonald, Marschall 274, 278f
Macher, Matthias 336
Machold, Reinhard 381, 405ff, 409
Machward, Minoritenpater 38
Maderni, Antonio 233
Mahler, Gustav 350f
Mahrenberg, Siegfried v. 47
Mahringer, Anton 453
Mainhart, Simeo 191
Maitz, Stephan 460
Malaspina, Germanico 155
Maler, Kaspar 124f
Maly, Ega 460
Maly, Paula 453
Mamolo, Giovanni 200
Mandell, Adelsfam. 338

Mander, Matthias 450
Mann, Thomas 351
Mannasser, Johann Caspar 213
Manzú, Giacomo 454
Marauschek, Gerhard 416
Marbach, Philipp 146
Marckhl, Erich 426f,429
Margarethe (Babenberg) 40
Maria, Donna 333
Maria Anna v. Bayern 171, 176, 184f, 187,
 194
Maria v. Bayern 147ff, 151f, 164, 179, 183,
 186, 188, 191
Maria v. Burgund 99, 101
Maria Elisabeth v. Pfalz-Neuburg 218f
Maria Magdalena Ehgin 190f
Maria Theresia, Kgin 69, 139, 141, 224, 226,
 228f, 237f, 241f 245f, 248f, 251, 255, 257,
 260, 262, 437
Marin, Battista 165
Markwart v. Eppenstein, Mgf. 21
Marlowe, Christopher 191
Marmont, Gen. 269, 270, 276
Marmoro, Antonio 135
Marmoro, Francesco 135, 146
Marquet, Kreispräs. 319
Marteny, Fred 437
Märzendorfer, Ernst 426, 430
Marx, Joseph 352
Maschwander, Ferdinand v. 232
Maschwander, Johann Gabriel v. 232
Maserell, Franz 453
Mataré, Ewald 454
Mathieu, A. 266
Matisse, Henry 458
Matthey, Francois 457
Matthias, Corvinus 76, 78, 81f, 86
Matthias, K. 176
Matzak, Kurt Hildebrand 444f
Maurer, Otto 460
Max Emanuel v. Bayern 222
Maximilian I., K. 14, 83, 86, 89, 91, 99ff,
 104, 106f, 121, 141,
Maximilian II., K. 132, 136, 143f, 149, 152f
Maximilian K. v. Mexiko 338
Maximilian d. Deutschmeister, Ehg. 160,
 168, 186, 196, 204
Maximilian v. Bayern 171
Mayer, Johann 235f
Mayer, Karl Adolf 444f
Mayer, Ulf 454
Mayr, Max 422
Mayröcker, Friedrich 448
Mazeni, Domenico 127
McCreery, Richard C. 409
Medici, Cosimo III. v. 190
Meerveld, Feldherr 269
Mehemed IV., Sultan 216
Meinhard v. Görz-Tirol 40, 48, 53, 55
Meissel, Willi 447
Mell, Anton 374
Mell, Max 374, 417, 441, 445f
Mengsberg, Georg Friedrich v. 214
Menotti, Gian Carlo 436
Meranien, Agnes v. 37
Mengen, Ferdinand 439
Merian, Matthäus d.Ä. 177´
Mersperg, Frau v. 124
Metternich, Clemes Wenzel 285, 290, 296,
 307
Meysing, Anton Unterain v. 355
Miklas, Wilhelm 386
Milhaud, Darius 436
Miller, Arthur 438
Miller, Christoph 247
Milo, Max 460
Milota v. Dieditz 48
Mingotti, Pietro 228
Mixa, Franz 434
Molotow, Wjatscheslaw 414
Montecuccoli, Raimund v. 207
Monteverdi, Claudio 428, 437
Moos, Friedrich 288
Moralt, Rudolf 430
Mosbacher, Alois 461
Moser, Albert 425
Moswitzer, Gerhard 458
Motschnig, Franz 460
Mozart, Wolfgang Amadeus 292, 428ff, 432
Muchitsch, Vinzenz 368f, 384, 415, 418

Muck, Karl, 349
Mühringer, Doris 447
Müller, Barbara 172
Müller, Hieronymus 163
Mussolini, Benito 379, 387
Mussorgski, Modest P. 436
Muster, Wilhelm 449
Mustafa, Kara 216

Nabl, Franz 374, 444f
Nadàsdy, Franz 209f
Nagele, Albert 426
Nagelmüller, Hans 458
Napoleon Bonaparte 265ff, 273, 283, 290
Nausea, Friedrich 133
Nelson, Lord 270
Nemeth, Carl 441, 432
Nemethy, Gregor 175f
Nestler, Norbert 461
Nestler-Rebau, Friederike 461
Nestroy, Johann Nepomuk 293, 337, 441
Neuberg, Heinrich v. 73
Neuberg, Siegfried 460
Neuwirth, Gösta 434
Niesenberger, Hans 93
Nobile, Peter de 292
Nono, Giovanni Battista 198
Nonveiler, Heinz 376
Nothnagel, Heribert 461
Nugent, Graf 302
Nüll, Eduard van der 324
Nußbaumer, Otto 372f

Oberbauer, T. 322
Oberhaidacher, Walter 387
Oberhuber, Richard 452f
Odoaker 17
Offenbach, Jacques 296, 430
Olmütz, Bruno v. 45
O'Neill, Eugene 349
Ort, Harnid v. 34
Ortwein, August 343
Orlando di Lasso 116
Orlikowsky, Wazlaw 437
Osius, Hieronymus 146
Osterider-Stibor, Adolf 454
Osterider-Stibor, Heide 454
Otakar III., Mgf 24, 28ff, 31, 102, 111
Otakar IV., Hg. 31
Otto I., K. 20
Otto Hg. 57
Ottokar von Graz 42
Ottokar aus der Gaal 55
Oviette, Veveau 457

Padovano, Anibale 165
Pamberger, Ferdinand 453
Pampstl, Caesario 137
Pangrießer, Martin 156
Panzer, Friedrich 460
Papesch, Josepf 374, 391
Par, Georg 68
Paradeiser, Christoph 170
Paradeiser, Sigmund 182
Passini, Nepomuk 337
Paul III., Papst 149
Paul, Hans 387
Paul der Plattner 111
Pawlikowski, Ferdinand 392
Pazmany, Petrus 158
Pears, Sir Peter 427
Peham, Georg 160
Peheim, Thomas 78
Peichl, Gustav 423
Peinlich, Gend.Insp. 367
Pekary, Karl 346
Penderecki, Kzysztof 436
Perthold, Fleischer 117
Pertholdus, Kaufmann 49
Pesenkemmer, Sebastian 226
Peteln, Pipo 454
Peuker, Ferdinand 460
Pfannberg, Ulrich v. 38
Pferschy, Hermann 392
Pfrimer, Walter 378ff, 388
Philipp d. Schöne, Kg. v. Frankreich 101, 107
Pica, Bartholomäus 146
Picasso, Pablo 445, 456
Piccinelli, Peter 228

Piccolommini, Enea, Silvio 72
Pichler, Michael 318
Pickl, Joseph 460
Pillhofer, Joseph 460
Pinay, Antoine 414
Pirchegger, Anton 410
Pirchegger, Hans 374
Pius II., Papst 72
Pius VI., Papst 252f
Pius IX., Papst 320
Pius XI., Papst 385
Ploček, August 454
Pocabello, Philibert 185
Pöckstein, Johann v. 221
Podiebrad, Georg 74
Poggioli, A. 253
Pointner, Rudolf 457ff, 460
Polland, Rudolf 396
Pollock, Jackson 457
Pölzl, Christian 442
Pölzl, Heinrich 460
Pomis, Giovanni Pietro de 186, 188ff, 191ff, 194, 198ff, 233, 235
Pongracic, Julia, 403
Pongratz, Josef 365
Pongratz, Peter 461
Pönninger, Franz 342
Ponte, Johannes Peter de 192
Popelka, Fritz 374, 415
Pöppelreiter, Christian 433
Portisch, Reinhold 426
Portschy, Tobias 395
Pototschnigg, Heinrich 447
Potpetschnigg, Heinrich 375, 377
Prankenstein, Joseph Sölder v. 318f
Preiner, Philipp 124
Preisegger, Lit. 313
Prelog, Drago 460
Premeuzlin(us), Kürschner 110
Přemysl Ottokar 40ff, 44ff, 47ff, 50, 53, 66
Pestle, Anton 434
Peßl, Hermann Markus 426
Price, Schausteller 358
Priesch, Hannes 461
Priestly, John 439
Princip, Gavrilo 356
Prokesch-Osten, Irene 341
Puccini, Giaccomo 351
Puechholzer, J. 197
Puff, Jörg 139
Purcelli, Henry 437
Purgleitner, Michael 319
Purgmayer, 249

Qualtinger, Helmut 438

Raab, Julius 414
Rabatta, Schloßhptm. 218, 221
Radetzky, Wenzel Graf v. 270
Rahs, Wolfgang 460
Ràkòczy, Georg I. 200
Ràkòczy, Georg II. 2o5, 22o
Ramblmayr, Paul 247
Rankl, Karl 376
Rath, Ernst vom 397
Rath, Matthias 302
Rauracher, Johann Anton 234
Rauscher, Kardinal 320
Rechbauer, Karl 319
Reichenfelser, Heinz 458
Reichert, Carl 138
Reim, Vinzenz 298f
Reininghaus, Peter 417
Reisinger, Klaus 460
Remp, Franz Carl 233
Renner , Alexander 358
Renner, Anatol 358
Resel, Hans 364
Reuling, Karl Ludwig 251
Reuter, Theodor 347
Reza Pahlewi 433
Rhimel, Stephan 149
Richard Löwenherz, Kg. v. England 34
Riegler, Friedrich v. 248
Rigler, Fritz 453
Rhim, Wolfgang 434, 436
Ringel, Franz 391f, 403f, 461
Rintelen, Anton 365, 367, 371, 378f, 386
Rogler, Franz 457
Rohrau, Dietmar v. 56

Roland, Romain 375
Romanko, Anton 327
Rose, Reginald 439
Rosegger, Hans Ludwig 372
Rosegger, Peter 338f, 351, 371
Rosenberg, Wok v. 45
Rosenrodt, Paulus Knorr v. 174
Rosenwirth, Alois 405, 407
Rosolenz, Jakob 169, 183
Rossini, Gioachino 292f
Roth, Gerhard 448
Rotter, Martino 165
Roupec, Franz 458, 460
Rückl, Engelbert 405, 408, 420
Rüdiger, Ministeriale 27
Rudolfus ex Ouwa 111
Rudolf I. v. Habsburg, Kg. 34, 47ff, 55, 69
Rudolf II., Kg. 153, 168f, 173, 175
Rudolf II. Hg. 53
Rudolf III. Hg. d. Stmk 55
Rudolf IV. Hg. 58ff, 61
Rudolf, Kronprinz 346
Ryl, Egyd de 165

Sacher, Masoch 338
Sachsen-Hildburghausen, Joseph Friedrich v. 229
Salm, Niklas 124
Sammer, Luis 460
Samo 18
Sandberg, Wilhelm 458
Santa Clara, Abraham a 212, 214f
Sara, Julius v. 156
Sargent, Sir Malcolm 424
Saroyan, Wilhelm 439
Saurau, Johann Rudolf v. 219
Saurau, Maria Ludwig v. 241
Schaffarz, Rudolf 391f
Schalk, Franz 348, 376
Schaller, Johann 93
Scharang, Michael 448
Schärf, Adolf 414
Schaumberger, Irmgard 461
Schelchius, Balthasar 135
Scherchen, Hermann 425
Scherbaum, Gustav 415, 418ff
Scheuer, Grete 444, 447
Schiele, Paul 445
Schiller, Friedrich 349, 439
Schimunek, Günther 400
Schlaudersbach, Georg 89f
Schlaudersbach, Hans 89
Schleppnik, Alfred 441
Schmalix, Hubert 461
Schmeidl, Hermann 424
Schmerling, Anton Ritter v. 325f
Schmid, Friedrich 347
Schmid, Hans 380, 384, 389
Schmid, Paul Alfred 448
Schmidt, Franz 426
Schmutz, Karl 294
Schneller, Julius Franz 291
Schnitzler, Arthur 441
Schokotnigg, Joseph 234
Schreiner, Gustav 299f
Schranz, Wolf(gang) 149, 153, 156, 167
Schrattenbach, Maximilian v. 168
Schreiber, Andreas 139
Schreker, Franz 428
Schrödinger, Erwin 375
Schrot, Wolfgang 107
Schruf, Toni 348
Schubert, Franz 289, 341, 351, 428
Schubert, Reinhold 441
Schuster, Klaus 461
Schuster, Leopold 346, 347, 351
Schuster, Michael 461
Schuschnigg, Kurt 386,388ff
Schwab J. 248
Schwarz, Hannes 460
Schwarzbauer, Renate 460
Schwarzenberg, Felix v. 316
Schwarzkopf, ELisabeth 230
Schwaiger, Heinrich 439
Schwendi, Lazarus v. 136
Seckau, Leopold v. 65
Seckau, Urich v. 42
Seebach, Gert Hagen 441
Seebacher, Richard 262f
Seidenater, Bürger 88

Seipel, Ignaz 371
Seiz, Erich 395
Seuter, Harald 402
Shakespeare, William 191
Siegl, Otto 426
Sigismund, K. 63
Silberbauer, Fritz 455f, 372, 375
Silveri, Alexander 454
Singer-Hiessleitner, Emmy 452
Skerbisch, Hartmut 461
Skolaude, Walter 426
Skreiner, Wilfried 461
Skrjabin, Alexander 428
Sobiesky, Jan 216
Sobiesky, Jakob 218
Solar, Antonio 200
Sommer, Harald 441, 448, 450
Sonnabender, Lorenz 170
Speck, Eduard 405, 408, 412f, 415, 417, 420, 440
Sprengg, Michael 274
Sraib, Karl 452
Stabius, Johannes 109
Stadtl, Freiherr v. 193
Stainach, Gustav 299
Stainpichler, Franz 217
Stammel, Josef 234
Stanek, Josef 385
Starcke, Friedrich August v. 342
Starhemberg, Ernst Rüdiger v. 216, 381
Steinner-Göltl, E.v. 358
Steinböck, Wilkelm 416
Steinhauser, Ferdinand 315
Stengg, Andreas 232
Stengg, Johann Georg 196, 230, 232f
Stengg, Joseph 233
Stengl, Peter 461
Stepan, Karl Maria 389, 392
Stephan v. Ungarn (MitKg.) 44
Stephanus, Obst 404
Stibil, Rudolf 446
Stier, Martin 204
Stifter, Adalbert 339
Stingl, Alfred 420f
Stobäus, Georg 169ff
Stolz, Robert 430
Störcklin, Joh. Heinr. 226f
Straßberger, Michael 155
Strassoldo, Karl v. 216
Straub, Philipp Jakob 234
Strauß. Hans 133
Strauß, Johann 300
Strauss, Richard 348,350, 376, 436
Strawinsky, Igor 436
Striegel, Bernhard 101
Strobl (Strobel), Niklas 66f, 117
Strohal, Emil 329
Stuart, Maria147
Stubenberg, Hans v. 77f
Stubenberg, Otto v. 92
Stubenberg, Wolf v. 148
Stübing, Bernhard v. 29
Stübinger, Peter 453
Stürgkh, Ratsherr 124
Stürgkh, Barthold 380
Stürgkh, Karl Graf 360
Subič, Stephan 42
Suleiman, Sultan 126f, 174
Sugai, Kumi 458
Sutermeister, Heinrich 436
Swoboda, Albert 338
Sype, Laurenz van de 180, 198
Syss-Inquart 389f
Szyszkowitz, Gerhard 449
Szyszkowitz, Rudolf 453ff

Tadei, Marcantonio 165
Tadei, Marco Dionisio 163
Talker, Erwin 460
Tattenbach, Hans Erasmus v. 209f, 212
Tassilo, Hg d. Bayern 18
Taube, Mathematiker 245
Taucher, Franz 444f
Tautscher, Johann 156
Tegetthoff, Wilhelm v. 326f
Tell, Wilhelm 349
Teltscher,Josef 289
Temmel, Edith 460
Theobaldo, Francesco 161
Therwal, Ernst 439

Thomas v. Villach 83f
Thomson, Randall 424
Thöny, Wilhelm 372, 375, 455f
Thun-Hohenstein, Leo v. 320
Thür, Franz 235
Thüringen, Helwig v. 47
Thurn, Ambros v. 148
Thurn, Karl v. 209, 211
Thurn, Jörg v. 106
Tintoretto, Jacopo 186
Tito, Josip-Broz 422
Torstenson 201
Traversa, Georg 461
Trautmannsdorf, Franz v. 210
Trautmannsdorf, Friedrich v. 176
Trautmannsdorf, Siegmund Friedrich v. 207
Tremmer, Franz 384
Teuschl, Hermann 439
Trinkl, Karl-Jürgen 458
Troger, Gustav 460
Trost, Andreas 163, 187, 222f
Truber, Primus 133
Trummer, Rudolf 389, 391
Tschaikowsky, Pjotr Iljitsch 424
Tschernembl, Jörg v. 80
Tunner, Joseph 340f
Türk, Herbert 458
Tuttner, Hubert 454

Udalrich v. Graz 29, 31
Ude, Johannes 353, 372, 353
Udier, Tobias 417
Uiberreither Sigfried 392, 394, 398, 403ff
Uitz, Bäckermeister 310
Ulrich, Bader 119
Ulrich, Fleischer 117
Ulm, Johannes 319
Ung, No Lee 458
Ungnad, Hans 73, 126, 132f, 133
Unterweger, Erich 454, 460
Uray, Ernst Ludwig 426, 428
Urban VIII., Papst 203
Urban v. Gurck 116
Urli, Joseph 248

Valencak, Hannelore 447
Valentinus, Organist 93
Valnegro, Pietro 189, 192, 194, 198f
Varese Edgar 428
Väsel, Johannes 124
Vaughan, Williams Ralph 424
Vaugoin, Carl 380
Verdi, Guiseppe 425, 436
Verdino, August 395
Vermeyen, Cornelius 108, 165
Vespasianus, K. 13
Villerius, Bartholomeus 188f
Villeroy, Marschall 218
Vinzenz de Verda 152
Vischer, Mattaeus Georg 28, 134, 198
Vitez, Johann 76
Völkhel, Ulrich 89
Volkmar, Bürger 39
Voglar, Karl 452
Vuijca, Peter (Pseud. Peter Daniel Wolfkind) 449

Wagner, Richard 323f, 341, 431ff
Wagner, Wieland 433
Wahl, Alexander 454
Walcher, Eduard 450
Waldeck, Adalram v. 28f
Waldorf, Günter 417, 447, 459f
Waldstein, Gf. v. 278
Walsee, Reinprecht v. 63
Walsee, Ulrich v. 55
Wallenstein, Albrecht 179
Wallisch, Kolomann 385
Waluga, Hans 456f
Wappler, Moritz 339
Wartinger, Joseph 288
Wastian, Heinrich 375
Wastler, Joseph 340
Weber, Kurt 457, 459, 460
Weber, Ludwig 436
Weber, Julius 452
Weigl, Bierbrauer 118
Weinhandl, Ferdinand 445
Weinhandl, Margarete 444f

Weinschenk, Lithograph 309
Weir, Gen.Mjr 409
Weishappel, Rudolf 434
Weiß, Franz 454
Weisseneck, Wolfgang 99
Weissenkircher, Hans Adam 198, 233f
Weißensteiner, Dorothea 453
Weitzer, Johann 282, 344
Welden, Ludwig Frh. v. 300ff, 342
Wellesz, Egon 428
Welsperg-Reitenau, Philipp 263, 268
Wenzel, K. v. Böhmen 211
Werfel, Franz 438
Wickenburg, Alfred 372, 456
Wickenburg, Matthias Constantin 302, 305, 308, 310, 314f Widmann, Hans 78
Widmannstetter, Georg 116, 211
Wiegele, Franz 453
Wiesenauer, Franz 279
Wigand, Schreiber 66
Wilde, Oskar 439
Wildenstein, Cajetan 278
Wilder, Thorton 438
Wilfersdorf, Johann Maximilian 232
Wilemanns, Alexander 347
Wildon, Hartnid v. 48
Wildon, Herrand v. 34
Wildon, Ulrich v. 44
Wilhelm, Hg. 61f, 92, 103
Wilkinson, Alexander C. 409f, 412
Windischgrätz, Alfred v. 314
Windischgrätz, Konrad v. 65
Winkelhofer, Eduard 461
Wist, Josef 338
Witelo, Kaufmann 28, 49
Withalm, Joseph Benedikt 298f
Witigo, Schreiber 40
Wittlinger, Karl 439
Wolf, Hugo 375f
Wolf-Schönbach, Helga 461
Wolfkind, Peter Daniel 449
Wolfmayr, Andrea 450
Wölger, Martha 450
Wander, Erich 460
Wurm, Erwin 461
Wurmbrand, Gundakar v. 288
Wutte, Viktor 363

Zagoradnikow, Wladimir 454
Zaisser, Ge.Mjr. 391
Zand, Herbert 446
Zankl, Gustav 460
Zanuoli, Ottavio 165
Zao, Wou-Ki 458
Zecha, Fritz 439, 441
Zeiller, Franz Anton 291
Zemlinsky, Alexander v. 428
Zeppel-Sperl, Robert 461
Zeredin, Fr. v. 203
Zerzer, Julius 445
Zinkel, Herbert 447
Zriny, Nikolaus 209f
Zuckmayer, Carl 438
Zusanek, Harald 441
Zusner, Vinzenz 203
Zwarsky, Chefred. 385
Zwerger, Johannes 343
Zykan, Otto M. 434

Bildnachweis

Archiv des Musikvereins für Steiermark in Graz, Archiv der Vereinigten Bühnen in Graz, Bild- und Tonarchiv in Graz, Bundesdenkmalamt Graz, Foto Stefan Amsüß, Foto Gert Heide, Foto Lohr, Bild und Grafik Petek, Foto Harry Stuhlhofer, Foto Wolfgang Veit, Sammlung Strahalm.

Der Artikel von Christoph H. Binder wurde mit freundlicher Genehmigung des Verlages Christian Brandstätter dem Band „Landeschronik Steiermark", Wien 1988, entnommen.
Die Planskizzen der Burg wurden mit freundlicher Genehmigung der Steiermärkischen Landesregierung dem Buch „Die Grazer Burg, Graz o. J., entnommen.